Nah dran, weit weg. Geschichte des Kantons Basel-Landschaft

Nah dran, weit weg. Geschichte des Kantons Basel-Landschaft

Band vier **Dorf und Herrschaft. 16. bis 18. Jahrhundert**

Dieses Werk erscheint als Nr. 73.4 der Reihe Quellen und Forschungen
zur Geschichte und Landeskunde des Kantons Basel-Landschaft.

Autorinnen und Autoren
Anna C. Fridrich, lic. phil.
Fridolin Kurmann, Dr. phil.
Albert Schnyder, Dr. phil.

Auftraggeber
Regierungsrat des Kantons Basel-Landschaft

Verlag
Verlag des Kantons Basel-Landschaft

Redaktion
Daniel Hagmann, Dr. phil.

Lektorat
Elisabeth Balscheit, Dr. phil.

Gestaltung
Anne Hoffmann Graphic Design, Basel

Satz: Anne Hoffmann Graphic Design, Basel, und Schwabe & Co. AG, Muttenz.
Herstellung: Schwabe & Co. AG, Muttenz. Buchbinderei: Grollimund AG, Reinach.

Diese Publikation wurde mit Mitteln aus dem Lotteriefonds ermöglicht.
ISBN 3-85673-263-2 (Gesamtausgabe). ISBN 3-85673-265-9 (Band 3 und 4)

LOTTERIEFONDS BASEL-LANDSCHAFT

VERLAG des Kantons Basel-Landschaft

Dorf und Herrschaft

Band vier der Kantonsgeschichte behandelt denselben Zeitraum wie Band drei, die Jahrhunderte zwischen 1500 und 1800. Man nennt diese Epoche die frühe Neuzeit. Während in Band drei die Grundlagen des herrschaftlichen Systems, der Wirtschaft und Sachkultur beschrieben werden, beschreibt Band vier die gesellschaftlichen Strukturen und Mentalitäten im Baselbiet.

Dorf und Herrschaft – schon im Titel knüpft Band vier an Band drei an. So nimmt Band vier den Faden der politischen Ereignisse dort auf, wo er im vorangehenden Band nach der Schilderung der Rahmenbedingungen und des 16. Jahrhunderts aufhört. Beim Gang durch das 17. und 18. Jahrhundert wird nun sichtbar, wie sich die Herrschaftsverhältnisse verändern. Zwar bildet sich im Baselbiet nicht ein absolutistischer Staat heraus, doch der obrigkeitliche Zugriff auf die bäuerlichen Untertanen entwickelt sich spürbar hin zur Herrschaft über Bauern statt mit Bauern. Am Ende des 18. Jahrhunderts bringen Revolution, Helvetik und militärische Besetzung Veränderungen in Staat und Gesellschaft.

Im Mittelpunkt steht in Band vier das Leben im Dorf der frühen Neuzeit. In den Konflikten mit der Obrigkeit rückt die dörfliche Gesellschaft zusammen. Im Innern prägen hingegen Besitz- und Rangunterschiede den Alltag. Zwischen Bauern und Taunern herrscht ein wechselseitiges Abhängigkeitsverhältnis. Die Beziehungen unter den Dorfbewohnern und -bewohnerinnen unterliegen bestimmten Normen. Männer und Frauen, Ledige und Verheiratete, Einheimische und Fremde, alle erhalten ihren Platz zugewiesen. Doch die dörfliche Gesellschaft befindet sich dauernd in Bewegung: Bevölkerungsverluste wechseln ab mit Wachstumsphasen, Berufswanderung oder Solddienst führen in die Ferne. Gegen aussen schliesst sich das Dorf ab. Nur mit Mühe gelingt Zuzügern die Einbürgerung. Am Rand der dörflichen Gesellschaft leben die Armen und die Fahrenden.

Die «Kirche im Dorf» ist mehr als eine Redensart: Seit der Konfessionalisierung und der Herausbildung der Staatskirchen im 16. und 17. Jahrhundert ist der Dorfpfarrer zugleich Heilsvermittler wie weltlicher Aufseher. Neben reformierter und katholischer Amtskirche bleibt wenig Raum für Minderheitskonfessionen und -religionen. Anhänger des Täufertums und Menschen jüdischen Glaubens sind nur am Rande geduldet.

Die neue Baselbieter Geschichte folgt einem Gesamtkonzept, das gemeinsam erarbeitet wurde. Für die einzelnen Kapitel zeichnen die Autoren und Autorinnen selbst verantwortlich. Aufbau und Kapitelstruktur der beiden Bände drei und vier wurden gemeinsam von Albert Schnyder und Fridolin Kurmann bestimmt. Die redaktionelle Verantwortung liegt bei Daniel Hagmann. Im Anschluss an jedes Kapitel finden sich Anmerkungen und weiterführende Lesetipps. Ein Literaturverzeichnis und ein Orts-, Personen- und Sachregister stehen am Ende des Bandes. Dort befindet sich auch ein chronologischer Überblick.

Daniel Hagmann

Inhaltsverzeichnis

Andreas
Daniel
1595

Bild zum Kapitelanfang
Konfrontation zwischen Stadt und Land
«Rebellion entston, zergon kann durch ein Man, zeight dises an.» Mit diesen Worten fasste Andreas Ryff, 1550–1603, die Hauptfigur auf Seiten der Basler Obrigkeit, 1594, nach dem Ende der Unruhe, die gemeinhin Rappenkrieg genannt wird, die Ereignisse zusammen, und zwar für eine Silbermünze, die er aus Anlass seines Erfolgs im Umgang mit protestierenden Landleuten prägen liess. Der Rat hatte ihm erlaubt, eine solche Schaumünze zu privaten Zwecken herstellen zu lassen.
Ein weiteres Zeichen dieses persönlichen Triumphs ist die auf 1595 datierte Wappenscheibe von Ryff und seines Schwiegersohns Daniel Burckhardt. Sie erinnert an die Mission Ryffs im oberen Baselbiet.
Das Oberbild zeigt das Zusammentreffen der städtischen Abgeordneten und Soldaten mit den von Hans Sigrist von Niederdorf angeführten Landleuten auf einer Wiese in der Nähe von Schloss Wildenstein. Ins Zentrum der Scheibe ist ein Medaillon mit einem Stein haltenden Kranich als dem Sinnbild der Wachsamkeit platziert. Der umlaufende Text lautet: «Trotz Hochmut und Rebellion / Macht gutte Policey zergon.»
Die Allegorien von Aufruhr, Krieg, Schlichtung und Friede, die den Ablauf des historischen Ereignisses symbolisieren, sind rund um das Bild in der Mitte und die Familienwappen gruppiert.

Der «Rappenkrieg» im alten Basel 1591 bis 1594

Am 18. Januar 1591 erhöhte der Basler Rat das Weinumgeld, die indirekte Steuer auf dem Weinkonsum. Dieser Beschluss ging auf die finanziellen Konsequenzen aus dem Vertrag von Baden von 1585 zurück.[1] Die Stadt kostete diese Vereinbarung über den endgültigen Erwerb eines grossen Teils ihres Untertanengebiets rund 160 000 Gulden. Nach Auffassung des Rates hatten sich die Landleute daran zu beteiligen. Da die Einführung einer neuen, gesonderten Abgabe nicht in Frage kam, griff man auf diese bestehende indirekte Steuer zurück. Mit der Umstellung von einer Geld- zu einer Naturalabgabe wollte die Obrigkeit den Ertrag real steigern, was angesichts der im späten 16. Jahrhundert massiv gestiegenen Preise für Konsumgüter nahe liegend war. Angesichts dieser Umstände liess der Widerstand von Seiten der Untertanen nicht lange auf sich warten.

Dies umso mehr, als sich die wirtschaftliche Lage der Landleute im Lauf des 16. Jahrhunderts verschlechtert hatte: Die Bevölkerung war stark gewachsen, besonders die Gruppe der Armen, die Ressourcen waren spürbar knapper geworden, die sozialen Gegensätze hatten sich verschärft. In die gleiche Richtung wirkte seit 1560 eine Verschlechterung des Klimas, die besonders in der zweiten Hälfte der 1580er und zu Beginn der 1590er Jahre zu Teuerung führte. Hinzu kam, dass im Zuge der französischen Religionskriege 1589 ein Heer der katholischen Liga ins Elsass gelangt war und zum Teil auf der Basler Landschaft Quartier bezogen hatte. Davon war nicht nur die allgemeine Versorgungslage tangiert, sondern auch die Sicherheit im Land, denn die Basler Obrigkeit war nicht in der Lage, der bedrängten Landbevölkerung Schutz zu bieten.

Die Protestaktionen der Landleute zogen sich mit unterschiedlicher Intensität über einige Jahre hin und gipfelten 1594 in einer Konfrontation beim Schloss Wildenstein, wo sich bewaffnete Landleute und städtisch-obrigkeitliche Truppen gegenüber standen.[2] Vorausgegangen waren eine Landsgemeinde in Sissach am 13. Mai 1594 und der Auszug eines obrigkeit-

Konfliktgegenstand Weinumgeld

Bis 1591 galt, dass ein Wirt pro ausgeschenktes Saum Wein acht Schilling Umgeld zu bezahlen hatte. Hinzu kam, allerdings nicht für so genannte Nebenwirte abseits der grossen Transitrouten, der so genannte böse Pfennig, der sechs Mass pro Saum à 96 Mass betrug.[1] Die erste Steuer war also unabhängig vom Weinpreis, die zweite dagegen vom aktuellen Preis. Mit dem Mandat vom 18. Januar 1591 bestimmte der Basler Rat, dass anstelle des bisher bezogenen Weinumgelds und des bösen Pfennigs 24 Mass pro Saum, neu zu 120 Mass gerechnet, entrichtet werden sollten. Steuerpflichtig war aller öffentlich, das heisst auch der von Nebenwirten verkaufte Wein.[2] In jedem Dorf, in dem Wein ausgeschenkt wurde, sollten zwei Personen als Weinsiegler bestimmt werden, wobei einer ein herrschaftlicher Unterbeamter sein musste. Mit anderen Worten: Der Einzug dieser Steuer sollte schärfer kontrolliert werden, was auch durch die vierteljährliche Ablieferungspflicht untermauert wurde. Schliesslich sollte die kostenträchtige Sitte, bei der Erhebung der Umgelder ein Gastmahl abzuhalten, abgeschafft werden. Anfang 1594 wurde ein Kompromiss erzielt: Weinumgeld und Böspfennig mussten wie bisher entrichtet werden, zusätzlich jedoch war

lichen Soldatenkontingents. Dass ein Waffengang vermieden werden konnte, war der Vernunft und Klugheit beider Seiten zu verdanken. Die Auseinandersetzung zwischen Obrigkeit und Untertanen bewegte sich in den Jahren zuvor weitgehend in den bekannten Bahnen solcher Konflikte. Einer ersten Welle der Empörung und des Protests nach Erlass des Mandats vom 18. Januar 1591 folgte im März desselben Jahres eine erste Landsgemeinde, wo sich die Untertanen über die Gemeinde- und Ämtergrenzen hinweg als Interessenverband konstituierten und eine einheitliche Handlungsfront bildeten. Weil die Obrigkeit auf eine von den Landleuten vorgebrachte Bittschrift nicht eintrat, erreichte der Widerstand schon wenige Wochen später eine neue Qualität: Die Untertanen hatten die Tagsatzung angerufen. Trotzdem versuchten sie weiterhin, wenn auch erfolglos, mit der Obrigkeit zu verhandeln. Als deren Haltung immer drohender wurde, setzten die Landleute ganz auf die Tagsatzung, die in der Folge auch mehrmals vermittelte. Obwohl sich in der zweiten Hälfte des Jahres 1591 auch die den Anliegen der Landleute eher gewogenen katholischen Orte an der Vermittlung beteiligten, kam keine Einigung zustande. Mit der Zeit entstand eine Pattsituation: Eine Übereinkunft zwischen Rat und Untertanen war nicht möglich, die eidgenössischen Orte verhinderten jedoch die Einführung der umstrittenen Steuer und ein entschiedenes Eingreifen der Basler Obrigkeit bis 1593. Zu diesem Zeitpunkt erlahmte das Interesse der übrigen Orte, und sie zogen sich aus der Vermittlung zurück, so dass sich Obrigkeit und Untertanen wieder alleine gegenüber standen. Nun begann der Rat Härte zu zeigen, indem er die Untertanen mit Verhaftungen, Einquartierungen und einem militärischen Auszug unter Druck setzte. Dies wurde möglich, weil der Widerstand der Landleute zunehmend an Geschlossenheit verlor, so dass der Rat argumentieren konnte, er müsse die gehorsamen vor den protestierenden Untertanen schützen. Die Obrigkeit erreichte in der Folge in materieller Hinsicht bald eine Lösung in ihrem Sinne, obwohl sie den Untertanen in der Form entgegenkommen musste. Andreas Ryff, der die Basler Truppen 1594 anführte,

Schloss Wildenstein
Mit dem Namen und der Lokalität von Schloss Wildenstein verbindet sich nicht nur die Assoziation an einen lieblichen Ort im Baselbiet mit einem einmaligen Eichenhain, sondern auch die Erinnerung an den entscheidenden Moment in der Krise der Beziehungen zwischen dem Basler Rat und seinen Untertanen im oberen Baselbiet im so genannten Rappenkrieg am Ende des 16. Jahrhunderts.
Die Zeichnung von Büchel aus der Mitte des 18. Jahrhunderts ist eines der Bildzeugnisse in einer Reihe von Erinnerungsstücken.

Johann Rudolf Wettstein
Der bekannte Basler Bürgermeister Johann Rudolf Wettstein, 1594–1666, vertrat als höchster Repräsentant der Basler Obrigkeit 1653 eine harte Linie gegenüber den protestierenden Landleuten. Er war massgeblich verantwortlich dafür, dass Basel den Widerstand der Untertanen mit mehreren Hinrichtungen massiver sanktionierte als alle anderen betroffenen Stände der Eidgenossenschaft.

hatte zunächst ausschliesslich mit Waffengewalt für Ruhe und Ordnung sorgen wollen, reagierte aber auf den klug aufgebauten Gegendruck von Seiten der Landleute flexibel und fand im letzten Moment den richtigen Ton. Es gelang ihm nicht nur, den Landleuten die Umgelderhöhung plausibel zu machen, er signalisierte ihnen zugleich, dass man sie im Rahmen bestehender Herrschaftsverhältnisse nach wie vor ernst nehmen wollte.

Auch in diesem Herrschaftskonflikt wurden die bekannten Mittel eingesetzt: Bittschriften, Gemeinde- und Ämterausschüsse, Landsgemeinden, eidliche Vereinbarungen der Untertanen, die beiderseitige Anrufung der Tagsatzung; Ratsdelegationen und Verhandlungen mit Vertretern der Untertanen; ferner wurde von beiden Seiten Gewalt angedroht, von den Landleuten auch gegenüber ihresgleichen, um die Bewegung einigermassen zusammenzuhalten.

Die Landleute konnten die Erhöhung des Weinumgelds nicht verhindern, im Gegenteil: Sie mussten eine Verdoppelung bis Verdreifachung hinnehmen.[3] Allerdings wurde die Einzugsart entgegen den ursprünglichen Absichten der Obrigkeit entsprechend den alten Gewohnheiten beibehalten. Diverse andere Streitpunkte, die in der Auseinandersetzung von den Untertanen genannt worden waren, so etwa das obrigkeitliche Salzmonopol oder die Gebühren für Rüttenen und Bauholz, wurden nach Abschluss des Konflikts nicht weiter verfolgt. Die Untertanen konnten die Obrigkeit auch nicht dazu bringen, die Vereinbarungen schriftlich festzuhalten, so dass ihnen später Rechtstitel in dieser Sache fehlten. Das Weinumgeld blieb nämlich ein Konfliktgegenstand. Die Untertanen hatten der Erhöhung des Umgelds schliesslich wohl auch deshalb zugestimmt, weil sich die wirtschaftliche Lage in der Zwischenzeit etwas gebessert hatte, sie also hoffen konnten, von dieser Massnahme weniger als befürchtet betroffen zu sein. Immerhin wurden sie für ihren Widerstand weder strafrechtlich noch finanziell belangt. Zu den positiveren Aspekten gehörte aus Sicht der Landleute auch, dass sich die Obrigkeit schliesslich dazu bequemen musste, mit ihnen zu verhan-

ein so genannter Rappenmasspfennig zu zahlen, was einer Erhöhung des Weinumgelds um 16 auf 24 Schilling gleichkam.

Landsgemeinden auf der Basler Landschaft

Bei den schon damals so genannten Landsgemeinden kamen Einwohner mehrerer Amtsbezirke zusammen, entweder Delegierte der Gemeinden oder alle erwachsenen Männer.[3] Wie schon 1525 handelte es sich dabei um Untertanen aus den Vogteien Farnsburg, Waldenburg, Homburg, Ramstein und Liestal. Im Amt Münchenstein verweigerten die Untertanen zwar zeitweise ebenfalls die geforderte Steuer, bei den grossen Landsgemeinden fehlten sie aber, ebenso wie die Gemeinde Pratteln. Von den zahlreichen Landsgemeinden der Jahre 1591 bis 1594 fanden vierzehn in Sissach statt, die übrigen verteilten sich auf Diegten, Gelterkinden, Liestal, Oltingen/Schafmatt und Bubendorf. Landsgemeinden wurden einberufen, wenn Abgeordnete der Untertanen über Missionen oder Verhandlungsergebnisse zu berichten hatten oder wenn die Interessen der verschiedenen Gemeinden und Ämter koordiniert und strategische Entscheidungen getroffen werden mussten. Die Gemeinden und die Ämter berieten zunächst für sich und suchten untereinan-

deln, und dass sie ihre Zustimmung von der Erfüllung gewisser Forderungen abhängig machen konnten. So setzte die Obrigkeit die Erhöhung des Weinumgelds zwar durch, nicht aber, wie ursprünglich beabsichtigt, grundsätzliche Änderungen der Besteuerungsart, die preis- und damit teuerungsunabhängige Steuersätze gebracht hätten.

Der Konflikt um die Erhöhung des Weinumgelds zeigt, dass die Herrschaftsbeziehungen immer noch verhandelbar waren. Die Position der Landleute hatte sich im Lauf des 16. Jahrhunderts allerdings verschlechtert, das Machtgefälle zwischen Obrigkeit und Untertanen war grösser geworden.

der einen Konsens zu finden, der dann mit den anderen Vogteien abgesprochen werden musste.

Anhand eines Berichts des Leutpriesters Stephan Stör über eine solche Versammlung im Jahr 1525 können wir uns auch über die Landsgemeinden der 1590er Jahre ein Bild machen: Die anwesenden Personen bildeten einen Kreis um einen Verhandlungsleiter, der fast immer ein Amtsinhaber war. Dieser rief verschiedene Redner in den Ring, damit sie sich über die zur Debatte stehenden Fragen äusserten. Die Reihenfolge der Redner orientierte sich an deren politischem und sozialem Rang. Wenn sich im Lauf der Reden ein Konsens abzeichnete, konnte zum Abstimmungsentscheid geschritten und zum Beispiel die Abfassung einer Bittschrift beschlossen werden. Eine solche Supplikation wurde an einer nächsten, oder wenn sie bereits vorbereitet war, noch an derselben Landsgemeinde Punkt für Punkt besprochen. Aufgrund dieser Diskussion konnten die Teilnehmer dann ihrerseits ihre Gemeinden oder Ämterversammlungen orientieren. Die Landsgemeinden dauerten meistens mehrere Stunden und wurden nicht selten mit einem Eid abgeschlossen. Dieser sollte die Versammelten einander verpflichten und die Geschlossenheit des Widerstands sichern. Gemein-

Tagsatzung in Baden

Die stilisierte Illustration von Hieronymus Vischer in Andreas Ryffs «Circkell der Eidtgnoschaft» von 1597 zeigt den Sitzungssaal der Tagsatzung im Rathaus von Baden, wo sich die Gesandten der eidgenössischen Orte trafen: regelmässig zur Abnahme der Jahresrechnung über die Verwaltung der «Gemeinen Herrschaften», und nach Bedarf zu gesamteidgenössischen Geschäften, die vor allem Fragen der Verteidigung und des Zusammenlebens der Konfessionen sowie innereidgenössische Konflikte wie zum Beispiel den Bauernkrieg von 1653 betrafen.

Die Tagsatzung war keine weisunggebende Instanz, sondern eine Konferenz, zu der die einzelnen Orte ihre Gesandten abordneten.

Diese waren meistens hochrangige Vertreter der jeweiligen Obrigkeiten.

Diese Delegierten besassen keine Entscheidungsbefugnis in konkreten Fragen, sondern handelten nach den Instruktionen, die sie mit auf den Weg bekommen hatten.

Dies weil sich die Herrschaft der Stadt Basel in dieser Zeit konsolidiert hatte und weil die dörfliche Gesellschaft heterogener geworden war. Immerhin war es den Untertanen gelungen, die Situation mit Hilfe der Eidgenossenschaft drei Jahre lang offen zu halten und die Obrigkeit auf Dauer herauszufordern. Trotzdem markiert der Konflikt für das alte Basel eine wichtige Etappe in der Entwicklung von der «Herrschaft mit Bauern» zu Beginn der frühen Neuzeit hin zur «Herrschaft über Bauern», die spätestens mit Ende des Bauernkriegs von 1653 erreicht war. Aus diesem Grund wird der «Rappenkrieg» hier im Rahmen des 17. Jahrhunderts geschildert.

Eine Region am Rand des Dreissigjährigen Kriegs

Der Dreissigjährige Krieg von 1618 bis 1648 bedeutete für eine Grenzregion eine Zeit der Kriegsangst, der Grenzverletzungen, Truppendurchmärsche, Einquartierungen, Beschlagnahmungen und Plünderungen, Flüchtlinge und Versorgungsengpässe. Das Elsass, der Breisgau und die oberrheinischen Waldstädte, vor allem Rheinfelden, waren während des Krieges immer wieder umkämpft. Aufgrund der Schwäche ihrer eigenen Mittel konnten Stadt wie Fürstbischof Durchzüge von kaiserlichen, schwedischen und französischen Truppen durch ihr Territorium mehrmals nicht verhindern. Die Stadt Basel bemühte sich im Allgemeinen um eine neutrale Haltung, um nicht in den Krieg hineingezogen zu werden. Im Übrigen hätte jedes Bündnis mit der einen oder anderen Kriegspartei den Fortbestand der konfessionell gespaltenen Eidgenossenschaft gefährdet. Das Fürstbistum war als Teil des Reiches stärker in den Krieg einbezogen.

Die Menschen der Region waren nicht nur von Kriegshandlungen betroffen, auch zahlreiche Flüchtlinge vor allem aus dem Elsass und dem Markgräflerland strömten in die Region, so dass sich die allgemeine Versorgungslage zusätzlich verschlechterte. Im Frühjahr 1633 zum Beispiel hielten sich laut Peter Ochs infolge Anrückens der Schweden über 5000 Flüchtlinge samt Fahrhabe und Vieh für mehr oder weniger lange Zeit in der Stadt Basel

de- und ämterweise Versammlungen sowie die überregionalen Landsgemeinden dienten also auch dazu, die Leute bei der Stange zu halten und die Oppositionsbewegung über die Gemeinden hinaus zu stärken. Das war angesichts der damaligen Kommunikationsmittel nicht ganz einfach: Man war meistens zu Fuss unterwegs, und man kommunizierte in erster Linie mündlich. Ausserdem bargen die unterschiedlichen Interessen der Gemeinden und Ämter immer auch die Gefahr, dass die Widerstandsfront auseinander brach. Die Landleute pochten nicht nur gegenüber der Obrigkeit, sondern auch gegenüber ihresgleichen auf ihre Sonderrechte.

Das «Wildensteiner Parlament»

Am Abend des 15. Mai 1594 wollte Andreas Ryff, der das Basler Truppenkontingent befehligte, von Liestal aus den bei der Obrigkeit als Hauptanführer geltenden Hans Sigrist von Niederdorf festnehmen lassen.[4] Die offenbar wenig motivierten 33 Stadtbasler, Liestaler und Bubendorfer Soldaten gingen dabei aber so dilettantisch vor, dass das Vorhaben misslang. Sie hatten bei ihrer Ankunft in Niederdorf den Hund von Sigrist geweckt, worauf sich dieser auf das Dach seines Hauses flüchtete. Die Soldaten drangen ins Haus ein und befragten seine Frau und sein Gesinde, zogen schliesslich aber ohne ihn ab. Die

auf, in der sonst knapp 12 000 Menschen wohnten.[4] Das hinderte fremde Truppenkommandanten nicht, die Rückkehr oder aber Tributzahlungen der Flüchtlinge zu verlangen, was die Stadt oft in heikle Situationen brachte. Die Flüchtlingshilfe entsprang nicht nur einer traditionellen Christenpflicht, sondern auch dem Bewusstsein, dass man selbst rasch in einer ähnlichen Situation auf die Hilfe von Fremden angewiesen sein konnte. Oft kannte man die Flüchtlinge, da sie sich zumeist nur wenig von ihrer Heimat entfernten, also etwa vom Fricktal ins Farnsburger Amt. Das erleichterte auch die schnelle Rückkehr. Gegenüber den Bettelnden verfuhr man dagegen rigoroser: Die so genannten Betteljagden wurden intensiviert. Der Dreissigjährige Krieg blieb den Landleuten in erster Linie in Erinnerung, weil ihre Obrigkeit, der städtische Rat so gut wie der Fürstbischof, eine ihrer grundlegenden Pflichten nicht erfüllen und ihre Untertanen nicht vor fremden Soldaten schützen konnte. Die fünf Jahre später, 1653, ausbrechenden Bauernunruhen stürzten die Stadt Basel in die tiefste Herrschaftskrise des Ancien Régime, während der Fürstbischof seine Stellung verstärkte: Er schloss 1627 die Rekatholisierung erfolgreich ab und löste einen Steuerkonflikt 1630 zu seinen Gunsten.

Insgesamt war die Region zwischen Jura und Rhein nicht in dem Ausmass vom Krieg betroffen wie viele Territorien des Reichs, von einer über Jahre, wenn nicht sogar Jahrzehnte anhaltenden Notsituation kann, vor allem für das städtische Gebiet, nicht gesprochen werden. Trotzdem herrschte in dieser Zeit erhöhte Unsicherheit und Ungewissheit in Stadt und Land. Man war zum Beispiel je nach Gegend nie sicher, ob man auf einem seiner alltäglichen Gänge fremden Soldaten in die Hände fiel. Diese kannten oft keine Gnade bei Leuten, die ihren Wünschen nicht nachkamen. Ausserdem flammte in den gleichen Jahrzehnten die Pest wieder auf, 1609/11, 1628/29 und 1633/36.

Ein erstes Mal streifte der Krieg die Stadt, als österreichische Truppen an Basel vorbeizogen, im April 1619 von Rheinfelden her in Richtung Häsingen, im März 1620 über das Bruderholz in Richtung Hülften und Augst. Die

Basler Friedenspfennig 1648
Wie in anderen Städten und Gegenden Mitteleuropas feierte auch Basel das Ende des Dreissigjährigen Kriegs 1648, unter anderem mit mehreren Friedensmünzen. Die Münzen und Medaillen, die aus diesem Anlass geprägt wurden, zeigen Symbole des Friedens wie eine Taube mit Ölzweig, Symbole der Freude und des Jubels wie Engel, die Posaunen blasen, oder Symbole der Hoffnung wie eine grosse aufgehende Sonne. Dies jeweils in Kombination mit Stadtansichten, Blumenfeldern oder Ideallandschaften.

Untertanen hatten die militärischen Vorkehrungen des Rates bisher mit grossem Misstrauen beobachtet, jedoch nichts Weiteres dagegen unternommen. Das Vorgehen der Obrigkeit gegen Sigrist empfanden sie jedoch als hinterhältig, sie sahen darin eine Verletzung elementarer Regeln der Konfliktaustragung. Entsprechend heftig war die Reaktion.

Sigrist hatte die Bevölkerung der umliegenden Gemeinden umgehend informiert, und rasch versammelte sich am 16. Mai eine grosse Schar bewaffneter Landleute beim Schloss Wildenstein. Ryff zog mit 170 Mann nach Bubendorf und liess diese in Schlachtordnung aufstellen. Lediglich durch den Abhang zwischen dem in der Ebene liegenden Bubendorf und der Anhöhe von Schloss Wildenstein voneinander getrennt, standen die Truppen der Obrigkeit und die bewaffneten Untertanen einander gegenüber.

Den ersten Schritt zur Entspannung unternahmen die Untertanen; sie schickten zwei Männer hinab, um die Absichten der Basler Streitmacht zu erfahren. Ryff versicherte ihnen, die Basler Truppen seien nur zum Schutz der Gehorsamen hier. Drei seiner Leute begleiteten darauf die beiden Baselbieter zurück, um die versammelten Landleute zu bewegen, nach Bubendorf zu kommen, wo Ryff ihnen die Absichten des

Liste solcher Durchmärsche lässt sich beliebig verlängern.[5] Am 15. Oktober 1633 zum Beispiel erging von Laufenburg aus eine Anfrage kaiserlicher Truppenführer an den Rat, über Basler Boden nach Breisach ziehen zu dürfen, im Übrigen wurde Proviant für die Truppen verlangt. Die Stadt verhandelte, doch ohne Erfolg. Schon am Morgen des 18. Oktober standen die kaiserlichen Soldaten auf dem Birsfeld. Langsam, aber ohne die Stadt allzu sehr zu behelligen, zogen in den nächsten zwei Tagen etwa 25 000 Mann in Richtung Norden. Die kaiserlichen Heerführer bedankten sich für den «Durchpass» und äusserten ihr Bedauern über Schäden, unter denen wegen Verproviantierungen und Einquartierungen vor allem die Untertanen des Farnsburger Amtes zu leiden hatten. In Hemmiken, Maisprach, Ormalingen, Buus, Nusshof und Hersberg, Giebenach und weiteren Orten kam es zu Plünderungen und Brandschatzung. Zu allem hin kritisierten Schweden und Frankreich die Brotlieferungen an die österreichisch-spanische Armee als Neutralitätsbruch Basels. Der Rat sass in solchen Fällen in der Klemme: Die Abgabe von Proviant an fremde Heere, sei es zwangsweise oder als «ordentliches» Geschäft, war zwar eine Gefährdung der Neutralität, bot aber dem einheimischen Handwerk und Handel zusätzlichen Verdienst.

Wenn die Truppen Quartier nahmen, was besonders im Fürstbistum mehrmals der Fall war, hatte die Bevölkerung im Gegensatz zu Durchmärschen Belastungen von Dauer zu ertragen, in erster Linie den Unterhalt und Transportdienste. Als sich zum Beispiel schwedische Truppen im August/September 1633 während mehrerer Wochen im Fürstbistum aufhielten, hatte das Amt Birseck wöchentlich unter anderem 50 Säcke Hafer, 12 Wagen Heu, 3 Rinder, 8 Ohm Wein, 50 Pfund Butter und 100 Eier zu liefern. Punktuell, aber nicht selten noch schlimmer waren die Beschaffungsaktionen von Militärs, die sich in der Nachbarschaft jenseits der Territoriumsgrenzen niedergelassen hatten. Die Soldaten holten sich auch in Basler Gemeinden, was sie zum Leben brauchten. So überfielen 18 schwedische Reiter im Februar 1633 Oberwil und Therwil, drohten, die Dörfer anzuzünden, und forderten

Rates ausführlich erläutern wollte. Misstrauisch geworden zogen es die Untertanen aber vor, wieder nur eine kleine Gruppe von zehn bis zwölf Leuten zu schicken, denen Ryff erneut den Grund seines Hierseins erklärte. Die Männer zogen sich auf die Wildensteiner Höhe zurück mit dem Versprechen, die dort versammelten Leute zu befragen. Ryff seinerseits ordnete Männer in die oberen Ämter ab, um die herbeieilenden Untertanen zur Umkehr zu bewegen, zudem forderte er in Basel Verstärkung an.

Weil immer mehr Landleute zusammenströmten, zog es Ryff vor, seine Truppen in Liestal zu konzentrieren und eine Unterredung mit Sigrist zu suchen. Er schickte darum Heinrich Strübin, den Pfarrer von Bubendorf, mit einem Begleiter zu Sigrist, um ein Gespräch ohne Beteiligung des Volkes zu vereinbaren. Sigrist willigte ein, verlangte allerdings Sicherheit für sich und seine Begleitung. Schliesslich wurde für den folgenden Tag ein Treffen zwischen ihm und Ryff im Gebiet zwischen Wildenstein und Bubendorf festgesetzt.

Ryff traf am 17. Mai auf der Wildensteiner Weide ein, zusammen mit 15 Soldaten, Pfarrer Strübin und dem Müller von Bubendorf. Von der Gegenseite war aber niemand da. Erst nachdem die Landleute die Situation beobachtet und sicheres Geleit

Essen und Trinken sowie 400 Reichstaler. Da die Landleute nicht sofort mit dem Verlangten zur Stelle waren, wurden einige von ihnen erschlagen und viele verwundet. Im Juni/Juli kamen die schwedischen Soldaten ein zweites Mal und nahmen den Ober- und Therwilern Lebensmittel und einen Grossteil des Viehs ab. Ähnlich erging es Gemeinden im alten Basel, so etwa Biel-Benken und Anwil im Herbst 1634. Manchmal war es sogar kaum möglich, die Ernten einzubringen, da sich die Truppen zum Teil direkt auf dem Feld bedienten.

Der Krieg bewog die Obrigkeit überall, Ausrüstung und Ausbildung der eigenen Soldaten regelmässig bei Musterungen und Waffenübungen zu überprüfen und wenn möglich zu verbessern. Der Erfolg war bescheiden, die vergleichsweise geringen Truppenkontingente konnten lediglich präventiv eingesetzt werden, in der Stadt etwa für die Verstärkung der Tor- und Mauerbewachung oder für die Grenzbesetzungen. Diese hielten vor allem die Männer der Landschaft immer wieder für längere Zeit von Arbeit, Verdienst und Familie fern, so etwa im Herbst 1624, als im stadtnahen Amt Rötteln Truppen des kaiserlichen Generals Tilly Quartier bezogen. Nach mehr als vier Monaten Wachtdienst in Augst wurden die Liestaler und Waldenburger Soldaten aufgrund einer Beschwerde an den Rat von Farnsburgern abgelöst. Zu den Auswirkungen des Krieges gehörten auch Lebensmittelknappheit und entsprechend hohe Preise, so dass die Obrigkeit immer wieder verbilligtes Getreide abgeben musste. Gleichzeitig jedoch brachten nicht wenige Spekulanten in diesen harten Zeiten mit Schieber- und Schwarzmarktgeschäften ihr Scherflein ins Trockene. Auch ausstehende Schulden wurden mit grösserer Härte eingetrieben. Eine Plage waren ausserdem die vermehrt auftretenden Werber, die Männer für die fremden Dienste engagierten. Gleichwohl ging das normale Leben weiter, Schützen- und Kirchweihfeste, Spiel und Tanz, Fasnacht und andere Vergnügungen wurden vor allem in ruhigeren Zeitabschnitten genauso wie der übrige «Handel und Wandel» aufrechterhalten.

garantiert erhalten hatten, erschien Sigrist mit einer in Fünferreihen geordneten Streitmacht von etwa 300 bis 500 Untertanen. Trotz seiner Überraschung richtete Ryff eine Rede an die Männer, in der er die Obrigkeit und die bestehenden Herrschaftsverhältnisse rechtfertigte, ohne auf strittige Details einzutreten.

Danach trafen sich Ryff und Sigrist mit je einer Dreierdelegation zu einem Gespräch im freien Raum zwischen den Truppen beider Seiten. Ryff ermahnte Sigrist, die Landleute wieder zum Gehorsam gegenüber der Obrigkeit zu bewegen, während Sigrist darauf verwies, dass das Vorgehen der Landleute auf Mehrheitsbeschlüsse zurückging. Er versprach aber, zum Gehorsam aufzurufen. Danach hielten die beiden Anführer nochmals je eine Rede, in der Sigrist betonte, er habe die Leute nicht aufgewiegelt, und um seiner und aller willen bat, man möge der Obrigkeit wieder gehorchen.

Nach längeren Diskussionen unter sich, die sich wegen der späteren Ankunft der Farns- und der Homburger hinzogen, willigten die Landleute schliesslich ein und akzeptierten die Steuererhöhung. Ryff schenkte dabei den symbolischen Handlungen ein besonderes Augenmerk, indem er die Landleute mit Essen und Trinken bewirtete und versprach, ihre Wünsche und

Erinnerung an 1653

Bis vor kurzem stand beim Hotel Engel in Liestal ein 1904 errichtetes Denkmal, das vom Architekten Wilhelm Brodbeck, 1873–1957, entworfen worden war und an den Bauernkrieg von 1653 erinnern sollte. Die Initiative dazu kam vom landwirtschaftlichen Verein des Kantons Baselland. Auf der Vorderseite wurde festgehalten: «Dem Andenken an die am 24. Juli 1653 für das Volk gestorbenen Baselbieter. 1904.» (Die Hinrichtung hatte allerdings am 14. Juli 1653 stattgefunden.) Auf der Rückseite stehen die Namen der Hingerichteten mit dem Kommentar: «Unterdrückt, aber nicht überwunden. Errichtet vom Volk von Baselland.1904.» Die Verallgemeinerung – von den Bauern zum ganzen Volk – sollte wohl auch den Zweck haben, aus Anlass des 350-Jahr-Jubiläums dem Baselbiet ein Stück historische Verwurzelung zu geben und seine Eigenständigkeit zu betonen.

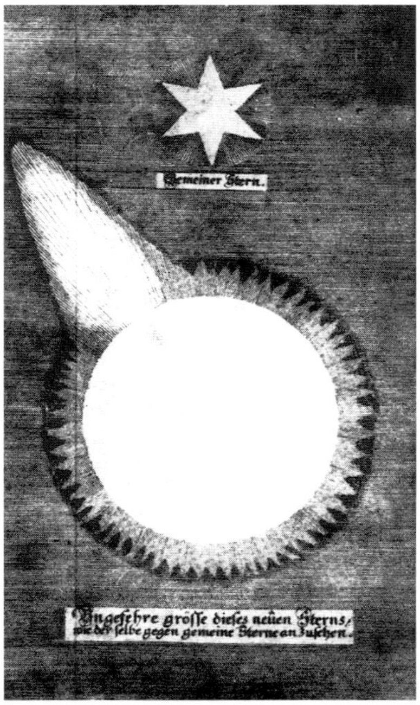

Das Himmelszeichen
Katastrophen und Krisen wie der Bauernkrieg verlangten nach Erklärung. Beliebt war in der frühen Neuzeit der Rückgriff auf Zeichen wie Kometen, aussergewöhnliche Wetterlagen wie Hagelschläge oder Preisteuerungen, die als Zeichen Gottes angesehen wurden. Entweder wiesen solche Zeichen auf Kommendes hin oder – was häufiger war – sie deuteten vergangene Vorkommnisse aus dem Nachhinein, indem sie als klare Hinweise für den faktischen Ausgang der Ereignisse interpretiert wurden. So schrieb zum Beispiel der damalige Basler Ratsschreiber Niklaus Rippel 1653 über einen Hagelschlag, der wenige Tage nach Beendigung des Bauernkriegs über Liestal niedergegangen war: «Gott gebe, dass das noch iemlich verhärtete rebellische Volk von Manns- und Weibspersonen an selbigem Ort hierdurch möchte erweicht werden.» Der «greuliche Planet mit dem gestutzten Bart» – eine Anspielung auf den Bauernführer Leuenberger – war vom Dezember 1652 bis im Frühjahr 1653 in der ganzen Schweiz zu sehen und wurde nach der Niederschlagung des Bauernkriegs von vielen Leuten als Ursache und Ankünder dieser Rebellion aufgefasst.

Die Region war von den Folgen des europäischen Krieges auch insofern betroffen, als der Sundgau vor den Toren der Stadt 1648 französisch wurde und Basel von da an nur noch im Fricktal an die österreichischen Vorlande grenzte. Mit dem Ende der spanischen Herrschaft in der Freigrafschaft stieg Frankreich 1674 zum einzigen, mächtigen Nachbarn im Westen und Norden des Fürstbistums auf. Wegen der Erfahrungen aus dem Dreissigjährigen Krieg und der Vormachtstellung Frankreichs an der Nordgrenze wurde die gesamteidgenössische Verteidigung mit den so genannten Defensionalen von 1646/47 und 1668 erneuert. Für Basel war darin vor allem die Regelung der eidgenössischen Grenzbesetzung von Bedeutung.

Die Ursache des Bauernkriegs von 1653 im alten Basel

Obwohl die Region Basel seit Beginn der 1640er Jahre nicht mehr unter dem Dreissigjährigen Krieg zu leiden hatte, ermöglichte erst der Friedensschluss von 1648 die Rückkehr zu normalen Zuständen.[6] Solche Übergangszeiten stellten die Herrschaftsbeziehungen auf die Probe, weil sich die inneren Verhältnisse und die äusseren Rahmenbedingungen veränderten. Was im Krieg eingeführt wurde und sich als gängige Praxis eingeschlichen hatte, stand nun zur Disposition. Obrigkeit wie Untertanen versuchten, stillschweigend beizubehalten, was ihnen zupass kam, und strengten sich an, Unbeliebtes wieder abzuschaffen.

Hinzu kam, dass die wirtschaftliche Lage ungünstig war. Die tendenziell schlechtere Witterung drückte auf die Erträge der Landwirtschaft, und die vor allem für die besser gestellten Bauern gute Kriegskonjunktur war abgeflaut.[7] Trotz punktuell gravierender Schäden hatten während des Dreissigjährigen Kriegs vor allem die grossen Getreidebauern von den kriegsbedingt höheren Preisen für Agrarprodukte profitieren können und dabei eine grössere Verschuldung ihrer Betriebe in Kauf genommen. Nach 1648 aber gingen die Erträge aus dem Verkauf von Landwirtschaftsprodukten zurück, die Schuldzinsen drückten stärker als vorher, zumal die Gläubiger auch in Basel

Forderungen, so etwa nach Amnestie, an den Rat weiterzuleiten. Ebenso lud er die Anführer nach Liestal ein, wo er sie auf Kosten des Rates beherbergte und verköstigte. Andererseits liess er die Untertanen die gefassten Beschlüsse beschwören. An einer besonderen Versammlung am 20. Mai in Sissach erreichte er schliesslich auch noch die endgültige Zustimmung der Farnsburger.

Die Kriegskontribution von 1630 im Fürstbistum

Im Herbst 1629 sollte das Fürstbistum auf kaiserliche Anordnung hin drei im Elsass lagernde Kompanien einquartieren oder aber eine monatliche Kontribution zahlen.[5] Fürstbischof und Landstände entschieden sich in der Folge angesichts der bedrängten wirtschaftlichen Situation für die zweite Variante. Für den Monat Januar des Jahres 1630 hatte das Amt Zwingen 260 Gulden, die Stadt Laufen 200, das Amt Birseck 600 und das Amt Pfeffingen 200 Gulden zu entrichten. Eine zeitliche Begrenzung dieser monatlichen Beiträge war nicht zugesichert worden.
Infolge schlechter Ernten und kriegsbedingter Ausfuhrbeschränkungen benachbarter Gebiete reichten die Vorräte in den Ämtern nicht einmal zur Selbstversorgung aus, so dass sich schnell Opposition regte. In den

auf Einhaltung der Termine drängten. Im Gegensatz zu Bern und Luzern auferlegte der Basler Rat den Gläubigern 1651 gewisse Schranken und entschärfte so das Verschuldungsproblem. Indirekt betraf die konjunkturelle Entwicklung auch die ärmeren Teile der Bevölkerung, weil deren Verdienstmöglichkeiten bei grossen Bauern eingeschränkt wurden.

Während des Dreissigjährigen Krieges hatte die Basler Obrigkeit nicht aufgehört, ihre Herrschaftspolitik zu intensivieren. Sie suchte die Selbst- und Mitbestimmung der Landleute weiter zurückzubinden, indem sie zum Beispiel mehr Einfluss auf die Wahl der Unterbeamten nahm oder die Huldigungen zu reinen Zeremonien ohne Verhandlungscharakter werden liess. Sie griff vermehrt in wichtige Bereiche der Gemeinden ein, so etwa bei der Holznutzung, indem sie seit 1625 auf der ganzen Landschaft eine neue Abgabe erhob, die «Stammlöse» für Bauholz. Versorgungsengpässe während der Kriegsjahre ermöglichten auch wirtschaftpolitische Eingriffe. Unter anderem wurden zur besseren Absicherung des obrigkeitlichen Salzmonopols die Strafen für den Schmuggel erhöht. 1623 wurde eine Währungsreform durchgeführt, weshalb der Rat 1652 nicht im gleichen Mass wie Bern und Luzern zu Abwertungen schreiten musste. Im sittlich-religiösen Bereich erliess der Rat 1637 eine neue Reformationsordnung und stärkte damit die reformierte Kirche und deren enge Bindung an die Obrigkeit.[8]

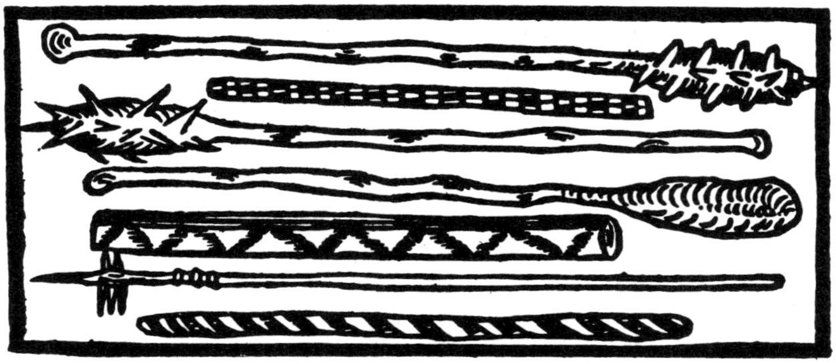

«Bauernwaffen»

Obwohl sie zum Wehrdienst verpflichtet und daher im Allgemeinen mit den damals üblichen Schusswaffen, Musketen und Radschlossgewehren, sowie Halbarten und Spiessen ausgerüstet waren, manifestierten die protestierenden Landleute ihren Widerstandswillen 1653, indem sie mit zum Teil altertümlichen Waffen wie Morgensternen und Prügeln auftraten. In der Literatur wird dieser Widerspruch zum Teil dahingehend interpretiert, dass die Untertanen damit trotz Gewaltbereitschaft Verhandlungswillen signalisieren und es nicht aufs Äusserste ankommen lassen wollten. Mit den «richtigen» Waffen der Obrigkeit entgegenzutreten, hätte von dieser als Kriegserklärung aufgefasst werden müssen. Es ist für den bäuerlichen Protest in der frühen Neuzeit typisch, dass die protestierenden Landleute immer darum bemüht waren, ihren Widerstand als legitim und nichtrevolutionär erscheinen zu lassen. Umso überraschter waren die Landleute, als die Obrigkeiten nicht mit gleicher Münze heimzahlten, sondern ihnen technisch und taktisch überlegene reguläre Truppen entgegenstellten. Entsprechend schnell war die Rebellion beendet.

Gemeindeversammlungen wurde die Kontributionsfrage diskutiert, in Laufen wurden Vorbereitungen für den bewaffneten Widerstand getroffen, zum einen gegen allenfalls einrückende kaiserliche Truppen, zum andern zur Verteidigung gegen obrigkeitliche Strafmassnahmen und schliesslich auch, um zahlungswillige Gemeindemitglieder einzuschüchtern. In Blauen, Nenzlingen, Brislach und Dittingen führten die Meier den Widerstand an, in Röschenz und Zwingen schlossen sie sich zögernd an, während sie sich in Wahlen und Liesberg als obrigkeitstreu erwiesen. In allen Gemeinden jedoch setzten sich jene Stimmen durch, die für Widerstand plädierten.

Als am 11. Februar eine fürstbischöfliche Delegation in Zwingen erschien mit dem Auftrag, die Untertanen an den Beschluss der Landstände zu erinnern und für den Weigerungsfall Repressionen anzudrohen, waren die Gemeinden alarmiert: Umgehend sammelten sich etwa 200 Bewaffnete vor dem Schloss Zwingen. Die Delegation musste also verhandeln, Ergebnisse wurden aber keine erzielt. Die Gesandten befürchteten ein Ausgreifen der Bewegung auf andere Ämter und die Unterstützung der Untertanen durch Solothurn und empfahlen dem Fürstbischof, 400 Mann aus anderen Ämtern aufzubieten.

«Der rebellischen Schweitzer Bauren Obmann»

Dieses Hans Heinrich Glaser von Basel zugeschriebene Aquarell von 1653 zeigt den Berner Bauernführer Niclaus Leuenberger als freien Mann in beinahe festlicher Kleidung. Das gefältelte Hemd und die gleichartige Hose sowie die Bändel geben der Kleidung etwas Festtägliches. Es existiert ein zweites ähnliches Bild aus dem gleichen Jahr von der gleichen Hand, das Leuenberger als gefangenen Mann zeigt. Beide Darstellungen sind wie einige weitere nach seiner Hinrichtung entstanden. Normalerweise sind diese Bilder nicht signiert, denn die Obrigkeit konnte sie leicht als Sympathiekundgebung für die Bauernbewegung interpretieren, was für den Urheber oder die Besitzer einer solchen Abbildung riskant sein konnte. So wurde auch das Singen des Leuenberger-Liedes von den Regierungen, die vom Bauernkrieg betroffen waren, verboten. Der Bauernkrieg und seine Protagonisten gerieten nicht in Vergessenheit. Das zeigen die bildlichen und textlichen Zeugnisse aus den folgenden Jahrhunderten. Besonders in Zeiten des Umbruchs wie dem Ende des Ancien Régime oder um die Wende vom 19. zum 20. Jahrhundert erinnerten sich die Landleute beziehungsweise die Bauern und ihre Standesorganisationen gerne an ihre «Vorfahren». Dabei waren mythologisierende Tendenzen unvermeidlich, gerade was die Hauptperson des «Dramas» anbelangt.

Um den Alltag der Landleute vermehrt zu regulieren, forderte der Rat die Landvögte vor allem in den 1640er Jahren auf, Delikte strenger zu ahnden und mehr Bussen zu verhängen. Damit förderte er allerdings auch den Missbrauch dieser Kompetenz, denn ein Teil der Bussen ging an den Landvogt. Angesichts der relativ geringen Kontrolle durch den Rat neigten manche Landvögte dazu, vermehrt willkürliche Entscheide zu treffen und dabei in die eigene Kasse zu wirtschaften. Darüber beklagten sich vor allem die Untertanen regelmässig, aber auch der Rat zeigte sich bisweilen ungehalten.

Ein besonderer Stein des Anstosses war 1653 das Soldatengeld. Um den militärischen Schutz der Stadt zu finanzieren, erhob der Rat seit 1627 das Soldatengeld, eine Abgabe auf dem Vermögen. Sie sollte auf die Dauer des Krieges befristet sein. Die Landleute sahen den Sinn dieser zusätzlichen Belastung angesichts der schweren Zeiten zwar ein, liessen aber sogleich grosse Zahlungsrückstände entstehen. Der Widerwille gegen die Steuer wurde nach Kriegsende stärker, zum einen weil die Obrigkeit die geschuldeten Summen konsequent eintrieb, zum anderen weil die Landleute diese Abgabe nicht mehr akzeptierten, zumal sie nach dem Friedensschluss von 1648 entgegen früheren Versprechungen nicht aufgehoben worden war. Die Empörung darüber war umso grösser, als die Landbevölkerung während des Krieges die bittere Erfahrung hatte machen müssen, dass die Obrigkeit sie nicht immer vor den Übergriffen fremder Truppen zu schützen vermochte. Da Bitten an den Rat nichts nützten, traten die Landleute 1652 in einen begrenzten Abgabenstreik und weigerten sich, das Soldatengeld zu bezahlen.

Die Dynamik der Herrschaftskrise

Während in Bern und Luzern eine allgemeine Abwertung, der so genannte Batzenabruf, die Gemüter schon Ende 1652 und Anfang 1653 erhitzte, wurden die Baselbieter Landleute erst im März 1653 alarmiert, als der Basler Rat zur militärischen Unterstützung Berns begonnen hatte, auf der Landschaft Soldaten anzuwerben. Die Kunde von den Ereignissen in Luzern und Bern

Der Fürstbischof nahm Rücksprache mit Solothurn und liess 30 Mann nach Zwingen verlegen. Wiederum wurde im Laufental Alarm gegeben. Die Soldaten gelangten aber unbehelligt an ihr Ziel. Die herbeigeeilten Bauern versammelten sich in der Nacht vom 13. auf den 14. Februar in Laufen und nahmen Kontakt zu benachbarten Solothurnern auf. Auch die Solothurner wussten von den Ereignissen im Elsass und in der Markgrafschaft und auch davon, was ihnen von fremden Truppen drohte. Sie waren daher froh, dass sich die «vorgeschobenen» Laufentaler widersetzen wollten. Eine koordinierte Aktion kam jedoch nicht zustande. Ja, bereits in den folgenden Tagen brach der Widerstand der Laufentaler zusammen. Es ist unklar, ob sie sich allein gelassen fühlten oder ob ihnen die Besetzung des Schlosses Zwingen Angst eingeflösst hatte. Auf alle Fälle wollte niemand weiter gehen, als man bereits gegangen war.

In den benachbarten Ämtern Birseck und Pfeffingen hatte sich die Opposition zudem nicht so weit entwickelt wie im Laufental. Einzig die Gemeinde Ettingen stellte ihre Zahlungen vorübergehend ein. Das Amt Pfeffingen zeigte sich etwas rebellischer und wollte erst zahlen, wenn das Laufental auch zahlte. Nach dem 16. Februar konnten die Vertreter des Fürstbi-

Niclaus Lewenberger.
Der Rebellischen Schweitzer bauren Obman.
Ist also gekleidet gangen, als man Ihn hat gefangen
1653.

war mittlerweile auch ins Baselbiet gedrungen, und die Landleute argwöhnten, die Soldaten würden jenseits des Juras eingesetzt, und dann, so die Argumentation der Untertanen, dienten die Soldatengelder überhaupt nicht mehr ihrem ursprünglichen Zweck.

Aus dieser Konstellation entwickelte sich die bekannte Dynamik von Herrschaftskonflikten: Auf der einen Seite stehen die Landleute, die sich organisieren, die Bevölkerung mobilisieren, Versammlungen von Gemeindeausschüssen und allgemeine Landsgemeinden durchführen, Forderungskataloge aufstellen, Bittschriften an die Obrigkeit abfassen, Delegationen in die Stadt senden und nicht zuletzt gewisse militärische Vorbereitungen treffen wie etwa die Beobachtung von Landvogteischlössern oder die Verstärkung des Alarmierungssystems zwischen den Dörfern. Auf der anderen Seite stand die Obrigkeit, die ihre militärischen Massnahmen zu Gunsten befreundeter Orte weiterführte, den Schutz der Stadt verbesserte und die Schlosswachen verstärkte. Ferner stand der Rat in regem Kontakt mit anderen eidgenössischen Orten und der Tagsatzung. Wie früher schon verhielt sich der Rat den Untertanen gegenüber einmal störrisch-abweisend, das andere Mal entgegenkommend. Ratsdelegationen wurden auf die Landschaft geschickt, Verhandlungen mit Untertanenausschüssen geführt, manchmal jedoch wurde das Gespräch brüsk verweigert, wurden Bittschriften nicht beantwortet, die Landleute im Ungewissen gelassen.

Neu und für damalige Verhältnisse geradezu unerhört war, dass sich die Landleute dem allgemeinen, vom Emmental ausgehenden Bauernbund anschlossen und aufgrund der Bündnisverpflichtung auch eigene Truppen über den Jura sandten. Zum ersten Mal in der Geschichte der Eidgenossenschaft verbündeten sich Untertanen verschiedener Herrschaften untereinander und wurden so zu einer ernsthaften Gefahr für die Obrigkeit.

Obwohl die Basler Kontrahenten kurz vor einer Einigung standen, wurde der Konflikt schliesslich ausserhalb von Basel entschieden: Die Niederlage der übrigen eidgenössischen Bauern in Mellingen besiegelte auch

schofs im Laufental daran gehen, die Rebellen zu verhaften und zu bestrafen. Auch wurden die ersten Raten der Kontribution eingezogen.
Die Dramatik des Widerstands gegen die Kontributionen von 1630 kontrastiert mit dessen schnellem Zusammenbruch. Zur Erklärung ist darauf hinzuweisen, dass diese Erhebung keinen fundamentalen Angriff auf das Herrschaftssystem darstellte. Es gab einen ganz konkreten Anlass, die Furcht vor Kontributionen und vor anrückenden Heeren. Die Revolte war die fast schon verzweifelte Reaktion auf eine akute Bedrohung von aussen, nicht eine Aktion zur prinzipiellen Veränderung der gemeindlich-bäuerlichen Lebensbedingungen. Ein frontaler Angriff gegen die Obrigkeit, konkret gegen das Häuflein fürstbischöflicher Musketiere, das ihnen hoffnungslos unterlegen war, stand für die Landleute ausser Frage. Ausserdem blieb Unterstützung von aussen, vor allem von Solothurn, aus. Offen bleibt, warum die Kontribution von 1630 gewaltsamen Widerstand hervorrief und warum andere Reichssteuern in vergleichbarer Höhe weitgehend ohne Widerspruch hingenommen wurden. 1588 zum Beispiel hatte Fürstbischof Blarer einen wegen der französischen Religionskriege drohenden Truppendurchzug mit der Bezahlung von

das Schicksal der Basler «Rebellen»: Diese mussten in der Folge das härteste Strafgericht über sich ergehen lassen. Dieser Ausgang wurde befördert durch den Mangel an Geschlossenheit und Organisation auf Seiten der Landleute sowie durch das Fehlen eines aus früheren Auseinandersetzungen bekannten externen Faktors, der Vermittlung durch die Tagsatzung.

Die Ereignisse des Jahres 1653 im Einzelnen

Als Signal zum Aufstand wirkte auf der Landschaft, dass Basel am 18. März ein Kontingent von 500 Soldaten zur Unterstützung von Luzern und Bern gegen aufständische Bauern nach Aarau schickte. Der Basler Zug wurde bei Erlinsbach zur Rückkehr gezwungen. Der erfolglose Einsatz dieser Truppe radikalisierte den Widerstand in Bern und Luzern und formierte ihn auf der Basler Landschaft definitiv. Die Baselbieter gerieten damit zwischen zwei Fronten: ihre eigene Obrigkeit auf der einen Seite und auf der anderen die

10 000 Sonnenkronen, rund 27 000 Pfund, abgewendet und diese Summe den Ämtern auferlegt. Obwohl das Birseck sich damals gegen Blarers Rekatholisierungspolitik wehrte, regte sich keine Opposition gegen diese Kontribution. Zur Befriedungstaktik der Obrigkeit gehörte im Übrigen auch, Nachsicht zu zeigen, das heisst, zuerst exemplarische Strafen zu verhängen, diese aber nachher per Gnadenakt zu mildern und in ausgeklügelte Unterwerfungsrituale umzuwandeln.

Kontributionen zuhanden fremder Truppen waren während des Dreissigjährigen Kriegs auch im alten Basel immer wieder zu entrichten.[6] Als Rheinfelden 1635 während 21 Wochen von schwedischen Truppen belagert wurde, erlangte die Obrigkeit beim schwedischen Kommandanten eine «Salva Guardia», das hiess ein Schutzversprechen für die Grenzgemeinden zu Vorderösterreich. Buus, Wintersingen, Rothenfluh, Hemmiken, Maisprach und Anwil erhielten Schwedenreiter, für deren Kost, Logis und Besoldung die Gemeinden aufzukommen hatten. Zudem musste dem schwedischen Kommandanten eine Naturalabgabe geleistet werden. Laut einer Zusammenstellung des Farnsburger Landvogts beliefen sich die Tribute für diesen Schutz für das ganze Amt auf 1386 Pfund.

Das Ende der Rebellion

Die Situation spitzte sich in den Tagen Ende Mai und Anfang Juni 1653 zu. Von Zürich her marschierte das Gros der gegen die Aufständischen mobilisierten Tagsatzungstruppen in Richtung Aargau und besetzte Mellingen. Auch die Baselbieter kamen in der Folge umgehend ihren im Bauernbund eingegangenen Verpflichtungen nach und schickten 200 bis 250 Mann nach Olten, wo sie sich mit den Berner, Luzerner und Solothurner Landleuten vereinigten. Nach einem Gefecht bei Wohlenschwil fanden Verhandlungen mit dem Zürcher General Werdmüller statt, die zum so genannten Mellinger Friedensvertrag führten. Dieser wurde von den Landleuten zunächst als erster Schritt zur Einigung missverstanden. Der Vertrag hatte zwar die Forderungen der Aufständischen festgehalten, die Landleute hatten jedoch den zweiten Teil übersehen. Dieser enthielt die Kapitulation der Bauern und die Auflösung des Bundes. Zusammen mit der entschlossenen Haltung der Obrigkeiten, besonders aber ihren militärischen Vorkehrungen führte die nachträgliche Klärung über den Inhalt des Vertrags von Mellingen bald zum raschen Zusammenbruch der Bauernbewegung.

Die Abbildung aus der Hand von Martin Disteli stammt aus einem Bilderkalender von 1839 und zeigt den Kampf der Bauern unter Leuenberger. Deutlich erkennbar ist hier die mythologisierende, die Bauern zu Helden stilisierende Handschrift von Disteli. Letztlich hatten die Landleute in Wohlenschwil und Mellingen eine Niederlage erlitten.

«Uly Schad von Oberdorff»
«Ist wegen endstandner Rebellion deren Er ein anstifter gewesen den 7. July Ao 1653 zu Basell mit dem Strang gerichtet worden.» Dieses hält der Text zum Stich fest. Schad stammte aus Oberdorf. Er war Weber, verheiratet und Gerichtssässe sowie Chorrichter. Das anlässlich seiner Hinrichtung aufgenommene Inventar verzeichnet ein halbes Haus samt Gärten und Scheune, 1,28 Hektaren Matt- und gleich viel Ackerland, 1 Pferd, 2 Kühe, 1 Stier, 1 Kalb, 1 Schwein und 2 Fohlen. Schad gehörte also zur dörflichen Mittelschicht, was auch in seiner geringen Verschuldung und einem Gesamtvermögen von 1525 Pfund zum Ausdruck kommt.

Untertanen jenseits des Juras, die mit Sanktionen drohten, wenn die Baselbieter nochmals einen Durchzug von Truppen zulassen würden. Die Landleute reagierten mit einer Bittschrift an den Rat. Neben den erwähnten Forderungen wünschten die Untertanen, nicht als rebellisch angesehen zu werden, und sie baten um Verzeihung für den Tumult in Liestal beim Durchzug der städtischen Truppen.

Forderungen und Vorgehen der Landleute

Die Hauptbeschwerden der Untertanen betrafen die Verwaltungspraxis der Landvögte, das Salzmonopol respektive den Salzpreis, der herabgesetzt oder freigegeben, und das Soldatengeld, das abgeschafft werden sollte. Ausserdem lehnten die meisten Landleute den militärischen Einsatz von Baselbietern gegen Untertanen anderer eidgenössischer Orte ab. Daneben stand eine Reihe regionaler und lokaler Anliegen zur Diskussion.[9] So beklagten sich die Bretzwiler über die Übernutzung des Waldes durch den Landvogt oder die Farnsburger verlangten die Freigabe der Kleinwildjagd. Die Leute aus den Ämtern Ramstein und Waldenburg wollten über ausstehende Bodenzinse verhandeln, die Farnsburger über die Höhe der Siegelgelder.

Die Front der protestierenden Untertanen war ohnehin nicht geschlossen. Abgesehen davon, dass die unteren Ämter nie an der Bewegung teilnahmen, beurteilten vor allem das Städtchen Liestal und die oberen Ämter die Lage anders und stellten verschiedene Forderungen. Insbesondere der Rat des Städtchens versuchte sich durchwegs von den Aufständischen zu distanzieren. Ähnliche Differenzen ergaben sich aber auch zwischen den Amtsträgern der Landbevölkerung und den Protestierenden sowie innerhalb der Bewegung selber zwischen Gemässigten und Radikalen. Nach wie vor erwies es sich als schwierig, den Widerstand von unten her zu organisieren. Auf der einen Seite lag den Landleuten daran, für ihre Aktionen die hergebrachten Formen, so etwa die Gemeindeversammlung oder die Anwesenheit und Vertretung durch Unterbeamte zu nutzen, nicht zuletzt weil das Vorge-

Hinrichtungen: Theater des Schreckens

Hinrichtungen sollten in der frühen Neuzeit einen hohen Demonstrationseffekt haben, entsprechend wurden sie als Aufsehen erregender öffentlicher Anlass inszeniert.[7] Auch in Basel wurden die 1653 zum Tod Verurteilten auf ihrem letzten Weg vom Gefängnis zur Richtstätte der Bevölkerung vorgeführt, bevor sie «auff einer Brügi oder Gerüst» vor dem Steinentor exekutiert wurden. Der zeitgenössische Stich zeigt kein Gerüst, wohl aber die Öffentlichkeit der Vollstreckung deutlich. Überall sind Ansammlungen von Menschen zu erkennen, die den Hinrichtungen beiwohnen, zudem Berittene und Ratsherren in schwarzer Kleidung und mit schwarzen Hüten. Das wohl inszenierte Spektakel hatte einen stark zeremoniellen Charakter. Der öffentliche Vollzug der Todesstrafe sollte abschreckend wirken und möglichst eindrucksvoll die Herrschafts- und Strafgewalt der Obrigkeit vor Augen führen.

Hingerichtet wurden am 14. Juli 1653: Heinrich Stutz, Hans Gysin und Conrad Schuler von Liestal, Galli Jenny von Langenbruck, Jacob Mohler von Diegten und Uli Gysin von Läufelfingen mit dem Schwert, sowie Uli Schad von Oberdorf, der gehängt wurde. Mit dieser als besonders entehrend geltenden Hinrichtungsart

hen damit eher als rechtmässig erscheinen konnte. Andererseits waren die Unterbeamten in ihrer doppelten Loyalität gegenüber Obrigkeit und Landleuten gefangen und konnten nicht alles mitmachen. Mitunter versuchten sie auch, mässigend auf die Bewegung einzuwirken oder sie im eigenen oder im Interesse der Obrigkeit zu steuern. In solchen Fällen wurden sie als Vertreter der Landleute ersetzt. Die neu gewählten Ausschüsse konnten dafür nicht mit demselben Prestige handeln wie die Unterbeamten.

wollte der Rat die Verwerflichkeit von Schads Handeln, der neben Isaac Bowe als Hauptanführer galt, demonstrieren. Strafverschärfend wurden Schad auch der geistliche Beistand und das christliche Begräbnis verweigert. Ein Drittel des Vermögens der Verurteilten, bei Kinderlosigkeit zwei Drittel, wurde von der Obrigkeit eingezogen. Bei allen Verurteilten handelte es sich um Familienväter, die durch Amt und Besitz eine hervorragende Stellung in der ländlichen Gesellschaft einnahmen; es waren weder jugendliche Hitzköpfe noch Kriminelle, welche die Gunst der Stunde für ihre Zwecke hatten nutzen wollen.

Einige der Anführer waren nicht gefasst worden, so unter anderem Isaac Bowe, der sich durch Flucht entzog und später wesentlich milder bestraft wurde. Gleich erging es jenen vier Männern, die Basel an das eidgenössische Strafgericht nach Zofingen ausliefern musste.

Weitere Strafen

Insgesamt waren nach dem 6. Juni 1653 78 Männer von der Landschaft gefesselt nach Basel geführt und dort inhaftiert worden. Alle wurden nach demselben Fragekatalog verhört. Dabei wollte die Obrigkeit in erster Linie genauere Auskunft über die Anführer des Aufstandes erhalten. Ausserdem interessierte sie sich dafür, welche

Ende mit Schrecken in Basel

Die Basler Obrigkeit reagierte nach der Niederschlagung der Revolte am schärfsten: Sieben Baselbieter wurden zum Tod verurteilt und hingerichtet.
Uli Schad wurde gehängt, die anderen sechs enthauptet. Der ebenfalls zum Tod verurteilte Isaac Bowe von Bretzwil konnte fliehen und kam später viel besser weg.
Die Abbildung empfindet das Geschehen frei nach und gibt weder die Örtlichkeiten noch die Ereignisabfolge historisch korrekt wieder.
Der Zeichner konzentriert nämlich örtlich und zeitlich voneinander getrennte Handlungen in ein und derselben Darstellung. Vom Steinentor aus, wo die Enthauptungen vorgenommen wurden, war der Galgen auf dem Gellert nicht zu sehen. Der Stich zeigt trotzdem sehr gut die Öffentlichkeit des Ereignisses.

Die Folgen der Revolte

Die unmittelbare Reaktion der Obrigkeit auf die bäuerliche Niederlage war hart: Die Landschaft, das heisst vor allem Liestal und die Schlösser, wurde besetzt, zahlreiche Männer wurden verhaftet und verhört, Liestal wurde wie Waldenburg seiner Sonderrechte beraubt, die Liestaler Bürger wurden zu gewöhnlichen Untertanen, die Landschaft stand ein Jahr unter Ausnahmezustand und vor allem: Ein Teil der von der Obrigkeit als Rädelsführer identifizierten Landleute, insgesamt sieben, wurde hingerichtet. Drei Männer wurden lebenslänglich in Kriegsdienste auf venezianische Galeeren geschickt, und weitere 55 Baselbieter wurden mit Zwangsarbeit im so genannten Schellenwerk, Landesverweis, Körperstrafen, Bussen oder Ehrenstrafen gebüsst. Dazu kamen Kollektivstrafen gegen die Gemeinden wie die Entwaffnung oder Reparationszahlungen an die Obrigkeit.

Erst mit der erneuten Huldigung im September 1654 und der gleichzeitigen Inkraftsetzung der neuen Landesordnung wurden der Ausnahmezustand und die militärische Besetzung aufgehoben. Während dieser Zeit hatte die Obrigkeit das Liestaler Stadtrecht und die Landesordnung der Ämter Waldenburg, Homburg, Farnsburg und Ramstein überarbeiten lassen. Dabei trachtete sie danach, möglichst viele alte Sonderrechte zu beseitigen oder einzuschränken. Am sichtbarsten wurden diese Bemühungen im verschärften Huldigungseid und in der Beschneidung der Selbstverwaltungsrechte Liestals.[10]

Zwanzig Jahre lang stand nur noch ein Schultheiss an der Spitze des Städtchens, und erst noch ein Basler, so dass dieses Amt zu einer Landvogteistelle wurde. Erst 1673 wurde die zweite Schultheissenstelle wieder eingerichtet, so dass ein Liestaler und ein Basler das Amt abwechselnd ausübten. Der Liestaler Rat wurde aufgelöst und durch ein Gericht und Beisitzer ersetzt. Auch ein anderes Zeichen bisheriger politischer Eigenständigkeit, das Liestaler Stadtsiegel, wurde von der Obrigkeit kassiert. Der Liestaler Silberschatz wurde nach Basel überführt, alle Geschütze ausser einem

Rolle die Untertanen dem Huttwiler Bund beigemessen und welche Ziele sie gegenüber der Basler Herrschaft verfolgt hatten. Neben diesen allgemeinen Punkten hatte man für die einzelnen Ämter separate Fragen ausgearbeitet, die sich auf lokale Vorfälle bezogen.

In einer zweiten Verhörphase wurde eine kleinere Gruppe von Männern nochmals befragt. Dabei wurden einige auch gefoltert. Nach weiteren Verhören wurden die gesamten Akten einer speziellen Kommission zur Begutachtung übergeben. Diesem Gremium gehörten fünf Ratsmitglieder, ein Jurist, der Stadtschreiber und der Ratsschreiber an. Die Kommission unterteilte die angeklagten Untertanen in drei Kategorien. Eine Erste umfasste zehn Personen, die als Hauptverursacher angesehen wurden, nämlich Hans Gysin, Heinrich Stutz und Conrad Schuler von Liestal, Jacob Senn von Sissach, Jacob Mohler von Diegten, Uli Schad und Hans Erni von Oberdorf, Galli Jenny von Langenbruck, dessen Bruder Daniel von Waldenburg sowie Uli Gysin von Läufelfingen. Für diese zehn Männer empfahlen die Begutachter die Todesstrafe. Sie erachteten jedoch in ihrem Schlussbericht, den der Grosse Rat am 14. Juli absegnete, die Durchführung aller Hinrichtungen als politisch nicht empfehlenswert. Dies aus Rücksicht auf

Mörser wurden entfernt und die Fallbrücken der Stadtbefestigung durften nicht mehr hochgezogen werden. Der Basler Rat nutzte also die Niederlage der Landleute für eine exemplarische Bestrafung und für den Ausbau seiner Herrschaftsvorrechte.

Andere Konsequenzen von 1653 sind weniger eindeutig nur zu Gunsten der städtischen Herrschaft ausgefallen. Dazu gehörte die Aufhebung des Soldatengeldes. Dieser Verzicht bedeutete letztlich das Scheitern der obrigkeitlichen Fiskalpolitik Basels, auch wenn die Untertanen die ausstehenden Beträge nachzuzahlen hatten. Der Rat musste anerkennen, dass er in normalen Zeiten ohne das Einverständnis der Landleute keine neue Steuer dauerhaft etablieren konnte. Damit schwand zusehends auch die Möglichkeit, das Steuer- und Militärwesen grundlegend zu modernisieren. Hier liegt einer der Gründe dafür, warum sich die Territorialstaaten der Eidgenossenschaft wie Basel, Bern oder Luzern nicht zu absolutistischen Staaten nach französischem Vorbild entwickelten. Im Übrigen gewährte der Rat auch eine Ermässigung des Salzgeldes, allerdings ohne dies schriftlich zu bestätigen.

Nicht zuletzt auf Druck der Miteidgenossen leitete der Rat bald eine gewisse Normalisierung ein: Die meisten «Rebellen» wurden begnadigt, die Landleute bekamen ihre Waffen wieder zurück, weil 1655 wegen der konfessionellen Spannungen eine bewaffnete innereidgenössische Auseinandersetzung drohte und der Schutz Basels gewährleistet werden musste. 1666 wurde schliesslich eine Ordnung erlassen, mit welcher der landvogteiliche Bussenbezug besser zu kontrollieren war.

Zu beachten ist, dass der Rat 1653 vor allem seinen Herrschaftsanspruch verschärfte, der Alltag der Herrschaftsbeziehungen sich aber trotz aller Härte nicht grundlegend veränderte. Nach wie vor waren der Rat und seine Vertreter auf der Landschaft in hohem Masse von den Unterbeamten und den Landleuten abhängig, wenn die Verwaltung einigermassen funktionieren sollte.

Die obrigkeitliche Strafjustiz
Die von Martin Disteli rund 300 Jahre später für den Schweizerischen Bilderkalender nachempfundene Folterszene erfindet im Stil der Zeit allerlei Details dazu. So typisiert Disteli die Hauptpersonen wie den Schreiber, die Vertreter der Obrigkeit, den Folterknecht und nicht zuletzt den gefolterten Schybi in Märtyrerhaltung. Die Darstellung hat insofern einen Bezug zur historischen Situation, als der luzernische Bauernführer wie viele andere Inhaftierte im Rahmen des üblichen Untersuchungsverfahrens eines Inquisitionsprozesses gefoltert wurde. Das Aufziehen mit Gewichten an den Fussgelenken war eine der gängigen schweren Folterpraktiken. Bei Schybi kamen offenbar noch Zaubereivorwürfe hinzu, die im 17. Jahrhundert von den Obrigkeiten besonders intensiv verfolgt wurden.

Der Bauernkrieg im Vergleich mit anderen Widerstandsbewegungen

Neben dem revolutionären Impuls unterschied sich der «Bauernkrieg» von 1653 vor allem durch den starken Einbezug militärischer Mittel vom «Rappenkrieg» am Ende des 16. Jahrhunderts und ebenso von den Bauernunruhen des Jahres 1525. Andererseits rückt er damit in die Nähe der «Troublen» im Fürstbistum von 1730 bis 1740.[11] Truppenverschiebungen und die Drohung mit militärischer Gewalt beschleunigten den Ausbruch des Konflikts und verschärften später die Krise. Das militärische Moment war umso bedeutsamer, als auch die Untertanen eigenständige militärische Massnahmen ergriffen.

Im Gegensatz zu den Bauernunruhen von 1525 und zum «Rappenkrieg» spielten die eidgenössische Vermittlung und die Aktivitäten der Tagsatzung 1653 in Basel keine Rolle. Die Untertanen konnten dieses Mal die Tagsatzung oder andere eidgenössische Orte nicht zu ihren Gunsten ins Spiel bringen. Sie nutzten dafür eine andere Möglichkeit, die Kooperation mit den Untertanen der anderen eidgenössischen Orte. Für die Obrigkeit zielte diese Strategie letztlich auf Umsturz und erregte darum ihren grössten Unwillen.

Im Übrigen bleibt aus eidgenössischer Perspektive festzuhalten: Während der Bauernkrieg in Luzern und Bern eine revolutionäre Dynamik entwickelte, hat man es im Baselbiet mit traditionellen Formen ländlichen Widerstands, mit einer Revolte zu tun. Im Unterschied zu anderen Regionen blieb der Widerstand im Baselbiet immer auf die konkreten herrschaftlichen Fehlleistungen bezogen, die Herrschaft wurde einmal mehr nicht prinzipiell in Frage gestellt. Wegen Differenzen unter den Landleuten und Interessenkonflikten zwischen Untertanen und Unterbeamten, aber auch zwischen den oberen Ämtern und Liestal gingen einige Landleute Ende März gegen Unterbeamte im Farnsburger Amt vor, um sie für ihre zweideutige Haltung zu bestrafen. Der Rat antwortete mit der militärischen Besetzung von Liestal durch städtische Soldaten am 7. April. Die Untertanen riefen sogleich zum

die weniger strenge Obrigkeit von Bern und Luzern und nicht etwa aus Furcht vor Reaktionen der Landbevölkerung. Schliesslich wurden sieben Männer zum Tod verurteilt und hingerichtet, während Jacob Senn, Hans Erni und Daniel Jenny lebenslänglich in fremden Kriegsdienst auf venezianische Galeeren geschickt wurden.
In einer zweiten Kategorie von Angeklagten wurden jene Männer zusammengefasst, die «sich bei der Rebellion gröblich vertieft hatten, indem sie teils von Anfang an den Sachen beigewohnt und Hand angelegt und allerhand hoch sträfliche Akte begangen hatten, teils in der Abwehr nicht solchen Eifer und Ernst gezeigt hatten, wie sie amtshalber billigerweise hätten tun sollen». Unter diesen befanden sich alt Schultheiss Heinrich Gysin, Samuel Merian, Hans Jacob Gysin und Martin Hoch von Liestal, Hans Gysin von Hölstein und Georg Martin von Buckten. Dabei handelte es sich vor allem um ländliche Unterbeamte, die zusammen mit zehn weiteren Männern zu Strafen an Leib und Leben verurteilt wurden. Eine dritte Gruppe enthielt jene Männer, die sich zwar an dem «vergangenen Unwesen» beteiligt hatten, aber nicht in dem Ausmass wie die Männer der beiden anderen Gruppen. Deshalb waren hier nach Auffassung der Gutachter geringere Strafen, vor allem Geldbussen, angezeigt.

Landsturm auf und belagerten Liestal. Die städtische Truppe musste sich nach Basel zurückziehen. Den Untertanen wurde ihre eigene militärische Stärke bewusst, ebenso wie das Versagen der Herrschaft als Schutzmacht, was dazu führte, dass sich Liestal enger mit den oberen Ämtern verband. Das gewaltsame Vorprellen der Obrigkeit bewog die Baselbieter Bauern auch dazu, sich dem Bund der Berner, Luzerner und Solothurner Bauern formell anzuschliessen.

Trotzdem versuchten die Baselbieter weiterhin, mit ihrer Obrigkeit direkt zu verhandeln. Es folgte schliesslich am 12. Mai 1653 eine Aussprache in der Liestaler Kirche. Hier machte der Rat bei den Streitpunkten von lokaler Bedeutung Zugeständnisse und akzeptierte die Beschwerden gegen die Landvögte und deren Bussen- und Strafpraxis. Zudem versprach er, die Untertanen nicht gegen andere Bauern einzusetzen. Hart blieb er aber beim Salzmonopol und in der Ablehnung des Bauernbundes.

Entscheidend war in der Folge, dass die Entwicklungen auf regionaler und eidgenössischer Ebene nicht mehr zeitlich koordiniert abliefen. Während die Basler Obervögte das Verhandlungsergebnis vom 12. am 16. Mai auf der Landschaft bekannt machten, hatte Bern bereits am 13. Mai Basel um Truppenunterstützung gebeten. Die Untertanen erwarteten daher jederzeit einen neuen Truppendurchzug, den sie aufgrund ihres Bündnisses mit den übrigen Bauern verhindern mussten.

Deshalb nahmen sie am 16. Mai das Verhandlungsergebnis nicht an, sondern formulierten eine weitere Bittschrift. Als schliesslich am 20. Mai die Zürcher Armee gegen die aufständischen Bauern aufbrach und Mellingen besetzte, zogen 200 bis 250 Baselbieter nach Olten, um den mit ihnen verbündeten Bauern zu helfen. Weitere Landleute bewaffneten sich, um allfällige durchziehende Basler Truppen zu stoppen. Als jedoch nach der Schlacht von Wohlenschwil und dem Vertrag von Mellingen vom 28. Mai das Ausmass der bäuerlichen Niederlage allgemein bekannt wurde, brach der Widerstand auch im Baselbiet schnell zusammen.

Zurück zu alten Konflikten
Kurz nach dem Bauernkrieg brach 1655/1656 ein innereidgenössischer Bürger- und Religionskrieg aus. Die Krise spitzte sich zu wegen der Verfolgung einer in Arth ansässigen Täufergemeinde durch die Schwyzer. Zürich machte sich zum Anwalt der Verfolgten. Die Tagsatzung bestellte eine Vermittlungsdelegation. Mitte Dezember 1655 wurde in Zürich der Krieg beschlossen. Basel erklärte die Neutralität und nahm am Krieg nicht teil. Am 14. Januar 1656 erlitten die Evangelischen bei Villmergen eine Niederlage.

Lesetipps

Die Entwicklungen im fürstbischöflichen Teil des heutigen Kantons behandeln Berner (1994) und Suter (1985), jene in der alten Basler Landschaft Landolt (1996) und Strittmatter (1977).

Bei Landolt (1996) sind der so genannte Rappenkrieg von 1591 bis 1594 und der Bauernkrieg von 1653 umfassend dargestellt.

Abbildungen

Historisches Museum, Basel, Inv.Nr. 1991.257, Fotonr. C 2108; Inv.Nr. 1905.1431, Fotonr. 15883/15884, Foto Maurice Babey; Fotonr. CF 412, Foto Peter Portner; Inv.Nr. 1998.116, Fotonr. 16025, Foto Maurice Babey: S. 9, 15, 17, 24.
Staatsarchiv Basel-Stadt, Bild Falk A 453: S. 11.
Zentralbibliothek Zürich, Graphische Sammlung: S. 12, 25.
Musée historique, Mulhouse: S. 13.
Hans Mühlestein, Der grosse Schweizerische Bauernkrieg 1653, Celerina 1942, S. 12: S. 18.
Urs Hostettler, Der Rebell von Eggiwil, Bern 1991, S. 202: S. 19.
Öffentliche Kunstsammlung Basel, Kupferstichkabinett, Foto Martin Bühler, Inv.Bi.391.2.: S. 21.
Schweizerischer Bilderkalender 1839–1845 von Martin Disteli, Olten o.J., Jg. 1839: S. 23, 27.
Historisches Museum Luzern, Korporations-Verwaltung Luzern, HMLU 2936, Foto Maurice Babey [A]: S. 29.

[A] = Ausschnitt aus Originalvorlage
Reproduktionen durch Mikrofilmstelle

Anmerkungen

1 Vgl. Bd. 3, Kap. 10. Das Weinumgeld hätte sich damit von 13% des Weinpreises auf 20% erhöht.
2 Landolt 1996, S. 374ff.
3 Landolt 1996, S. 477.
4 Dazu kamen 1776 Stück Vieh; vgl. Ochs 1796/1821, Bd. 6, S. 612.
5 Zu den Ereignissen im Detail Strittmatter 1977 und Gauss et al. 1932, Bd. 1, S. 682ff., Gauss et al. 1932, Bd. 2, S. 237–245.
6 Zum Folgenden Landolt 1996, S. 479–701 und S. 482–555. Das Fürstbistum war vom Bauernkrieg nicht betroffen; vgl. Landolt 1996, S. 552ff., 636, 679.
7 Pfister 1984, Bd. 1, S. 127.
8 Vgl. Bd. 4, Kap. 8.
9 Vgl. Landolt 1996, S. 559f., 562f.
10 Zum Huldigungseid vgl. Bd. 3, Kap. 9.
11 Vgl. Bd. 4, Kap. 2.

1 Vgl. zum Folgenden Landolt 1996, S. 292ff., 346ff. und 476ff.
2 Landolt 1996, S. 293.
3 Landolt 1996, S. 422–427 sowie S. 160ff. und 230ff.
4 Landolt 1996, S. 356–372.
5 Zum Folgenden Berner 1994, S. 98–116, und Suter 1985, S. 318f. Hier auch zu den Landständen, ferner S. 49 f., 331f.
6 Zum Folgenden Landolt, S. 97, 488f.; Gauss et al. 1932, Bd. 1, S. 767ff. und Gauss 1954, S. 175ff.
7 Vgl. Landolt 1996, S. 663ff. und Danker 1995.

PAISAN de LAUFFON.

Bild zum Kapitelanfang

Am Ende wieder die Bauern

Am Anfang des Kapitels über das Ende des Ancien Régime steht wiederum ein Bauer, der den Bogen von den Bauernunruhen von 1525 zum Neuanfang am Ende des 18. Jahrhunderts schliesst. Das will nicht sagen, dass die grosse Revolution ein Kind der Reformation sei. Auch Bauernromantik ist damit nicht gemeint. Die Landleute waren die ganze frühe Neuzeit wichtige Akteure der Geschichte, sie waren aber beileibe nicht die einzigen von Bedeutung, genauso wenig wie ihr Gegenüber, die Obrigkeiten. Gerade die Herausbildung des vormodernen Staates war wesentlich ein Zusammenwirken dieser beiden und weiterer Ebenen.

François-Joseph Bandinelli, 1750–1815, hat den «Paisan de Lauffon» mit dem Symbol des revolutionär gesinnten Landmannes, mit der Jakobinermütze, gezeichnet. Der «Paisan» steht dafür, dass die Landleute auch in den auf den ersten Blick so stabilen Verhältnissen des Ancien Régime die Herrschaftsbeziehungen massgeblich mitgestaltet haben. Das zeigen nicht zuletzt die immer wiederkehrenden und im 18. Jahrhundert zunehmenden Unruhen in allen Teilen der alten Eidgenossenschaft. Diese Aufbrüche konnten zu fundamentalen Krisen führen, wie 1653 im Bauernkrieg oder 1730 bis 1740 in den «Troublen» im Fürstbistum. Und auch bei den Umwälzungen am Ende des 18. Jahrhunderts spielten die Landleute eine wichtige Rolle. Ohne sie hätten die meistens von oben initiierten Revolutionen nicht so schnell die notwendige Breitenwirkung erzielt. Die neuen Herrschenden fanden in den Landleuten aber auch ihren ersten hartnäckigen Widerstand, sei dieser nun konservativ antirevolutionär oder progressiv ultrarevolutionär ausgerichtet. Ohne die breite Bevölkerung auf dem Land war auch vor 200 Jahren keine Staats- und Gesellschaftsveränderung von Dauer möglich.

Ursachen und Hintergründe der «Troublen»

Die «Troublen» waren neben den Bauernunruhen von 1525 und dem Ende des Ancien Régime nach 1790 das bedeutendste Ereignis in der Geschichte des Fürstbistums während der frühen Neuzeit.[1] Die Beinahe-Revolution im Fürstbistum erinnert stark an die Verhältnisse in Bern und Luzern während des Bauernkriegs von 1653. Vor allem in der Ajoie waren die Landleute nahe dran, entsprechend dem Ideal freier Bauerngemeinden eine bäuerlich-republikanische Gegengesellschaft zu etablieren. Dank französischer Militärhilfe behauptete sich der Fürstbischof schliesslich gegen die Opposition der Landstände und der Gemeinden.

Seit dem späten 17. Jahrhundert, vor allem aber seit Anfang des 18. Jahrhunderts erweiterten die Fürstbischöfe ihre Herrschaft in Richtung eines absolutistischen Staates, was sie unweigerlich in Konflikte mit den Untertanen, Gemeinden und Landständen brachte.[2] Fürstbischof Johann Konrad von Reinach-Hirzbach verschärfte die Konfrontation in den 1720er Jahren entscheidend, indem er den Landständen das Steuerbewilligungsrecht entzog und 1726 eine umfassende Verwaltungsreform einleitete. Die offensichtlichste Veränderung war das neu geschaffene Amt des so genannten Fiskals, der als verlängerter Arm der Zentrale Justiz und Finanzwesen überwachen sollte.[3]

Die Fürstbischöfe bezweckten mit dieser Reform eine stärkere Unterordnung der Landstände, der städtischen Bürgerschaften wie Laufen und der ländlichen Gemeinden. Ausserdem wollten sie die Verwaltung ausbauen, nach Sachbereichen spezialisieren und weiter zentralisieren, und schliesslich wollte der Landesherr Allmend und Wald stärker nutzen. Auf landesherrlichen Druck hin waren die dörflichen Gerichte schon im 17. Jahrhundert zu reinen Fertigungsgerichten, zu einer Art Notariaten, zurückgestuft und ihrer anderen zivilrechtlichen Befugnisse beraubt worden. Ebenso verschwand im 18. Jahrhundert das in Malefizsachen urteilende Landgericht, zu dessen Beisitzern auch Gemeindeangehörige zählten.

Zum Verlauf der «Troublen»

Den direkten Anlass der «Troublen» bildete das plötzliche Auftauchen des Landrodels der Landvogtei Ajoie aus dem Jahr 1517.[1] Dieses lange als verschollen geltende Dokument brachte Etienne Bruat, Sekretär der Staatskanzlei, an das jährliche Essen des Meiertumsgerichtes in Alle am 1. August 1730 mit. Die Nachricht von alten bäuerlichen Rechten und Freiheiten verbreitete sich in Windeseile und sorgte für grosse Aufregung. Der Rodel enthielt eine ausführliche Liste der Rechte des Fürstbischofs und der Untertanen in Wirtschaft, Politik und Rechtswesen. Die Landleute hatten damit ein Instrument, mit dem sie sich auf Tradition und Herkommen berufen konnten. Schon im Herbst 1730, als die jährlichen Zehnten und Abgaben fällig waren, verweigerten die Untertanen der Ajoie sämtliche Leistungen, die im Rodel nicht erwähnt waren.

Der Fürstbischof reagierte zunächst mit Verhaftungen und Amtsenthebungen. Wenig später wählten die Gemeinden der Ajoie an eigenmächtig einberufenen Versammlungen dörfliche Interessenvertreter, diese vereinigten sich noch im Herbst auf übergemeindlicher Ebene zu einer geschlossenen Widerstandsfront. Nun setzte der Fürstbischof auf Verhandlungen und berief auf den 4. Dezember 1730 eine Stän-

Um diesen Ausbau des Herrschaftsapparates zu finanzieren, erhöhte der Fürstbischof den Steuerdruck und strebte die ungeteilte Steuerhoheit an. Im Vorfeld der «Troublen» hatte er schon mehrmals versucht, ohne Zustimmung der Landstände auf die Einnahmen aus der Akzise zurückzugreifen. Diese indirekte Steuer auf verschiedene Grundnahrungsmittel und Gebrauchsgüter des täglichen Bedarfs war 1659 eingeführt worden und wurde unter anderem auf Weizen, Hafer, Linsen, Erbsen, Schlachtvieh, Salz, Wein, Bier, Tabak, Holz, Papier, Leder, Eisenwaren und Nähgarn erhoben.[4] Die Landstände hatten jedoch im Lauf des 17. Jahrhunderts an Bedeutung gewonnen und dem Fürstbischof ihre Zustimmung in Steuersachen mehr und mehr verweigert. Sie liessen sich ihr Recht, Steuern zu bewilligen und bei der Verwaltung der Erträge mitzureden, nicht nehmen.

Die politisch-administrativen Veränderungen blieben nicht ohne Rückwirkung auf die breite Bevölkerung. Seit dem Amtsantritt von Fürstbischof Johann Konrad von Reinach-Hirzbach im Jahr 1705 waren im ganzen Fürstbistum immer wieder Unruhen aufgeflackert. Zu einer grundlegenden Herrschaftskrise führten die von den Fürstbischöfen forcierten Neuerungen allerdings nur im nördlichen Teil ihres Gebiets, das heisst in der Ajoie, im Delsberger- und im Laufental sowie in wesentlich geringerem Ausmass im Birseck. Im südlichen Teil gelang es den Fürstbischöfen nicht, ihre machtpolitischen Ziele zu verwirklichen, weil das einflussreiche, protestantische Bern die fürstbischöflichen Untertanen hier unterstützte.

Den Freiberger Untertanen gestand der Fürstbischof 1731 nach längeren Auseinandersetzungen und nach Einschaltung des Reichskammergerichts zu Wetzlar die Aufhebung der Akzise und der Verwaltungsreform von 1726 zu. Damit hatte er den Rücken frei für die Auseinandersetzung mit den nördlichen Landvogteien. Hier, wo der starke Arm von Bern nicht mehr hinreichte, hatte sich ebenfalls schon seit längerem passiver Widerstand offenbart, etwa in der Form zahlreicher Wilddiebstähle oder als Schwarzhandel zur Umgehung von Steuern.

Symbol des Triumphs
Die «Troublen» genannte Rebellion der Landleute des ganzen Fürstbistums war so grundlegend und zeitweise so nahe am Erfolg, dass der Fürstbischof sie 1740 nur mit Hilfe französischer Truppen und um den Preis bleibenden französischen Einflusses auf seine Politik zu seinen Gunsten lösen konnte. Dieser Sieg inspirierte zur vorliegenden Medaille. Die Sonne als Gestirn, das nach dem Ende von Kriegen oft auch als Zeichen der Hoffnung der Völker stand, versinnbildlicht hier wohl vor allem den Triumph des Landesherrn Jakob Sigismund von Reinach-Steinbrunn, der von 1737 bis 1744 regierte.

deversammlung ein. Die Landstände verweigerten aber eine Vermittlung und nutzten die Gelegenheit für eine Kampfansage an den Landesherrn: Sie beschlossen die Abschaffung der Akzise und nahmen die Delegierten der Landgemeinden als die legitimen Vertreter der Landleute der Ajoie in ihre Versammlung auf. Erstmals waren damit bäuerliche Vertreter als eigenständiger politischer Machtfaktor anerkannt und hatten politische Mitbestimmung. Als der Vorsitzende der Landstände, der Abt von Bellelay, die Landvogtei Delsberg zur Versammlung einlud, wandte er sich nicht wie gewöhnlich an die vom Fürstbischof eingesetzten Dorfmeier, sondern an die Bürgermeister und Geschworenen, das heisst die Repräsentanten der dörflichen Selbstverwaltung. Bald darauf bestand auch in dieser Vogtei eine autonome Widerstandsorganisation mit kommunalen und regionalen Delegierten.

Angesichts der von den Landständen mitgetragenen Ausdehnung der Widerstandsbewegung suchte der Fürstbischof bei seinem obersten Lehensherrn Hilfe, bei Kaiser Karl VI., der seinen Botschafter in der Eidgenossenschaft, Graf Paul Nikolas von Reichenstein, als Vermittler ins Fürstbistum sandte.

Zuvor schon hatten auch die Untertanen den Kaiser gebeten, ihnen zu helfen, ihre

Den politischen Ursachen der «Troublen» überlagerten sich wirtschaftliche und soziale Zusammenhänge: wachsende soziale Gegensätze in den Dörfern, zunehmende ländliche Armut und Verschuldung, weitere Verknappung der bäuerlichen Erträge und Arbeitskraft infolge Bevölkerungswachstums, die Einschränkung der kollektiven Nutzungsrechte in Wald und Allmend durch den Fürstbischof sowie andere Grund- und Pachtherren, die Umstellung vom arbeitsintensiven Ackerbau zur landintensiven Viehwirtschaft sowie eine erhöhte Abschöpfung bäuerlicher Ressourcen in Form von Steuern und Fronen. Auf diesem Hintergrund wurde die Anfang des 18. Jahrhunderts forcierte Intensivierung der fürstbischöflichen Herrschaft zum zündenden Funken, die Landleute begannen sich zu wehren. Dass daraus eine tendenziell systemsprengende Dynamik entstand, dürfte auch manche Landleute überrascht haben.

Die «Troublen» in den Vogteien Birseck und Pfeffingen

Das Birseck wurde nicht in der gleichen Weise von den «Troublen» erfasst wie die Ajoie, das Delsberger- und das Laufental. Offener Protest, Angriffe gegen Besitz und Vertreter der Obrigkeit wie in den anderen Herrschaften im nördlichen Fürstbistum sind im Birseck nicht festzustellen. Im grossen Ganzen nahm die oberamtliche Verwaltung während dieser Jahre ihren gewohnten Verlauf, es fehlen jegliche Anzeichen dafür, dass grosse Teile der Bevölkerung andauernden offenen Widerstand geleistet hätten. Die Herrschaften Birseck und Pfeffingen konnten sich 1731, im Gegensatz zum Laufental, nicht einmal entschliessen, sich gemeinsam mit den anderen Vogteien am Prozess gegen den Fürstbischof vor dem Wiener Reichshofrat zu beteiligen. Immerhin liegt aus dem Jahr 1731 eine Beschwerdeschrift der Herrschaft Birseck vor. An erster Stelle unter den Klagepunkten erscheint die Akzise, deren Abschaffung im Dezember 1730 von den Landständen beschlossen und auch vom Birseck unterstützt wurde, das als Weinbaugebiet besonders davon betroffen war. Beseitigt werden sollte auch das Amt des Fiskals. Im

«alten Rechte» wiederzuerlangen. Sie setzten nicht geringe Hoffnungen in den kaiserlichen Kommissär, der in der Folge auch einige Male zu ihren Gunsten entschied: Den Landleuten wurde das Recht auf freie Versammlung zugestanden, und ebenso wurden ihre gewählten Vertretungen legalisiert.
Dadurch ermutigt, wandten sich zahlreiche Landleute mit ihren Anliegen direkt an den Vermittler. In diesem Zusammenhang formierte sich auch der Widerstand im vorerst ruhig gebliebenen Laufental.
Die überparteiliche, aus der Sicht des Landesherrn untertanenfreundliche Haltung des kaiserlichen Abgesandten bewog den Fürstbischof dazu, die Notbremse zu ziehen, noch bevor der Vermittler am 8. Oktober 1731 einen Vorschlag zur Einigung der Parteien vorlegte. Der Fürstbischof erreichte mit seinem Protest, dass der Kaiser die Mission von Graf Reichenstein abrupt beendete. Eine politische Lösung des Konflikts war damit gescheitert.
Aufgefordert vom Kaiser, ihre Klagen vor den Reichshofrat in Wien zu bringen, entschieden sich die Untertanen des nördlichen Teils des Fürstbistums mit Ausnahme der Vogteien Birseck, Pfeffingen und Schliengen für einen Prozess zur Klärung der strittigen Fragen. Eine Delegation von Landleuten reichte am 16. April 1732 in

Weitern beschwerten sich die Birsecker über erhöhte Schreibtaxen, über die Anwesenheit zu vieler und daher kostentreibender Amtspersonen bei Erbteilungen und Ganten sowie über den Zwang, ihr Salz im zentralen Salzmagazin in Reinach zu kaufen. Ausserdem wurde die Aufteilung der so genannten Monatsgelder, das heisst der monatlich pro Amt zu entrichtenden direkten Steuern, als ungerecht angesehen.[5] Mit den Beschwerden über die Akzise und das Amt des Fiskals griffen die Birsecker Untertanen zentrale Elemente des neuen politischen Kurses der Obrigkeit an. Die übrigen Forderungen hatten stark lokalen Charakter oder waren personenbezogen.

Die Antwort des Fürstbischofs war ausweichend und wenig substanziell. Auf die Akzise trat er gar nicht ein, in Sachen Fiskal wollte er konkrete Vorwürfe hören, genauso wie bei den übrigen Punkten. Lediglich beim Salz zeigte er Entgegenkommen, indem der Verkauf in den Dörfern bei Beachtung der Vorschriften wieder zugelassen werden sollte.

Das war auch für die eher ruhigen Birsecker etwas wenig. An unbewilligten Gemeindeversammlungen und an einem Treffen von Geschworenen fast aller Gemeinden in Oberwil wurde die fürstbischöfliche Replik breit diskutiert, ausserdem wurden erste Schritte für eine übergemeindliche Kooperation eingeleitet. Die vor das Oberamt zitierten Geschworenen gaben an, die Antwort des Fürstbischofs werde allgemein als ungenügend angesehen. Nach einer längeren Diskussion mit den Vertretern des Fürstbischofs wurden die Geschworenen vorsichtiger und begnügten sich damit, eine weitere Bittschrift zu verfassen, was ihnen gestattet wurde. In der wenig später dem Fürstbischof von Gemeindedelegierten überbrachten Supplikation beklagten sich die Untertanen über dessen unbefriedigende Antwort und verlangten, wie ihre Vorfahren nach 1525, besiegelte Zusagen, und zwar für jede Gemeinde separat. Der Fürstbischof nahm die Bittschrift zur Prüfung entgegen. Wegen dringenderer Geschäfte musste er die Birsecker aber auf später vertrösten. Die Gemeinden sollten abwarten, sich friedlich verhalten und verbotene Zusammenkünfte unterlassen. Ausser in Ettingen, wo man «für

Die entfernte Herrschaftszentrale
Die Abbildung zeigt das fürstbischöfliche Schloss im Residenzstädtchen Pruntrut mit dem so genannten Hahnenturm, der die Wappen des Fürstenstaates, den roten Stab, und der Familie Blarer von Wartensee, den Hahn, aufweist. Pruntrut kam 1283 in den definitiven Besitz der Bischöfe von Basel. Sie mussten die Stadt später zwar nochmals für 75 Jahre an den Grafen von Mömpelgard veräussern, konnten sie aber 1461 endgültig für das Fürstbistum gewinnen. Nach der Reformation wurde Pruntrut die Residenz der Fürstbischöfe, die dort Kirchen, Klöster und Schulen errichten liessen. Während des Dreissigjährigen Kriegs wurde Pruntrut 1634 und 1635 von den Schweden belagert und eingenommen.

Wien offiziell Klage ein. Gleichzeitig jedoch ging der Kaiser mit Verordnungen gegen die autonomen Organe der Landleute vor und untersagte die diversen Leistungsverweigerungen der Untertanen. Diese blieben aber dabei, Abgaben und Dienste, die nicht im Rodel von 1517 festgehalten waren, nicht zu entrichten, ebenso hielten sie an ihren Versammlungen und Delegierten fest. Auch eine im Herbst 1732 ins Fürstbistum gesandte kaiserliche Untersuchungs- und Gerichtskommission musste unverrichteter Dinge wieder abreisen.
Der Kaiser hatte seinen Kredit bei den Landleuten verspielt. Gleichzeitig erkannten sie, dass der Kaiser zu einer militärischen Niederwerfung des Aufstandes nicht in der Lage war, denn das Fürstbistum war geografisch vom Reich getrennt. Dies radikalisierte letztlich die Aufstandsbewegung. Seit 1733 gingen die Landleute daran, ihre Forderungen mit gewaltsamen Mitteln durchzusetzen, mit der Besetzung umstrittener Weidegebiete und der Vertreibung fürstbischöflicher Viehherden.
Für militärische Unterstützung zur Niederschlagung der Revolte wandte sich der Fürstbischof zunächst zweimal an die verbündeten katholischen Orte der Eidgenossenschaft. Diese boten jedoch jeweils nur Vermittlungsdienste an, die der Fürstbischof erst beim zweiten Mal in Anspruch

die fürstbischöfliche Deklaration kein pfeiffen Thapack geben» wollte, blieb es in den Gemeinden ruhig, abgesehen von geringfügigen Zwischenfällen.

Die Gründe für das Abseitsstehen der Birsecker bei den «Troublen» sind nicht leicht zu benennen. Als Region, die fern der Zentrale in unmittelbarer Nähe der Stadt Basel lag, genoss das Birseck im Alltag wohl eine beträchtliche Autonomie, die Unzufriedenheit zwar nicht ausschloss, Revolte oder Aufstand lag den Birseckern aber offenbar fern. Im alten Basel war es allerdings gerade umgekehrt: Die stadtfernen Ämter im oberen Teil der Basler Landschaft zeigten eine stärkere Neigung zu Widerstand als die stadtnahen Gebiete. Ziemlich sicher spielte auch die vergleichsweise gute wirtschaftliche Situation des klimatisch begünstigten Birsecks im Nahbereich eines starken Konsumzentrums wie Basel eine gewisse Rolle. Ausserdem gab es in den beiden Birsecker Ämtern wie übrigens auch im Laufental keine so genannten Meiertümer. Diese Institution der französischsprachigen Teile des Fürstbistums, vor allem der Ajoie, fasste als übergeordneter Verband mehrere Gemeinden zusammen und eignete sich als Vehikel für die Organisation des Widerstands der Landleute. Das Fehlen einer solchen Zwischenebene stärkte die Position der Landvögte und schwächte jene der Gemeinden. Der Rückgriff auf eine regionale Institution war aber, wie viele Revolten während der frühen Neuzeit zeigen, eine wesentliche Voraussetzung, um die Bevölkerung über den lokalen Rahmen hinaus erfolgreich zu mobilisieren.

Die «Troublen» im Laufental

Die Landvogtei Delsberg und das Laufental schlossen sich erst Ende 1730 der Widerstandsbewegung an. Den Anstoss gab die Vertretung der Landleute an der Ständeversammlung: Die öffentliche Diskussion darüber brachte auch hier Unzufriedenheit und Kritik an den Tag. Man schloss sich der Forderung nach einer eigenständigen Repräsentation an, wählte die entsprechenden Delegierten und hielt ebenfalls unerlaubte Gemeinde- und

nahm. Die Stadtgemeinden und die geistlichen Grundherrschaften akzeptierten darauf den Vermittlungsvorschlag, welcher der früher erlassenen kaiserlichen Verordnung sehr nahe kam, während die Landgemeinden der Ajoie, der Landvogtei Delsberg und des Laufentals ihn mehrheitlich ablehnten. Damit war die bisher weitgehend geschlossene Widerstandsfront gespalten. Eine in der Folge von den katholischen Orten zusammengestellte Armee wurde im letzten Moment auf Initiative Luzerns wieder nach Hause geschickt.
Nun vollzog der Fürstbischof einen Schwenker in seiner Aussenpolitik und intensivierte im Hinblick auf eine neue militärische Koalition die Kontakte zu Frankreich; dieses hielt sich jedoch vorläufig zurück, weil ein Konflikt mit dem Reich wegen dieser Sache vorderhand nicht opportun schien.
1736 erging das Urteil des Reichshofrats, das fast alle Rechtsansprüche des Fürstbischofs schützte. Die meisten Landleute blieben der öffentlichen Urteilsverkündigung fern und versagten dem Richtspruch so ihre Anerkennung. Im Sommer 1736 liess der Kaiser darum im Raum Basel Truppen zusammenziehen. Der Zug ins Fürstbistum kam aber nicht zustande, da die Eidgenossenschaft und Frankreich die Durchmarscherlaubnis nicht gewährten.

andere Versammlungen ab.[6] Die Klagen der Gemeinden betrafen die bekannten Themen wie Holznutzung, Gerichtspraxis, Steuern, Salzverkauf etc. Beschwerden beim Fürstbischof fruchteten nichts. Im Gegensatz zum Birseck beteiligte sich das Laufental am Prozess, den die Untertanen beim Wiener Reichshofrat gegen den Fürstbischof führten. 1734 gesellten sich die meisten Laufentaler Gemeinden auch zu jener Mehrheit von Untertanen, die den Vorschlag der eidgenössisch-katholischen Vermittlungsdelegation ablehnten. Im Laufe der Jahre nahmen die Laufentaler Kontakt zu den Aufständischen im französischen Teil des nördlichen Fürstbistums auf. Die wel-

Die Schwäche des Fürstbischofs, die Zurückhaltung Frankreichs und der katholischen Orte sowie die Ohnmacht des Kaisers begründeten die Stärke der Widerstandsbewegung und die Autonomie der Bauerngemeinden im nördlichen Teil des Fürstbistums. Die Landleute «regierten» sich quasi selber, Abgaben wurden nicht mehr entrichtet, Dienste nicht mehr geleistet, Weidegebiete und andere Ressourcen eigenständig genutzt. Für fast zehn Jahre hatte sich so etwas wie eine freie bäuerliche Gemeinschaft gebildet. Mit der Zeit wurde allerdings klar, dass diese beispiellose Auseinandersetzung auf Biegen und Brechen ging.

Der 1737 neu gewählte Fürstbischof Jakob Sigismund von Reinach-Steinbrunn nahm die Verhandlungen mit Frankreich wieder auf und stellte, kaum war der Bündnisvertrag mit Frankreich 1739 bereinigt, seinen widerständigen Untertanen ein Ultimatum: Innert zweier Monate sollten sie sich dem kaiserlichen Urteil unterziehen, ansonsten ihnen militärische Unterdrückung drohte.
Die Untertanen suchten nun ebenfalls Verbündete und wandten sich an die reformierten Orte der Eidgenossenschaft, ohne aber Gehör zu finden. Auf einmal waren die Landleute allein, die innereidgenössische und die internationale Konstellation

Der General fährt durchs Baselbiet
Dass die Französische Revolution den Landleuten nahe ging, zeigte der triumphale Empfang, den sie Napoleon am 24. November 1797 bereiteten, als dieser auf dem Weg zum Friedenskongress in Rastatt das Baselbiet durchquerte.
Wer auf politische Veränderungen hoffte, konnte seine Erwartungen hier öffentlich kundtun. Land und Stadt waren auf die Ankunft des Korsen wohl vorbereitet. Der Rat hatte angeordnet, dass ihn eine Dragonereskorte durch den Kanton begleite. In Waldenburg wurde er von zwei eigens angereisten Kleinräten begrüsst. In den Dörfern entlang der Route paradierten die Landmilizen. Liestal empfing den Durchreisenden mit Kanonendonner und Glockengeläute; der amtierende, keineswegs revolutionsfreundliche Schultheiss Niklaus Brodbeck hielt eine Rede. In der Stadt Basel hiessen die Häupter den General willkommen und offerierten ihm ein Festmahl im Gasthaus «Drei Könige». Zuvor war er mit Geschützdonner von der St. Albanschanze begrüsst worden.

schen Gemeinden und Anführer des Widerstands ermahnten ihre Mitstreiter im Laufental, ihren kollektiven Widerstand, sei es innerhalb der Gemeinden oder überregional, mit Versammlungen und Eiden gut zu organisieren.

Radikal wurde die Bewegung im Laufental erst 1735, als auch hier zu gewaltsamen Aktionen geschritten wurde. Im Frühling dieses Jahres waren «die gesamt vorhandenen Gemeinden einhelliger Meinung, dass sie sich in den Besitz ihrer klagbaren Punkten setzen und nehmen wollen».[7] Abgesandte der Gemeinden informierten den Landschreiber über die neue Art des Widerstands. Bevorzugte Angriffsziele waren fürstbischöfliche Liegenschaften, den Auftakt machte die Gemeinde Liesberg mit der Besetzung der fürstbischöflichen «Oberen Tugmatten» am 13. Mai 1735. In Blauen wurden 1736 die Weidezäune des fürstbischöflichen «Plattenhofs» niedergerissen. Auch gegen Leute, die der Bewegung ablehnend gegenüberstanden, gingen die Laufentaler vor, so etwa im Sommer 1738, als Männer von Dittingen, Röschenz und Blauen drohten, dem Meier von Brislach die Fenster einzuschlagen oder das Dach seines Hauses abzudecken.[8] Als Jakob Fritschi, Lehenmann des Fürstbischofs und Hintersasse in Zwingen, darauf beharrte, sein Hintersassengeld nicht der Gemeinde, sondern dem Fürstbischof zu entrichten, ging die ganze Gemeinde ins Wirtshaus und «soff sich» – so der Bericht des Landschreibers – «voll und voll und also die ganze Gemeind sackvoll angefüllt war» – und zwar auf Kosten Fritschis.

Obwohl das Laufental bei den «Troublen» in der zweiten Linie stand – während das Birseck weitgehend unbeteiligt war –, wurden am Schluss auch Laufentaler verurteilt, so etwa Hans Tschäni von Dittingen, Hans Schweizer, der Schmied von Liesberg, Urs Schnell von Röschenz und Leonhard Scherer von Zwingen und 21 weitere «Rebellen». Die Todesstrafe für Tschäni wurde auf Bitten des Pfarrers vom Bischof in lebenslangen Dorfarrest umgewandelt. Die erhaltenen Laufentaler Steuerlisten zeigen im Übrigen, dass die bäuerliche Oberschicht den Grossteil der Anführer und Organisatoren der Bewegung stellte.

schützten sie nicht mehr. Französische Truppen marschierten im April 1740 ein und setzten dem Aufstand ein schnelles Ende. Ende Oktober wurden vier der führenden Männer hingerichtet. Der Fürstbischof hatte gesiegt, allerdings um den hohen Preis einer weitgehenden politischen Abhängigkeit von Frankreich.

Die Eidgenossenschaft und Europa

Spätestens nach dem Bauernkrieg von 1653 hatte sich in den eidgenössischen Territorien eine halbwegs stabile Machtbalance zwischen Obrigkeit und Untertanen eingespielt. Sie wurde zwar nach wie vor in unregelmässigen Abständen von Rebellionen und Aufständen erschüttert, bis 1798 aber, mit Ausnahme der «Troublen» im Fürstbistum, nie grundlegend in Frage gestellt.[2] Diese lange Phase einigermassen stabiler Herrschaftsbeziehungen beruhte, wie gerade das Ende zeigte, entscheidend auf der gesamteuropäischen Mächtekonstellation.

Mit der Grossen Revolution von 1789 entstand innerhalb Europas ein neuartiges staatlich-gesellschaftliches Gebilde, mit dem ersten Koalitionskrieg von 1792 bis 1797 wurde die Revolution zu einer europäischen Sache. Bis und mit 1797 blieb die Eidgenossenschaft zwar von fremden Truppen verschont, da die Kriegsparteien

Das Ende des alten Basel 1798

Das alte Basel unterschied sich mit Blick auf die Revolutionszeit grundlegend vom Fürstbistum: Das seit 1740 stark von Frankreich abhängige Fürstbistum wurde schon Anfang der 1790er Jahre in den Strudel der Veränderungen hineingezogen, während Stadt und Landschaft Basel erst 1798 direkt betroffen wurden. Hier hatte man wie in der übrigen Schweiz nur vier Jahre, um die Revolution in geordnete Zustände zu überführen, während das ehemalige Fürstbistum während zwei Jahrzehnten, von 1793 beziehungsweise 1797 bis 1814, Teil der französischen Nation war. Dies hatte vor allem im Alltag und auf den unteren Ebenen der Verwaltung erhebliche und langfristig wirksame Folgen.

Versucht man, ohne Wissen um den Fortgang der Geschichte auf das letzte Jahrzehnt des Ancien Régime zu blicken, so zeigt sich eine Basler Landschaft, die 1789 bis 1797 fast so ruhig war wie zwischen 1654 und 1788.[9] Die Französische Revolution hatte in Basel keine eigenständige innere Dynamik in Gang gesetzt, die notwendigerweise und innert kurzer Frist hätte zu einer Umwälzung führen müssen. Nur eine verschwindende Minderheit ohne nennenswerten Rückhalt war zu offenem Widerstand bereit. Eine gewisse Abgaben- und Fronverdrossenheit war zwar unübersehbar, der Herrschaftsanspruch der Obrigkeit war aber für die meisten Landleute unbestritten. Die Huldigungen konnten 1796 denn auch ohne nennenswerte Probleme durchgeführt werden.

Am spürbarsten war eine gewisse Unruhe in Liestal, obwohl auch hier eher unter der Oberfläche: 1790 fanden unbewilligte Gemeindeversammlungen statt, und Forderungskataloge wurden aufgestellt. Wie früher schon ging es in erster Linie um die Wiederherstellung alter Rechte, die nach dem Bauernkrieg von 1653 teilweise abgeschafften Privilegien sollten wieder eingeführt werden. Ins Grundsätzliche zielte die Forderung nach Beseitigung der Leibeigenschaft. Der Rat verschleppte die Behandlung der Liestaler Begehren und hob die Leibeigenschaft 1791 nur teilweise auf.

an einer politischen und militärischen Neutralisierung der Schweiz interessiert waren. Die Herrschaftsbeziehungen wechselten aber auch in der Eidgenossenschaft in einen labilen Zustand, Unruhen und Proteste prägten die 1790er Jahre.[3] Bis 1798 fiel jedoch nur ein Stein aus dem eidgenössischen Mosaik heraus, das Fürstbistum, das 1793/1797 zur Grande Nation geschlagen wurde.

Nachdem am 17. Oktober 1797 nach Österreichs Niederlage der Friede von Campoformio geschlossen worden war, geriet die Schweiz immer mehr in die Einflusssphäre Frankreichs.[4] Wegen der italienischen Kriege wurde sie als Durchgangsland zwischen Frankreich und Italien strategisch wichtig. Im Namen der Revolution besetzten die französischen Truppen die Eidgenossenschaft nach und nach, das alte Herrschaftssystem brach Anfang 1798 innert kürzester Zeit sang- und klanglos zusammen.

Die Helvetische Republik war der Versuch, die Prinzipien der Französischen Revolution in der Schweiz umzusetzen: Gleichheit der Bürger, allgemeine Menschenrechte, Volkssouveränität, Eigentumsfreiheit, Abschaffung der Feudallasten, Gewaltentrennung, moderne Verwaltung usw. Eine neue Verfassung, ein neuer Staat und, bis zu einem gewissen Grad, eine neue

Umriß
einer
provisorischen
Staats=Verfassung
für den
Canton Basel.

Gedruckt bey Wilhelm Haas, dem Sohne.
1798.

Die erste moderne Verfassung

Die Übergangsverfassung von Lukas Legrand, Landvogt in Riehen, markiert den Wechsel vom Ancien Régime zu einer repräsentativen Demokratie. Als ein Teil der Zünfte und der Räte erkannt hatte, dass grundlegende Reformen notwendig waren, legte Legrand am 17. Januar 1798 eine Verfassung vor, die den Übergang von Basel zur schon absehbaren Helvetischen Republik vorbereitete und einleitete. Nach Annahme durch den Grossen Rat konnten die Räte die Gleichberechtigung der Landleute aussprechen. Gleichzeitig wurde eine Kommission zur Anhörung vaterländischer Vorschläge eingesetzt. Am 20. Januar wurden die Bürger von Stadt und Land einander gleichgestellt, am 22. Januar wurde der Freiheitsbaum auf dem Münsterplatz aufgestellt. Am 23. Januar nahmen 15 Vertreter der Landschaft neben den 15 Stadtbürgern Einsitz in die Kommission. Am 29. Januar erklärte die Kommission die Revolution für beendet. Anfang Februar wählten die Bürger in Stadt und Land die so genannte Nationalversammlung. Ihre Hauptaufgabe bestand darin, eine neue Verfassung zu entwerfen. Es wurde, da stark am Entwurf orientiert, den Ochs aus Paris mitgebracht hatte, weniger eine für Basel bestimmte, als vielmehr eine für die ganze Schweiz gültige Grundordnung, die am 15. März vorlag.

Die Struktur des neuen Staates

Mit der Helvetischen Republik wurde erstmals auf schweizerischem Gebiet ein moderner Staat etabliert, geschaffen durch das Zusammenspiel französischer Macht und Gewalt, revolutionsbereiter Teile einheimischer Eliten und unzufriedener Landleute. Das Muster gab das revolutionierte Frankreich ab. Die Helvetische Revolution brachte die Gewaltenteilung in Legislative, Exekutive und Judikative, ebenso die demokratische Wahl des nationalen Parlaments. Auch die Gerichte und die kantonalen Verwaltungskammern sowie die Gemeindebehörden wurden vom Volk – das hiess damals den Männern – in einem indirekten Verfahren gewählt. Dem Direktorium nachgeordnet war ein Beamtenkorps von kantonalen Regierungsstatthaltern, Distriktsstatthaltern in den Bezirken und so genannten Agenten in den Gemeinden.

Aus der Sicht der bisher souveränen, seit 1798 aber zu Verwaltungseinheiten herabgestuften Kantone war die Helvetik ein herber Verlust. Gesetze und Verfügungen wurden auf nationaler Ebene erlassen, den Kantonen blieb der Vollzug. Anders sah es aus der Sicht der ehemaligen Untertanen aus: ihr politischer Handlungsspielraum erweiterte sich, ebenso die Selbstverwaltung auf Gemeindeebene. Ausserdem war die lokale und die regionale Verwaltung stärker vor Ort verwurzelt, weil viele der neu entstandenen Verwaltungsposten mit Einheimischen besetzt waren.

Weitere Neuerungen und Vorteile könnten genannt werden, so dass zumindest aus einer langfristig orientierten Perspektive eine vor allem im Grundsätzlichen positive Würdigung der Helvetik möglich ist. Insbesondere was die demokratische Grundordnung anbelangt, wurden Ende des 18. Jahrhunderts wichtige Fundamente gelegt. Allerdings wurde auch der Ausschluss der Frauen aus der politischen Sphäre zementiert – das Frauenstimm- und -wahlrecht wurde in der Schweiz auf nationaler Ebene erst 1971 eingeführt.

Blickt man mit dem Wissen um die weitere Geschichte auf die Revolutionszeit, dann wurde in den 1790er Jahren die Koalition vorbereitet, die im Januar 1798 zwischen den Unzufriedenen in den Dörfern, den Liestaler Radikalen und den gemässigt-republikanischen Stadtbürgern für kurze Zeit zustande kam. Seit 1789 gab es eine anschauliche Alternative zu den eigenen Verhältnissen, Beobachtungen und Nachrichten aus Frankreich konnten zum Massstab werden, mit dem die Obrigkeit beurteilt wurde, sowohl im Positiven wie im Negativen. Veränderungsdruck erzeugten im Übrigen auch wirtschaftliche Entwicklungen wie die Einschlagsbewegung und andere Neuerungen in der Landwirtschaft sowie der Aufschwung von Handel und Heimindustrie. Auf dieses Spannungspotential reagierten bezeichnenderweise vor allem Vertreter des fortschrittlicheren Basler Handelsbürgertums und aufgeklärte, politisch wache Landleute aus dem Liestaler Gewerbe. Ihnen lag daran, die politische Teilhabe der Bevölkerung zu erweitern und die wirtschaftliche Entfaltung der Einzelnen zu verbessern. In diesem Sinn und im Zeichen der Aufklärung wurden in den 1790er Jahren entsprechende Kontakte zwischen Interessierten aus Stadt und Land intensiviert.

Die Basler Revolutionen von 1798

Basel ging mit der politischen Umwälzung allen anderen eidgenössischen Orten voran und erlebte gewissermassen zwei Revolutionen, eine baslerische im Januar 1798 und die helvetische im April des gleichen Jahres mit dem Einbezug in den neuen Helvetischen Zentralstaat. Die erste Revolution spielte sich als vorsichtig angelegte und mehrfach abgesicherte Aktion ab.[10] Auf der Landschaft übernahm Liestal die führende Rolle, in der Stadt sorgten die «Patrioten», eine Gruppe aufklärerisch und liberal gesinnter Bürger unter der Führung von Peter Ochs, für die nötige Unterstützung. Schliesslich förderte der unverkennbare Druck des grossen Nachbarn Frankreich die Bereitschaft zur «Umschaffung» des bestehenden Systems. Das Zusammenwirken der drei Faktoren ermöglichte Ende 1797 und Anfang 1798 eine Revolution

Volk: Bürger männlichen Geschlechts

Wahlmänner: 1 auf 100 Bürger
Wahlversammlung: 1/2 der Wahlmänner

Senat (Legislative)
4 Abgeordnete je Kanton

Grosser Rat (Legislative)
8 Abgeordnete je Kanton

Oberster Gerichtshof
(Judikative)

Direktorium (Exekutive)
5 Mitglieder

Minister

Regierungs-Statthalter

Verwaltungskammer

Kantonsgericht

Unterstatthalter

Distriktgericht

Agent

Munizipalität / Gemeindeverwalter

Revolutionsmythen

Die Darstellung der Basler Nationalversammlung zeigt eine Handgreiflichkeit zwischen dem Baselbieter Repräsentanten Buser und dem städtischen Repräsentanten Münch. Ob die erst 1840 erzählte und gezeichnete Begebenheit so stattgefunden hat oder nicht, ist nicht zu klären. Falsch ist jedoch die Kleidung der Städter, Halskrause und Überwurf waren bereits abgeschafft.
Die Darstellung nach einer Vorlage von Martin Disteli schafft mit klassischen Stereotypen, indem sie die Städter als ewiggestrig und träge, die Landschäftler als handgreiflich und aufrührerisch karikiert.
Johann Jakob Buser, geboren 1768 in Sissach, gestorben 1844 in Liestal, war Wirt, Weinhändler und Landwirt.
Er war eines der prominenten Mitglieder der Basler Nationalversammlung im Jahr 1798. Er setzte sich als Repräsentant von Liestal für die Abschaffung der Zehnten und Bodenzinsen ein, und er wehrte sich später während der Mediation gegen die Aufhebung der zuvor eingeleiteten Reformen.
Er wurde deshalb von städtischen Behörden verfolgt und schikaniert, was ihn im Baselbiet besonders populär machte. Als Grossrat 1813 bis 1830 und als Eherichter ab 1815 setzte er sich anhaltend für die rechtliche Gleichstellung der Land- mit den Stadtbürgern ein.
Er wurde dann auch Mitglied der provisorischen Regierung von Baselland im Januar 1831, später Landrat von 1834 bis 1838 und von 1842 bis 1844.

ohne Blutvergiessen. Im ganzen Vorgehen lag Disziplin, Konsequenz und Logik: Die Gemeinden wählten Deputierte, die Gemeindeausschüsse stimmten den von Liestal ausgearbeiteten «Vier Punkten» zu, sie ernannten eine Provisorische Regierung, sahen einen Zug in die Stadt vor für den Fall, dass Basel nicht einlenke, und setzten die Landvogtei-Schlösser Waldenburg, Farnsburg und Homburg in Brand. Die bewusst inszenierte und weitgehend kontrollierte Eskalation bewirkte, dass der Grosse Rat der Landschaft am 20. Januar 1798 eine Freiheitsurkunde ausstellte. Eine allgemeine Verbrüderung besiegelte die Gleichstellung der Stadt- und Landbürger. Zum ersten Mal konnten die Baselbieter kurz darauf ihre Vertreter für eine verfassungsgebende Versammlung, die so genannte Nationalversammlung, wählen. Diese erarbeitete eine Basler Variante der helvetischen Verfassung, die Ende März vom Volk angenommen, aber nicht in Kraft gesetzt wurde.

Gesellschaft mussten aus dem Boden gestampft werden. Dieses Unterfangen stand aber unter einem denkbar schlechten Stern: Mit dem zweiten Koalitionskrieg von 1799 bis 1802 wurde die Helvetische Republik zu einem europäischen Kriegsschauplatz, dauernd befanden sich fremde Truppen im Land, die Aufhebung der Feudallasten beraubte den neuen Staat seiner finanziellen Basis, und eine ungewohnte zentralistische Verwaltung war aufzubauen. Ausserdem lähmten fortgesetzte, tief greifende Richtungskämpfe innerhalb der politischen Elite Staat und Verwaltung und führten zu mehreren Staatsstreichen. Schliesslich endete, was als «Grosser Sprung nach vorne» begonnen hatte, 1802/03 mit einem frühen Absturz.

Napoleon diktierte mit der Mediationsakte von 1803 die Rückkehr zum eidgenössischen Föderalismus und zu einem mehr oder weniger aristokratischen Regime, das heisst zu erneuter politischer und gesellschaftlicher Ungleichheit. Immerhin, einige der Errungenschaften von 1798 blieben erhalten, wenn auch oft mehr dem Buchstaben des Gesetzes nach als in der Praxis, so etwa die Niederlassungs- oder die Gewerbefreiheit, das allgemeine schweizerische Bürgerrecht oder die Rechtsgleichheit. Auch Untertanen gab es nicht mehr.

Der Landvogt flieht
Die Landvogtei-Schlösser Homburg, Waldenburg und Farnsburg wurden im Januar 1798 ein Raub der Flammen. Vor allem in der Erinnerung eignen sich solche Ereignisse dafür, ausgeschmückt zu werden. Dazu gehören sagenhafte Geschichten wie jene vom Landvogt Hagenbach, der sich in einer Hutte auf dem Rücken eines Untertanen von seiner brennenden Burg gerettet haben soll. In Wirklichkeit hat sich Hagenbach auf dem Rücken eines Pferdes kurz vor der Feuersbrunst auf der Farnsburg nach Basel zurückgezogen.

Umstritten: Peter Ochs
Peter Ochs kam erst 1769 nach Basel. Er war gegenüber den Ideen der Aufklärung und den Idealen der Französischen Revolution aufgeschlossen. Anfang 1798 wurde er Präsident der Basler Nationalversammlung. Schon in der Revolutionszeit, aber auch im historischen Rückblick war Peter Ochs eine umstrittene Figur. Das hier wiedergegebene Spottbild zeigt den Verführer mit Ochsenkopf. Rund um Ochs sind diverse, von konservativer Seite vorgebrachte Schreckensvisionen der Revolution versammelt, die deutlich machen sollen, dass die von Ochs in Basel und in der Schweiz geförderte Umwälzung der staatlichen Verhältnisse ins Verderben führt.

Die Eingliederung von Basel in die Helvetische Republik

Am 12. April 1798 wurde nämlich die «eine und unteilbare helvetische Republik» ausgerufen. In diesem zentralistischen Staat waren die Kantone lediglich Untereinheiten innerhalb einer nationalen Verwaltung. Gemäss dem Prinzip der Gewaltenteilung lag die Gesetzgebung zu Beginn der Helvetik bei einem gesamtschweizerischen Parlament, bestehend aus dem Grossen Rat und dem Senat. Im Parlament gab es grob gesagt zwei Parteien: die Revolutionäre, die «Patrioten», und die Reformer, die «Republikaner». Jene verfügten über die Mehrheit, vertraten vorwiegend die Interessen der Landbevölkerung und waren radikaler als ihre Gegenspieler, die gemässigten Reformer. Eine spätere Frontlinie verlief zwischen den zentralistisch orientierten Unitariern und den Föderalisten. Grundlegende Konflikte, ja sogar Staatsstreiche waren die Folge dieser Spannungen.

Die oberste Exekutive lag zu Beginn der Helvetik beim «Vollziehungsdirektorium», das mit grosser Machtfülle ausgestattet war. Unter dieser Kollegialbehörde amteten sechs Minister: für Auswärtiges, Finanzen, Inneres, Justiz und Polizei, Krieg sowie für Künste und Wissenschaften. Während das Direktorium die politischen Leitlinien bestimmte, erarbeiteten die Fachminister die Vorlagen für das Parlament und sorgten für den Vollzug der Gesetze und Beschlüsse.

Die dritte Säule des Helvetischen Staates bildete die Justiz mit den Ebenen Nation, Kanton und Distrikt. Das 13-köpfige Kantonsgericht war erste Instanz für schwere Verbrechen und urteilte über Appellationen in leichten Kriminal- und in Zivilfällen. Die Distriktsgerichte entschieden über zivile Angelegenheiten und leichtere Straftaten. Der Aufbau einer modernen, weitgehend unabhängigen Justiz war eine der bleibenden Leistungen der Helvetik. An der Spitze der Kantone stand der vom Direktorium ernannte Regierungsstatthalter, unterstützt von der Verwaltungskammer, welche die Gesetze zu vollziehen hatte.[11] Die nächste Ebene umfasste die Distrikte mit den Unterstatthaltern und verschiedene Kommissäre für den Einzug der

Das alte Basel und die Leibeigenschaft
Grossrat Abel Merian hatte am 21. September 1789 angefragt, «ob nicht zur Ehre des Standes und gegenwärtigen Zeitumständen angemessen, die hiesigen Untertanen der Leibeigenschaft sollen entlassen werden».[5] Nach längeren Diskussionen hoben die Räte die Leibeigenschaft Anfang Mai 1791 auf, nicht jedoch die meisten damit verbundenen Abgaben. Die Räte warteten zu, weil sie die Entwicklung in den umliegenden Gebieten beobachten und den Eindruck vermeiden wollten, sie würden dem Druck der Landleute überstürzt und aus Angst nachgeben. Von Seiten des Rates wurde argumentiert:[6] «Nötig war es, dass man sich vor allen irrigen Folgerungen bewahre, die unsere Landleute vielleicht aus dem übelverstandenen Begriff der Freilassung herleiten dürften. Und die Unruhen im Elsass zur Zeit des Anzugs waren ein Beweggrund mehr, mit dem Geschäft einzuhalten, damit die vorhabende Wohltat nicht als eine Folge der Furcht je ausgelegt werden könne. [...] Überdies haben unsere Zeiten die Gemüter zu der vorgeschlagenen Freilassung vorbereitet; in unseren Landleuten haben sie den Wunsch darnach erregt, und unseren Bürgern die Billigkeit davon beigebracht. In politischen Rücksichten zeigen sich gleichfalls empfehlende Beweggründe. Die Achtung der

Freyheit
Sie seyn fürwahr ein kluger Mañ, Der uns zur Freyheit helffen kan.
O. Freünd hät ich es recht bedacht, ich wäre jetz nicht so verracht.

Zeichen der Revolution

Umbrüche wie jene der Revolutionszeit kurz vor 1800 verlangen nach neuen Symbolen, nicht zuletzt solchen, welche die Menschen als Anhänger der Revolution sogleich erkennbar machen wie die Kokarde, aber auch solche, mit denen Orte oder Gruppen von Menschen gekennzeichnet werden können wie der Hut oder die Fahne. Das ursprüngliche Zeichen republikanisch gesinnter Revolutionäre in Paris war ein an den Hut gestecktes oder sonstwie getragenes grünes Blatt. Die klassische Trikolore aus dem Ursprungsland der Revolution, aus Frankreich, entstand erst Ende 1789 oder Anfang 1790, als der noch regierende König zwischen die Stadtfarben von Paris, Blau und Rot, seine königliche Farbe Weiss dazulegt. Zugleich tauchen zu runden Rosetten gefältelte blau-weiss-rote Bänder auf, die so genannten Kokarden, die am Hut oder auf der Kleidung getragen werden.

Als die revolutionäre Bewegung über Frankreich hinausgreift, werden solche dreifarbigen Kokarden zum Zeichen eines republikanischen Staatsverständnisses. Ausserhalb von Frankreich werden auch andere Farben verwendet; wichtig ist nur, dass die Kokarde drei Farben im Kreis zeigt.

Die Revolution in Basel trifft ebenfalls eine eigene Farbwahl: Das Zeichen des revolutionierten Basel ist eine rot-weiss-schwarze Kokarde.

Die gesetzgebenden Räte der Helvetischen Republik beschliessen zunächst, dass das Zeichen für den neuen Staat eine dreifarbige Kokarde in den Farben Grün-Rot-Gelb sein soll. Später setzt sich als neue Nationalfahne für die Helvetische Republik die waagrecht gestreifte grün-rot-gelbe Trikolore durch.

Der abgebildete Hut könnte derjenige sein, der an der Vereinigungsfeier vom 22. Januar 1798 die Spitze des Freiheitsbaums auf dem Münsterplatz in Basel gekrönt hat.

Steuern, für die militärischen Belange wie Einquartierungen von Truppen, für den Wald sowie für die Güterschätzungen. Schliesslich folgten die Gemeinden mit den Agenten als Vorstehern, den Munizipalitäten, den Vorläufern der späteren Gemeinderäte, und den Gemeindekammern, den späteren Bürgergemeinden. Wiewohl von vielen Leuten erhofft, wurden die Agenten nicht von der Gemeinde gewählt, sondern vom Regierungsstatthalter ernannt. Dabei verschwand die alte Garde von Gemeindevorstehern von der Bildfläche, um zu Beginn der Mediation ein Comeback zu feiern. Die neuen Beamten waren ihren Vorgängern jedoch hinsichtlich ihrer guten sozialen und wirtschaftlichen Stellung verwandt. Trotz allem Zentralismus blühten während der Helvetik die gemeindlichen Institutionen und Aktivitäten auf. Viele alltägliche Entscheide wurden näher beim Volk, auf Distrikts- oder Gemeindeebene getroffen. Die Masse und die Neuartigkeit der Aufgaben, die von den Gemeindebehörden zu bewältigen waren, förderten die selbständige Meinungsbildung und die Entscheidungsfindung der Beteiligten, ebenso das Entstehen einer erneuerten politischen Kultur und Öffentlichkeit.

Französische Truppen im Kanton Basel

Der Einmarsch französischer Truppen in die Schweiz setzte Ende Januar 1798 in der Waadt ein und fand einen ersten Höhepunkt mit dem Zusammenbruch der Stände Solothurn und Bern am 2. und 5. März. Zunächst diente Basel als Durchmarschgebiet für die nach Süden ziehenden Heere. Damit begann eine anhaltende Präsenz stehender oder durchziehender französischer Truppen im Kanton Basel, dies besonders während des zweiten Koalitionskrieges von 1799 bis 1802 mit Kriegsschauplätzen in Süddeutschland und in der Ost- und Zentralschweiz. Im August 1802 zog Napoleon alles Militär aus der Republik zurück und provozierte so ihren Zusammenbruch. Mit der Wiederbesetzung im Oktober 1802 wurden die Voraussetzungen für das Diktat der Mediationsverfassung geschaffen.

Fremden, welche so oft die Stärke der kleinen Staaten ausmacht, erwirbt man nie sicherer als durch allgemeine Billigkeit. Auch sind die Fremden, die vor Zeiten nicht einmal etwas von der Leibeigenschaft bei uns vermuteten, auf diesen Umstand dermalen aufmerksam geworden, und sie verwechselten den Namen mit der Sache. Zudem wird von Seiten der Untertanen zuverlässig mehr Liebe zu verhoffen sein, woraus dann notwendig mehr Einigkeit, mehr Zusammenhalten, mehr innerliche Kraft entspringen muss. [...] Man kann es nicht zu oft wiederholen: Die Fortschritte der Vernunft werden nie denjenigen schaden, die ihrem Siege freiwillig opfern. Nur ungerechter Widerstand reizt zu überspannten Forderungen.» Die Landleute aber waren mit halbherzigen Beschlüssen nicht mehr zu überzeugen, der nachmals führende Landschäftler «Patriot» Wilhelm Hoch vermerkte in seinem Tagebuch, es sei «nur der Klang des Wortes» abgeschafft worden.

Neu: Einwohner- und Bürgergemeinde

Am 13. Februar 1799 wurde das Gesetz über die Gemeindebürgerrechte und -güter, zwei Tage danach das Gesetz über die Munizipalitäten und Gemeindeverwaltungen erlassen. Dieses erste und letzte gesamtschweizerische Gemeindegesetz darf

Anfang 1804 verliessen die letzten französischen Truppen die Schweiz, so dass während der Mediationszeit, das heisst bis 1813, keine fremden Heere im Land standen. Die Schweiz hatte aber vertraglich vereinbarte, umfangreiche Kontingente für die französischen Feldzüge zu stellen. Das Ende der napoleonischen Ära brachte 1813/14 nochmals fremde Truppen in die Schweiz, im Dezember 1813 sowie Anfang 1814 auch ins Baselbiet, diesmal vor allem österreichische, die den Wechsel zur erneuerten «alten Ordnung» vorbereiteten.

Die Truppenpräsenz während der Helvetik bedeutete für die Bevölkerung: 1. Lebens- und Futtermittellieferungen, 2. Einquartierungen und 3. Dienstleistungen aller Art, in erster Linie Fuhren. Diese zusätzlichen Leistungen für die Franzosen schmälerten nicht nur den Lebensunterhalt der Einheimischen, sie schränkten auch ihren Lebens- und Wohnraum erheblich ein. Im Übrigen erinnerten die Verpflichtungen, die auf die Gemeinden und danach auf die Bewohner umgelegt wurden, in fataler Weise an die Frondienste des Ancien Régime. Zwar sollten diese Leistungen vom Helvetischen Staat und Frankreich bezahlt werden, in Wirklichkeit jedoch war dies häufig nicht oder mit grosser Verzögerung der Fall. Insgesamt dürften diese lang andauernden Lasten den anfänglichen Goodwill der Bevölkerung gegenüber der Helvetik markant vermindert haben.

Die Mediationsverfassung im Kanton Basel

Einen selbständigen Gestaltungsrahmen erhielten die Kantone wieder mit der Mediationszeit, als Napoleon als Verfassungsgeber amtete.[12] Die Basler Verfassung von 1803 strebte wie jene der anderen Städtekantone eine Vermögensaristokratie an: Stimmberechtigt war, wer Gemeindebürger war, ein Jahr Wohnsitz hatte, in der Miliz eingeschrieben war, als Verheirateter mindestens 20 und als Unverheirateter mindestens 30 Jahre zählte und entweder Grundbesitz oder grundversicherte Schuldschriften im Wert von 500 Franken besass. Der Kanton war in die drei Bezirke Basel, Liestal und Wal-

als eine reife Frucht der helvetischen Gesetzgebung bezeichnet werden. Da die Helvetik die allgemeine Niederlassungsfreiheit und die Gleichstellung aller Bürger garantierte, waren alle in einer Gemeinde ansässigen Einwohner stimm- und wahlberechtigt und konnten nicht, wie früher die Hintersassen, von den politischen Rechten in der kommunalen Selbstverwaltung ausgeschlossen werden. Andererseits war das Sondervermögen der früheren Gemeinden, vor allem die Allmend und je nachdem diverse Sonderfonds, zu respektieren, seine Nutzung war weiterhin einem engeren Kreis vorbehalten, den Ortsbürgern, später «Heimatberechtigte» genannt. Durch die Unterscheidung der Einwohner- von der Bürgergemeinde gelang ein Kompromiss, der das Gleichheitsgebot mit der Eigentumsgarantie unter einen Hut brachte.

Die Versammlung der ansässigen Aktivbürger, das heisst der erwachsenen Einwohner, wählte eine je nach Grösse der Gemeinde drei- bis elfköpfige Munizipalität als politische Behörde, die alle die Allgemeinheit betreffenden Geschäfte zu erledigen hatte. Sie war sowohl zum Gesetzesvollzug als auch zur lokalen Selbstverwaltung befugt und kann als Vorfahre des heutigen Gemeinderates bezeichnet werden. Die Ortsbürger, denen

denburg eingeteilt; diese zerfielen in je 15 Zünfte, die in der Stadt die alten Berufskorporationen, auf der Landschaft aber lediglich Wahlkreise waren. In einem komplizierten Verfahren wählte das Volk die 135 Mitglieder des Grossen Rates, und zwar das Land zwei Drittel, die Stadt ein Drittel: Jede der 45 Zünfte wählte je ein Mitglied und bestimmte dazu vier Kandidaten aus den beiden anderen Bezirken, wobei höchstens drei aus dem gleichen Bezirk stammen durften. Aus dieser Liste von 180 Kandidaten erkor das Los 90 zu Mitgliedern des Grossen Rates. Da die Landbürger Kandidaten aus der Stadt auf ihre Liste setzen mussten, um überhaupt wählbare Kandidaten vorschlagen zu können, sassen im ersten Grossen Rat effektiv 53 Städter und 82 Landschäftler. Denn wählbar waren für die direkten Wahlen bloss Bürger von mindestens 25 Jahren und mit einem Vermögen von 3000 Franken und für die Listenwahlen nur Bürger, die 30 Jahre alt waren und über Grundbesitz oder Schuldschriften im Wert von 10 000 Franken verfügten. Die Landschäftler stellten zwar die überwiegende Mehrheit der Wähler, waren aber dank dieses relativ hohen Zensus gezwungen, ihre Wahl zu einem erheblichen Teil unter Städtern zu treffen.

Der Grosse Rat wählte den 25-köpfigen Kleinen Rat, in den nur ein knappes Drittel Landschäftler gelangten. Das Volk kam unter dieser Verfassung wenig zum Zug: 1803 wählte es den gesamten Grossen Rat; alle zwei Jahre hatten die Zünfte allfällige Lücken unter den unmittelbar Gewählten zu schliessen und nach neun Jahren, 1812, waren die Kandidatenlisten wieder zu vervollständigen. Da die Mandate lebenslänglich waren, fand nie eine Gesamterneuerung des Parlaments statt. So sassen schliesslich 1814 neben 57 Städtern bloss noch 78 Landschäftler im Grossen Rat.

Die Einschränkung der Volkssouveränität hatte im Übrigen schon während der Helvetik eingesetzt, denn im Zuge der diversen aufeinander folgenden Staats- und Verfassungsumgestaltungen waren indirekte Wahlverfahren und einmal sogar ein Vermögenszensus eingeführt worden.[13] Tradition hatte auch das gemessen an den Bevölkerungsanteilen zunehmende

Patriot der ersten Stunde
Wilhelm Hoch, geboren 1750 in Liestal und 1826 da gestorben, war Sohn des Chirurgen und Spitalpflegers Hans Adam Hoch und der Anna Margaretha Gass. Von Beruf war er Uhrmacher und im Militär brachte er es bis zum Artilleriefeldweibel. Er war einer der aktivsten Reformer auf der Basler Landschaft und setzte sich seit etwa 1790 für die Rechtsgleichheit von Land- und Stadtbürgern ein. Er war auch das Haupt der Liestaler «Patrioten» und als solcher einer der Protagonisten der friedlichen Revolution in Basel zu Beginn des Jahres 1798. In seinem Haus trafen sich die revolutionär gesinnten Männer aus Stadt und Land, um über Menschenrechte und politische Gleichberechtigung zu debattieren und die Umwälzung des alten Basler Staates Ende 1797 und Anfang 1798 voranzutreiben und gleichzeitig in guten Bahnen zu halten. Hoch wurde im Februar 1798 Mitglied der paritätischen Stadt-Land-Kommission und der darauf folgenden Basler Nationalversammlung. Später war er Mitglied der fünfköpfigen Basler Verwaltungskammer und Senator im nationalen Parlament. 1801 wurde er zum Distriktseinnehmer in Liestal ernannt. Von 1808 bis 1811 war er Gemeindepräsident von Liestal, von 1811 an Siechenhauspfleger und Appellationsrat.

die Gemeindegüter bisher alleine gehört hatten und deren ausschliessliches Nutzungsrecht durch das Gemeindegesetz anerkannt wurde, wählten eine Gemeindekammer, der die Verwaltung dieser Güter und als einzige öffentliche Aufgabe das Armenwesen übertragen wurde. Allerdings wurde in vielen Gemeinden von der Möglichkeit Gebrauch gemacht, die Gemeindegüter von der Munizipalität verwalten zu lassen.
Selbstverständlich kam es zwischen den von oben – vom Regierungsstatthalter – ernannten Agenten und den Munizipalitäten immer wieder zu Konflikten. In der Praxis war die Grenze zwischen den beiden Behörden fliessend. Was früher in der Person des Gemeindevorstehers in einer Person zusammengefasst war, verteilte sich nun auf zwei Organe: Die Exekutive, der Gesetzesvollzug, lag beim Agenten, die kommunale Selbstverwaltung bei den Munizipalitäten. Diese gewannen mit der Zeit noch an Gewicht, weil sich deren Vorsteher zunächst aus praktischen Gründen, später zwecks Diskussion grundlegender politischer Probleme distriktsweise zu Zentralmunizipalitäten zusammenschlossen, was weder in der Verfassung noch im Gesetz vorgesehen war.

Ungleichgewicht zwischen den Vertretern der Landschaft und jenen der Stadt. Die Mediations- und die beginnende Restaurationszeit waren insgesamt eine politisch eher ruhige Zeit. Die Bevölkerung war von den revolutionären Wirren, den militärischen Besetzungen und von der Krise 1816/17 stark in Mitleidenschaft gezogen, so dass der Widerstand gegen die Rückschritte im politischen Bereich schwach war, nicht zuletzt weil die wirtschaftlichen Verhältnisse nicht günstig waren.

Das Ende des Fürstbistums

Nach französischem Vorbild veröffentlichten die seit 1752 nicht mehr einberufenen Landstände 1790 eine an den Fürstbischof gerichtete Klageschrift.[14] Damit hatte die revolutionäre Bewegung im Fürstbistum Fuss gefasst. An der Spitze standen der elsässische Weihbischof Jean Baptiste Gobel, Mitglied der französischen Etats généraux, und sein Neffe, Joseph Anton Rengger, ein früheres Mitglied des Hofrats und der Landstände.

Der zunehmend in Bedrängnis geratene Fürstbischof versuchte, die Situation in den Griff zu bekommen, indem er im Frühjahr 1791 500 österreichische Soldaten nach Pruntrut kommen liess und gleichzeitig eine Versammlung der Landstände einberief. Trotz Präsenz der kaiserlichen Bajonette änderte die Versammlung eigenständig den Abstimmungsmodus und opponierte gegen die fürstbischöflichen Vorstellungen im Finanzbereich, ohne jedoch Einigkeit zu erzielen. Das ermutigte den Fürstbischof, seine bisherige, repressive Politik weiterzuführen.

Nach dem Tod Leopolds I. von Österreich erklärte Frankreich Österreich am 20. April 1792 den Krieg und besetzte den reichsdeutschen Teil des Fürstbistums mit 2000 Soldaten. Bisher hatte sich die seit 1740 als Schutzmacht des Fürstbistums fungierende Nachbarmacht jeder offenen Einmischung enthalten, obwohl der Fürstbischof die Aufnahme französischer Emigranten zugelassen hatte. Die Österreicher zogen sich umgehend aus Pruntrut zurück, und der Fürstbischof floh Ende Mai 1792 nach Biel. Mit der

Vom Chorherrn zum Revolutionär
Jean Baptiste Joseph Gobel, geboren 1727, stammte aus dem elsässischen Thann und hatte am Jesuitenkollegium in Pruntrut studiert. Er wurde später Chorherr von Moutier-Grandval und Offizial der Diözese Basel, er war also ein wichtiger Mann in der kirchlichen Verwaltung des Bistums. Zu Beginn der Französischen Revolution ernannten ihn die Geistlichen von Belfort-Hüningen zum elsässischen Abgeordneten in die Generalstände. Dort leistete er den Eid auf die Verfassung und wurde zum Metropolitanbischof von Paris ernannt. 1792 wurde er Vizepräsident des Jakobinerklubs. Am 19. März 1794 wurde er unter der Anklage verhaftet, er habe sich an einer Verschwörung gegen die Republik beteiligt. Er wurde am 13. April 1794 hingerichtet. Gobel übte einen grossen Einfluss auf die Revolution im Fürstbistum aus, insbesondere auf seinen Neffen Joseph Anton Rengger, einen der Protagonisten der Revolution im Fürstbistum.

Loskauf von Bodenzinsen und Zehnten

In den turbulenten Jahren der Helvetik waren im Kanton Basel innert kurzer Zeit die Feudallasten aufgehoben, jedoch erneut – teilweise bekämpft – Zehnten und Bodenzinsen eingezogen worden. Mehrmals wurde deren Loskauf festgelegt und ein neues Steuersystem eingeführt. Immerhin war 1804, zu Beginn der Mediation, die Ablösbarkeit der Feudallasten mittels Loskauf in allen Kantonen als Grundsatz anerkannt.[7] Damit hatte ein gemässigter, reformorientierter Standpunkt über die revolutionäre Auffassung von der entschädigungslosen Aufhebung der Feudallasten obsiegt. Der Loskauf, spätestens seit 1802 eine den Kantonen delegierte Aufgabe, wurde in der Folge recht unterschiedlich geregelt. Basel hatte mit den Loskaufsgesetzen von 1804 sowie den Nachträgen von 1806 und 1816 eine liberalere Lösung gewählt, die den Interessen der ländlichen Produzenten vergleichsweise weit entgegenkam. Zehnten und Bodenzinsen konnten von den Grundstücksbesitzern einzeln losgekauft werden, der Loskauf war freiwillig und beruhte auf dem kapitalisierten Wert des durchschnittlichen Ertrags bestimmter Jahre.

Trotz grosser administrativer Schwierigkeiten und Konflikte vor allem auf der Ebene der Gemeinden kamen viele Bodenzins-

Bürger Pfarrer

«Bürger Pfarrer ihr müsst ohn Habit und Kragen,/Uns künftighin die Wahrheit sagen.» So lautet die Unterschrift unter dieser Karikatur, die Johann Jakob Schwarz, gestorben 1811, 1798 gemalt hat. Sie spielt auf die umstrittene Religionspolitik der Helvetischen Republik an, die zumindest zu Beginn auf eine strikte Trennung von Kirche und Staat zielte. Allerdings musste sich der neue Staat auch weiterhin mit kirchlichen Belangen beschäftigen, hatte er doch von den früheren Ständen auch deren kirchliche Rechte übernommen.
Zunächst war ein erheblicher Teil der reformierten Pfarrer der Helvetischen Republik gegenüber positiv eingestellt. Die katholische Geistlichkeit hatte sich distanzierter gezeigt, aber nicht durchwegs feindlich. Staatliche Massnahmen führten aber bald zu Unzufriedenheit bei den Geistlichen: so etwa die staatliche Verwaltung der Klostervermögen auf katholischer Seite und die Bestimmung der freien Pfarrerwahl durch die Gemeinden auf reformierter Seite.
Das Spottbild thematisiert weitere Neuerungen der Helvetik, so etwa die Ersetzung des Titels «Herr» durch «Bürger». Ebenso wird auf die Veränderung der Amtstracht der Priester angespielt: der bisherige Habit mit Halskrause wurde durch ein einfaches schwarzes Kleid ersetzt.

nun verstärkten Unterstützung von französischer Seite trieben Rengger und seine Anhänger die Sache der Revolution im Fürstbistum weiter voran und riefen am 27. November 1792 in Pruntrut die Raurachische Republik, bestehend aus den nördlichen Teilen des früheren Fürstbistums, aus. In Pruntrut trat am 17. Dezember 1792 erstmals auch die «Nationalversammlung» zusammen. Die anhaltenden Streitigkeiten innerhalb der politischen Elite der neuen Republik bewogen die Pariser Zentrale, das Gebiet möglichst schnell an Frankreich anzuschliessen. Dazu wurden kurzerhand Abstimmungsresultate gefälscht. Die Laufner Gemeindeversammlung vom 5. März 1793 etwa ergab 153 Stimmen für eine freie Republik, 0 Stimmen für den Anschluss. Ähnliche klar ablehnende Resultate zeigten auch die übrigen Gemeinden im Laufental. Dennoch wurde am 23. März 1793 die Raurachische Republik zum Departement Mont-Terrible umgewandelt und damit Teil Frankreichs. Der «canton de Laufon» umfasste darin 10 Gemeinden, Grellingen und Duggingen gehörten zum «canton de Reinach». Nach dem Frieden von Campoformio wurden 1797 auch die südlichen Gebiete des ehemaligen Fürstbistums zum Departement Mont-Terrible dazugeschlagen. 1800 wurde das zu kleine und arme Departement dem Departement Haut-Rhin angegliedert. Die zwei deutschsprachigen «cantons» Laufen und Reinach wurden zu einem einzigen mit insgesamt 21 Gemeinden verschmolzen. Hauptort des Departements war Colmar.

Revolution und französische Zeit im Birseck und im Laufental

Eine gewisse Gärung machte sich schon 1789 bemerkbar, nicht zuletzt in den an der Grenze zu Frankreich gelegenen Gemeinden.[15] In beiden birseckischen Vogteien trugen Vertreter der Gemeinden die Klagen der Bevölkerung zusammen und richteten, wie üblich, Bittschriften an den Fürstbischof. Sie enthielten die bekannten Wünsche: die Herabsetzung von Steuern und Salzpreis, die Einschränkung von herrschaftlichen Jagdrechten, die Beseitigung der oberamtlichen Kontrolle von Gemeinderechnungen und Gemeindewal-

und Zehntenloskäufe bereits im ersten Jahr des Gesetzes zustande, dies vor allem bei ertragreichen Parzellen.[8] Die sehr umfangreichen Zehnten an den Staat wurden 1806 dem Kirchen- und Schulgut zugeschlagen und der Verwaltung einer Zins- und Zehntenkommission unterstellt. Mit dem Gesetz von 1816 wurden die Gemeinden verpflichtet, den Loskauf noch vorhandener Zehnten zu bevorschussen und die Angelegenheit mit den verbliebenen Zehntablieferern beziehungsweise -loskäufern innerhalb der Gemeinde definitiv zu regeln.[9] Bis Anfang der 1820er Jahre waren dann die allermeisten Zehnten losgekauft. Analoges gilt für die Bodenzinsen, wenn auch ein gemeindeweiser Loskauf nicht gesetzlich festgelegt wurde und die ganze Entwicklung insgesamt länger, in einzelnen Fällen bis gegen die Mitte des Jahrhunderts dauerte.
Im Laufental und im Birseck wurden die Feudallasten wie in allen Gebieten des ehemaligen Fürstbistums während der französischen Zeit ersatzlos abgeschafft. Dies betraf in erster Linie den Zehnten, so dass der Zehntenloskauf nach 1815 kein Thema mehr war, wohl aber der Loskauf vereinzelter Bodenzinsen, der sich zum Teil trotz der allgemeinen Aufhebung der Feudallasten sowohl im Laufental wie im Birseck noch einige Zeit hinzog.

dungen, die Reduktion der vielen Frondienste. Der Fürstbischof lehnte die Forderungen im Herbst 1789 im Grossen und Ganzen ab. Trotzdem blieb es im Birseck ruhig, auch als im Dezember 1789 im ganzen Fürstbistum mit Plakaten vor revolutionären Aktivitäten gewarnt und «Zusammenschlüsse und Beratschlagungen» verboten wurden. Das änderte sich nicht, als Vertreter revolutionär gesinnter Kreise aus der Ajoie im Herbst 1790 angesichts der Weigerung des Fürstbischofs, die Landstände einzuberufen, auch im Birseck und im Laufental mit Druckschriften für die Forderung nach politischer Gleichheit warben. Auch der Rat von Laufen verfasste im Frühjahr 1790 ebenfalls eine Beschwerdeschrift. Unter Berufung auf den Vertrag von 1532 suchte er darin den alten, zum Teil ausser Übung gekommenen Sonderrechten wieder Geltung zu verschaffen, allerdings ohne grossen Erfolg.

Laufental und Birseck neigten insgesamt wenig zur revolutionären Bewegung. Den Forderungen der 1792 in Delsberg gegründeten Vereinigung der «amis de la liberté et de l'égalité» – Volksherrschaft und Stellungnahme gegen Fürstbischof, Domkapitel, Kaiser und Reich – begegneten die Laufentaler und Birsecker mehrheitlich mit Ablehnung, viele wollten dem Fürstbischof vorerst treu bleiben. Das Ende des Fürstbistums und die Gründung der Raurachischen Republik wurden schliesslich aber auch im Birseck Wirklichkeit, wenn auch nur widerwillig. Freiheitsbäume, am 7. Dezember in Arlesheim und am 11. Dezember 1792 auf dem Laufner Rathausplatz, signalisierten die vollzogene Umwälzung.

In die «Raurachische Nationalversammlung» in Pruntrut mussten auch die Birsecker und die Laufentaler Gemeinden Abgesandte schicken. Aus Laufen nahmen Johann Vetter und Johann Niera, beides Mitglieder der«amis de la liberté de de l'égalité», als Vertreter teil. Durch die Herabsetzung der Mitgliederzahl der «Nationalversammlung» von 146 auf 48 verloren die Laufner ihre Sitze Ende Dezember 1792 wieder. Obwohl die Vertreter der deutschsprachigen Vogteien zum Teil Freunde eines Wandels waren, standen sie nicht an der Spitze der Revolution, die meisten von ihnen blieben

Unter französischer Verwaltung

Das mittlere und untere Birstal gehörte von 1793 bis 1800 zum Departement Mont-Terrible. Dieses 84. französische Departement umfasste den Distrikt Pruntrut mit der Ajoie, St-Ursanne und den Freibergen sowie den Bezirk Delsberg mit den Kantonen Delsberg, Vicques, Glovelier, Laufen und Reinach, der aus den ehemaligen Ämtern Birseck und Pfeffingen bestand. An der Spitze des Departements stand bis 1800 die aus mehreren Mitgliedern zusammengesetzte «Zentralverwaltung». Ihr entsprach auf der nächstunteren Stufe das «Distriktsdirektorium». Die Geschäfte der «Munizipalität», der früheren Gemeinden, besorgten der «Maire» oder «Agent», der «Adjoint» und die Notabeln. Als kantonale Behörde fungierte die «Municipalité centrale», bestehend aus den Agents und den Adjoints, die einen Präsidenten aus ihrer Mitte wählten. Für die Rechtsprechung gab es am Sitz der Distrikts- und Zentralverwaltung Gerichte, während der Kanton einen Friedensrichter hatte. Eine wichtige Rolle spielten die Kommissäre, die als Kontroll- und Verbindungsbeamte der jeweils nächsthöheren Behörde fungierten. Sie hatten den ordnungsgemässen Vollzug der Verwaltung und der Gesetze sowie die politische Gesinnung des Volkes zu überwachen. Nach der Auflösung des Departe-

Der Fürstbischof der Revolutionszeit

Franz Joseph Sigismund von Roggenbach, geboren 1726, war von 1782 bis 1794 im Amt. Er war der letzte in Pruntrut residierende Fürstbischof und musste 1792 fliehen. Er starb 1794 im Exil in Konstanz.

1792 war Porrentruy eines der Zentren der Raurachischen Republik, 1793 wurde es Frankreich einverleibt und zum Hauptort des Departements Mont-Terrible ernannt. Als dieses 1800 ins grössere Departement Haut-Rhin integriert wurde, kam die Unterpräfektur nach Pruntrut, wo sie bis 1813 blieb. Während der frühen Neuzeit wurde das Städtchen mit den dort lebenden Beamten der fürstbischöflichen Verwaltung zu einem kleinen sozialen und kulturellen Brennpunkt in der Ajoie, es lag allerdings peripher zu den meisten Untertanengebieten.

Das hatte für die Untertanen den Vorteil, dass die Obrigkeit weit weg war, was ihnen und den Gemeinden einigen Spielraum verschaffte. Die Distanzen erschwerten allerdings nicht nur den Kontakt zwischen Obrigkeit und Untertanen, sondern auch die Organisation und die Absprachen unter den Landleuten verschiedener Regionen, gerade in Konfliktfällen wie den «Troublen». Während des Widerstands gegen den Fürstbischof von 1730 bis 1740 gelang es jedoch den Landleuten des Fürstbistums, sich sogar über die Sprachgrenze hinweg miteinander zu verständigen.

Neue Zeiten – Neue Symbole

Neue Zeiten finden ihren Ausdruck immer auch auf der symbolischen Ebene, so etwa bei den Briefköpfen von amtlichen Dokumenten oder auf Stempeln und Fahnen. So ziert das Testament eines Mannes von Nenzlingen eine Gebührenmarke des «Empire Français», was uns daran erinnert, dass die Gemeinde am Südhang des Blauens von 1793 bis 1813 zum revolutionierten Frankreich gehörte, genau so wie Allschwil, dessen Siegel mit der Aufschrift «Municipalité de Allschweiler» ebenfalls auf diese Zugehörigkeit zu einer anderen politischen Einheit hinweist.

Anhänger des Fürstbischofs, weshalb sie schliesslich aus der Versammlung ausgeschlossen wurden. Auf alle Fälle aber zogen Laufentaler und Birsecker Bevölkerung eine eigene Republik dem Anschluss an Frankreich vor.

Der Aufbau einer neuen Gesellschaft

Mit einer grossen Zahl von Gesetzen und Erlassen wurden seit 1793 die gesellschaftlichen Verhältnisse umgewandelt. Aus Untertanen wurden freie, vor dem Gesetz gleichberechtigte Bürger, die Verwaltung wurde neu organisiert, die Zünfte wurden aufgelöst, die Handels- und Gewerbefreiheit deklariert, Masse und Gewichte erneuert, der öffentliche Unterricht reorganisiert, die Feudalabgaben in Form von Zehnten und Bodenzinsen wurden abgeschafft oder zum Loskauf freigegeben, an ihre Stelle traten neue Steuern, der obligatorische Kriegsdienst wurde eingeführt, die Kirche kam unter Druck, eine neue Festkultur wurde initiiert.

Das Birseck und das Laufental gehörten mit dem Nordjura zum Etappenraum der Rheinfront, so dass die Bevölkerung von 1793 bis 1814 mehr oder weniger ständig den Belastungen durch stehende oder durchziehende Truppen ausgesetzt war. Gravierend waren auch die Zwangsrekrutierungen für die französische Armee. Viele der betroffenen Männer versuchten, sich dem Aufgebot zu entziehen, etwa durch Flucht über die nahe Schweizer Grenze. Das brachte die zurückgebliebenen Angehörigen in Schwierigkeiten, wurden doch die Güter von Geflüchteten als Nationalgüter erklärt und versteigert. Nur unter Druck kam auch die den Gemeinden auferlegte Stellung von Mannschaft für die Nationalgarde zustande. Diese diente als eine Art mobile Polizei zur Eskortierung von Fuhren, zur Unterstützung der Zollorgane oder für Ehrenbezeugungen.

Eine wichtige Konsequenz des neuen Systems war der Verkauf der Nationalgüter. Was dem Fürstbischof, der Kirche und jenen Bürgern gehört hatte, die gegen die neuen Gesetze verstossen hatten, ausgewandert oder geflohen waren, wurde als Staatsgut der Republik erklärt und öffentlich ver-

ments Mont-Terrible im Jahr 1800 gehörten das Laufental und das Birseck bis 1814 zum Departement Haut-Rhin. Die oberste Verwaltungsbehörde, die Präfektur, befand sich in Colmar, Pruntrut wurde zu einer Unterpräfektur und bildete das dritte, aus den Kantonen Ajoie, St-Ursanne, Freiberge und Montbéliard bestehende Arrondissement, während Delsberg mit den Kantonen Delsberg, Laufen, Moutier, Courtelary und Biel das vierte Arrondissement umfasste. Der Kanton Reinach wurde aufgelöst, das Birseck also mit dem Kanton Laufen vereinigt. Der Departementswechsel beendete das auf teils direkten teils indirekten Volkswahlen beruhende Kollegialsystem in der Verwaltung. Als oberste Instanz in Administration und Politik amtete der nur von Paris abhängige Präfekt in Colmar. Seine Anordnungen gelangten über die Unterpräfektur in Delsberg in die einzelnen Munizipalitäten, deren Vorsteher auf Vorschlag des Unterpräfekten von Colmar aus ernannt wurden.

Das Ende der französischen Zeit

Trotzdem blieben Skepsis und Ablehnung in der Bevölkerung bestehen. Die Belastungen durch Truppen und Zwangsrekrutierung, aber auch die Konflikte um die katholische Kirche drückten auf die allgemeine Moral. Konsequenz war der vielfäl-

steigert. Diese Verkäufe fanden vor allem in den Anfangsjahren der französischen Zeit statt. Wenn die Güter an Franzosen oder, wie nicht selten, an kaufkräftige Private aus Stadt und Landschaft Basel gingen, gab es mitunter Konflikte mit den Einheimischen. Doch auch diese beteiligten sich an den Versteigerungen, boten diese doch zahlungskräftigen Leuten die Chance, zu Grund und Boden zu kommen, der ihnen unter dem alten Regime nicht zugänglich gewesen war. Den Bürgern der Vorstadt und der Stadt Laufen gelang es so, ihr Bürgergut zu bewahren, indem die Begüterten unter ihnen bei den Versteigerungen möglichst viel kauften. Erhebliche Probleme gab es auch im kirchlichen Bereich. Da sich viele Geistliche weigerten, den vom Staat geforderten Eid auf die Verfassung abzulegen, und wegzogen, waren zahlreiche Gemeinden für längere Zeit ohne geistliche Betreuung. Die Leute gingen in benachbarte solothurnische Gemeinden zur Messe. Eine Verbesserung trat erst 1795 ein, als der Eid der Geistlichen modifiziert wurde.

Das neue Regime brachte neue Abgaben und Steuern, an erster Stelle die in ganz Frankreich eingezogene Grundsteuer, die von dem reinen Ertrag des Grundeigentums erhoben wurde. Dazu kamen: Personalabgaben, die Patentsteuer für Handel und Gewerbe, Salz- und Tabaksteuern, denen sich später noch eine Gebäudesteuer anschloss. Die wachsenden Kriegskosten zwangen den französischen Staat ferner dazu, ausserordentliche Steuern zu erheben, so etwa den «emprunt forcé» des Jahres IV, das heisst von 1795, zu Lasten der «besser gestellten» Klassen. 1812 sollte mit dem Verkauf von Gemeindegütern die «caisse d'amortissement» gespeist werden.

In verschiedenen anderen Bereichen wurden während der französischen Zeit auch Verbesserungen und Modernisierungen erreicht oder doch zumindest angebahnt: so etwa im Schulwesen mit der allgemeinen Schulpflicht sowie einer besseren Ausbildung und Entlöhnung der Lehrer, ferner im Bau- und Strassenwesen mit dem Ausbau von regionalen Verbindungsstrassen oder im Armenwesen mit ersten Ansätzen zu einer staatlich regulierten Armenunterstützung.

Ende einer Vogtsdynastie
Der letzte Vogt von Pfeffingen und Zwingen, Joseph von Blarer, flüchtete 1792 gemeinsam mit dem Fürstbischof ins Exil. Als er 1800 von der Liste der Emigranten gestrichen wurde, kehrte er nach Aesch zurück. Kinderlos geblieben, verstarb er 1808 im badischen Warmbach bei Rheinfelden. Die Grabplatte, heute in der Schlosskapelle Zwingen, zeigt «La mort de St. Joseph».

tig praktizierte passive Widerstand: Die Beteiligung an Wahlen in politische Ämter war oft sehr gering, die Leute wählten von oben abgesetzte Gemeindebeamte ein weiteres Mal, sie blieben den neuen republikanischen Festen fern oder sie liessen sich Zeit mit der Bezahlung der Steuern.
Das Ende der französischen Zeit kam 1814 von aussen, mit den Alliierten, die gegen Napoleon kämpften. Das frühere Departement wurde 1814 Generalgouverneur Baron Konrad Karl Friedrich von Andlau unterstellt, die französischen Gesetze und Steuern blieben allerdings vorläufig bestehen. Dazu kamen wiederum Einquartierungen und Dienstleistungen für die Armeen. Der Wunsch nach einer endgültigen Regelung der staatlichen Zugehörigkeit wurde immer dringender. Die Rückkehr unter den Krummstab kam nicht in Frage, denn Bischof Franz Xaver von Neveu hatte schon 1803 auf seine weltliche Herrschaft verzichtet. Per Beschluss des Wiener Kongresses wurde das Birseck 1815 Basel, das Laufental inklusive Duggingen und Grellingen zusammen mit dem Jura Bern zugeschlagen. Die neuen Gebiete wurden zunächst der Tagsatzung unterstellt und am 23. August 1815 deren Vertreter, dem Zürcher Bürgermeister Johann Konrad Escher, übergeben. Ende Jahr erfolgte dann der Wechsel zu Bern und Basel.

Lesetipps

Die «Troublen» von 1730 bis 1740 werden in einer umfangreichen Monographie von Andreas Suter (1985) ausführlich dargestellt.

Zum Ende des Ancien Régime im Fürstbistum finden sich erste Informationen bei Marco Jorio (1981) und im HBLS.

Über das späte 18. Jahrhundert auf der alten Basler Landschaft und die Revolutionszeit geben Simon (1982) und Manz (1991) Aufschluss.

Abbildungen

Musée de l'Hôtel-Dieu, Porrentruy: S. 31, 47.
Collection jurassienne des beaux-arts, Office du patrimoine historique, Porrentruy: S. 33, 49.
Dominik Wunderlin, Basel [A]: S. 35.
Staatsarchiv Basel-Stadt, Bild Falk A 514: S. 37.
Basler Papiermühle, Basel: S. 39.
Anne Hoffmann Graphic Design: Grafik S. 40. Quelle: Manz 1991.
Schweizerischer Bilderkalender 1839–1845 von Martin Disteli, Olten o.J., Jg. 1840: S. 41.
Kantonsmuseum Baselland, Liestal, Graphische Sammlung; Kulturhistorische Sammlung, Inv.Nr. N 12; Graphische Sammlung: S. 42, 45 oben, 46.
Historisches Museum, Basel, Inv.Nr. 1895.44, Fotonr. C 710; Inv.Nr. 1894.38, Fotonr. C 1919; Inv.Nr. 1886.73., Foto Maurice Babey: S. 43, 45 Mitte, 48.
Dominik Wunderlin, Basel: S. 45 unten.
Staatsarchiv Basel-Landschaft, Bezirksschreibereiarchiv Arlesheim, Archiv des Notars J. G. Schwarz, Bd. 33, 1811 [A]: S. 50 oben.
Heinrich Schwyn, Schönenbuch: S. 50 unten.
Foto Mikrofilmstelle: S. 51.

[A] = Ausschnitt aus Originalvorlage
Reproduktionen durch Mikrofilmstelle

Anmerkungen

1 Vgl. dazu Berner 1994, S. 219–234, und Suter 1985, S. 42–86, S. 243ff., 271f. und 343f.
2 In den Landständen waren die Vogteien des Fürstbistums vertreten.
3 Vgl. Bd. 3, Kap. 8.
4 Vgl. Suter 1985, S. 298f.
5 Vgl. zum fürstbischöflichen Steuerwesen Suter 1985, S. 296ff.
6 Vgl. Suter 1985, und Laufen 1975, S. 54–58.
7 Suter 1985, S. 381ff.
8 Suter 1985, S. 215, und zum Folgenden S. 218.
9 Simon 1982, S. 68f., 90ff., sowie Manz 1991, S. 17–21. Vgl. auch Handbuch der Schweizer Geschichte 1977, Bd. 2, S. 765ff. und 771f.
10 Vgl. Manz 1991, S. 531–534 und Blum 1977, S. 40ff., 44ff.
11 Zum Folgenden Manz 1991, S. 131ff.
12 Vgl. Blum 1977, S. 44ff.
13 Bei den Wahlen zur Kantonstagsatzung vom April 1802. Vgl. Manz 1991, S. 173–182.
14 Nach HBLS, Bd. 2, Sp. 23ff.
15 Das Folgende nach Gauss et al. 1932, Bd. 1, S. 287–318; ferner Laufen 1975, S. 58ff., 68–77, 78–108.

1 Vgl. zum Folgenden Suter 1985, S. 42–62, 81–86.
2 Vgl. zu den Unruhen im 18. Jahrhundert Felder 1976, S. 324–389.
3 Vgl. Handbuch der Schweizer Geschichte 1977, Bd. 2. Zum Folgenden auch Manz 1991, S. 195–200.
4 Handbuch der Schweizer Geschichte 1977, Bd. 2, S. 163f.
5 Vgl. dazu und zum Folgenden Simon 1982, S. 82.
6 Gutachten an den Grossen Rat vom 6. Dezember 1790. Vgl. dazu Simon 1982, S. 83.
7 Vgl. Nebiker 1984, Manz 1991 und Brugger 1956, S. 180–206, besonders S. 194ff.
8 Vgl. für Details nach Gemeinden Nebiker 1984, S. 190–194.
9 Vgl. Nebiker 1984, S. 103ff. Meistens ging es um wenig ertragreiche Parzellen.

Bild zum Kapitelanfang
Die Pest
Radierung von Hans Heinrich Glaser aus dem Jahr 1629. Bis ins 17. Jahrhundert gehörten Pestseuchen zu den erschreckenden Erfahrungen jeder Generation von Menschen. Unter dem Eindruck der Pest von 1618/29 verlegte Glaser eine biblische Szene vor die Tore der Stadt Basel (auf dem Hügel links die Kirche St. Margrethen bei Binningen). Vor dem betenden König David deutet der Prophet Gad auf den durch die Lüfte fliegenden Würgeengel. Am Boden liegen Pestkranke umher. Nach Samuel 2,24 schickte Gott die Pest über Israel, weil sich König David mit der Anordnung einer Volkszählung versündigt hatte. Aufgrund dieser Bibelstelle waren Volkszählungen noch bis ins 18. Jahrhundert hinein in weiten Kreisen mit einem religiösen Tabu belegt.

Sechs Mal mehr Menschen in 300 Jahren

Wenn heute im Kanton Basel-Landschaft mehr als eine Viertelmillion Menschen leben, dann bereitet die Vorstellung vielleicht einige Mühe, dass es vor 500 Jahren bloss einige tausend waren, schätzungsweise beinahe 50-mal weniger. Diese Zahlen sind nicht mehr als sozusagen eine statistische Spur von Millionen Einzelschicksalen. Aber sie vermitteln vielleicht eine Ahnung davon, wie sehr sich seither das Zusammenleben der Menschen, ihr Verhältnis zur Landschaft und ihr wirtschaftliches Tun verändert haben müssen. Für die alte Basler Landschaft liegen erstmals aus dem Jahre 1497 einigermassen verlässliche Quellen zur Schätzung der Bevölkerung vor. Von etwa viereinhalbtausend Menschen wurde das damalige Untertanengebiet der Stadt Basel, also ohne das Birseck und das Laufental, welche damals zum Fürstbistum Basel gehörten, besiedelt. Das gleiche Gebiet zählte Ende des 18. Jahrhunderts 26 235 Menschen, fast sechsmal mehr, und einige Jahre nach der Kantonstrennung, im Jahre 1837, waren es bereits gut achtmal so viel.[1] Im heutigen Kantonsgebiet mit dem Birseck und dem Laufental lebten im Jahre 1798 insgesamt 32 658 Personen und im Jahre 1837 deren 41 120.

Die Entwicklung verlief über den ganzen Zeitraum keineswegs gleichmässig. Es wechselten sich Phasen intensiven Wachstums mit solchen der Stagnation ab. Für die Basler Landschaft lassen sich unter diesem Aspekt fünf unterschiedlich lange Abschnitte ausmachen, deren Grenzen um das Jahr 1610, etwas vor 1670, um 1690 und um 1740 liegen (Grafik 1). Ein starkes Wachstum prägte das 16. Jahrhundert. Von 1497 bis 1585 nahm die Bevölkerung im jährlichen Durchschnitt um 9,9 Promille zu und hatte sich insgesamt mehr als verdoppelt. Allerdings ist einschränkend zu bemerken, dass die Bevölkerungszahl von 1497 wohl ungewöhnlich tief war, weil wenige Jahre zuvor die Pest gewütet hatte. Von 1585 bis zum nächsten Zähljahr 1668/69 betrug der Zuwachs jährlich nur noch 3,6 Promille. Eine ergänzende Schätzung der Bevölkerungsentwicklung aufgrund der durchschnittlichen jährlichen Taufzahlen ergibt, dass der Abschwung nach 1610 eingetre-

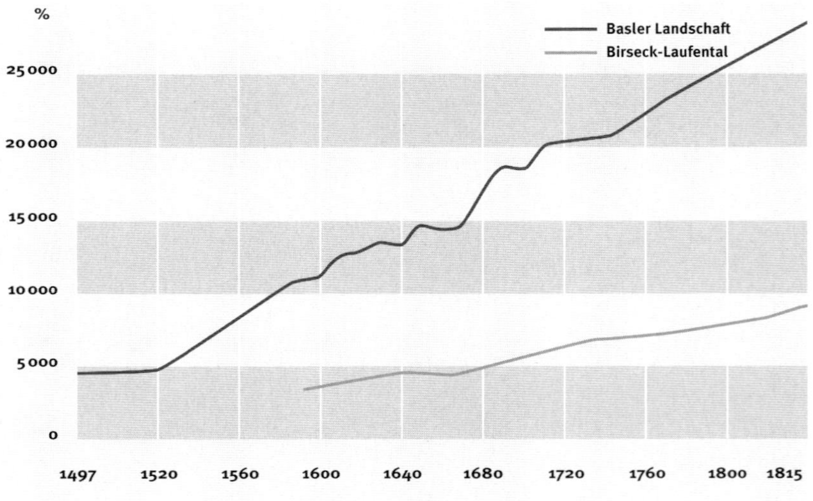

Grafik 1
Die Bevölkerungsentwicklung auf der Basler Landschaft und im Birseck-Laufental.
Die Ergebnisse von Zählungen für die Basler Landschaft sind ergänzt durch Schätzungen aufgrund der durchschnittlichen Taufzahlen.
Für das Birseck-Laufental sind zusätzlich die zwei Schätzwerte für 1654 und um 1750 berücksichtigt.

ten war. Somit hat diese Wachstumsphase rund 100 Jahre gedauert. Begonnen haben dürfte sie nämlich erst ungefähr gegen 1520. Denn einiges deutet darauf hin, dass eine lange Zeit der Wechselfälle und Krisen erst dann zu Ende gegangen war.[2] Platz für eine wachsende Bevölkerung war vorhanden. Denn der «Schwarze Tod», der verheerende Pestzug von 1348/49, und die nachfolgende Krisenzeit hatten der Region grosse Bevölkerungsverluste eingetragen. Deshalb lebten hier schliesslich weniger Menschen, als es die wirtschaftlichen, das heisst im Wesentlichen landwirtschaftlichen Ressourcen erlaubt hätten. Jetzt begann sich der Raum allmählich wieder aufzufüllen, dies trotz regelmässig wiederkehrender Pestepidemien. Und noch mehr: Die wachsende Bevölkerung nahm vermutlich nicht nur jene Positionen wieder ein, die schon vor der spätmittelalterlichen Krise, also vor der Mitte des 14. Jahrhunderts, besetzt gewesen waren. Sie griff insbesondere im oberen Baselbiet auch auf Böden zu, welche früher nicht intensiv genutzt worden waren. Das besonders günstige Klima der Jahrzehnte von 1530 bis 1570 trug das Seine dazu bei. Die Ämter Homburg und Farnsburg hatten in dieser Zeit den höchsten Zuwachs zu verzeichnen. Die Gemeinden näher bei der Stadt erfuhren dann vor allem gegen Ende des 16. und zu Beginn des 17. Jahrhunderts ein starkes Wachstum.

Nach einem vorübergehenden, pestbedingten Einbruch schon vor der Jahrhundertwende begann offensichtlich um 1610 der Spielraum enger zu werden. In den nächsten Jahrzehnten wuchs die Bevölkerung nur noch sehr schwach. Ein Grund dafür waren sicherlich die drei schweren Pestepidemien, welche kurz nacheinander in den Jahren 1609/10, 1628/29 und 1634/36 zahlreiche Opfer forderten. Es gibt aber auch Hinweise darauf, dass der andauernde Bevölkerungszuwachs nun an die wirtschaftliche Substanz ging, indem er etwa zu einer starken Zerstückelung des Landbesitzes geführt hatte. Ein vorübergehender Wachstumsschub in den 1640er Jahren brach schon im nächsten Jahrzehnt wieder zusammen. Der Dreissigjährige Krieg im benachbarten Deutschland war zu Ende und damit auch eine ver-

Die Bevölkerung der Basler Landschaft 1497–1815

Jahr	Bevölkerung	Wachstum p.A. in ‰
1497	4530	9,9
1585	10 775	3,6
1668/69	14 580	13,3
1680	17 075	8,8
1699	18 371	1,1
1709	20 039	1,1
1743	20 771	4,0
1770	23 126	(–)
1774	23 568	4,5
1798	26 235	4,7
1815	28 416	

Tabelle 1

Menschen zählen
Wie viele Menschen lebten vor 200 oder vor 500 Jahren in einem Gebiet wie jenem des heutigen Kantons Basel-Landschaft? Gewohnt an Massen von statistischen Daten, könnte uns die Antwort darauf einfach erscheinen. Denn wir wissen heute nicht nur über die aktuelle Gesamtzahl der Bevölkerung Bescheid, sondern auch über deren strukturellen Aufbau, was Alter, Zivilstand, Geschlecht, Beruf, Nationalität und vieles mehr betrifft. Doch solch detaillierte statistische Erhebungen kennt erst die moderne Zeit. Vor dem Zeitalter der Aufklärung war es gar nicht vorstellbar, die Bevölkerungszahl als solche aus blossem statistischem Interesse ermitteln zu wollen. Die Bevölkerungsgeschichte muss deshalb für weite Epochen der frühen Neuzeit nach anderen Quellen suchen, in denen zu irgendeinem Zweck wenigstens ein Teil der Bevölkerung gezählt worden ist. Aufgrund von Schätzungsmethoden versucht sie, sich über Teilzählungen den tatsächlichen Bevölkerungszahlen einigermassen anzunähern. Was herauskommt, sind nicht exakte Werte, sondern mehr oder weniger genaue Schätzungen.[1]
Die erste Schätzung für die Basler Landschaft stützt sich auf Steuerlisten aus dem Jahre 1497. Damals erhob Kaiser Maximilian für das ganze Reich den «Gemeinen

gleichsweise gute Agrarkonjunktur. Insbesondere aber verlockten entvölkerte ehemalige Kriegsgebiete, zum Beispiel das Elsass, zur Auswanderung. Wie in andern Regionen der Schweiz, ergriffen auch auf der Basler Landschaft viele Menschen diese Chance zum Aufbau einer neuen Existenz. Das ging so weit, dass der Basler Rat im Jahre 1649 per Mandat die Emigration verbot. Ende der 1660er Jahre, übrigens nach der letzten Pestepidemie in den Jahren 1667/68, setzte nochmals für etwa zwei Jahrzehnte eine kurze und intensive Wachstumsphase ein. Der durchschnittliche jährliche Zuwachs war dabei aussergewöhnlich hoch, denn es spielte sich mehr ab als die üblicherweise zu beobachtende Erholung nach einer Pestepidemie. In diese Zeit fallen nämlich die ersten Anfänge der textilen Heimindustrie. Mit ihnen hat sich der ökonomische Spielraum für die Bevölkerung etwas geöffnet. Doch schon die 1690er Jahre brachten den Rückschlag. Dieses Jahrzehnt, insbesondere dessen erste Hälfte, ist mit einer Reihe gesamteuropäischer Missernten und dadurch verursachter Hungersnöte der Nachwelt in böser Erinnerung geblieben. Die Krise war besonders verhängnisvoll und zeitigte langfristige Folgen, weil sie das fragile Verhältnis zwischen Bevölkerung und Nahrungsspielraum aus dem Gleichgewicht warf. Die Bevölkerung war in den vergangenen Jahrzehnten gemessen an den ökonomischen Ressourcen eher zu stark gewachsen. Sie stiess nun sozusagen an einen Plafond, eine Grenze, jenseits derer ein weiteres Wachstum unter den bisherigen Bedingungen schwerwiegende Mangelsituationen mit sich gebracht hätte.[3]

So war um 1690 für weite Gebiete der Landschaft das Wachstum vorläufig zu Ende. Zwar setzte es sich zu Beginn des 18. Jahrhunderts scheinbar nochmals für etwa zehn Jahre fort. Das rührte zum einen daher, dass sich einige grössere Dörfer und vor allem die Umgebung der Stadt ein Stück weit von den Verlusten des vorangegangenen Krisenjahrzehnts erholen konnten. Zum andern sind die Auswirkungen eines Einbürgerungsverbotes in der Stadt Basel zu vermuten, welches eine verstärkte Niederlassung vor deren

Karte 1

Das unterschiedliche Wachstum auf der Basler Landschaft im 18. Jahrhundert. Die Bevölkerung der Basler Landschaft wuchs als Ganzes im Zeitraum zwischen 1699 und 1815 um 55 Prozent an. Ein Wachstum über diesem Durchschnitt verzeichneten vor allem die Posamenterdörfer des oberen Baselbietes.

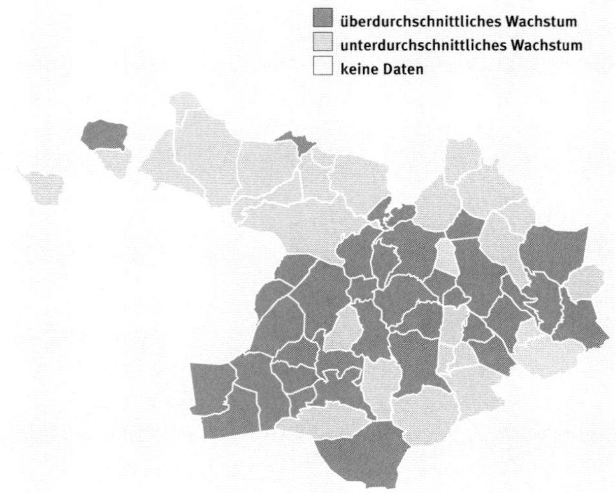

Toren nach sich zog. Kleinere Dörfer aber verloren weiterhin an Bevölkerung, wie etwa Thürnen mit einem jährlichen Verlust von elf Promille. Grundsätzlich aber begann schon damals die Stagnationsphase, welche dann zwischen den Zählungen von 1709 und 1743 für die ganze Landschaft einen Zuwachs von jährlich bloss noch 1,1 Promille brachte. Ein Zuwachs übrigens, der vor allem von jenen kleineren Dörfern getragen wurde, welche erst jetzt die Krisenverluste der 1690er Jahre gutmachen konnten.

Es dauerte bis um die Jahrhundertmitte, nur in einigen Gemeinden etwas weniger lang, bis eine erneute Wachstumsentwicklung ihren Anfang nahm, welche, mit regionalen Differenzierungen, grundsätzlich bis in die Gegenwart angehalten hat. Es ist aufschlussreich zu verfolgen, welche Gemeinden der Landschaft im 18. und zu Beginn des 19. Jahrhunderts überdurchschnittlich angewachsen sind (Karte 1). Es waren vor allem jene Dörfer im oberen Baselbiet, wo sich die Heimindustrie, die Posamenterei, als neue Erwerbsquelle im grossen Stil zu etablieren begann. Das Wachstum basierte also auf einer qualitativ neuen Grundlage. Franz Gschwind gebraucht in seinem Werk über die Bevölkerungsgeschichte der Landschaft das Bild eines Keiles, als welcher sich die Seidenbandindustrie zwischen die herkömmliche Agrarwirtschaft (samt Landhandwerk) und die Bevölkerung eingeschoben habe. Die bisher starke Abhängigkeit zwischen diesen beiden Faktoren habe sich dadurch gelockert, und ein erneutes Bevölkerungswachstum sei möglich geworden. Würde man davon ausgehen, dass die Grenzen des natürlichen Nahrungsspielraumes dann erreicht wären, wenn die Getreideproduktion gerade den Eigenbedarf deckte, dann wäre die Bevölkerung der Basler Landschaft um 1770 etwa um ein Drittel zu gross gewesen. Dies entspricht aber ungefähr dem damaligen Anteil der Fabrikarbeiter und ihrer Familien an der Gesamtbevölkerung. Das bestätigt die Vermutung, dass gegen Ende des 17. Jahrhunderts ein ökonomischer Plafond erreicht gewesen war, welcher der Bevölkerungszahl seine Grenzen setzte, und dass dieser nun durch eine Erweiterung der wirtschaftlichen Basis

Kirche St. Margrethen in Binningen
Die Federzeichnung von Jakob Meyer aus dem Jahr 1671 zeigt die Kirche, wie sie 1673 erweitert wurde. Erweiterungen oder Neubauten von Kirchen deuten oft auf ein vorangegangenes starkes Bevölkerungswachstum.

Pfennig» zur Finanzierung seiner Türkenkriege. Es handelte sich um eine Kopfsteuer, die alle Personen über 15 Jahren entrichten mussten. Die städtischen Vögte verzeichneten daher in den Listen für jedes Dorf ihrer Ämter oder Vogteien die einzelnen Haushalte und Steuerpflichtigen. Die Steuerlisten decken nicht die gesamte Landschaft ab. Es fehlen das ganze Homburger Amt sowie eine Anzahl Dörfer, die erst später zu Basel kamen. Für die Schätzung der Bevölkerung von 1497 stellt sich also das Problem einer zweifachen Unvollständigkeit: Es bestehen regionale Lücken, und, von Ausnahmen abgesehen, finden sich keine Kinder in den Listen. Um die Gebietslücken zu füllen, haben die Bevölkerungshistoriker Verhältniszahlen späterer Erhebungen beigezogen. Um die fehlende Registrierung der Kinder auszugleichen, legten sie ihrer Berechnung die Anzahl der Haushalte zu Grunde und multiplizierten sie mit dem Faktor 4,1, der aufgrund von Analogien angenommenen durchschnittlichen Haushaltgrösse.

Die Schätzung für das Jahr 1585 beruht auf einem Mannschaftsrodel, also einem Verzeichnis aller wehrfähigen Männer, in der Regel im Alter von 16 bis 60 Jahren. Der Hintergrund der Registrierung war vermutlich ein Rechtsstreit zwischen dem Basler Bischof und der Stadt, welcher Anlass zu

angehoben wurde. Wiederum zeigt sich hier, wie schon früher, dass die Bevölkerungsentwicklung in hohem Masse von den wirtschaftlichen Gegebenheiten bestimmt wurde. Während jedoch bisher zur Hauptsache Faktoren wie die Qualität des Bodens für den Ackerbau, die Höhenlage, das Klima, die Distanz zum nächsten grossen Marktort die Bevölkerungsentwicklung beeinflusst hatten, trat nun neu und entscheidend die Eignung eines Gebietes als Standort industrieller Produktion ins Spiel.[4]

Die Feuerstättenzählung von 1586 erlaubt erstmals die Bevölkerung der ehemals fürstbischöflichen Gebiete des Birsecks und des Laufentals zu schätzen. Vereinzelte Angaben aus dem späten 15. und frühen 16. Jahrhundert legen nahe, dass zuvor seit etwa 1520 die Bevölkerung hier wie auf der Basler Landschaft ebenfalls deutlich zugenommen hat. Auch danach verlief das Wachstum über den gesamten Zeitraum von 1586 bis 1798 ähnlich. Hier wie dort erhöhte sich nämlich die Bevölkerungszahl während dieser rund 200 Jahre mit einem durchschnittlichen jährlichen Zuwachs von 4,2 Promille um knapp das Zweieinhalbfache (Tabelle 2). Allerdings lief dies zeitlich verschieden ab (vgl. Grafik 1). Im Untertanengebiet des Fürstbischofs zeigt sich vor allem in der Phase des späten 16. und frühen 17. Jahrhunderts ein starkes Wachstum. Dies umso mehr, wenn wir davon ausgehen, dass die erfasste Bevölkerungsgrösse von 1629, analog der Entwicklung auf der Basler Landschaft, schon etwa um 1610 erreicht gewesen sein dürfte. Der Einbruch in der ersten Hälfte des 17. Jahrhunderts hingegen, den wir auch auf der Basler Landschaft festgestellt haben, ist hier noch drastischer ausgefallen. Darauf weist eine, allerdings etwas unsichere Schätzung für die Mitte der 1650er Jahre. Der Dreissigjährige Krieg hat offenbar nachhaltiger seine Spuren hinterlassen. In der zweiten Hälfte des 17. Jahrhunderts und im frühen 18. Jahrhundert war die relative Bevölkerungszunahme eher stärker als auf der Basler Landschaft. Sie betrug jährlich, je nach Schätzung, zwischen rund sieben und acht Promille. Über die kurzfristigen Schwankungen zwischen 1654 und 1722 lässt sich keine Aussage machen. Im deutlichen

einem Waffengang hätte werden können. Wiederum also steht lediglich ein bestimmter Teil der Bevölkerung in den überlieferten Listen. Bei der nachträglichen Hochrechnung auf die Gesamtbevölkerung stellte man Vergleiche mit andern Regionen und mit späteren Verhältnissen an und schloss daraus, dass die Wehrfähigen damals ungefähr ein Fünftel der gesamten Bevölkerung ausmachten. Im Jahre 1668 erhob die Basler Obrigkeit von ihren Untertanen auf der Landschaft Schanzgelder, eine Steuer zur Verbesserung der Befestigungsanlagen der Stadt. Jeder Haushaltvorstand war steuerpflichtig und wurde in die Listen eingetragen. Um die Bevölkerungszahl zu schätzen, musste also wiederum von der überlieferten Zahl der Haushalte hochgerechnet werden. Franz Gschwind, der die Bevölkerungsgeschichte der Basler Landschaft eingehend erforscht hat, verwendete dazu regional differenzierte Umrechnungsfaktoren, welche von einer Haushaltgrösse zwischen 4,1 und 4,5 ausgehen. Auf einer ganz anderen Grundlage steht der Versuch, die Bevölkerungszahl für die Zeit um das Jahr 1680 zu eruieren. Damals hatte der Feldmesser Georg Friedrich Meyer Karten und Feldaufnahmen verschiedener Baselbieter Dörfer gezeichnet, auf denen unter anderem im Detail die einzelnen Häuser erkennbar

Unterschied zur Basler Landschaft nahm hingegen in der zweiten Hälfte des 18. Jahrhunderts die Bevölkerung im fürstbischöflichen Gebiet nur schwach zu. Darin spiegelt sich die politische Krise dieses Staatswesens nach den so genannten Landestroublen der 1730er Jahre. Repression und Überbelastung der Landwirtschaft durch staatliche Abgaben führten zu Abwanderung und einer wirtschaftlichen Lähmung. Doch es zeigen sich bemerkenswerte regionale Unterschiede (Grafik 2). Stadt und Amt Laufen wuchsen im 17. und frühen 18. Jahrhundert etwas stärker an als die näher bei Basel gelegenen Ämter Pfeffingen und Birseck. Nach 1722 hingegen stagnierten jene beiden, ja verloren zeitweise sogar an Bevölkerung, während die Entwicklung in den Ämtern Pfeffingen und insbesondere Birseck etwa jener der Basler Landschaft entsprach. Das war kein Zufall, spielte doch im Amt Birseck die Beschäftigung ausserhalb der Landwirtschaft eine viel bedeutendere Rolle als im Amt Laufen. Um 1770 befassten sich beinahe so viele Menschen mit der Herstellung und Verarbeitung von Textilien wie mit der Arbeit auf dem Felde.[5]

Die Bevölkerung des Birsecks und des Laufentals 1586–1815/18

Jahr	Bevölkerung	Wachstum p.A. in ‰
1586	*3324*	*7,2*
1629	*4419*	*4,3*
1722/23	*6705*	*2,6*
1770/71	*7587*	*3,1*
1798	*8240*	*6,2*
*1815/18**	*9151*	

(1818 für das Laufental)*

Tabelle 2

Pest und Hunger: Die Krisen

Balthasar Gloor war der Senn des Landvogts auf Schloss Homburg. Nach dem 9. September 1628 starben er, seine Frau und seine fünf Kinder innert zehn Tagen, alle hingerafft von der Pest. Die Seuche war vermutlich 17 Jahre zuvor im fernen Afghanistan ausgebrochen. Über den Iran gelangte sie nach Konstantinopel und von dort auf dem Seeweg in die europäischen Hafenstädte des Mittelmeeres. Bereits seit Herbst 1627 grassierte sie im schweizerischen Mittelland. Jetzt hatte sie auch die Grenze der Basler Landschaft überschritten und fand in Balthasar Gloors Familie ihr erstes Opfer. Schon bald wütete sie in über 20 Dörfern des Baselbietes.[6] Der Erreger der Pest war ein Bazillus, welcher bei Ratten heimisch war. Flöhe übertrugen ihn durch ihre Bisse, zuerst von Ratten auf Menschen und dann auch von Mensch zu Mensch. Nach erfolgter Ansteckung griff er das Lymphsystem an.

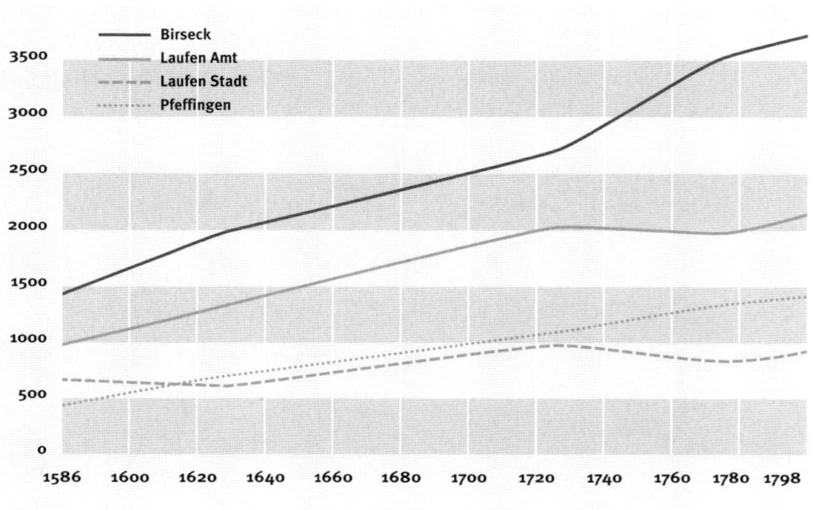

Grafik 2

Die Bevölkerungsentwicklung in den fürstbischöflichen Ämtern 1586–1798. Die Stadt Laufen und die Ämter Laufen (Blauen, Brislach, Dittingen, Liesberg, Nenzlingen, Röschenz, Wahlen, Zwingen), Pfeffingen (Aesch, Duggingen, Grellingen, Pfeffingen) und Birseck (Allschwil, Arlesheim, Ettingen, Oberwil, Reinach, Schönenbuch, Therwil) entwickelten sich unterschiedlich. Während Stadt und Amt Laufen bis 1770/71 an Bevölkerung verloren, war das Wachstum der Ämter Birseck und Pfeffingen jenem der Basler Landschaft vergleichbar.

Deshalb waren hohes Fieber und jene schmerzhaften Schwellungen, die man Pestbeulen nannte, ein sicheres Zeichen der Infektion. Wer Glück hatte, überstand die Krankheit nach etwa zehn Tagen. Bis zu drei Viertel der Befallenen jedoch starben. Die gefährlichere und schlimmere Variante der Pest infizierte die Lunge. Die Seuche verbreitete sich dann unmittelbar durch Tröpfcheninfektion und verlief sehr rasch und ausnahmslos tödlich.

In manchen Dörfern der Landschaft starb zwischen September 1628 und Dezember 1629 gegen ein Drittel der Bevölkerung. Die Kirchgemeinde Rümlingen mit rund 650 Einwohnerinnen und Einwohnern, wo in normalen Zeiten jährlich zwischen 15 und 20 Leute zu Grabe getragen wurden, hatte jetzt 200 Tote zu beklagen, über die Hälfte davon Kinder und Jugendliche. Es ging wohl ähnlich zu wie damals im Jahre 1564, als der Liestaler Helfer und Pfarrer von Munzach, Wolfgang Fries, das grosse Sterben schilderte: Das war «so grüwlich, das man oft ein tag zechne, nüne, achte, sibne, sechse, fünffe, viere, drey, zwey und selten eins vergraben hatt, das der kilchhoff also vergraben wart, das man meind, man hätte kum platz oder erdrych me zu vergraben; es gieng schuylig und erbermlich zu.»[7]

Nach 1628/29 trat die Pest im Baselbiet und in andern Regionen der Schweiz noch zweimal auf: zwischen 1634 und 1636 sowie in den Jahren 1667/68. Danach gehörte diese Plage der Vergangenheit an. Mit dem «Schwarzen Tod» der Jahre 1348/49 hatte die Seuche erstmals nach mehr als fünf Jahrhunderten wieder Europa heimgesucht. Seither brach sie alle paar Jahrzehnte, zeitweise gar jedes Jahrzehnt einmal, über die Menschen herein. Sie gehörte also während über 300 Jahren zur Erfahrung jeder Generation, eine höchst dramatische und in gewissem Sinne auch ambivalente Erfahrung. Denn wer überlebt hatte, war nicht nur froh, dem Tod entronnen zu sein, und vielleicht sogar immun für eine nächste Welle der Epidemie. Es taten sich ihm oder ihr möglicherweise auch ganz neue Perspektiven auf. Zwar konnte eine Pest durchaus wirtschaftliche Einbrüche verursachen, etwa wenn die Äcker nicht angesät oder die Ernten nicht eingebracht wur-

Grafik 3

Geburten, Heiraten und Bestattungen in der Kirchgemeinde Rümlingen 1621–1640. Die beiden Pestzüge von 1628/29 und 1634–36 sind an den unverhältnismässig hohen Zahlen von Bestattungen erkennbar. Sichtbar wird aber auch der Erholungsprozess: Ein eigentlicher Heiratsboom gegen Ende der Pestzüge und ein Ansteigen der Geburtenzahlen.

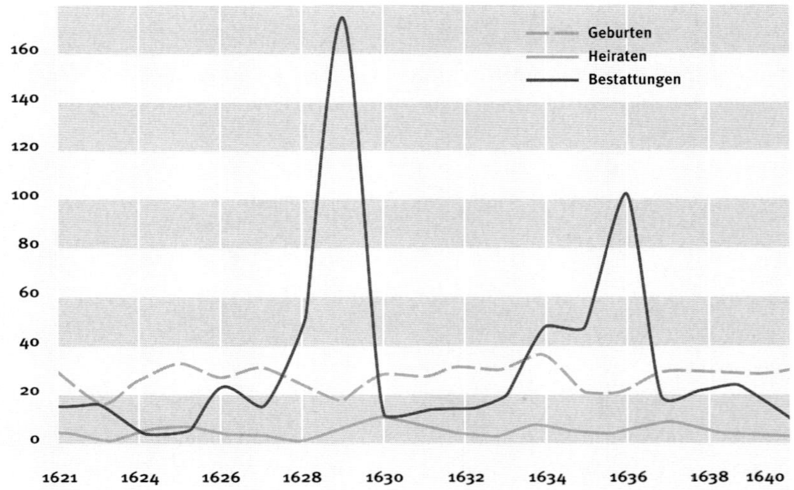

den, weil die Leute von der Arbeit wegstarben. Auf der andern Seite aber liessen die vielen Verstorbenen oft nicht nur Witwen oder Witwer zurück, die bald wieder heiraten wollten, sondern auch freie Ernährungsstellen – einen Bauernhof, zumindest einige Stücke Land, ein Gewerbe –, welche nun Überlebende einnehmen konnten. Der 25-jährigen Elisabeth Wagner aus Buckten hatte die Pest von 1628 die Eltern und alle Geschwister geraubt, sie dafür aber in den Besitz der väterlichen Güter gebracht. Das ermöglichte ihr, kurz nach der Epidemie zu heiraten. Der Schmied Marx Keller vermählte sich mit der Witwe seines Berufsgenossen Kaspar Woodtli und konnte so dessen Schmiede weiterführen. Der Witwer Klaus Nebiker heiratete Rosina Schaub, die Witwe des Hühnerhändlers German Hedinger. Sie hatte etwas mehr als ein halbes Jahr zuvor ihre ganze Familie mit Ausnahme eines Säuglings verloren. «Wenn eine Pestilenz vorbei ist», schrieb später der Zürcher Pfarrer und Statistiker Johann Heinrich Waser, «so sind die Übrigbleibenden gleich solchen, die einem gefährlichen Schiffbruch entronnen sind, gar munter und freudig. Die Verstorbenen haben ihnen in allweg Raum gemacht und ansehnliche Erbschaft hinterlassen. [...] Wir dürfen also gar wohl sagen, dass ein Schaden, den die Pestilenz anrichtet, in zehn Jahren wieder vollkommen ersetzt sey.»[8]

Tatsächlich begann in der Kirchgemeinde Rümlingen bereits während der Epidemie ein Heiratsboom, welcher in den Jahren 1630 und 1631 seinen Höhepunkt erreichte, mit einer Zahl von Heiraten so hoch wie Jahrzehnte vorher und nachher nicht (Grafik 3). Die Geburten stiegen in den nächsten Jahren ebenfalls an, bis die Pest um die Mitte der 1630er Jahre wieder zurückkehrte. Danach wiederholte sich, in abgeschwächter Form, der gleiche Vorgang. Dieser so genannte Rekuperationsprozess war nach einer Pestepidemie die Regel: Es wurde vermehrt geheiratet, und es kamen mehr Kinder zur Welt als zuvor, nicht nur in den neu geschlossenen Ehen, sondern auch in solchen, welche den Seuchenzug überstanden hatten. Auf diese Weise erholte sich die Bevölkerung eines Dorfes zahlenmässig innert zehn

Pestsarg aus Frenkendorf
Der Pestsarg war mit einem aufklappbaren Boden versehen. Dieser wurde über dem Grab geöffnet, und die Leiche fiel hinein. Der Sarg wurde nicht mitbestattet und konnte so oft als nötig wieder verwendet werden. Solche Särge kamen in Gebrauch, wenn zu Pestzeiten massenhaft Menschen starben und schnell bestattet werden mussten.

sind. Paul Suter hat in einer Untersuchung über das Ergolzgebiet diese Häuser für einige Dörfer ausgezählt. Des Weitern berechnete er aufgrund späterer Zählungen eine mittlere Belegungsdichte pro Haus. So erreichte er eine glaubhafte, auch durch andere Indizien bestätigte Annäherung an die Bevölkerungszahl dieses Gebietes. Gschwind hat sie dann aufgrund von Analogieschlüssen, ebenfalls aus späteren Zählungen, auf die ganze Landschaft hochgerechnet.[2]
Im späten 17. und im Verlauf des 18. Jahrhunderts liess die städtische Obrigkeit verschiedentlich, wenn die Versorgungslage prekär zu werden drohte, bei ihren Untertanen die Fruchtbestände, also die Getreidevorräte in deren Haushalten, aufnehmen. Einige Male wurden dabei auch die Personen mitgezählt. Für die Jahre 1699, 1709, 1743 und 1770 liegen deshalb schon eine Art Volkszählungen vor, und erst seither verfügen wir über mehr als lediglich Schätzungen der Bevölkerungsgrösse. Die Zählung von 1770 ging sogar über eine blosse Fruchtaufnahme hinaus. Mit tabellarischen Dorf-Formularen wurden reichhaltigere demographische Daten erhoben, als für den Zweck einer Fruchtaufnahme notwendig gewesen wäre. Der Versuch, mit der Zählung von 1770 die Landschaft statistisch zu erfassen, missglückte je-

bis zwanzig Jahren, manchmal auch schon früher. In der Kirchgemeinde Rümlingen lebten im Jahre 1646 wieder gleich viele Leute wie Anfang 1628, obwohl sie in den beiden Pestzügen von 1628 und 1636 über die Hälfte der Einwohnenden verloren hatte. So ist auch der scheinbar paradoxe Sachverhalt zu erklären, dass das 17. Jahrhundert trotz seiner insgesamt vier Pestzüge als ausgeprägtes Wachstumsjahrhundert in die Geschichte hatte eingehen können.

Die frühe Neuzeit war geprägt durch wiederkehrende Bevölkerungskrisen, das heisst durch katastrophale Ereignisse, welche einschneidende Verluste zur Folge hatten. Es gab grundsätzlich zwei Typen solcher Krisen: Epidemien und Hungersnöte. Die Pest war sicherlich die dramatischste der Epidemien. Andere grassierten auch noch nach deren Verschwinden. Sehr gefürchtet war die Dysenterie, damals häufiger die Rote Ruhr genannt. Gemäss Aussage eines Zürcher Arztes aus dem späteren 18. Jahrhundert war sie «überhaupt nach der Pest eine der gefährlichsten und selbst eine der allgemeinsten Krankheiten des menschlichen Geschlechts». Sie trat besonders in heissen Hoch- und Spätsommern auf. Ihr Erreger wurde von Fliegen übertragen, welche sich auf verseuchten Fäkalien und danach auf Nahrungsmitteln niederliessen und so den Infektionsweg schlossen. Zum Opfer fielen ihr vor allem Kleinkinder und ältere Menschen. Ebenfalls mehrheitlich kleine Kinder trafen die Pocken, eine ausgesprochene Winterseuche. Wer davon befallen war und nicht starb, trug entstellende Narben im Gesicht und am Körper davon oder erblindete.

Rote Ruhr und Pocken gingen im Baselbiet auch noch am Ende des 18. Jahrhunderts um. In den Gemeinden Oltingen, Wenslingen und Anwil, wo damals zusammen knapp 1000 Menschen lebten, forderte im Sommer 1795 die Rote Ruhr 18 Opfer, vorwiegend Kinder. Im Winter 1798/99 erlagen insgesamt 34 Kinder unter zehn Jahren einer Pockenepidemie. In den zusammen nicht ganz 1700 Seelen zählenden Gemeinden Bretzwil, Reigoldswil und Lauwil töteten die Pocken im Frühsommer 1794 elf Kinder, im Spät-

doch. Deshalb liess die Obrigkeit vier Jahre später erneut zählen. Und die Volkszählung von 1774 war nun die erste im Basler Herrschaftsgebiet, die mit demographisch-statistischen Methoden angegangen wurde. Die Initiative dazu kam vom Ratsschreiber Isaak Iselin. Jetzt kamen detailliertere Angaben in die Erfassungsbögen wie etwa Alter, Zivilstand und Beruf, Land- und Viehbesitz. Damit hatte auch für das Baselbiet das statistische Zeitalter begonnen.
Für die zum Fürstbistum Basel gehörenden Gebiete des Birsecks und des Laufentals liegen aus dem Jahre 1586 Verzeichnisse der «Herdstätten», also der Haushalte, vor. Sie wurden vermutlich aus konfessionspolitischen Motiven angelegt, sind doch die einzelnen Einträge mit den Bezeichnungen «catholisch» oder «calvinisch» versehen. Die Bevölkerungsgrösse lässt sich aufgrund der überlieferten Haushaltszahlen hochrechnen.[3] Im Jahre 1629 liess der Fürstbischof, wohl als Vorsorge gegen Hungersnöte im Gefolge des Dreissigjährigen Krieges, nicht nur die Fruchtvorräte aufnehmen, sondern auch die Zahl der Haushalte und der anwesenden Personen. Viel früher als auf der Basler Landschaft liegt also hier bereits eine Zählung der gesamten Bevölkerung vor. Und ebenfalls schon früher als die Stadt

Schutzbrief mit dem Heiligen Rochus
Als Schutz vor der Pest trug man, neben Amuletten, Schutzbriefe mit Bildern bestimmter Heiliger auf sich. Der Heilige Rochus lebte im frühen 14. Jahrhundert. Er stammte aus einer reichen Familie und soll sich der Pflege von Pestkranken gewidmet haben. Als er selbst von der Seuche befallen wurde, pflegten ihn ein Engel und sein Hund, und er überlebte. Bald galt er als wichtigster Schutzpatron gegen die Pest. Dargestellt wird er mit entblösstem Oberschenkel, auf dem eine Pestbeule zu sehen ist, und begleitet von seinem Hund. Dieser Schutzbrief stammt, wie derjenige mit dem Heiligen Sebastian, aus dem 18. Jahrhundert.

veranlasste die bischöfliche Verwaltung bereits 1722/23 und 1770/71 Volkszählungen im modernen Sinne, mit tabellarischer Auflistung differenzierter Rubriken.

Zählen und Herrschen

Die Zählung von 1722/23 bedeutete für Bischof Johann Konrad von Reinach-Hirzbach einen ersten Schritt auf dem Weg zu einer umfassenden Verwaltungsreform. Damit verärgerte er jedoch seine Untertanen und schuf zumindest indirekt eine der Ursachen für die «Troublen» der 1730er Jahre. Als die Solothurner Obrigkeit im Jahre 1795 in ihrem Gebiet eine Zählung anberaumte, erhob sich beim Landvolk die Befürchtung, die Herren liessen ihre Untertanen nur zu dem Zwecke aufzeichnen, um diese dann anschliessend besser verkaufen zu können. Hier wie dort wird sichtbar, dass die Untertanen die Zählungen als einen Herrschaftsakt betrachteten. Und tatsächlich, wenn eine Obrigkeit daranging, ihre Leute zu zählen, verfolgte sie ihre bestimmten Interessen: Liess sie Steuerlisten anfertigen, folgte die Steuer auf dem Fuss. Zählte sie die wehrtüchtige Mannschaft, ging es ihr ums Ausschöpfen des militärischen Potentials ihrer Untertanen und stand möglicherweise ein Aufgebot bevor. Selbst die Fruchtzählungen in Notzeiten nutzten die regierenden Herren als

Schutzbrief mit dem Heiligen Sebastian

Der Heilige Sebastian war der Legende nach zu Beginn des 4. Jahrhunderts Offizier in der kaiserlichen Leibgarde. Kaiser Diokletian liess ihn, weil er sich als Christ bekannte, mit Pfeilen durchschiessen. Sie konnten ihm aber nichts anhaben. Der Pfeil galt bereits in der antiken und jüdischen Überlieferung als Symbol einer plötzlich den Menschen anfliegenden Krankheit, insbesondere der Pest. So fand Sebastian schon im frühen Mittelalter Verehrung als Beschützer vor der Pest. Sein Bild, wie später auch jenes des Heiligen Rochus, hängte man sich um den Hals. Auf diese Weise glaubte man sich vor Ansteckung schützen zu können.

herbst 1799 deren 18, und zwischen August und Oktober 1792 starben 25 Menschen, zumeist Kinder, an der Roten Ruhr.[9]

Hungersnöte traten nicht so regelmässig auf wie die Pestzüge bis ins frühe 17. Jahrhundert. Ihre Ursachen waren Missernten oder sonstige Versorgungsengpässe. Das Hauptnahrungsmittel Getreide war dann nicht ausreichend vorhanden und insbesondere für ärmere Schichten nicht mehr erschwinglich. Deshalb trafen die Hungersnöte die Menschen sozial unterschiedlich. Vor allem die Angehörigen der ärmeren Bevölkerungsgruppen litten darunter. Nicht selten war der Hunger begleitet von Epidemien. Besonders die Rote Ruhr drohte oft, wenn die hungernden Menschen verdorbene Lebensmittel verzehrten. Die schweren Hungerkrisen der 1690er Jahre verschärften sich auch im Baselbiet, wie in vielen andern Gebieten der Schweiz, durch das Auftreten der Roten Ruhr. Das demographische Erscheinungsbild einer Hungerkrise war anders als jenes der Pest. Zwar stiegen die Todesfälle ebenfalls merklich an. Um 1690 starben in jenen Baselbieter Gemeinden, für die man über Zahlen verfügt, zeitweise um 80 Prozent mehr Menschen als im langjährigen Durchschnitt. Bei Pestzügen allerdings konnte dies ein Vielfaches sein. In der schweren Hungersnot von 1770/71 war der Anstieg der Todeszahlen statistisch gar nicht einmal sehr relevant. Das sagt selbstverständlich nichts aus über die vielen individuellen Tragödien. Aber die Bevölkerungsverluste waren nicht primär und in gleichem Masse wie bei der Pest von der Sterblichkeit verursacht. Stärker von Belang waren Rückgänge der Heiraten und vor allem der Geburten, und zwar auch für längere Zeit nach der eigentlichen Krise. Für die längerfristige Entwicklung besonders folgenschwer war der Umstand, dass in einer Hungersnot die Leute in beträchtlicher Zahl und in vielen Fällen definitiv auswanderten. In Pestzeiten hingegen bestand für die Auswanderung kaum Anlass. Das alles hatte zur Folge, dass Hungerkrisen viel nachhaltiger in die Bevölkerungsentwicklung eingriffen. Dazu nochmals Johann Heinrich Waser: «Mit dem Schaden der Thäure und Hungersnoth hat es eine viel traurigere Bewandtnis [als mit

eine willkommene Gelegenheit, den Untertanen in ihre Vorrats-Speicher hineinzuschauen, wenn sie auch noch so sehr den Anschein der Uneigennützigkeit und Fürsorglichkeit wahrten. Eine Zählung bot, wie die Huldigung oder der Untertaneneid, die Gelegenheit, herrschaftliche Präsenz zu markieren, die Untertanen spüren zu lassen, wer Meister ist. Sich zählen zu lassen, bedeutete anderseits für die Betroffenen einen Akt der Unterwerfung unter diese Herrschaft. Und nicht gezählt zu werden, galt als ein Privileg. Nicht zufällig hat die Basler Obrigkeit zwischen 1500 und 1700 auf der Landschaft mindestens 12-mal Zählungen durchführen lassen, während für die Stadt selber von den Reichssteuerlisten Ende des 15. Jahrhunderts bis in die 1770er Jahre nichts dergleichen zu finden ist. Und die Fruchtaufnahmen zwischen 1698 und 1770 auf der Landschaft zählten in der Regel nur die Untertanen. Die Stadtbürger und Stadtbürgerinnen, welche beispielsweise als Beamte oder Pfarrer auf der Landschaft wohnten, entgingen meist diesem Herrschaftsakt.[4]

Gelegentlich überlegte die Obrigkeit, bevor sie ans Zählen ging, wie sie den Irritationen der Untertanen vorbeugen könnte. Eingedenk der schlechten Erfahrungen aus den 1720er Jahren nutzten die fürstbischöflichen Beamten die Notzeiten um

S. Sebastian

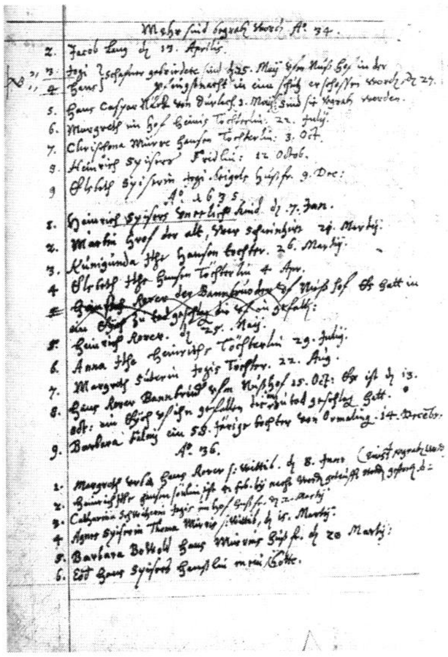

Sterbebuch Wintersingen
In den Sterbebüchern registrierten die Pfarrer die Verstorbenen ihrer Pfarrei. Als Pfarrer Heinrich Ott im Dezember 1628 als eines der ersten Opfer des Dorfes an der Pest gestorben war, führte seine Witwe Margareth Mertz die Aufzeichnungen weiter. Sie vermerkte, «dass anno 1629 in der kirchgemeind Wintersingen etc. durch die pest 109 personen vergangen sind». Wintersingen muss damals etwa ein Drittel seiner Bevölkerung verloren haben.

jenem der Pest]: Nach der Thäure ist das Übriggebliebene arm Volk muthlos, ausgemerkelt, leidet an allem Nothwendigen Mangel und weiss sich viele Jahre nacheinander nicht mehr zu erholen. Was nicht im höchsten Grad leichtsinnig ist, macht sich alsdann ein zweifaches Bedenken zu heiraten, und weil man viele Kinder nicht als einen Segen Gottes, sondern als eine Last des ehelichen Lebens ansehet, so geht es mit der Vermehrung sehr langsam von statten.»

Die statistische Dimension von Leben und Tod

Krisen waren zwar Ausnahmesituationen, wenn auch für die Menschen der frühen Neuzeit als Möglichkeit stets gegenwärtig. Doch auch in normalen Zeiten war deren Leben viel stärker gefährdet als etwa unser heutiges. Um ein Bild zu gebrauchen: Im Vergleich zu heute war der Auftritt auf der Bühne des Lebens in der Regel bedeutend kürzer. Entsprechend öfter wechselten die Protagonisten. Geburt und Tod waren daher, gemessen an der Bevölkerungszahl, viel häufigere Ereignisse. Für das späte 16. und etwa die erste Hälfte des 17. Jahrhunderts dürfte in unserer Region die durchschnittliche Sterbeziffer bei knapp 50 Promille gelegen haben. Das heisst: Von 1000 Einwohnerinnen und Einwohnern starben jährlich knapp 50. Heute sind es noch etwas über sieben. Die Geburtenziffer auf der andern Seite, also die durchschnittliche Anzahl Geburten auf eine Bevölkerung von tausend, betrug zwischen 50 und 55 Promille, auch das ein Mehrfaches der heutigen rund zehn Promille. An diesem zahlenmässig sehr hohen Niveau von Geburt und Tod hat sich im Verlauf der zweiten Hälfte des 17. Jahrhunderts, insbesondere nach 1670, etwas Grundlegendes geändert. Die relative Zahl der Geburten ging nämlich in beträchtlichem Masse zurück. In jenen Gemeinden, wo dies untersucht werden konnte, lag die Geburtenziffer in den letzten drei Dezennien des Jahrhunderts noch bei etwa 40 Promille. Dabei bestand ein Unterschied zwischen den 1670er Jahren, wo sie wegen der Erholung nach dem letzten Pestzug noch deutlich über 40 Promille lag, und den nächsten 20 Jah-

1770 mit Erfolg, die damalige Zählung als Fruchtaufnahme zum Wohle ihrer Untertanen anzupreisen. Bei den Vorarbeiten für die Volkszählung von 1774 auf der Basler Landschaft monierte der Sissacher Pfarrer Huber, ob es wohl nicht ratsam wäre, die Landleute durch «ein kurzes und schickliches Circulare» auf die Zählung vorzubereiten, unter anderem «um allerhand widrig Begriffen, die sich der Landmann von diesen aufzunehmenden Tabellen macht, vorzubiegen».[5] Manchmal vermied man es, die Untertanen direkt in Versammlungen oder durch Recherchen zu Hause mit der Zählung zu konfrontieren und begnügte sich stattdessen mit möglichst unauffälligen Methoden. Es wurden dann etwa die notwendigen Informationen bei den Pfarrern eingeholt. Ohne eine gewisse Kooperation der Untertanen allerdings, zumindest der dörflichen Beamten, ging es in den seltensten Fällen.

Im Verlaufe des 18. Jahrhunderts zeichnete sich ein neuer Typus von Volkszählungen ab. Er verfolgte nicht mehr, wie die herkömmlichen Erhebungen der frühen Neuzeit, einen konkreten herrschaftlichen Zweck wie eine Steuer, ein militärisches Aufgebot oder die Notversorgung mit Getreide. Ihm lag eine ganz neuartige Sichtweise zu Grunde. Sie ging von ökonomischen Theorien aus, wonach zwischen

ren mit einem Wert deutlich darunter, ungefähr bei 35 Promille. Dieser Geburtenrückgang hatte sehr wahrscheinlich mit Veränderungen in der Sterblichkeit zu tun. Epidemische Krisen, insbesondere die Pest waren seltener geworden. Nach der Pestwelle von 1628/29 und 1634/36, welche in vielen Gebieten der Schweiz schon die letzte gewesen war, vergingen über 30 Jahre, bis die Seuche nochmals das Baselbiet heimsuchte. Es ist anzunehmen, dass die Sterblichkeit sich schon vor dieser letzten Pestepidemie und erst recht danach merklich milderte. Dadurch, dass nun mehr Menschen länger lebten, wuchs die Bevölkerung stärker an und näherte sich in der Tendenz der Grenze ihres Nahrungsspielraumes. Zwar sorgte die Auswanderungswelle nach dem Dreissigjährigen Krieg in den 1650er Jahren für eine Entlastung, und auch nachher war die Abwanderung beträchtlich, jährlich bei etwa 5 Promille der Bevölkerung.

Der letzte Pestzug Ende der 1660er Jahre riss nochmals Lücken. Danach aber begann ein Prozess der Anpassung an die gemilderte Sterblichkeit, welcher ein überbordendes Wachstum bremsen sollte. Weniger Menschen heirateten. Die Heiratsziffern, soweit sie sich überhaupt ermitteln lassen, betrugen jetzt im jährlichen Durchschnitt weniger als zehn Promille. In der zweiten Hälfte des 16. und der ersten Hälfte des 17. Jahrhunderts hatten sie noch fast immer über 12, im Extremfall bei fast 20 Promille gelegen. Wer heiratete, tat dies in einem höheren Alter, mit durchschnittlich etwas über 24 Jahren gegenüber knapp 22 Jahren zu Beginn des Jahrhunderts. Dadurch wiederum und möglicherweise auch durch gezielte Empfängnisverhütung hatten die einzelnen Familien weniger Kinder. Die Bevölkerungsweise, das Zusammenspiel von Geburten, Heiraten, Tod und Wanderungen, hat sich in dieser Zeit gewandelt und auf ein zahlenmässig tieferes Niveau sowohl der Geburten wie auch der Todesfälle eingependelt. Dieses Niveau mit Geburtenziffern zwischen 30 und 35 Promille und Sterbeziffern zwischen 25 und 30 Promille hielt sich im Grossen und Ganzen bis weit ins 18. Jahrhundert hinein. In dessen zweiter Hälfte, als der neue Wachstumsschub ein-

Bevölkerungs- und Wirtschaftsentwicklung bestimmte Mechanismen wirkten. Daraus erwuchs ein eigentliches statistisches Interesse: Ein «Tableau» des Untertanenlandes mit einer Statistik der Bevölkerung, des Bodens, der Nahrungsmittelproduktion und anderer Grössen sollte als Instrument der Politik dienen. Anderseits zog man aus der Bevölkerungsentwicklung auch Schlüsse über den Zustand des Staates und die Qualität der Regierung. Der Satz, dass die «Bevölkerung alle Mal Effekt der Regierungsanstalt sei», war bereits zum Gemeinplatz geworden.[6] Schon seit jeher galt ja das Wissen über Bevölkerungsdaten als Herrschaftswissen und wurde streng gehütet. Deren Veröffentlichung konnte drakonische Strafen nach sich ziehen.

Die Basler Obrigkeit veranstaltete im Jahre 1774 die erste Zählung des neuen Typus. Moderner zeigte sich da die Verwaltung des Fürstbischofs. Bereits die erwähnte Erhebung der Jahre 1722/23 im Fürstbistum Basel war eine «Tableau»-Zählung, und es war sogar die erste auf schweizerischem Gebiet. An ihr lässt sich aber auch sehr gut der Zusammenhang zwischen Zählen und Herrschen aufzeigen. Denn die Volkszählung war der Auftakt zu einer absolutistischen Verwaltungsreform, welche nicht nur die zentralen Behörden leistungsfähi-

Grabschrift von Pfarrer Heinrich Ott in Wintersingen

Pfarrer Heinrich Ott starb am 19. Dezember 1628 im Alter von 65 Jahren an der Pest. Während 36 Jahren hatte er in Wintersingen als Pfarrer gewirkt. Sein Sohn Hans Jacob Ott liess 1635 die Gedenktafel anbringen.

Tabelle 3
Die durchschnittlichen Haushaltsgrössen im Baselbiet 1774

Haushalte	mit Dienstboten	ohne Dienstboten
alle	4,3	3,9
ohne Witwen	5,4	4,9

Tabelle 4
Die Haushaltgrössen nach Berufskategorien im Kirchspiel Sissach 1774

Haushalte	mit Dienstboten	ohne Dienstboten
Bauern	5,6	4,5
Tauner	3,2	3,1
Handwerker	4,3	3,9
Fabrikarbeiter	4,9	4,4

setzte, gingen die Sterbeziffern leicht zurück. In erster Linie aber wiesen die Heimarbeiterdörfer, die ja besonders stark gewachsen sind, höhere Geburtenziffern auf. Die Heimindustrie hat offensichtlich die Existenz von mehr und grösseren Familien ermöglicht.[10]

Der Stellenwert der Wanderungen, neben Geburt, Heirat und Tod ebenfalls ein Bestandteil der Bevölkerungsweise, ist für jene Zeit sehr schwer zu fassen. Allgemein lässt sich in der Gesamtbilanz langfristig mit einem jährlichen Verlust von einem Promille rechnen. Er konnte zeitweilig aber auch höher sein, wie etwa in den Jahrzehnten nach 1650. Doch eine solche Bilanz ist eine sehr summarische Grösse. Erst das nähere Hinschauen auf die regionale Ebene zeigt, dass ständig Leute unterwegs waren. Und man findet dabei vor allem drei Typen von Wanderungen: Ledige Jugendliche und junge Erwachsene beiderlei Geschlechts wandern von Berufs wegen, dazu gehören auch die Söldnerdienste der jungen Männer; Menschen, insbesondere Frauen, ziehen wegen Heirat oder Tod eines Ehepartners anderswohin; ganze Haushalte emigrieren meist aus wirtschaftlichen Gründen definitiv aus der Gemeinde oder der Region.

In der Gesamtbilanz kommt im Wesentlichen nur die definitive Abwanderung und Zuwanderung aus der gesamten Region zur Geltung, nicht aber Bewegungen wie die jugendliche Berufswanderung und die Rückkehr von Witwen in ihre Heimatgemeinden. Dabei hat man sich hier nämlich eine andauernde rege Wanderung vorzustellen, eine Art Karussell: In jeder Gemeinde steigen Leute auf und springen andere ab. Einige Gemeinden stehen dann als Gewinner da, andere als Verlierer. Die Rollen konnten dabei wechseln je nach Konjunkturlage und je nach Altersstruktur und wirtschaftlicher Situation der Gemeinden. So macht es den Anschein, dass in der Krise der 1690er Jahre die grösseren Dörfer, welche zuvor aufgrund gewisser Zentrumsfunktionen Menschen angezogen hatten, Verluste erlitten, weil die Leute wieder dorthin gingen oder gehen mussten, wo sie herkamen.[11]

Page du Mémorial du régiment de Reinach 1789
Das Regiment Reinach, früher Regiment Eptingen, stand bis 1789 im Dienste des Königs von Frankreich. Es rekrutierte sich zu einem grossen Teil aus Söldnern aus dem Fürstbistum Basel. Der Solddienst war eine Variante der Berufswanderung. Eine beträchtliche Zahl junger Männer, vor allem aus dem Laufental, versuchten während des 18. Jahrhunderts ihr Glück im französischen Kriegsdienst.

Taufzettel aus Zunzgen 1778
Jacob Buser aus Zunzgen widmete am 3. Mai 1778 als «getrüwer taufgötte» seinem Patenkind diesen Taufzettel. Nicht nur die frommen Wünsche, welche den Brief zieren, sollten das Kind auf seinem Lebensweg begleiten, eingefaltet gewesen war auch ein Göttibatzen.

Lebensperspektiven

Hinter den abstrakten Zahlen stehen individuelle Schicksale. Die Lebensgeschichten der fünf Gebrüder Pfeiffer und ihrer Familien aus Bretzwil, im Folgenden kurz skizziert, mögen zeigen, wie etwa die Lebensperspektiven der Menschen um 1700 ausgesehen haben.[12]

Leonhard Pfeiffer heiratete 1675 im Alter von 20 Jahren. Seine Frau Brigitta Häner, ein Jahr älter als er, gebar ihm zwischen 1676 und 1693 sieben Kinder. Vier von ihnen lebten im Jahre 1698 noch und heirateten spä-

ger machen, sondern dem geistlichen Fürsten umfassendere Machtbefugnisse verschaffen sollte. Ein Unterfangen, das ja dann auch auf hartnäckigen Widerstand seitens der Untertanen stossen sollte.

Familien

Als im Jahre 1774 auf der Basler Landschaft die Bevölkerung gezählt wurde, lebten durchschnittlich 4,3 Personen in einem Haushalt (Tabelle 3). Zieht man die Dienstbotinnen und Dienstboten ab, reduziert sich die durchschnittliche Haushaltgrösse auf 3,9 Personen. Ein Teil der registrierten Haushalte wurde von alleinstehenden Witwen bewohnt. Lässt man diese ausser Betracht, womit man sich faktisch der durchschnittlichen Haushaltgrösse pro Ehepaar annähert, kommt man auf 5,4 Personen. Noch 4,9 Personen bleiben hier nach Abzug der Dienstbotinnen und Dienstboten. Selbstverständlich streuten die tatsächlichen Haushaltgrössen um diese Durchschnittswerte herum. Jedoch waren Haushalte mit mehr als acht Personen eine Seltenheit. Dienstbotinnen oder Dienstboten fanden sich, wenn schon, eine oder zwei in einem Haushalt, selten mehr. Offensichtlich trifft also auch für das Baselbiet die für frühere Zeiten gelegentlich noch immer gerne gehegte, etwas romantisierende und moralisierende Vor-

Grabschrift der Maria Ursula Scharpfin in Therwil
Maria Ursula Scharpfin aus Rheinfelden war 17-jährig, als ihr 1656 in Therwil der Flügel eines Tenntors auf den Kopf stürzte und sie erschlug. Die für sie errichtete Gedenktafel wird oben durch einen Putto abgeschlossen, welcher den aufgestützten Kopf an einen Totenschädel lehnt und die rechte Hand auf eine Sanduhr legt – ein Motiv der Vergänglichkeit. Die Inschrift darunter erinnert an den «gähen», also plötzlichen Tod. Vergänglichkeit und Tod waren zur damaligen Zeit noch unmittelbarer gegenwärtig als heute. Besonders Kinder und Jugendliche waren gefährdet, durch Krankheit noch mehr als durch Unfälle.

ter. Sie selbst starb 1710 im Alter von 56 Jahren, ihr Gatte erreichte das hohe Alter von 75 Jahren.

Marx Pfeiffer heiratete 1680 mit 23 die um drei Jahre jüngere Anna Räufftlin aus Hölstein. Sie brachte während ihrer Ehe zwei Söhne und zwei Töchter zur Welt. Der eine Sohn verstarb früh, die übrigen Kinder erreichten das Erwachsenenalter und gründeten ebenfalls Familien. Marx starb 1716 mit 59 Jahren, Anna 1725 mit 65 Jahren. Der verheiratete Sohn Marx junior verstarb 1727 nach 17 Jahren Ehe im Alter von 38 Jahren.

Heinrich Pfeiffer war 26-jährig, als er 1686 die Witwe Veronica Abt heiratete. Sie war mit 25 Jahren noch jung, hatte aber bereits 3 Kinder geboren. Allerdings war nur ihr jüngster Sohn am Leben geblieben. Ihrem zweiten Mann gebar sie in den nächsten neun Jahren fünf Kinder. Zwei von ihnen überlebten das Kindesalter. Doch auch der Sohn Bläsi starb bereits mit 16 Jahren. Die Tochter Elsbeth war 24-jährig, als sie im Jahre 1717 bei ihrer ersten Geburt zusammen mit dem Neugeborenen ums Leben kam. Heinrich Pfeiffer verstarb 1697 im Alter von 37 Jahren. Wieder Witwe geworden, ging die 43-jährige Veronica Abt 1704 ihre dritte Ehe mit Jacob Stämpflin ein. Er war erst 20 und starb gleichwohl schon nach wenigen Jahren. 1714 verheiratete sie sich ein viertes Mal. Wann sie starb, ist nicht bekannt.

Hans Pfeiffer, von Beruf Schneider, war schon 31 Jahre alt, als er sich 1693 mit der 24-jährigen Elisabeth Stämpflin verehelichte. Deren Leben endete bereits vier Jahre später nach der Geburt des dritten Kindes, das bald darauf ebenfalls starb. Nur die eine Tochter sollte das Erwachsenenalter erreichen und dereinst heiraten. Schon zwei Monate nach dem Tod seiner Gattin schloss Hans Pfeiffer die Ehe mit der 33-jährigen Barbara Plattner. Sie schenkte ihm vier Töchter und einen Sohn, von denen nur dieser und eine Tochter überlebten. Hans Pfeiffer selbst lebte 65 Jahre lang bis 1727, seine zweite Frau Barbara 71 Jahre bis 1735.

Der jüngste der fünf Brüder, Christen Pfeiffer, schloss 1693 mit 28 Jahren die Ehe mit der 22-jährigen Anna Wystich. Die beiden blieben beisammen,

stellung von «Grossfamilien» nicht zu, in welchen mehrere Generationen, gar mehrere Eltern mit Kindern, ausserdem eine Schar Gesinde zusammenlebten. Über die Hälfte (56%) der Haushalte waren reine Kernfamilien, die nur aus dem Elternpaar und seinen Kindern bestanden, also weder Grosseltern noch sonstige Verwandte und auch keine Dienstbotinnen oder Dienstboten umfassten. Wie viele Kinder in einer Familie grossgezogen wurden, hat man mit der Auswertung von Teilbüchern des Amtes Waldenburg für die Zeit zwischen 1785 und 1790 zu erschliessen versucht. Teilbücher sind Inventare, welche bei Erbgängen oder sonstigen Teilungen angefertigt wurden. Bei den dort involvierten 33 Familien betrug die durchschnittliche Kinderzahl 3,0. Damit sind allerdings nur die Kinder erfasst, welche nicht schon in frühen Jahren gestorben sind. Eine Stichprobe für das gleiche Gebiet aus dem ersten Jahrzehnt des 18. Jahrhunderts hat eine durchschnittliche Kinderzahl von 3,9 ergeben. Etwa für jene Zeit kennt man genauere Details zu den Familien in Bretzwil. Grundlage sind die Fruchtaufnahmen aus den Jahren 1698, 1699 und 1709. In einem durchschnittlichen Haushalt lebten in den drei Zähljahren deutlich unter fünf (zwischen 4,6 und 4,7) Personen. Am häufigsten vertreten waren die Haushalte mit

bis Christen 1723 im Alter von 58 Jahren starb. Anna lebte als Witwe noch zehn weitere Jahre bis ins 62. Lebensjahr. Zwischen 1694 und 1716 hatte sie 13 Kinder, sieben Knaben und sechs Mädchen, zur Welt gebracht, die letzten drei im Alter über 40, das jüngste als 45-Jährige. Von ihrer Kinderschar lebten nach ihrem Tod nur noch ein Sohn und drei Töchter. Drei Kinder hatten das erste Lebensjahr nicht überlebt, zwei weitere starben, bevor sie fünfjährig waren und zwei im Alter von 17 und 19 Jahren. Von den Übrigen heirateten zwei Töchter und ein Sohn, eine Tochter blieb ledig.

An den skizzierten Schicksalen fällt als Erstes auf, wie viele Kinder starben, oft schon im Säuglingsalter. Tatsächlich war die hohe Sterblichkeit der frühen Neuzeit in erster Linie eine Kinder- und Säuglingssterblichkeit. Wie selbstverständlich der Tod von Kindern war und dass das richtige Leben sozusagen erst nach überstandenen Kinderjahren begann, zeigt die Eintragungspraxis der Pfarrer in die Totenbücher: Oft bis weit ins 18. Jahrhundert hinein haben sie verstorbene Kinder gar nicht registriert. Das hat auch zur Folge, dass man die Kindersterblichkeit erst spät statistisch einigermassen erfassen kann. Untersuchungen zur zweiten Hälfte des 18. Jahrhunderts aus einzelnen Gemeinden des Baselbietes, aber auch aus andern vergleichbaren ländlichen Gebieten, zeigen, dass ein knappes Drittel der geborenen Kinder in der Regel das Alter von 15 Jahren nicht erreichten. In Zeiten von Epidemien waren es bedeutend mehr.[13] Knaben waren übrigens in den ersten Lebensjahren einer leicht höheren Sterblichkeit ausgesetzt als Mädchen. Als besonders gefährlich erwies sich das Säuglingsalter: Jedes fünfte Kind wurde kein Jahr alt und für beinahe die Hälfte von diesen war das Leben schon im Verlaufe des ersten Monats zu Ende. Die Ursachen für das frühe Sterben waren vielfältig: Im Vergleich zu heute waren Hygiene und medizinische Kenntnisse noch wenig entwickelt. Die Ernährung konnte, insbesondere in ärmeren Schichten, mangelhaft sein. Und es grassierten immer wieder ausgesprochene Kinderkrankheiten wie Pocken, Keuchhusten oder die Rote Ruhr.

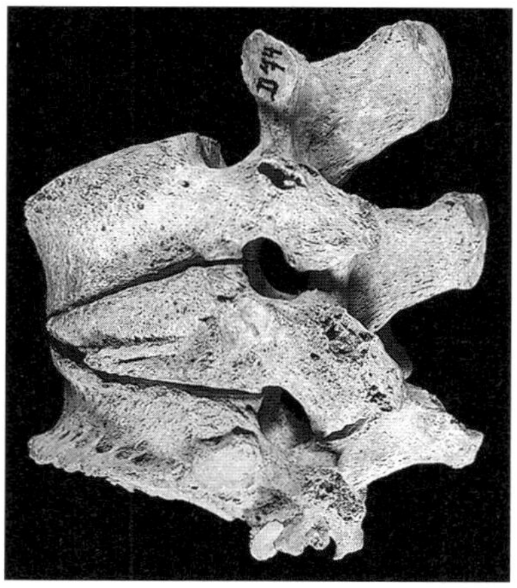

Knochenfund aus der frühen Neuzeit
Sterbliche Überreste eines Menschen aus der frühen Neuzeit, gefunden 1951 in den Salmenwagen in Augst: die beiden untersten Brustwirbel und der oberste Lendenwirbel. Die Knochenwucherungen am oberen Brustwirbel, Anzeichen von Arthrose, und der eingebrochene Wirbelkörper des unteren Brustwirbels waren vermutlich durch Überbelastung und starke Abnutzung der Brustwirbelsäule verursacht worden – Spuren eines harten Lebens.

drei bis fünf Personen. Auch hier bestätigt sich, dass die Kernfamilie die weitaus verbreitetste Form des Haushaltes war. Sie umfasste die Eltern sowie zwischen zwei und vier, allenfalls fünf Kinder. Dreigenerationen-Haushalte, also solche, in denen auch noch die Grosseltern lebten, waren selten, und sie kamen besonders in der dörflichen Oberschicht vor; nirgends hausten beide Grosselternpaare mit der jungen Familie zusammen. Solche Haushalte blieben im Übrigen immer nur über eine gewisse Zeit erhalten. Früher oder später wurden sie infolge Todes oder Wegzuges wieder zu Zweigenerationen-Haushalten. Überhaupt waren die Familien in ihrer Zusammensetzung nicht stabil, sondern vielen Veränderungen unterworfen: Kinder starben früh; die Familie verlor vielleicht einen Elternteil, bevor die Kinder erwachsen waren; ältere Kinder verliessen die Familie, um anderswo ihr Brot zu verdienen. Auch deswegen waren die einzelnen Familien im Durchschnitt nicht besonders gross. Und Frauen, welche wie Anna Wystich, die Gattin von Christen Pfeiffer, 13 Kinder zur Welt brachten, waren doch selten. Als von ausgesprochen vorübergehender Natur erwiesen sich auch die Kleinsthaushalte mit ein oder zwei Personen, meist alleinstehenden Witwen oder solchen mit einem Kind. So blieb die Kern-

Der 114-jährige Johannes Ottele
Federzeichnung von Hans Heinrich Glaser. Ottele stammte aus der Umgebung von Lüttich und besuchte 1657 mit seinen angeblich 114 Jahren die Stadt Basel. Menschen mit einem Alter von über hundert Jahren erregen auch heute Aufsehen. Umso mehr galt dies für jene Zeit, als die durchschnittliche Lebenserwartung für ein neugeborenes Kind kaum halb so hoch war wie heute. Allerdings, wer die Gefährdungen des Kinder- und Jugendalters überstanden hatte, dessen Chancen standen gut, zwar nicht 100, aber doch 60 und mehr Jahre alt zu werden.

Um mit statistischen Methoden eine mittlere Lebenserwartung der damaligen Bevölkerung des Baselbiets zu errechnen, ist die verfügbare Datenbasis zu schmal und zu unsicher. Einen ungefähren Anhaltspunkt vermittelt jedoch das durchschnittliche Sterbealter, welches sich aus den Einträgen in den Totenregistern errechnen lässt. In den Kirchgemeinden Oltingen und Bretzwil starben die Menschen in der Zeit von 1740 bis 1799 durchschnittlich im Alter zwischen etwa 30 und 35 Jahren. Dieser Durchschnitt ist jedoch sehr in die Tiefe gedrückt durch den hohen Anteil an Kindern. Rechnet man nur mit jenen, die beim Tod älter als 15 Jahre waren, steigt er auf etwa 60 Jahre. Wer also die Gefährdungen des Kindes- und Jugendalters überstanden hatte, für die oder den standen die Chancen gut, ein höheres Alter zu erreichen. Dass jemand 60 Jahre oder älter wurde, war keine Seltenheit. Auch in den Familien Pfeiffer gibt es Beispiele dafür. Allerdings, ein so langes und verhältnismässig unbeschwertes Alter wie vielen heutigen Menschen blieb den damaligen nicht vergönnt. Und generell waren auch Erwachsene, zwar nicht im selben Grade wie die Kinder, stärkerer Lebensgefährdung ausgesetzt. Im Besonderen gilt dies für Frauen im gebärfähigen Alter. Für sie stellte der Tod im Wochenbett immer eine reale Gefahr dar. Dass dann der überlebende Witwer, schon nach kurzer Zeit, oft wie Hans Pfeiffer nach wenigen Monaten, wieder heiratete, war nichts Ungewöhnliches. Es mussten ja die hinterlassenen Kinder versorgt und betreut werden. Umgekehrt war es allerdings für Witwen nicht so einfach, sich wieder zu verheiraten. Noch ein anderer Unterschied ist festzustellen: In der zweiten Hälfte des 18. Jahrhunderts durften wohlhabende Bauern und ihre Kinder ein längeres Leben erwarten als arme Posamenter. So war das durchschnittliche Sterbealter in der eher bäuerlichen Kirchgemeinde Oltingen um fast fünf Jahre höher als in Bretzwil, wo viele Familien von der Heimarbeit lebten. Bei den über 15-Jährigen waren es zweieinhalb Jahre. Lebensperspektiven waren eben nicht einfach naturgegeben, sondern hatten sehr wohl auch mit sozialen Verhältnissen zu tun. Auch hier gilt, dass vor dem Tod doch nicht alle ganz gleich waren.

Madlena Frey von Röschenz
Federzeichnung von Hans Heinrich Glaser. Madlena Frey erreichte nach Aussage ihres Sohnes Leonhard Karrer ein Alter von 100 Jahren.

familie die eigentliche Grundkonstellation, um die herum sich je nach Situation und Zeitpunkt im Familienzyklus weitere enge Verwandte und manchmal Dienstbotinnen und Dienstboten gruppierten. Was wir hier für die Wende zum 18. Jahrhundert beobachten, galt übrigens bereits für das ausgehende Mittelalter. Bei den meisten Haushalten, welche in den Steuerlisten von 1497 verzeichnet sind, handelt es sich um Kernfamilien.[7]

Im Allgemeinen wohnten die Familien in eigenen Häusern, wenn auch häufig in geteilten. Wenige hatten sich in einem fremden Haus eingemietet. Bei der Grösse der Haushalte und der Familien gab es soziale Unterschiede. Dies zeigt sich bei der Zählung von 1774 im Kirchspiel Sissach, welches in dieser Hinsicht als repräsentativ für die ganze Landschaft gelten kann (Tabelle 4). Die Haushalte der Bauern, die überdies am meisten Dienstboten hatten, und der Heimarbeiter («Fabrikarbeiter») waren deutlich grösser als jene der Tauner und Handwerker.[8] Der Grund lag, abgesehen von höheren Geburtenziffern, in den Posamentergebieten darin, dass in den Betrieben von Bauern und Heimarbeitern eher Arbeitsmöglichkeiten für ältere Kinder bestanden, so dass sie weniger früh wegziehen mussten. Eine Familie war immer auch eine Produktionsgemeinschaft.

M. Johannes Ottele
1657

Lesetipps

Grundlegend für die Bevölkerungsgeschichte des Baselbiets ist die Arbeit von Franz <u>*Gschwind*</u> *(1977). Er hat darin für den gesamten Zeitraum die vorhandenen Zählungen kritisch aufgearbeitet und ausgewertet.*

Für das 16. und 17. Jahrhundert befasst sich Markus <u>*Mattmüller*</u> *(1987) in seiner Bevölkerungsgeschichte der Schweiz eingehend mit dem Baselbiet. Er hat nach den Hintergründen des Wachstums gesucht und ist dabei den verstreuten Quellen zur Vitalstatistik (Geburten, Heiraten, Todesfälle) nachgegangen.*

Was Bevölkerungsgeschichte mit Blick auf einzelne Familien und Personen bedeuten kann, hat Albert <u>*Schnyder*</u> *(1992) für Bretzwil und das obere Waldenburgertal um 1700 vorbildlich dargestellt.*

Einen Überblick über die Bevölkerungsentwicklung des Fürstbistums Basel und somit auch des Birsecks und des Laufentals gibt André <u>*Schluchter*</u> *(1987). Einige Ergänzungen dazu finden sich bei Hans* <u>*Berner*</u> *(1994).*

Den konkreten Verlauf einer Pestepidemie in einer Gemeinde stellen Markus <u>*Mattmüller*</u> *(1983) für Liestal und, mit vielen Details, Peter* <u>*Stöcklin*</u> *(1986) für die Kirchgemeinde Rümlingen dar.*

Zum Thema «Zählen und Herrschen» sei die Lektüre des Aufsatzes von Christian <u>*Simon*</u> *(1984) empfohlen.*

Abbildungen

Staatsarchiv Basel-Stadt, Falk A 249: S. 53.
Staatsarchiv Basel-Landschaft, AA Lade L. 75 Binningen, St. Margrethen B 42 fol. 683c;
NA Kirchen E 9.1 Wintersingen 2: S. 57 [A], 66 [A].
Heimatkunde Frenkendorf 1986, S. 27: S. 61.
Museum der Kulturen, Basel, Inv.Nr. VI 13027; Inv.Nr.VI 47: S. 63, 65.
Foto Mikrofilmstelle: S. 67, 70.
Musée de l'Hôtel-Dieu, Porrentruy: S. 68 [A].
Kantonsmuseum Baselland, Liestal, Graphische Sammlung, Inv.Nr. H 3847: S. 69.
Anthropologisches Forschungsinstitut Aesch, Dr. Bruno Kaufmann, Foto Siegfried Scheidegger: S. 71.
Öffentliche Kunstsammlung Basel, Kupferstichkabinett, Inv.Bi 391.4; Inv.Bi 391.5; Foto Martin Bühler: S. 72, 73.
Anne Hoffmann Graphic Design: Grafiken, Tabellen, Karten S. 54, 55, 56, 59, 60, 67. Quelle Gschwind 1977, Huggel 1979, Laubscher 1945, Schluchter 1987, Berner 1994.

[A] = Ausschnitt aus Originalvorlage
Reproduktionen durch Mikrofilmstelle

Anmerkungen

1 Zahlen nach Gschwind 1977, S. 204, 297. Inbegriffen sind die heute städtischen Gemeinden Riehen, Bettingen und Kleinhüningen.
2 Schätzung nach Gschwind 1977, S. 303ff., jedoch aufgrund von Mattmüller 1987, S. 156ff., mit einer höheren Taufziffer als Ausgangsbasis. Weissen 1994, S. 198f.; Othenin-Girard 1994, S. 62ff.
3 Zum Modell des Plafonds Mattmüller 1987, S. 425ff.
4 Gschwind 1977, S. 219ff., 408f.
5 Schluchter 1987; Berner 1994, S. 265ff. und S. 338ff; Weissen 1994, S. 191ff.; Fridrich 1999; vgl. auch Bd. 2, Kap. 7.
6 Mattmüller 1983, Mattmüller 1987, S. 228–259; Stöcklin 1986; Gschwind 1977, S. 297ff.
7 Zitiert nach Gauss et al. 1932, Bd. 1, S. 505.
8 Zitiert nach Braun 1984, S. 27f.
9 Abt-Frössl 1989, S. 89.
10 Mattmüller 1987, S. 33f., 41ff., 138ff. 177f.; vgl. Bd. 5, Kap. 5; Gschwind 1977, S. 306, 410ff.; Simon 1981, S. 310; Abt-Frössl 1989, S. 83.
11 Schnyder 1992, S. 102ff.; Gschwind 1977, S. 220–235; Mattmüller 1987, S. 343ff.
12 Schnyder 1992, S. 120ff.
13 Für das obere Baselbiet Abt-Frössl 1989, S. 55, 82ff.

1 Zum Folgenden Gschwind 1977, S. 18–131, 293–309; Mattmüller 1987, S. 78–108.
2 Ammann 1950, bei Gschwind 1977 korrigiert; Suter 1926.
3 Vgl. Schluchter 1987; Berner 1994, S. 265ff., 338ff.
4 Vgl. Simon 1984; Mattmüller 1987, S. 105ff.; Gschwind 1977, S. 44f.
5 Zitiert nach Gschwind 1977, S. 64.
6 Zitiert nach Simon 1984, S. 195.
7 Huggel 1979, S. 498ff.; Gschwind 1977, S. 177ff.; Huggel 1979, S. 501, 772; Schnyder 1992, S. 87ff.; Othenin-Girard 1994, S. 68f., 74ff. Vgl. Bd. 2, Kap. 7.
8 Gschwind 1977, S. 281ff., 357ff. Zu «Bauern» und «Taunern» vgl. Bd. 4, Kap. 4.

Oben und unten – Soziale Schichtung im Dorf

Bild zum Kapitelanfang
Pflügender Landmann
Ausschnitt aus einem Aquarell von Emanuel Büchel um 1735. Der Pflug wird von zwei Ochsen, also einem halben Zug, gezogen. Meist spannte man einen ganzen Zug vor, bestehend aus vier Ochsen. Zugtiere konnten sich nur die Bauern leisten. Ein Tauner war zum Pflügen seiner Äcker und für grössere Transporte darauf angewiesen, dass ihm ein Bauer aushalf.

Im Dorf der frühen Neuzeit waren nicht alle Menschen gleich. Wie sollten sie auch. Einige waren reich, mächtig, angesehen. Andere mussten mit weniger vorlieb nehmen, einige mit gar nichts. Es galt aber auch nicht in jedem Fall als angesehen, wer reich war, nicht einmal immer als mächtig. Und umgekehrt stand, wer arm war, nicht schon gleich in schlechtem Ansehen. Und schliesslich konnte sich oft auch etwas ändern: Reichtum, Macht und Ansehen konnten verloren gehen oder, weniger oft, auch gewonnen werden. Die Gesellschaft eines Dorfes war ein komplexes und bewegtes Gebilde. Um deren soziale Ungleichheiten darzustellen, wird gemeinhin auf ein Modell zurückgegriffen, das eigentlich aus der Geologie entliehen ist: jenes der sozialen Schichtung. Die einzelnen Individuen werden dabei, entsprechend ihrem Anteil an Reichtum, Macht oder Ansehen, bestimmten Schichten zugeordnet. Aber solche Schichtungen weisen vielfache Verwerfungen und Überlagerungen auf. Das Modell kann die soziale Realität nur in Annäherungen darstellen.

Die Verteilung des Grundbesitzes

Ein wichtiges Kriterium, anhand dessen sich die Bewohnerinnen und Bewohner eines Dorfes unterscheiden lassen, ist jenes der Verfügung über ökonomische Mittel. Doch ist es gar nicht so einfach, das im Nachhinein genau nachzuvollziehen. Denn systematische Angaben über Vermögen oder gar Einkommen sind aus dieser Zeit nicht überliefert. Worüber wir allerdings, wenn auch nur für ein Stichjahr, recht gut unterrichtet sind, ist die Verteilung von Grund und Boden. Dieser war in einer nach wie vor landwirtschaftlich geprägten Welt von grosser Bedeutung als Produktionsmittel und als Grundlage des Wohlstandes. Die Volkszählung von 1774 führt zu den erhobenen Haushalten zusätzlich deren Grundbesitz an. Doch auch hier stellen sich für die Auswertung gewisse Unsicherheiten ein. Der verzeichnete Grundbesitz ist den einzelnen Personen, den Haushaltvorständen und gelegentlich noch andern erwachsenen Personen im Haushalt, zugewiesen.

Reich und Arm

Peter Ochs schrieb um die Wende vom 18. zum 19. Jahrhundert in seiner Geschichte der Stadt und Landschaft Basel: «Ein Bauer auf unserer Landschaft konnte für reich angesehen werden, wenn er eigentümlich und ohne Schulden besass: Haus und Scheuer nebst Stallungen und Schopf, 5–6 Tauen Matten mit Obstbäumen, die Taue zu 50 Pfund berechnet. Weidland von 4–6 Jucharten. 24 Jucharten Ackerland, in drei Zelgen, die Jucharte zu 30 Pfund. 2 Jucharten Holzland, die Jucharte zu 100 bis 150 Pfund. Ein Krautgarten und einige Bündten für die kleine Kultur, wie für Erdäpfel, Hanf usw. Ein Zug von vier Stieren. Ein oder zwei Pferde. 2 Kühe, Gustvieh, Kleinvieh als Schafe, Ziegen und Schweine zum Hausgebrauch; Geflügel.»[1] Damit umschrieb er den Betrieb eines wohlhabenden Bauern, die Grundlage eines Wohlstandes, wie ihn nur eine kleine Minderheit auf den Dörfern, und im Übrigen wohl höchst selten ohne Schulden, geniessen konnte. Was nicht heisst, dass es nicht auch noch reichere Bauern gegeben hätte. Hans Jakob Hägler, um das Jahr 1800 der reichste Bauer in Diegten, nannte zwei Höfe mit insgesamt 63 Jucharten Land sein Eigen, das auf fast 14 000 Franken geschätzt war, ein Vielfaches der rund 1500 Pfund oder 1800 Franken in der Beschreibung

Nicht immer entspricht der angegebene Grundbesitz wirklich der Betriebsgrösse, weil manchmal ein Betrieb aus dem Grundbesitz von mehr als einer Person zusammengesetzt war, ohne dass dies aus der Zählung deutlich ersichtlich würde. So wurde oft der Besitz der Frau mit demjenigen ihres Mannes zusammen bewirtschaftet. Wesentliche Verzerrungen dürften sich daraus allerdings nicht ergeben. Die andere Schwierigkeit ist die, dass nicht alle Kategorien von Grundbesitz einfach zusammengezählt werden können, weil deren Wert zu grosse Unterschiede aufwies. Es ist daher sinnvoll, nur die Äcker und die Wiesen in die Berechnung einzubeziehen, nicht aber beispielsweise das vereinzelt aufgeführte Weideland. Weil dieses meist minderwertig war und wir ja nur über Flächenangaben verfügen, würden die Verhältnisse dadurch verzerrt.

Für das Beispiel der sechs Dörfer der Kirchgemeinde Sissach, nämlich Böckten, Diepflingen, Itingen, Sissach, Thürnen und Zunzgen, zusammengenommen, ergibt sich nicht ganz unerwartet das Bild einer sehr ungleichen Verteilung (Grafik 1).[1] Die grosse Mehrheit, nämlich 61 Prozent, besass weniger als fünf Jucharten Land. Auf ein knappes Fünftel, 18 Prozent, traf es jeweils zwischen fünf und zehn Jucharten. Gut 13 Prozent nannten zwischen 10 und 20 Jucharten ihr Eigen. Nur noch wenige, nämlich sieben Prozent, waren Herr über mehr als 20 Jucharten. Anders gerechnet bedeutet dies, dass blosse 15 Prozent der Grundbesitzer etwas mehr als die Hälfte des gesamten Grundbesitzes für sich beanspruchten. Innerhalb der grossen Gruppe mit weniger als fünf Jucharten Land gibt es nochmals eine beträchtliche Untergruppe: Knapp 15 dieser 61 Prozent hatten nämlich überhaupt kein Land, davon wiederum drei Fünftel nicht einmal ein Haus oder einen Anteil davon. Gänzlich aus der Rechnung fallen die Dienstboten, so dass der Anteil der Landlosen in Wirklichkeit noch etwas grösser war.

Um eine Familie ernähren zu können, waren durchschnittlich etwa drei Hektaren Land vonnöten. Dies geht aus einschlägigen Berechnungen hervor. Selbstverständlich gab es da Abweichungen je nach Grösse der Familie.

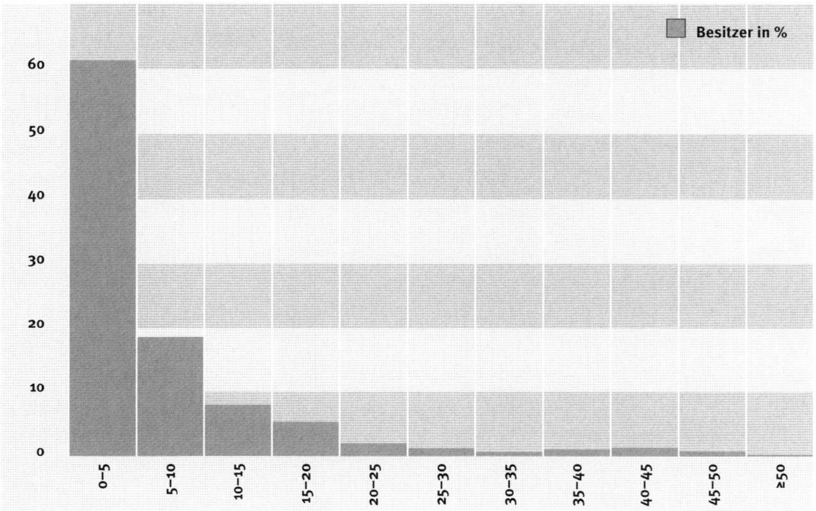

Grafik 1
Die Verteilung des Grundbesitzes in den Gemeinden des Kirchspiels Sissach 1774. Bloss ein Fünftel der Haushalte verfügte mit mindestens 10 Jucharten über genügend Grundbesitz, um davon eine Familie ernähren zu können.

Aber generell kann man annehmen, dass bei diesen drei Hektaren oder bei etwas mehr als 10 Jucharten die untere Grenze eines Selbstversorgerbetriebs gegeben war.[2] Folglich konnte in den erwähnten sechs Dörfern nur etwa ein Fünftel der Haushalte von ihrem Grundbesitz leben, die restlichen vier Fünftel nicht. Es zeichnet sich demnach eine kleine Oberschicht ab, die sich von der überwiegenden Mehrheit des Dorfes dadurch abhob, dass allein sie über ausreichend Grund und Boden verfügte.

Das Bild der sehr ungleichen Grundbesitzverteilung, das sich aus der Zählung von 1774 für die Gemeinden des Kirchspiels Sissach ergibt, dürfte in etwa auf die ganze Basler Landschaft zutreffen. Allerdings mit Variationen, wie auch unter den genannten sechs Gemeinden Unterschiede bestehen. Im Übrigen sehen in verschiedenen Gebieten des schweizerischen Mittellandes die Verhältnisse ähnlich aus.

Das ungleiche Verteilungsprofil hat sich im Verlaufe der frühen Neuzeit verschärft: Mit dem Wachstum der Bevölkerung mussten sich mehr Besitzer in den vorhandenen Grund und Boden teilen. Bereits zu Beginn des 16. Jahrhunderts setzte ein Vorgang ein, der sich während der nächsten 300 Jahre fortsetzte: Die grossen Güter begannen sich aufzusplittern. Die Schicht der Landarmen und Landlosen wurde immer grösser. Die Oberschicht der Besitzer grosser Höfe wurde zwar nicht in erster Linie zahlenmässig, aber anteilsmässig kleiner, und ihre Besitztümer verloren generell an Grösse. Eine Bittschrift aus dem Jahre 1651, zu einer Zeit, als diese Entwicklung noch etwas weniger weit fortgeschritten war als im folgenden Jahrhundert, beschwor damals schon klagend die Erinnerung an bessere Zeiten. Der allgemeine Wohlstand habe sich vermindert. Früher sei das Land noch «nicht so mechtig zertheilt gewesst». Es habe «vor zeiten auch ein Vatter seinen gewerb mit etwan zehen personen besessen, der aber anjetzo von den söhnen bald mit dreyssig persohnen genutzet wird».[3]

von Ochs. Der 76-jährige Hägler bewirtschaftete seine Güter wahrscheinlich zusammen mit seinen beiden erwachsenen Söhnen, von denen jeder auch noch etwas Land besass. Vater und Söhne verfügten über insgesamt 94 Jucharten im Wert von rund 20 000 Franken, weitere fast 3000 Franken waren die Häuser des Vaters wert. Hägler konnte sich fünf Pferde und drei Ochsen leisten, ein kleines Vermögen. Sein Namensvetter Martin Hägler besass dagegen nur gerade ein halbes Häuschen im Wert von 440 Franken und überhaupt kein Land.[2] Arm war auch Heini Meyer, der im Jahre 1715 in Bretzwil starb. Er hinterliess ein Häuschen mit Krautgarten und einen Pflanzplatz von einer Jucharte im Gesamtwert von 103 Pfund sowie einen kleinen Hausrat: zwei alte Deckbetten, eine alte kleine Kupferschüssel, eine Truhe und eine alte Bettstatt, alles zusammen knapp zwölf Pfund wert. Dem standen Schulden im Betrag von 81 Pfund gegenüber. Von dem ärmlichen Besitz hatten mindestens 5 Personen leben müssen: die Eltern, zwei Söhne, von denen einer behindert war, und eine Tochter. Die Familie war armengenössig und konnte gerade knapp überleben.[3] Zwischen ihr und dem reichen Hägler öffnet sich die ganze Spannweite der wirtschaftlichen und sozialen Gegensätze innerhalb der dörflichen Gesellschaft.

Bauern und Tauner

In einem direkten Zusammenhang mit der ungleichen Verteilung des Grundbesitzes steht die für das Dorf sehr prägende Unterscheidung in die zwei Gruppen der Bauern und Tauner.[4] Beide betätigten sich zwar in der Landwirtschaft. Aber nur die Bauern besassen einen genügend grossen Hof, um sich und ihre Familien davon ernähren zu können. Sie waren darüber hinaus vielleicht sogar noch im Stande, einen Überschuss an Lebensmitteln zu produzieren und auf den Markt zu bringen. Die Tauner hingegen konnten mit ihrem Land nicht leben und waren auf einen zusätzlichen Erwerb angewiesen. Diesen fanden sie als Taglöhner oder Handwerker bei den Bauern. «Tauner» leitet sich vom alten Wort «Tagwen» ab, das so viel wie Tagesgewinn, Taglohn bedeutete. Noch etwas anderes unterschied einen Bauern von einem Tauner: Der Bauer besass einen so genannten Zug. Das waren vier Zugtiere, zumeist Stiere, die er vor einen Wagen oder einen Pflug spannen konnte. Der Besitz eines Zuges war innerhalb der dörflichen Wirtschaft von grossem Belang. Denn nur mit einem solchen war es möglich, grössere Transporte durchzuführen, oder, was besonders ins Gewicht fiel, die Äcker zu pflügen. Ein Tauner konnte sich keine Zugtiere leisten. Erstens waren sie sehr teuer, ein Stier kam Ende des 18. Jahrhunderts auf etwa 800 Pfund zu stehen. Zweitens reichte das Land eines Tauners nicht aus, um Zugtiere das ganze Jahr durchzufüttern. Es gab übrigens auch kleinere Bauern, die bloss einen halben Zug, also zwei Zugtiere zu halten vermochten; sie galten als Halbbauern.

Auf der alten Basler Landschaft zählten im Jahre 1774 gesamthaft nur knappe 18 Prozent der Haushalte zu den Bauern. In den Dörfern des Kirchspiels Sissach waren es bloss 13 Prozent, aber sie verfügten über fast die Hälfte des gesamten Grundbesitzes. In Diegten waren zur selben Zeit ein Viertel der Haushaltvorstände Bauern, denen jedoch über sieben Zehntel des Bodens gehörten.[5] Bauern und Tauner fanden sich in einem System gegenseitiger Interessen, wobei diese klar ungleich, nämlich zu Ungunsten

Ein Geldbeutel

Wer Geld hatte, musste es irgendwo ausserhalb der Reichweite alltäglicher Besorgungen aufbewahren. Noch brachte man es nicht zur Bank. Bis ins frühe 20. Jahrhundert war es mancherorts üblich, dass Bauern ihr Geld in der «Säublootere» verwahrten. Bei der Abbildung handelt es sich allerdings nicht um eine richtige Schweinsblase, sondern um das Endstück eines Rinderblinddarms.

Baselbieter Bauer
«Paysan et Paysanne du Canton de Basle.» Radierungen von Christian von Mechel (1737–1817). In diesem stattlichen Aufzug präsentierte sich wohl nur ein Angehöriger der begüterten, eigentlichen Bauernschicht.

der Tauner gewichtet waren. Die Tauner, deren Gütchen allein zum Leben nicht ausreichten und die deshalb auf einen zusätzlichen Verdienst angewiesen waren, fanden bei den Bauern Arbeit. Der Lohn bestand zu einem guten Teil in Naturalien. Der Tauner bekam an den Arbeitstagen beim Bauern zu essen, und er erwarb mit seiner Leistung Lebensmittel wie Getreide oder Mehl für seinen eigenen Haushalt. Oft allerdings wurde er nicht direkt mit Getreide entlöhnt, sondern der Tauner bekam eine Art Gutschrift, die er dann bei Bedarf einlösen oder auch weiterverkaufen konnte.[6] Die Tauner waren ausserdem für die Bewirtschaftung ihres eigenen Bodens auf die Hilfe der Bauern angewiesen. Da sie ja keine Zugtiere besassen, konnten sie ihre eigenen Ackerparzellen nicht selbst pflügen. Sie mussten einen Bauern finden, der ihnen mit seinem Zug «zu Acker» fuhr. Gleiches galt für grössere Transporte. Den Bauern bot sich auf der andern Seite der Vorteil eines sehr flexiblen Arbeitsmarktes. Die Arbeit auf den damaligen Bauernhöfen mit vorwiegendem Getreidebau und wenig Viehhaltung fiel ja nicht übers ganze Jahr regelmässig an, sondern sie konzentrierte sich in Spitzenzeiten: Im Vorfrühling und im Herbst ging es an das Pflügen und Zubereiten der Äcker. In den Sommer und den Spätsommer fiel die Heu- und Getreideernte. Im Spätherbst war das Dreschen des Getreides fällig. In Dörfern mit Weinbau kamen dazu die Pflege der Weinberge und die Weinernte. Für die Bauern war es betriebswirtschaftlich selbstverständlich von grossem Vorteil, wenn sie die Tauner gezielt zu diesen Spitzenzeiten im Taglohn beschäftigen konnten. Sie brauchten sie dann nicht wie Knechte in einem Ganzjahresvertrag anzustellen und ihnen jeden Tag Kost und Logis sowie einen ganzen Jahreslohn zu geben.

Es liegt auf der Hand, dass in diesem System von gegenseitigen Leistungen den Taunern der schwächere Part zukam. Sie waren in hohem Masse von den Bauern abhängig. Die Gerichts- und Dorfordnung der Herrschaft Birseck aus dem Jahre 1627 sicherte den Bauern die Arbeitskraft ihrer armen Dorfgenossen, indem sie den Taunern und Taunerinnen verbot, ausserhalb

Privilegien bei der Weidenutzung

Christen Sasse war der Sohn des alten Kuhhirten von Bretzwil. Er kannte sich deshalb nicht nur in den Fragen der Weidenutzung in der Gemeinde besonders gut aus, er gehörte auch zur Mehrheit der ärmeren Bevölkerung des Dorfes.[4] In deren Namen gelangte er Ende der 1720er Jahre an die Basler Obrigkeit um Beistand in einem seit langem andauernden Konflikt. Gegenstand des Streites war das allgemeine Weiderecht auf zwei Matten in der Bretzwiler Flur, auf der Bergmatten und auf der Lehenmatten. Im System der traditionellen Dreizelgenwirtschaft hatten alle Dorfgenossen Anteil an der gemeinsamen Weide. Nicht nur auf der Allmend durften sie ihr Vieh weiden lassen, sondern zu bestimmten Zeiten, während der Brache und nach der Ernte, auch auf den Äckern und Matten. Nach einer generellen Regel war nur soviel Vieh auf die Weide zu treiben erlaubt, als mit eigenem Futter überwintert werden konnte. Dass aber nicht alle in gleichem Masse von diesem Weiderecht Gebrauch machen konnten, liegt auf der Hand. Denn Vieh, vor allem Zugvieh, besassen in erster Linie die grossen Bauern, während sich die kleinen Leute wie Tauner, Posamenter oder Handwerker bloss Ziegen und bestenfalls eine Kuh – das waren damals vergleichsweise kleine Tiere –

ihrer Gemeinden oder der Vogtei Lohnarbeit in der Landwirtschaft zu suchen. Solange hier Arbeit zu «billigen» (geziemenden) Löhnen vorhanden war, hatten sie sich auch hier zu verdingen. Als Begründung wurde angeführt, dass die «Tauner oder Handtarbeiter» gewöhnlich nur «gerings vermögen» hätten und dass «sie wie ihr Weib und Kündt sonderlich zu Wünters- und andern Zeiten, allwo nichts zue verdienen, von den überigen Wohlhabenten ernehret oder erhalten werden».[7] Hier kommt so etwas wie ein Patronatsverhältnis zwischen Bauern und Taunern zum Ausdruck. Es beruhte darauf, dass die Bauern den Taunern mit Vorschüssen an Nahrungsmitteln über Zeiten der Unterbeschäftigung hinweg halfen und die Tauner dafür den Bauern in Zeiten hohen Arbeitsanfalls mit ihrer Arbeitskraft zu Diensten waren. Daraus leiteten diese den Anspruch ab, über die Arbeitskraft der Tauner als Monopol zu verfügen. Später finden wir solche Bestimmungen nicht mehr, wohl weil die Taunerschicht grösser geworden war und der Arbeitsmarkt für die Bauern günstiger aussah. Aber das Patronatsverhältnis zwischen Bauern und «ihren» Taunern blieb in Ansätzen bestehen. Eine gewisse Grosszügigkeit beim Fahren mit den Zugtieren, aber auch bei Gewährung von Darlehen oder Hilfe in Notsituationen, scheint zum sozialen Arrangement des Dorfes gehört zu haben.[8] In ihr lag ja gerade auch ein Teil der Abhängigkeit begründet, und sie konnte entzogen werden, wenn sich der Tauner nicht so verhielt, wie es der Bauer wollte.

In Bubendorf bestrafte im Jahre 1762 der Bauer Emanuel Bürgi einen «seiner» Tauner, weil er nicht auf seine Arbeitsleistung hatte zählen können: «Er sei dies Frühjahr dem Lebküchler gefahren, weilen er ihme aber im Heuet und Emdet nicht habe helfen wollen, so fahre er ihm nicht mehr.»[9] Martin Birmann wusste zu berichten, wie sein Vater Joggi Grieder zu seinem kleinen Besitz einen weiteren Acker dazukaufen wollte und wie dann jener Bauer, der bis jetzt für ihn «zu Acker gefahren» war, drohte, diesen Dienst nicht mehr zu leisten, wenn Grieder den Kauf tätige. Grieder konnte damals, bereits im frühen 19. Jahrhundert, allerdings diese Drohung ignorieren.[10] Ob

halten konnten. In Bretzwil war dieses Ungleichgewicht noch durch besondere Regelungen verstärkt. Auf den Bergmatten durfte nach dem Heuet bis Michaelis, das war der 29. September, nur das Zugvieh weiden, also faktisch ausschliesslich das Vieh der bäuerlichen Oberschicht. Erst danach bekam auch die übrige Herde Zugang. Auf den Lehenmatten schnitt man nach dem Heuet auch noch das Emd. Danach war die Weide für Pferde, Stiere und Kälber offen. Auch dies wiederum eine Bevorzugung der Bauern, denn nur sie konnten sich im Allgemeinen die Aufzucht von Jungvieh leisten. Christen Sasse und mit ihm die Mehrheit des Dorfes machten geltend, diese Regelungen seien vor allem für die Armen des Dorfes unerträglich. Dies umso mehr, als die reichen Viehbesitzer selber die Bestimmung überträten, indem sie Heu und Stroh zukauften und auf diese Weise mehr Vieh auftrieben, als ihnen erlaubt war. Ja sie nähmen gegen Bezahlung sogar Vieh aus andern Gemeinden den Sommer durch mit auf die Weide. Die Mehrheit des Dorfes stellte das Begehren, dass die Bergmatten ebenfalls geemdet werden sollten; dadurch hätten auch die kleinen Parzellenbesitzer dort mehr Futter für den Winter einfahren können. Und dann sollten beide Matten nach Michaelis für alle und die ganze Herde zugänglich

solche Abhängigkeiten zu eigentlichen Klientelverhältnissen ausgewachsen waren, lässt sich nicht mehr feststellen.

Bauern und Tauner hatten im Übrigen auch unterschiedlichen Anteil am Gemeindegut, an der Allmend. In einigen Gemeinden stand den Bauern mehr Holz aus dem Gemeindewald zu als den Taunern. Ein Unterschied bestand aber besonders in der Weidenutzung. Auf den verschiedenen Weidegründen, der Allmendweide, der Brachweide auf den brachliegenden Zelgen sowie der Stoppelweide auf den abgeernteten Zelgen, durfte nur so viel Vieh geweidet werden, wie der jeweilige Eigentümer auch überwintern konnte. So hatten die Bauern als Zugviehbesitzer grösseren Vorteil. Die Tauner hatten in der Regel nur Kleinvieh zu weiden, waren aber gerade für dieses auf Weideplätze angewiesen. Anderseits waren die Bauern stärker mit Gemeindefronen, also gemeinsamen Arbeiten für die Gemeinde, belastet als die Tauner. Jene waren zu Fuhrfronen verpflichtet und mussten mit ihren Fuhrwerken auf dem Fronplatz erscheinen, während die Tauner, weil sie kein Zugvieh besassen, nur so genannte Handfronen zu leisten hatten. Die Bauern konnten sich in dieser Hinsicht nicht aus der Verantwortung stehlen, indem sie etwa auf die Haltung von Zugtieren verzichteten. Im späteren 18. Jahrhundert, als viele Bauernbetriebe kleiner geworden waren, versuchten dies gelegentlich gewisse Bauern. Doch sie wurden von ihren Gemeinden deutlich an die Verpflichtung, einen Zug zu halten, erinnert. Diesbezüglich hatten die Bauern offensichtlich bestimmte Normen zu beachten, weil sonst das Funktionieren der dörflichen Wirtschaft gefährdet gewesen wäre.

Handwerker und Posamenter

Die Unterscheidung in Bauern und Tauner entsprach den traditionellen Verhältnissen eines Dorfes, in welchem die Landwirtschaft fast ausschliesslich den Broterwerb seiner Bewohnerinnen und Bewohner sicherte. Aber schon immer lebten auch einige Handwerker und Gewerbler im Dorf, und im Verlaufe des 18. Jahrhunderts errang dann die Heimindustrie einen bedeuten-

sein. Es ging hier also um Privilegien der dörflichen Oberschicht. Sie nutzte bisher ihre Machtposition dazu, auf Kosten der Gemeinde Vorteile zu erzielen. Dabei war in Bretzwil das Grünland (Matten und Weiden) nicht einmal knapp, es wäre genügend für eine gerechtere Nutzung vorhanden gewesen. Die Ungerechtigkeit der althergebrachten Regelung wurde umso augenfälliger, als im Verlaufe der Zeit die Schicht der Landarmen, die von der Nutzung ausgenommen war, immer grösser und die privilegierte Oberschicht verhältnismässig immer kleiner geworden war. Die Basler Obrigkeit, sonst oft geneigt, zu Gunsten der ärmeren Untertanen in den Dörfern zu entscheiden, hatte diesmal kein Einsehen. Es sollte alles beim Alten bleiben. Der Obrigkeit war in diesem Falle am wirtschaftlichen Wohlergehen der Bauern gelegen, von denen in erster Linie der Getreidebau und dadurch auch der Zehntertrag abhing.

In den Weiderechten wurde die soziale Asymmetrie des Dorfes sehr augenfällig, ob verschärft durch besondere Bestimmungen wie im Falle von Bretzwil oder nicht. Sie waren denn auch nicht selten Anlass zu dörflichen Konflikten zwischen Bauern und Taunern. Die Wintersinger Bauern verstiegen sich im Jahre 1740 sogar zu einer Verschwörung gegen die Tau-

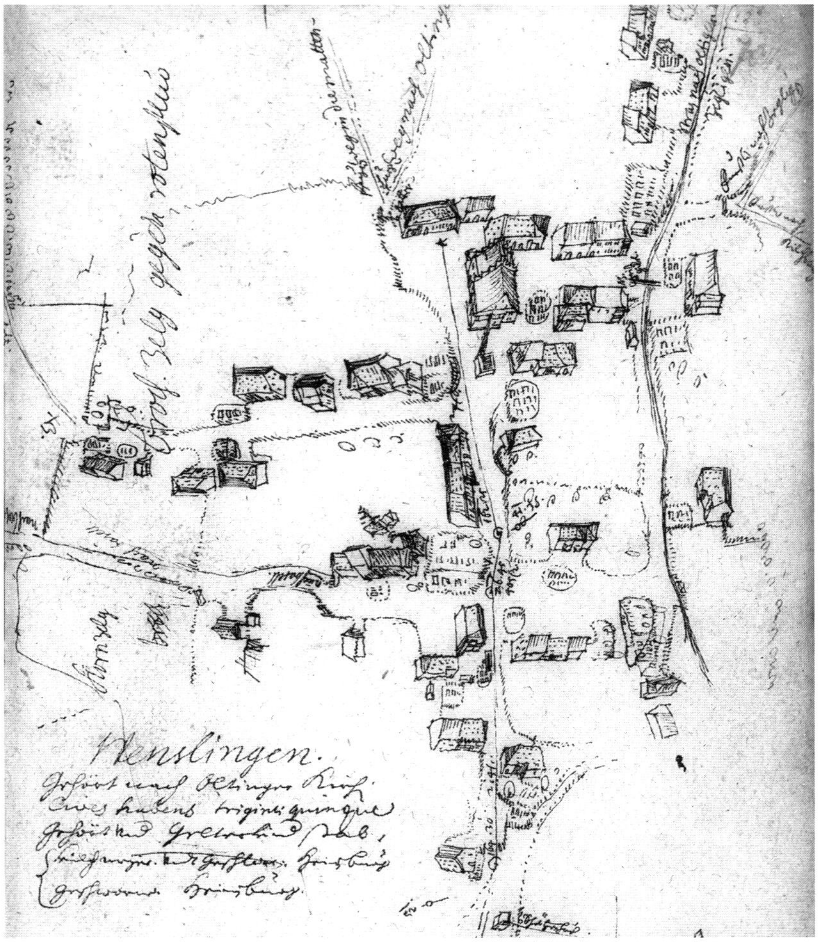

Plan von Wenslingen 1681
Der Plan des Geometers Georg Friedrich Meyer zeigt einige sehr stattliche Häuser und auch sehr bescheidene. Neben Holzständer-Häusern und Scheunen mit Strohdächern sind ein- und zweigeschossige gemauerte Gebäude erkennbar. Der Wohlstand im Dorf war nicht gleichmässig verteilt.

den Stellenwert im dörflichen Wirtschaftsleben. Zwar bewirtschafteten die allermeisten Handwerker und Heimarbeiter in der zeittypischen gemischten Erwerbsform auch ihren eigenen Landwirtschaftsbetrieb. Bei den Handwerkern war dieser unterschiedlich gross, bei den Posamentern meist sehr klein. Sie liessen sich immer noch in die Kategorien nach Bauern und Tauner

ner. Diese hatten sich erlaubt, sie «wegen schädlichen Weidens» zu verklagen. Nun spielten sie ihre Macht aus und beschlossen, den Taunern «nicht mehr zu Acker zu fahren», setzten also ein wesentliches Element der Beziehungen zwischen den beiden sozialen Gruppen ausser Kraft. Hier griff allerdings die Obrigkeit ein und büsste die Bauern.[5]

Fast 20 Jahre hielt in Reigoldswil ein Streit um die Nutzung der Allmendweide an.[6] Auf die grosse, die so genannte Kuhweide, wurden die Kühe und die Pferde getrieben. Die kleinere Bergweide war den Stieren, den klassischen Zugtieren, vorbehalten. Die Tauner der Gemeinde unter ihrem Wortführer Durs Dättwyler wandten sich 1750 an den Obervogt von Waldenburg, dem sie «wehmütig» klagten, sie würden bei der Weide grob benachteiligt. Auf der Kuhweide, so begründeten sie ihre Klage, weideten 35 Pferde sowie 100 Kühe und Jungvieh. Davon gehörten 80 Stück allein acht Bürgern; bloss 21 Tauner hingegen seien im Stande, je eine Kuh auf die Weide zu schicken. Die Bergweide wiederum werde ausschliesslich von 18 Bürgern für zusammen 70 Stiere benutzt. Das entsprach durchschnittlich etwa einem Zug pro Bürger. Die übrigen 100 armen Bürger hätten überhaupt nichts davon. Hingegen müssten auch die Armen, welche von den Wei-

einordnen: Je nachdem ob sie, wie gelegentlich etwa Wirte oder Müller, einen Zug besassen, gehörten sie zu den Bauern des Dorfes, sonst – und das heisst in den meisten Fällen – zu den Taunern. Aber insbesondere mit der zunehmenden Bedeutung der Seidenbandindustrie wurde diese traditionelle Unterscheidung überlagert von der berufsbezogenen Zuordnung zum Handwerk/Gewerbe oder zur Heimindustrie. So teilten die Organisatoren der Volkszählung von 1774 die Haushalte in vier Kategorien ein: Bauern, Tauner, Handwerker und Fabrikarbeiter (Posamenter). Das Zuordnen war nicht ganz einfach vorzunehmen. Einigermassen eindeutig war die Sachlage bei den Bauern, denn sie lebten in erster Linie von ihrem Landwirtschaftsbetrieb. Die Angehörigen der andern drei Kategorien jedoch setzten ihren Erwerb aus verschiedenen Tätigkeiten zusammen, wobei alle Familienmitglieder, auch Frauen und Kinder, mitwirkten. Für die Zählung von 1774 galt jene Arbeit als massgeblich, welche zur Hauptsache zum Familienerwerb beitrug, und da hielten sich die Zähler in der Regel an jene des Familienvorstandes.[11] Als Handwerker galt, wer ein Handwerk gelernt hatte und es zum Zeitpunkt der Zählung auch ausübte. Zu den Fabrikarbeitern gehörten Posamenter sowie die Seidenwinderinnen, welche jenen zuarbeiteten. Die Tauner wurde dann sozusagen als Restkategorie behandelt. Dazu gehörte, wer weder Bauer noch Handwerker noch Fabrikarbeiter war: Tauner im herkömmlichen Sinne, Taglöhner, Näherinnen, Spinnerinnen, Hirten, manchmal auch Schulmeister und Sennen.

In der Zählung von 1774 machten auf der gesamten alten Basler Landschaft die Bauern bloss ein knappes Fünftel (18 Prozent) der Haushalte aus. Je etwas mehr als ein Viertel der Haushalte gehörte einer der übrigen drei Kategorien an, den Taunern (27 Prozent), den Handwerkern (29 Prozent) und den Fabrikarbeitern (26 Prozent). Es gab jedoch beträchtliche Unterschiede zwischen den einzelnen Ämtern (Grafik 2). Allerdings bildeten die Bauern überall eine Minderheit. Ausser im Amt Farnsburg stellten sie gar deutlich weniger als 20 Prozent der Haushalte. Wie die Bauern waren auch die Hand-

den keinen oder kaum Nutzen hatten, sich an deren Säuberung beteiligen und zur Abzahlung der Schulden für zehn Jucharten zugekauftes Weideland beitragen. Um die Ungerechtigkeit zu mindern, verlangten die Tauner, dass keine Pferde mehr auf die Kuhweide getrieben werden dürften. Ausserdem sollte als Ausgleich ein Weidegeld von drei Schilling pro Stück Vieh bezahlt und unter die Bedürftigen verteit werden. Die Bauern wollten von einer solchen Regelung nichts wissen und beriefen sich auf herkömmliche Rechte. Eine Einigung war nicht zu erreichen und die Obrigkeit suchte die Situation zu entschärfen, indem sie eine andere Verteilung der Viehgattungen auf die beiden Weideareale durchsetzte. Damit war aber der Streit nicht beigelegt. Zumal in den folgenden Jahren der Viehbestand zunahm, was die Benachteiligung der «Mittleren und Armen» weiter verschärfte und ausserdem zu einer Übernutzung des Weidelandes führte. Als die Angelegenheit nach Mitte der 1760er Jahre neu aufgerollt wurde, sprachen sich an einer Gemeindeversammlung 70 gegen 20 Bürger – letztere gehörten alle zu den reichsten – für eine Beschränkung des Weiderechts aus. Erst nach mühseliger Vermittlung der obrigkeitlichen landwirtschaftlichen Kommission kam im Jahre 1768 ein Vergleich in diesem Sinne zustan-

Taunerhaus in Reinach
In dem einfachen kleinen Haus aus dem 16. oder 17. Jahrhundert lebten Angehörige der dörflichen Unterschicht. Erst später baute man noch etwas mehr Wohnraum an. S. 86 oben.

Alte Schmiede in Bubendorf
Seltenes Beispiel eines spätgotischen Gewerbehauses aus dem 17. Jahrhundert. Der Anbau rechts datiert von 1819. Der Hauptbau ist charakterisiert durch die breite, rundbogige Toröffnung im Erdgeschoss, die zwei- und dreiteiligen Fenster der Wohnung im Obergeschoss und die beiden schmalen Fenster für die Kornkammern unter dem Dach. S. 86 unten.

So genanntes Höfli oder Klösterli in Tenniken
Die städtische Familie Hebdenstreit baute das ursprüngliche Bauernhaus 1694 zu ihrem Landsitz aus. Räume des Obergeschosses zierten Deckenmalereien mit Rankenmotiven. Noch 1863 wurde das Haus als «palastartig» geschildert. Die Aufnahme stammt von 1931, vor dem 1942 erfolgten Umbau. S. 87 oben.

Bauernhaus in Häfelfingen
Typisches spätgotisches Bauernhaus des oberen Baselbietes aus dem 17. Jahrhundert mit lang gestrecktem Ökonomiegebäude. S. 87 unten.

Die vier Häuser stehen für unterschiedliche soziale Gruppen im Dorf: die Tauner aus der Unterschicht, die meist der Mittelschicht zugehörigen Handwerker, die auf dem Land lebenden städtischen Herrschaften sowie schliesslich die wohlhabenden Bauern.

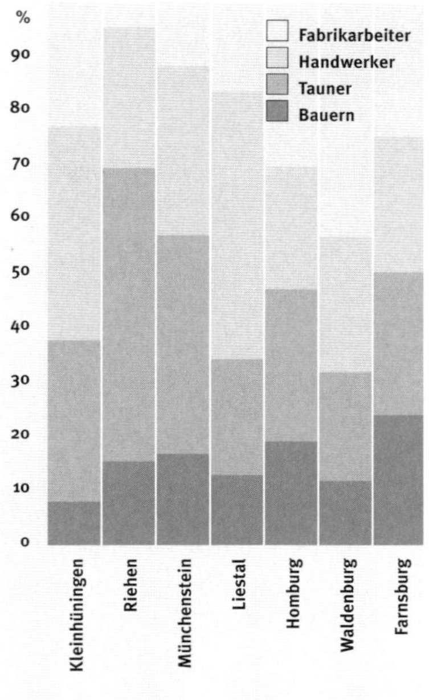

Grafik 2
Die Verteilung der Berufsgruppen in den Ämtern der Basler Landschaft 1774.

werker einigermassen gleichmässig verteilt, einzig die Ämter Kleinhüningen und Liestal wiesen einen deutlich höheren Anteil aus: hier wegen der Konzentration von Handwerkern in der Stadt Liestal, dort weil die Fischer und Rebleute dieser Kategorie zugeordnet wurden. Tauner und Fabrikarbeiter hingegen waren sehr ungleich verteilt. Jedoch standen sie jeweils in einem umgekehrt proportionalen Verhältnis zueinander: Wo die Heimindustrie sehr stark verbreitet war wie in Waldenburg, gab es viele Fabrikarbeiter, aber wenig Tauner; umgekehrt zählte Riehen nur eine geringe Zahl Fabrikarbeiter, dafür hielt es den höchsten Tauner-Anteil. Zusammen machten die beiden Kategorien, ausser in Liestal, überall zwischen 50 und 60 Prozent aus. Eine Mehrheit der Haushalte also war abhängig vom Lohn, der ihnen entweder von den Bauern des Dorfes oder von den Fabrikherren der Stadt zukam.

Auch in den Dörfern des Fürstbistums stellten die Bauern eine Minderheit dar. Die Zählung von 1770/71 weist in den beiden Ämtern Birseck und Pfeffingen zwischen 20 und 25 Prozent Bauern aus, in den Ämtern Laufen und Zwingen allerdings fast 40 Prozent.[12] Für Pfeffingen und Birseck bestätigt sich auch die Vermutung, dass sich im Verlaufe der frühen Neuzeit ihr Anteil stark vermindert hatte: Im Jahre 1652 dürften hier noch zwischen 35 und 40 Prozent der Haushaltsvorstände Bauern gewesen sein.

Wer war oben, wer unten?

Es ist also offensichtlich, dass es innerhalb eines Dorfes beträchtliche ökonomische Unterschiede gab. Wer war nun oben, wer war unten? Lässt sich dies in einem Schichtungsmodell darstellen, etwa nach dem gängigen Dreier-Schema von Ober-, Mittel- und Unterschicht? Etwas Ähnliches tat im Jahre 1770 die Basler Obrigkeit, als sie alle Haushalte ihrer Untertanen auf der Landschaft nach den Kategorien «reich», «mittel» und «arm» klassifizierte. Damals herrschte eine durch Missernten hervorgerufene Teuerung. Grosse Teile der Landbevölkerung waren vom Hunger bedroht und brauchten Hilfe. Nun sollte herausgefunden werden, wer unterstützt werden sollte und wer

de. Fortan war die Weide neben dem Zugvieh noch für höchstens eine Kuh pro Besitzer verfügbar.
Das Beispiel zeigt nochmals die krasse Privilegierung der bäuerlichen Oberschicht bei der Nutzung der Allmend. Und diese Bauern waren auch nicht zu Zugeständnissen etwa im Sinne eines finanziellen Ausgleichs bereit. Zur schliesslich eingeführten Beschränkung des Weiderechtes liessen sie sich erst unter dem Druck der drohenden Übernutzung einerseits und der obrigkeitlichen Vermittler anderseits herbei. Noch etwas: Der Zustand, wie er 1750 von den Taunern angefochten wurde, hatte offenbar seit dem 17. Jahrhundert Bestand gehabt. Dass er ausgerechnet jetzt Anlass zum Konflikt gab, weist auf eine Verschärfung der sozialen Gegensätze hin. Es ist zu vermuten, dass sich auch hier das zahlenmässige Ungleichgewicht von bäuerlicher Oberschicht auf der einen, der Mittel- und Unterschicht auf der andern Seite verstärkt hatte. Dazu kam im Falle von Reigoldswil noch, dass hier die Bauern in grossem Masse Matteneinschläge in den Ackerzelgen anlegten und damit nicht nur ihre Viehbestände massiv erhöhten, sondern auch das herkömmliche solidarische System der Dreizelgenwirtschaft aushöhlten.

nicht. Die Obrigkeit liess, wie früher schon bei solchen Gelegenheiten, die vorhandenen Getreidevorräte registrieren. Aufgrund der Ergebnisse dieser Fruchtaufnahme sollten die Zuschüsse geplant und verteilt werden. Als «reich» galten jene Haushalte mit genügend Getreide, um keiner obrigkeitlichen Hilfe zu bedürfen. Die «mittleren» Haushalte verfügten nur über kleine oder gar keine Vorräte, jedoch über genügend Geld, um sich auf dem Markt zu versorgen. Die «armen» Haushalte schliesslich besassen weder genügend Getreide noch genügend Geld. Sie vor allem waren auf obrigkeitliche Unterstützung in Form von Brot- oder Mehlscheinen angewiesen.[13] Auf der ganzen Landschaft galten 21 Prozent der Haushalte als «reich», 37 Prozent als «mittel» und 42 Prozent als «arm». Diese Unterscheidung setzte an einem sehr wesentlichen Bereich an, nämlich bei der Ernährung, bei der Verteilung von Nahrungsmitteln. Denn die Mühen um das tägliche Brot liessen die Menschen des Dorfes täglich die sozialen Unterschiede erfahren. Wer nicht ausreichend über Getreide und damit über Brot verfügte, wer sich deshalb täglich darum abmühen musste, bekam die Macht jener zu spüren, in deren Speichern noch Vorräte lagerten.[14]

Die einzigen, die genügend Getreide für die Ernährung ihrer Familien und allenfalls für Vorräte produzierten, waren die Bauern. Und so deckte sich die Kategorie der «Reichen» von 1770 im Wesentlichen mit der Gruppe der Bauern.[15] Sie bildeten die Oberschicht eines Dorfes. Sie besassen das meiste Land und beherrschten den dörflichen Bodenmarkt. Sie produzierten nicht nur genügend Getreide für ihren eigenen Bedarf, sondern auch für den Markt. Sie besassen Zugtiere und Pflüge, auf welche auch die andern Dorfangehörigen angewiesen waren. Sie gaben den Taglöhnern des Dorfes Arbeit; und sie besetzten auch die wichtigen Ämter im Dorf. Die Bauern, gelegentlich noch einzelne vermögende Handwerker oder Gewerbler wie Müller und Wirte, bildeten eine ziemlich geschlossene soziale Gruppe. Sie pflegten Beziehungen vor allem unter ihresgleichen, auch über die Grenzen des Dorfes hinaus. Deutlich zeigte sich dies etwa bei den Heiraten.[16]

Ungleiche Zehntbeständer

Den Bezug des Zehnten in den Dörfern überliessen die Zehntherrn zumeist den örtlichen so genannten Zehntbeständern, welche jeweils vor der Ernte den Zehnten ersteigerten[7]. Die Zehntbeständer liessen sich auf ein Spekulationsgeschäft ein, aber meist sprang beim Einzug des Zehnten doch einiger Gewinn heraus. Weil es für den Einzug der Garben und dann auch für die Ablieferung des gedroschenen Zehntgetreides einen Wagen und Zugtiere brauchte, blieb dieses Geschäft faktisch den Angehörigen der bäuerlichen Oberschicht vorbehalten.[8] Und es macht auch den Anschein, dass sie dies als ihr ureigenes Privileg und als Teil ihrer Macht im Dorf betrachteten. Um einander bei der Zehntsteigerung nicht zu konkurrenzieren, trafen die Bauern eines Dorfes oft kartellartige Absprachen. Oder sie boten, wie dies in Bubendorf über Jahrzehnte üblich war, alle gemeinsam als Gruppe auf den Zehnten. Als es aber hier im Jahre 1761 nicht ihnen, sondern den Taunern gelang, den Zehnten zu ersteigern, waren die Bauern empört. Sie sahen ihr Privileg bedroht. Und sie setzten ein bewährtes Druckmittel ein, indem sie sich weigerten, den Taunern Fuhrdienste zu leisten. Dies traf die neuen Zehntbeständer an einem wunden Punkt. Denn so waren sie nicht mehr im Stande,

Kirchenstuhl in Binningen
Die Familie von Salis war Besitzerin des Binninger Schlosses und stiftete 1708 diesen wappenverzierten Stuhl in der Kirche St. Margrethen.

Wer zur dörflichen Oberschicht gehörte und wer nicht, lässt sich also ziemlich eindeutig sagen. Weniger klar ist die Grenze zwischen der Mittelschicht und der Unterschicht zu ziehen. Der Besitz von Grund und Boden ist hier nicht mehr allein massgebend. Denn schon die Handwerker fanden ihren Erwerb ja nicht nur in der Landwirtschaft. Im 18. Jahrhundert galt dies zunehmend auch für jene Leute, die in irgendwelcher Form textile Heimarbeit verrichteten, und das waren mehr als die in der 1770er Zählung ausdrücklich als «Fabrikarbeiter» bezeichneten. Bei den Handwerkern waren die Vermögensunterschiede sehr gross. Dies weiss man aus so genannten Teilbüchern, welche das Vermögen bei Erbteilungen festhielten. Sie lassen sich deshalb nicht einer einzigen Kategorie zuordnen. Von den Posamentern konnten einzelne in guten Zeiten zu einigem Wohlstand kommen. Nicht allen aber war das möglich, und zudem waren sie empfindlich den Schwankungen der Konjunktur ausgeliefert. Schlecht gestellt waren immer die Seidenwinderinnen, welche den Posamentern zuarbeiteten.

Eine Zuordnung zur Mittel- oder zur Unterschicht ist also nur ungefähr möglich. Zur Mittelschicht zählen lassen sich die Halbbauern, vielleicht auch Tauner mit etwas grösserem Landbesitz, die vermögenderen Handwerker und Gewerbler wie etwa Wirte und Müller, sofern sie nicht der Oberschicht angehörten, Maurer, Ziegler, Schmiede, Hafner, Sager, Sattler, Bäcker, Metzger sowie die besser gestellten Posamenter. Der Unterschicht zuzurechnen waren wohl die meisten Tauner im eigentlichen Sinne, arme Handwerker wie Schneider oder Woll- und Leinenweber, die ärmeren Posamenter, davon sicher diejenigen, die nicht auf eigene Rechnung, sondern für andere Posamenter arbeiteten, sowie Leute ohne Landbesitz. Am untersten Ende der Skala befanden sich die Dienstbotinnen und Dienstboten, sofern es sich nicht um junge Frauen und Männer aus reichen Familien handelte, die temporär bei einem andern Bauern im Dienst standen. Von der Einwohnerschaft eines Dorfes dürften 15 bis 20 Prozent der Oberschicht und in der Regel mehr als die Hälfte der Unterschicht angehört haben.

die Zehntfrüchte unter Dach und Fach zu bringen. Ähnliches vernehmen wir rund 20 Jahre später aus Wittinsburg. Dort hatte der Tauner Uli Eckenstein den Zehnten ersteigert, wobei ihm der Posamenter und Halbbauer Friedrich Guldenmann als Bürge und Teilhaber zur Seite stand. Doch als es ums Einfahren der Zehntgarben ging, wurden die beiden von den Bauern hängen gelassen. Eckenstein besass ja als Tauner keinen Zug und Guldenmann nur einen halben. Mit diesem hatte er nun seine Mühe: «Er sei mit einem halben Zug gefahren, so viel er nur gekonnt habe, und andere Bauren haben gesagt, sie müssen ihre eigen Frucht zuerst heimbringen, ehe sie helfen können.» Zur gleichen Zeit berichtete der Metzger Hans Georg Strub aus Buckten, der dort den Zehnt ersteigert hatte: Er wisse, «dass er an den reichen Bauren viele Feinde habe, die den Zehnten lieber selbst hätten und ihme alles in den Weg legen».[9]

An Machtkämpfe dieser Art dachte vielleicht später der Zürcher Abgeordnete im helvetischen Grossen Rat, als er in der Zehntdebatte gegen die «Aristokratie» im Dorfe polemisierte: «Neben dem Aristokratismus der Regierung war noch eine andere Art Aristokratie in Helvetien, eine Aristokratie, die dem bedürftigen Staatsbürger drückender war als jene: Ich meine

Die soziale Schichtung der Bevölkerung spiegelte sich aber, soweit dies untersucht worden ist, nicht in der Topografie des Dorfes. Es gab keine strikte räumliche soziale Trennung. Höchstens bevorzugten die Bauern eher gewisse Lagen, während andere nur von Armen bewohnt wurden. So lebten in Bretzwil ums Jahr 1700 oben im Dorf an der Gasse, die von der Kirche abwärts führte, eher die Reichen und im Niederdorf vor allem Arme. Im Grossen und Ganzen jedoch gab es eine soziale Durchmischung. Arm und Reich siedelte durcheinander. Das konnte widersprüchliche Auswirkungen haben. Einerseits glichen sich die sozialen Gegensätze aus, oder sie wurden zumindest verdeckt. Anderseits konnten diese umso stärker sichtbar werden, etwa im Aussehen und in der Ausstattung des Hauses. Jedenfalls aber bot sich so eine ideale Umgebung für die innerdörfliche soziale Kontrolle. Denn auf diese Weise wussten die Reichen über die Armen und die Armen über die Reichen Bescheid, auch wenn es um banale Alltäglichkeiten ging.[17]

Die sozialen Schichten waren keine starren Gebilde, die Zugehörigkeit war nicht auf alle Zeiten festgelegt, auch nicht in der Oberschicht. Es gab durchaus Bewegung im Sinne einer sozialen Mobilität. Wer Glück hatte, stieg auf, wer Pech hatte, stieg ab. Allerdings bedeutete soziale Mobilität in einer Gesellschaft mit der generellen Tendenz zur Verarmung, wie jener der frühen Neuzeit, in erster Linie ökonomischen und sozialen Abstieg. In Sissach berichtete der Pfarrer im Jahre 1763, innerhalb der letzten drei Jahrzehnte seien mehrere Bauern zu Taunern abgestiegen. Eine ähnliche Feststellung ist etwas später auch für Känerkinden überliefert. In Bretzwil sieht man in gut 100 Jahren seit der Mitte des 17. Jahrhunderts eine ganze Reihe von Familien aus der Position von «Dorfkönigen» zur Bedeutungslosigkeit absinken. Die Gründe für einen Abstieg konnten vielfältig sein: Überschuldung, fortgesetzte Erbteilungen, Misswirtschaft, persönliche Schicksalsschläge. Seltener war der Aufstieg. Da übernahm etwa ein Knecht nach dem Tode seines Vaters dessen kleines Gütlein und stieg damit zu einer Taunerexistenz auf. Am ehesten jedoch bot die Heimindustrie Chancen zum Auf-

Häupterstuhl in der Kirche Sissach
Der Stuhl ist das Werk des Künstlers Peter Hoch in Sissach aus dem Jahre 1643. Die Plätze in der Kirche waren in der Regel nach einer hierarchischen Ordnung einzelnen Familien oder Amtsträgern zugewiesen. Städtische oder adelige Herrschaften und reiche Leute aus dem Dorf liessen gar ihre eigenen Stühle errichten.

die Dorfaristokratie, die Aristokratie, welche der reiche Bauer über den armen ausübte.»[10]

Abgestiegen

Dass der Verbleib im Kreise dieser «Dorfaristokratie» nicht für alle Zeit gesichert war, illustriert das Beispiel der Familie Tschopp in Bretzwil.[11] Durs Tschopp war in den Jahren um 1690 nach Bretzwil zugewandert. Die Fruchtaufnahmen der Jahre 1698, 1699 und 1709 fanden bei ihm respektable Getreidevorräte. Er hielt sich in jener Zeit ein bis zwei Dienstboten. Zweifellos gehörte er zur Oberschicht der reichen Bauern von Bretzwil. Doch im Jahre 1717 ging er Konkurs und musste seinen Hof verganten. Als Zugezogener musste er alles Land für seinen Betrieb käuflich erwerben, konnte also nicht einen Hof erben. Er war damit eine Belastung eingegangen, die für ihn langfristig nicht tragbar war. Nach der Gant floh er ausser Landes, kehrte aber ein Jahr später wieder zurück. Weil er nicht alle Forderungen seiner Gläubiger hatte befriedigen können und sich zudem aus dem Staub gemacht hatte, wurde er für eine Zeit lang zum Tragen des Lastersteckens verurteilt. Später heiratete er nochmals und gründete eine Familie. Wie es aber wirtschaftlich mit ihm weiterging, wissen wir nicht mehr.

stieg. Posamentern gelang es bei gutem Geschäftsgang, durch Fleiss und Sparsamkeit bescheidenen Wohlstand zu erwirtschaften und beispielsweise zusätzliches Land zu kaufen. Boten oder sonstige Transportunternehmer, die sich im Zwischenhandel der Seidenweberei betätigten, auch einzelne einflussreiche Sennen in den Dörfern des Kettenjuras, stiessen bisweilen gar in die Kreise der Mächtigen im Dorfe auf, sehr zu deren Missfallen.[18]

Symbolisches Kapital

Ein ökonomischer Aufstieg zog nicht immer umgehend eine Verbesserung des sozialen Status nach sich; ebenso wenig bedeutete ein ökonomischer Abstieg aus der dörflichen Oberschicht, etwa aufgrund einer Vergantung, zwingend eine unmittelbar schlechtere soziale Position. Wer «abgewirtschaftet» hatte, wurde noch nicht in jedem Falle gleich als «abgewirtschaftet» betrachtet.[19] Nicht zwangsläufig folgte dem wirtschaftlichen Niedergang der Verlust des sozialen Prestiges auf dem Fuss. Er konnte über Generationen hin aufgeschoben, gelegentlich sogar vermieden werden. Denn für die soziale Hierarchie galten nicht bloss wirtschaftliche Massstäbe. Darüber entschied ein viel differenzierteres Zusammenspiel von alltäglich praktizierten und sich wiederholenden Einschätzungen und Einordnungen, von Selbstwahrnehmung und Fremdwahrnehmung. Kriterien wie Ehrenhaftigkeit, Vertrauenswürdigkeit, das Nachwirken früheren Reichtums in einer Familie, die Zugehörigkeit zu einer Familie mit gutem oder schlechtem Ruf waren dabei so entscheidend wie die aktuelle ökonomische Stärke. Sie bildeten das symbolische Kapital, mit dem eine Person oder Familie ausgestattet war.

Die für die dörfliche Gesellschaft grundlegenden Normen der Ehre bedeuteten ein Gegengewicht zu den starken ökonomischen Ungleichheiten. Zwar fielen bei Angehörigen der Oberschicht oft ökonomisches und symbolisches Kapital zusammen. Doch auch dann musste dieses in der alltäglichen Praxis bewahrt werden. Denn es konnte geschehen, dass ein zeit-

In der Papiermühle Lausen
Die Wendeltreppe mit der Figur des Lumpensammlers im Wohnhaus des Mühlenbesitzers stammt aus der Zeit um 1720. Die Papiermühle war einer der bedeutendsten Gewerbebetriebe auf der Landschaft. Das Innere des Wohnhauses ist geprägt von einem städtisch-bürgerlichen Lebensstil.

lebens reicher Mann durch seinen Lebenswandel sein symbolisches Kapital weitgehend verspielte und sein Ansehen verlor. Auf der andern Seite hiess nichts zu haben zwar oft tatsächlich auch nichts zu gelten. Aber es gab auch Familien, die arm waren und trotzdem über einen verhältnismässig hohen sozialen Status verfügten. Es konnte sein, dass sie als ärmere Mitglieder einer mehrheitlich reichen Familiengruppe noch von deren Prestige profitierten. Eine arme Person oder Familie konnte aber auch mit besonderen sozialen Fähigkeiten Ansehen erlangen, etwa im Bereich der Krankenpflege, der Frömmigkeit, der Unterhaltungs- oder Festkultur. So sehr also die ökonomische Potenz den Lebensstandard, die Macht und die Abhängigkeiten innerhalb einer Dorfgesellschaft bestimmte: Es wäre einseitig, nur diese zu beachten und jene symbolischen Wertsysteme zu übersehen, welche die gegenseitigen Einschätzungen der Menschen im Dorf viel differenzierter und für uns auch nicht bis ins Letzte nachvollziehbar prägten.

Die Schichtung im Umbruch

Als Joggi Grieder aus dem Ertrag seiner Heimarbeit einen weiteren Acker kaufen wollte und der Bauer, welcher bisher für ihn «zu Acker gefahren» war, drohte, dann diesen Dienst nicht mehr zu leisten, da soll Grieder gesagt haben: «Nun gut, dann fährt eben ein anderer den Acker.»[20] Dieser Vorfall trug sich zwar erst im frühen 19. Jahrhundert zu. Er illustriert jedoch Veränderungen im sozialen Gefüge, die sich schon im späten 18. Jahrhundert abzuzeichnen begonnen hatten. Noch wird zwar ein Rest der alten Abhängigkeit zwischen einem Bauern und einem «seiner» Tauner sichtbar. Doch diese Abhängigkeit spielte im vorliegenden Falle nicht mehr. Grieder konnte zusätzliches Land kaufen. Dem Bauern bedeutete dies offensichtlich eine Gefährdung des Status quo und deshalb drohte er ihm. Grieder durfte es sich aber leisten, die Drohung zu ignorieren. Er konnte sich der Abhängigkeit von «seinem» Bauern entziehen und einen anderen Zugbesitzer finden, der ihm seine Äcker pflügte.

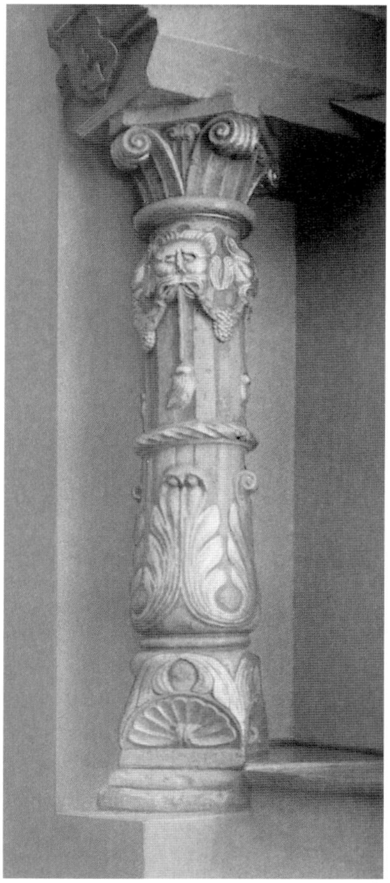

Fenstersäule aus Gelterkinden
Die Fenstersäule in dem ehemaligen Bauernhaus an der Schulgasse datiert aus dem Jahre 1547. Das Muschelmotiv an der Basis, die Verzierung des Schaftes mit Ringen, Akanthus und Masken sowie das elegant geschwungene Kapitell zeugen vom Wohlstand des einstigen Besitzers.

Aus der ersten Ehe von Durs Tschopp erwuchsen eine Tochter und drei Söhne. Die Tochter heiratete noch vor der Gant des Vaters den Säger Joggi Plattner, einen Handwerker aus dem Mittelstand. Ihre ökonomischen Verhältnisse gestalteten sich so auch für eine Tochter aus der Oberschicht durchaus akzeptabel. Von seinen Söhnen traten zwei an der Gant als Käufer auf, wobei vor allem Hans, der älteste, sich aus einem Teil der Konkursmasse den Grundstock für eine neue Existenz zusammenkaufen konnte. Das gelang ihm zu einem verhältnismässig günstigen Preis. Offensichtlich spielte hier eine gewisse Solidarität innerhalb der dörflichen Oberschicht, indem ihn die übrigen Käufer dabei nicht überboten. Im Verlaufe der Jahre gelang es ihm, wiederum Land in der Grösse eines mittleren Bauernbetriebes zu erwerben. Sein Sohn konnte den Erfolg fortsetzen und wurde schliesslich ein reicher Bauer. Hans konnte also seinen Verbleib in der dörflichen Oberschicht behaupten. Nicht so seine beiden Brüder. Martin, der zweite, ersteigerte ebenfalls an der Gant seines Vaters einiges Land und kaufte danach noch wenig anderes. Er brachte es jedoch kaum auf mehr als drei Hektaren, knapp über die obere Grenze eines Taunerbetriebes. Er sah darin offenbar keine befriedigende Existenz und zog aus dem Dorf weg

Barocker Schrank aus Wenslingen
Der zweiteilige Schrank mit drei gedrehten Säulen aus dem 17. Jahrhundert stammt aus dem Hausrat eines wohlhabenden Bauern.

Vor allem die Ausbreitung der Heimindustrie begann die herkömmliche Schichtung aufzubrechen.[21] Sie brachte Erwerbsmöglichkeiten ausserhalb der Landwirtschaft in einem ganz neuen Ausmasse, das die dörfliche Gesellschaft bisher nicht gekannt hatte. Über ein Viertel der Haushalte im alten Baselbiet waren ja in der Zählung von 1774 der Kategorie der «Heimarbeiter» zugeordnet worden, im Amt Waldenburg waren es gar 43 Prozent (vgl. Grafik 2).[22] Und es gab noch mehr Haushalte, auch solche von Bauern, in denen ein Bandstuhl stand. Ein beträchtlicher Teil der Dorfbevölkerung konnte sich also von den bodengebundenen Einkommen zumindest teilweise lösen und damit auch von jenen gesellschaftlichen Normen und Verbindlichkeiten, welche durch die dörfliche Landwirtschaft begründet waren. Die Tauner waren weniger von der Arbeit bei den Bauern abhängig. Die Bauern klagten, sie fänden keine Taglöhner mehr, die für billigen Lohn grobe Arbeiten verrichteten. In guten Zeiten konnten gewisse Tauner als Posamenter besser leben als früher mit der Taglöhnerarbeit beim Bauern. Da sie für ihre Leistung Geld und nicht mehr in erster Linie Naturalien bekamen, wurden sie nicht nur finanziell unabhängiger von Geldgebern im Dorf. Sie konnten sich auch einigen Aufwand an Ausstattung leisten und die Bauern auf der symbolischen Ebene der Selbstdarstellung konkurrenzieren. Sie übernahmen Kleidermoden aus der Stadt. Sie begannen Kaffee zu trinken, kauften vielleicht gar Porzellangeschirr, beides bis anhin Privilegien der Städter. Einzelne konnten Land und im besten Falle gar Zugvieh kaufen und zu den Bauern aufsteigen.

Stolz spricht aus den Worten von Martin Schaub aus Tenniken gegen Ende des 18. Jahrhunderts: «Erstlich ist mein Vater ein armer Mann gewesen und hat es so weit gebracht, dass ich hinterlassener Sohn ein Bauer bin.» Und etwa zur selben Zeit konnte Heinrich Scholer aus Zunzgen von sich sagen, «ehedem habe er passamentet, jetzt sei er ein Bauer».[23] Gelegentlich verärgerten Tauner die Bauern, wenn sie sich in deren Domänen wagten, etwa wenn sie bei der Zehntsteigerung bieten wollten.[24] Manchmal konnten

auf den Wenkenhof bei Riehen. Dort übernahm er die Stelle als Lehensenn. Den Grossteil seines Bretzwiler Besitzes verkaufte er später an einer freiwilligen Gant. Durs junior, der jüngste Bruder, versuchte wie sein ältester, auf dem dörflichen Bodenmarkt Land zusammenzukaufen. Er brachte es aber nur zu einem Kleinbetrieb. Davon konnte er auf die Dauer nicht leben. Im Jahre 1740 musste er seinen Betrieb verganten und auswandern.
Das Schicksal der Familie Tschopp ist beispielhaft für eine Zeit, in der als Folge des anhaltenden Bevölkerungswachstums die agrarischen Ressourcen zunehmend knapper wurden, eine Zeit, die geprägt war von einem Absinken des Lebensstandards und einer Verschärfung der sozialen Gegensätze. Vater Durs Tschopp scheiterte wahrscheinlich daran, dass er den Einstieg in die Oberschicht seines neuen Heimatdorfes zu teuer erkauft hatte. Sein Konkurs erschwerte den Söhnen das Weiterkommen. Doch auch bei einem gewöhnlichen Erbgang wäre wohl kaum für alle drei ein Platz in der wirtschaftlichen Elite des Dorfes geblieben. Was hier einer Familie der Oberschicht passierte, widerfuhr auch Menschen am untern Ende der sozialen Stufenleiter. Doch für eine Taunerfamilie konnte ein weiterer Abstieg den Fall ins Nichts bedeuten.[12]

sich arme Leute nun eine Kuh halten, statt bisher nur Ziegen oder Schafe. Und eine Kuh liess sich notfalls anschirren und zum Ziehen gebrauchen, es ging dann ohne die Stiere des Bauern. Dass dabei die Abhängigkeit von den Bauern mit jener von den städtischen Fabrikherren und vom internationalen Markt vertauscht wurde, ist wieder eine andere Geschichte. Aber auch die traditionellen Verpflichtungen der Bauern gegenüber der Dorfgemeinde und den Dorftaunern lockerten sich. Weil ihre Höfe kleiner geworden waren und weil auch sie noch andere Verdienstquellen fanden, verzichteten da und dort einige Bauern auf die Haltung eines Zuges. Damit drohte nicht nur ein Mangel an Pflugleistung für den Ackerbau. Auch das System der Gemeindefronen, der gemeinschaftlichen Arbeiten für die Gemeinde, war gefährdet, weil es nicht mehr genug Fuhrwerke gab. In Münchenstein verlangten die Bauern aus diesem Grunde, zu ihrer Entlastung sollten einige wohlhabende Tauner zu Halbbauern erhoben werden.[25] Oder es besass einer zwar einen Zug, weigerte sich aber, andern zu Acker zu fahren, wie Hans Buser aus Zunzgen, dem die Gemeinde deswegen im Jahre 1774 den Einschlag einer Parzelle verwehrte. Vor allem aber lockerte sich die bisherige patriarchalische Bereitschaft der Bauern, arme Tauner zu unterstützen, wenn sie in Not gerieten. Dies kam deutlich an den Tag in der Hungerkrise des Jahres 1770, welche die Heimarbeiter wegen der herrschenden Krise der Seidenbandindustrie besonders traf. Damals fiel verschiedentlich der Vorwurf, dass die Landleute gegen die Armen hart geworden seien. Die Bauern waren offenbar entschieden weniger als früher bereit, die jetzt verdienstlosen Tauner zu unterstützen. Der Vorsteher der Basler Kirche stellte sich die Frage, ob hier nicht die Schadenfreude über das Los der Emporkömmlinge mitspielte: «Wer weiss, ob nicht vielleicht einige unter den eigentlich so genannten Bauren aus Eifersucht über die, die es ihnen vormals in Pracht und Wohlleben weit zuvorgetan, über die zum Nachteil der letzteren vorgefallene grosse Veränderung heimlich frohlocken und vorsätzlich ihre Herzen und Hände gegen sie verschliessen.»[26]

Gartensaal im Schloss Ebenrain in Sissach
Im Schloss Ebenrain lebte die städtische Familie Bachofen. Der Garten- oder Festsaal mit dem Wandtäfer von 1776 hebt sich in seiner Grosszügigkeit und Eleganz ab vom Wohnstil ländlicher Untertanen.

Lesetipps

Eine wichtige Untersuchung der sozialen Schichtung in einer dörflichen Gesellschaft hat Christian Simon (1981) für die sechs Dörfer des Kirchspiels Sissach vorgelegt. Für die Grundbesitzverhältnisse stützt er sich auf die Ergebnisse der Volkszählung von 1774.

Peter Stöcklin (1973) wertete die gleiche Quelle für Diegten aus und später (1997) zum Vergleich den Helvetischen Kataster von 1802.

Weitere Schichtungsmerkmale aufgrund der Zählung von 1774 hat Franz Gschwind (1977) in seiner Bevölkerungsgeschichte herausgearbeitet.

Zum Verhältnis zwischen Bauern und Taunern ist immer noch gültig und grundlegend der Aufsatz von Markus Mattmüller (1980).

Über soziale Konflikte zwischen Reich und Arm im Dorf berichtet Samuel Huggel (1979).

Albert Schnyder (1992) analysiert zu diesem Thema einige sehr genau beobachtete Fallbeispiele aus Bretzwil und dem oberen Waldenburgertal.

Abbildungen

Gemeinde Pratteln: S. 75 [A].
Kantonsmuseum Baselland, Liestal, Kulturhistorische Sammlung, Foto Mikrofilmstelle: S. 79.
Öffentliche Kunstsammlung Basel, Basel, Kupferstichkabinett, Inv.1963 203.2 [A], Foto Martin Bühler: S. 80, 81.
Staatsarchiv Basel-Landschaft, HSS SL 5250 52/03 fol. 704 [A]: S. 84.
Foto Mikrofilmstelle: S. 86, 87, 90, 91, 92, 93, 94, 95.
Anne Hoffmann Graphic Design: Grafik, Tabelle S. 77, 88. Quelle Gschwind 1977, Simon 1981.

[A] = Ausschnitt aus Originalvorlage
Reproduktionen durch Mikrofilmstelle

Anmerkungen

1 Simon 1981, S. 173ff. und 317ff.
2 Mattmüller 1980, S. 51f.
3 Zit. nach Landolt 1996, S. 54.
4 Grundlegend für das Folgende: Mattmüller 1980.
5 Gschwind 1977, S. 352; Stöcklin 1973, S. 61.
6 Schnyder 1992, S. 147f.
7 Schnyder 1992, S. 147f.
8 Simon 1981, S. 161f.
9 Huggel 1979, S. 454f.
10 Mattmüller 1980, S. 56.
11 Gschwind 1977, S. 343ff.; Simon 1981, S. 163.
12 Schluchter 1987, S. 628.
13 Gschwind 1977, S. 382ff.
14 Schnyder 1992, S. 146.
15 Simon 1981, S. 172.
16 Huggel 1979, S. 476f.; Simon 1981, S. 180f.; Schnyder 1992, S. 152ff., 194.
17 Simon 1981, S. 182f.; Schnyder 1992, S. 156f.
18 Huggel 1979, S. 475ff.; Simon 1981, S. 170; Schnyder 1992, S. 159f.
19 Zum Folgenden v.a. Schnyder 1992, S. 156ff.
20 Mattmüller 1980, S. 56.
21 Zum Folgenden: Huggel 1979, S. 477ff., 508ff.; Simon 1981, S. 161ff.
22 Gschwind 1977, S. 360ff.
23 Huggel 1979, S. 478f.
24 Mattmüller 1980, S. 57.
25 HK Münchenstein 1995, S. 153f.
26 Simon 1981, S. 163.

1 Zit. nach Simon 1981, S. 181.
2 Stöcklin 1997, S. 31ff.
3 Schnyder 1992, S. 217.
4 Zum Folgenden: Schnyder 1992, S. 243ff.
5 Huggel 1979, S. 453f.
6 Zum Folgenden: Suter/Zehntner 1942, S. 225ff.
7 Vgl. Bd. 3, Kap. 3.
8 Zum Folgenden: Huggel 1979, S. 453ff.; Mattmüller 1980, S. 57f.
9 Huggel 1979, S. 455.
10 Amtliche Sammlung der Acten aus der Zeit der Helvetischen Republik (ASHR) II, S. 24.
11 Zum Folgenden: Schnyder 1992, S. 219ff.
12 Vgl. Bd. 4, Kap. 7.

Gerichts Protocoll
Zue Arlesheim de
Anno 1600 bisz
uff Annum 1621
Von 1600 bis 1615

Bild zum Kapitelanfang

Gerichtsprotokoll von Arlesheim

Beim Dorfgericht, welches unter dem Vorsitz des jeweiligen Meiers oder Untervogts tagte, liefen wichtige Fäden des dörflichen Lebens zusammen: Hier wurden Käufe, Erbschaften, Verschuldungen und Güterstreitigkeiten registriert. Das Gericht behandelte aber auch leichtere Vergehen wie Ehrverletzungen. Das Protokollbuch von Arlesheim ist eines der wenigen, die bereits aus dem frühen 17. Jahrhundert erhalten geblieben sind. Ab dem 18. Jahrhundert beschränkte sich die Tätigkeit der Dorfgerichte im Fürstbistum auf Fertigungen. Zivil- und strafgerichtliche Fälle wurden zusehends vom zentralen Vogteigericht entschieden.

«Demokratie» im Dorf

Für das Leben im Dorf gab es einen institutionellen Rahmen, die Gemeinde. Sie war das Organ der dörflichen Selbstverwaltung, wo über die wesentlichen öffentlichen Angelegenheiten beraten und entschieden wurde: Die Gemeinde regelte, was für die dörfliche Wirtschaft im Rahmen des Dreizelgensystems grundlegend war, die Aussaat- und Erntetermine, die gemeinschaftliche Allmend-, Brache- und Waldnutzung. Polizeiliche Aufgaben wie die Sicherung der Gemeindegrenzen, den Unterhalt von Weg und Steg, die Wasserversorgung, den Brandschutz und das Löschwesen sowie die Dorfwacht konnte sie weitgehend selbständig wahrnehmen. Sie war es auch in erster Linie, die sich um die einheimischen Armen zu kümmern hatte. Zivilrechtliche Belange wie etwa die Fertigung von Kauf und Verkauf fielen in die Zuständigkeit des Dorfgerichtes. Dieses konnte auch im strafrechtlichen Bereich in eigener Kompetenz leichtere Übertretungen mit kleinen Bussen ahnden. An der Spitze der Gemeinde stand als oberster Beamter der Untervogt oder Meier. Bei seiner Wahl hatte allerdings die Gemeinde seit dem frühen 17. Jahrhundert wenig mitzureden. Er wurde von der Obrigkeit, dem Fürstbischof oder dem Basler Rat, eingesetzt, nur zum Teil nach vorheriger Konsultation der Untertanen. Der Untervogt oder Meier stand in einer doppelten Loyalität: Er war einerseits der städtischen oder bischöflichen Obrigkeit verpflichtet und galt als deren Sachwalter in der Gemeinde. Anderseits amtete er aber auch als Vorsteher dieser Gemeinde und vertrat sie gegenüber der Herrschaft. Bei ihm lag die Schnittstelle im Verkehr zwischen Obrigkeit und Untertanen. Eine solche für das politische System der frühen Neuzeit typische Doppelstellung galt in abgeschwächter Form auch für die Inhaber weiterer Gemeindeämter, insbesondere für die Geschworenen. Diese standen dem Untervogt oder Meier zur Seite, führten die Beschlüsse der Gemeindeversammlung aus, und oft repräsentierten auch sie die Gemeinde nach aussen. In kleineren Gemeinden ohne Untervogt oder Meier übernahmen sie dessen Funktion. Weitere wichtige Gemeindebeamte

Eine Vielfalt von Akteuren

Was nach aussen als die Gemeinde in Erscheinung trat, war nicht einfach etwas fest und unverrückbar Definiertes. Je nach Art der sozialen Probleme, nach den persönlichen Verhältnissen von Protagonisten und nach dem verhandelten Thema, konnte sich die Konstellation ändern. Das zeigte sich etwa im Streit um den Hollarain, in welchen die Gemeinde Bretzwil in den 1720er Jahren verwickelt war.[1] Der Hollarain, heute Hollen genannt, war ein Abhang von ungefähr neun Hektaren Umfang unterhalb des Schlosses Ramstein und in der Nähe des Dorfes gelegen. Das Gelände war dort abschüssig, der Boden sandig und nicht sehr gut. Rechtlich gesehen galt der Hollarain als Hochwald, also als Eigentum der Basler Obrigkeit. Doch darum scherte sich die Gemeide Bretzwil nicht gross. Sie nutzte ihn für sich, und zwar mehr oder weniger extensiv, je nach wirtschaftlicher Lage. Aus dem nicht sehr hochwertigen Holz, das dort wuchs, holten sich die Gemeindegenossen Stangen zur Herstellung von Gattern und Zäunen. Die armen Leute schnitten sich Holzwellen als Brennmaterial. Zum Teil diente der Hollarain auch als Weide, und in schlechten Jahren durften die «armen Bauers Leuth» dort ihre Pflanzplätze für «Frucht, Rüeb und Krautwachs» anlegen. Gebietsweise zog

Gerichtsszene
Aquarell aus dem Stammbuch von Jakob Götz, um 1590.

waren der Bannwart, dem die Aufsicht über die Wälder, die Bewässerung sowie Weg und Steg oblag; der Gemeindeschaffner, der die Gemeindegüter verwaltete und darüber Rechnung ablegte; der Armenschaffner, betraut mit der Verwaltung des Armenguts; die Richter des Gemeindegerichtes; die Mitglieder des Gescheids, jenes Gremiums, welches für die Überwachung und Feststellung der Grenzen zuständig war. Im kirchlichen Bereich verwaltete der Kirchmeier das Kirchengut, und die Bannbrüder, meist zwei an der Zahl,

man auch Jungbäume und versetzte sie zum Teil später in den Hochwald. Das Grundstück wurde also von der Gemeinde vielfältig genutzt.

Doch da störte Emanuel Rippel diese Gewohnheiten. Er war Landvogt auf Homburg und besass in Bretzwil schon ziemlich viel Land. Er bat nun den Kleinen Rat zu Basel, dieser möge ihm als Belohnung für seine Mehrarbeit im Kanzleidienst den Hollarain, welcher an seine eigene Weide grenzte, überlassen. Der Rat liess die Verhältnisse dort näher abklären. In seinem Auftrag befragte der Landvogt des benachbarten Amtes Waldenburg auch die Unterbeamten der Gemeinde Bretzwil, den Meier und die beiden Geschworenen sowie den Kirchmeier. Diese gaben vor, das Landstück werde, da es Hochwaldgut sei, von der Gemeinde gar nicht genutzt. Sie wollten offenbar auf diese Weise den befürchteten Vorwürfen seitens der Obrigkeit aus dem Weg gehen. Und als der Landvogt über die Absichten Rippels informierte, versicherten sie, dass die Gemeinde gegen Ansprüche Dritter keine Einwände hätte. Doch als dann Landvogt Rippel im Frühjahr 1722 mit der «Aussteinung», mit der Setzung von Grenzsteinen also, begann, gab es Unruhe im Dorf. Die Gemeinde sandte eine Bittschrift an den Kleinen Rat, er möge die Übergabe an Rippel rückgängig ma-

wachten über die guten Sitten und die Kirchenzucht. Die Gemeindeversammlung schliesslich war das höchste Organ der dörflichen Selbstverwaltung. In ihr waren alle männlichen Haushaltvorstände, sofern sie das Bürgerrecht der Gemeinde besassen, stimmberechtigt. Zwar sind die Verhandlungen und Beschlüsse von Gemeindeversammlungen nur in Ausnahmefällen, meist aus Anlass von grösseren Konflikten, aktenkundig geworden. Es gilt jedoch als sicher, dass in ihrem Schosse die genannten Selbstverwaltungsangelegenheiten der Gemeinde beschlossen worden sind.[1]

Die meisten Bürger und Bürgerinnen der Gemeinde waren dies durch Geburt, Frauen allenfalls durch Einheirat in eine Bürgersfamilie. Einige wenige hatten das Bürgerrecht durch Kauf erworben, zu einem Preis, den die Gemeinde festlegte, wenn sie einen Neubürger in ihren Kreis aufnahm. Für eingeheiratete Frauen musste ebenfalls eine Art Einkaufsgeld, das so genannte Weibergeld, entrichtet werden. Das Bürgerrecht brachte als wichtigstes Privileg das Nutzungsrecht an den Gemeindegütern, vor allem an der Allmendweide und am Holz aus dem Gemeindewald. Ausserdem war damit das Anrecht auf freien Erwerb von Liegenschaften in der Gemeinde verbunden. Geriet ein Bürger oder seine Familie in Armut, musste die Gemeinde ihn unterstützen. Das Bürgerrecht brachte auch Verpflichtungen mit sich. Insbesondere waren Wachtdienste und Frondienste im Gemeindewerk, also bei Arbeiten für die Instandhaltung von Gemeindegütern, Strassen, Wegen und dergleichen, zu leisten. Wer ohne Bürgerrecht in der Gemeinde lebte, gehörte zu den Hintersassen, musste ein jährliches Hintersassengeld zahlen und hatte nur bedingten Nutzen am Gemeindegut.[2] Von der Mitsprache und dem Mitbestimmungsrecht in der Gemeindeversammlung waren allerdings grosse Teile der Gemeinde ausgeschlossen: alle Frauen und die unverheiratete männliche Jugend sowie, da sie formell nicht zur Gemeinde gehörten, die Hintersassen. Ähnliches galt für die Allmendnutzung, wobei allerdings den Witwen und gelegentlich auch den Hintersassen gewisse Rechte zukamen. Schon daraus ist zu ersehen, dass die Gemeinde weder ein homogenes noch

chen, damit sie das Landstück wie bisher nutzen könne. Die beiden Geschworenen und der Kirchmeier trugen als Abgeordnete der Gemeinde, so genannte Ausschüsse, dem Landvogt die Bitte vor. Dieser staunte nicht schlecht, waren dies doch die gleichen Männer, die bei der Befragung nichts gegen den Handel einzuwenden hatten, auch nicht, als er sie später, anlässlich einer Sitzung des Dorfgerichtes, nochmals über die Absichten Rippels informiert hatte. Sie hätten damals geglaubt, er mache nur Spass damit, er habe ja selber gesagt, er möchte diesen Rain nicht einmal geschenkt bekommen, rechtfertigte sich einer der Geschworenen. Als es dann aber ernst geworden sei, hätten sie, die Geschworenen und der Kirchmeier, beschlossen, sich an ihn, den Landvogt, zu wenden, weil nämlich der Meier nichts in dieser Sache habe unternehmen wollen. Bei einer näheren Befragung durch zwei Mitglieder des Kleinen Rates stellte sich heraus, dass bis zu Beginn von Rippels Vorarbeiten niemand im Dorf ausser den Unterbeamten etwas von der ganzen Geschichte gewusst hatte. Diese hatten die Sache für sich behalten. Der Meier hatte sich gar geweigert, deswegen eine Gemeindeversammlung einzuberufen, obwohl er dazu verpflichtet gewesen wäre. Der Kleine Rat machte schliesslich den

ein in idealer Weise demokratisches Gebilde darstellte. Wie das Leben im Dorf generell, war auch die Gemeinde als Institution geprägt von einem Oben und Unten, von der ungleichen Verteilung der Macht im Dorf. Deutlich zeigt sich dies bei der Besetzung der wichtigen Dorfämter. Die Inhaber entstammten seit dem späteren 17. Jahrhundert fast ausschliesslich der dörflichen Oberschicht oder der oberen Mittelschicht. Die Verhältnisse in Eptingen zur Zeit der Volkszählung von 1774 waren keineswegs einzigartig: Hier gab es 15 Bauernbetriebe, denen 59 Betriebe von Nichtbauern gegenüberstanden. Sämtliche der fünf Amtsinhaber dieser Gemeinde, die zwei Geschworenen, der Armenschaffner und die beiden Bannbrüder, gehörten zur Minderheit der Bauern.[3]

Der Mächtige – Der Untervogt oder Meier

Im Jahre 1719 bewarb sich der Aescher Küfer Klaus Nebel um das vakante Amt des Untervogts der Herrschaft Pfeffingen.[4] Der Statthalter der Vogtei, Zipper von Angenstein, hatte Bedenken, ihn zu wählen, obwohl er ihn grundsätzlich für das Amt als befähigt hielt. Angeblich stand Nebel in schlechtem Ansehen und war «bei sehr geringen mitteln». Er würde deswegen die Zustimmung der betroffenen Untertanen schwerlich erhalten, wenn er, Zipper, sie darum fragen würde, wie er dies bei der Ernennung von zwei andern Meiern getan habe. Dass Zipper bei diesem Geschäft die betroffenen Gemeinden konsultierte, war ungewöhnlich – und ärgerte übrigens den Bischof, welcher deshalb eingriff und für die Ernennung Nebels sorgte. Aber Zipper wusste wohl aus Erfahrung, dass die soziale Wirklichkeit und die dörflichen Machtverhältnisse einem Mann wie Nebel als Meier nicht gut bekommen konnten. Denn Nebel war nicht reich und stand zudem nicht in besonders gutem Ansehen. Sein Rückhalt in der Gemeinde und damit auch seine Durchsetzungsfähigkeit waren deshalb gefährdet.

Untervögte oder Meier entstammten fast ausschliesslich der bäuerlichen Oberschicht. Dies entsprach durchaus der Bedeutung des Amtes. Zum

Schloss Ramstein und Dorf Bretzwil
Der steile und unwirtliche Hollarain unterhalb des Schlosses war in den 1720er Jahren Gegenstand eines Streites der Gemeinde mit der Obrigkeit und Anlass zu Feindseligkeiten innerhalb der Gemeinde.

einen brachte es dem Inhaber gewisse Einkünfte: eine Naturalentschädigung von der Obrigkeit; je eine Vogtgarbe von jeder Haushaltung seines Amtsbereichs; in einigen Gemeinden die Nutzung eines bestimmten Stückes Land, der Vogtmatten; eine Reihe von Gebühren, etwa für Gänge auf das Schloss oder den Vorsitz im Gemeindegericht.[5] Wichtiger als die materiellen Einkünfte dürften jedoch Ansehen, Einfluss und Macht über andere gewesen sein, welche das Amt mit sich brachte. Sie liessen sich gegebenenfalls allerdings auch in materiellen Nutzen ummünzen. Schon äusserlich zeichnete sich der Untervogt oder Meier durch die symbolischen Zeichen seiner Macht aus, die er als einziger Amtsträger im Dorf tragen durfte: den Gerichtsstab und die Ehrenfarben, den Mantel in den Farben der herrschenden Stadt oder des Bischofs. Auch seine Nähe zum Landvogt, mit dem er des Öftern in amtlichem Verkehr stand, verschaffte ihm Autorität bei seinen Mitbürgerinnen und Mitbürgern. Seine Machtposition lag wesentlich auch darin begründet, dass er kraft seines Amtes der bestinformierte Mann der Gemeinde war. Denn bei ihm lief eine Menge wichtigen und nützlichen Wissens zusammen, und er konnte ein Stück weit nach Gutdünken darüber verfügen. Augenfällig wird dieser privilegierte Zugang zu Informationen etwa bei der «Abhörung» der Gemeinde durch den Landvogt in wichtigen Angelegenheiten. Der Landvogt oder an seiner Stelle der Schlossschreiber liess dabei die Gemeindeversammlung zusammentreten. Nach einem einleitenden Plenum forderte er die Bürger auf, es solle jeder Einzelne ihm seine Meinung kundtun. Dazu begab er sich in einen separaten Raum, wo dann jeder in der «Wachtkehri», der Reihenfolge des Wachtdienstes nach, bei ihm vorsprach – und zwar in der Regel im Beisein des Untervogts oder Meiers. So war dieser der Einzige aus dem Dorf, der von jedem wusste, was er dem obrigkeitlichen Herrn gesagt hatte. Dieses Wissen liess sich durchaus zu bestimmten Zwecken verwenden, zumal es bei solchen «Abhörungen» oft um strittige Fragen wie die Neuaufnahme von Bürgern oder die Allmendnutzung ging. Und es versteht sich von selbst, dass manch einer sich hütete, überhaupt eine misslie-

Handel mit Rippel wieder rückgängig, der Hollarain blieb Hochwald wie bisher. Als Strafe für ihr seltsames Hin und Her mussten die Bretzwiler Unterbeamten für die Verfahrenskosten von 46 Pfund aufkommen, der Meier für die eine Hälfte, die übrigen für die andere Hälfte.
Der Vorfall gibt einigen Einblick in die Machtverhältnisse und Entscheidungsabläufe innerhalb einer Gemeinde. Die «Gemeinde», das waren hier vorerst der Meier und die übrigen Unterbeamten. Sie behandelten die Angelegenheit eigenmächtig unter sich, sie informierten den Landvogt falsch und brachten keine Einwände gegen die Absichten Rippels vor. Und sie erzählten sonst niemandem in der Gemeinde davon. Vielleicht glaubten sie ja wirklich, die Geschichte verlaufe im Sand wie so vieles, was die Obrigkeit im Sinne hatte. Jedenfalls waren sie selber nicht direkt an der Nutzung des Hollarains interessiert. Sie gehörten allesamt zur dörflichen Oberschicht. Auf das Holz aus dem steilen, unwirtlichen Hang sowie in schwierigen Zeiten auf die Pflanzplätze dort waren hingegen vor allem die weniger Begüterten angewiesen. Für die reichen Dorfbeamten bestand also kein Anlass, sich deswegen mit der Obrigkeit anzulegen. Was immer die Gründe für das spätere Umschwenken der Geschworenen und des

Der Meierhof in Pratteln
Ausschnitt aus einem Aquarell von Emanuel Büchel, um 1735.

bige Meinung zu äussern. Der Untervogt oder Meier war ausserdem der Vorsitzende des Dorfgerichtes, welches alle wichtigen Zivilsachen behandelte. Zudem erscheint er bei den Verhören des Landvogts als der häufigste Ankläger von Amtes wegen. Von ihm hing es also weitgehend ab, ob ein Vergehen im Dorf dem Landvogt gemeldet wurde oder nicht. Auch dabei konnte er seine persönlichen Interessen und jene seiner dörflichen Oberschicht ins Spiel bringen. Wenn er auch an den Eid gegenüber der Obrigkeit gebunden war und nicht blosse Willkür walten lassen durfte, so verlieh ihm dies doch eine Machtfülle innerhalb der Gemeinde und machte ihn gleichzeitig unentbehrlich für das Funktionieren der obrigkeitlichen Herrschaft.

Die Schlüsselstellung der Meier zeigte sich auch, als der Fürstbischof im Birseck um die Mitte des 18. Jahrhunderts grosse Strassenbauprojekte an die Hand nahm und dafür die Untertanen zu ausgiebigen Fronleistungen

Untervogtshaus in Lupsingen
Das ehemalige Oltingergut, das so genannte «Schlössli», hiess auch Zehnten- oder Untervogtshaus. In dem 1717 erbauten stattlichen Bauernhaus wohnte demnach einst der Untervogt der Gemeinde.

aufbot. Die Gemeinden des Birsecks empfanden vor allem die grosse Belastung durch das Strassenprojekt, sahen jedoch darin keinen grossen Nutzen für sich. Es verwundert daher nicht, dass die zuständigen bischöflichen Beamten dauernd über Nachlässigkeiten der Untertanen beim Frondienst klagten. Um Abhilfe zu schaffen, drohten sie den Meiern besondere Strafen an. Denn diese waren es, welche die Gemeindegenossen zu den Fronen aufzubieten hatten. Sie allein hatten die Übersicht über die Fronpflichtigen ihrer Gemeinde und darüber, wer mit Zügen zu fronen hatte und wer nur Handfroner war. Sie allein konnten die Präsenz bei den Frondiensten kontrollieren, und nur mit ihrer Hilfe liessen sich Bussen für die Fehlbaren verhängen. Wenn auch die Meier hier offensichtlich eher die Interessen ihrer Gemeindegenossen als jene der Obrigkeit verfolgten, trug ihnen dies zwar gelegentlich eine Busse ein, aber durchzugreifen war der Obrigkeit nicht möglich. Denn ein besser geeignetes Vollzugsorgan für ihre Anordnungen konnte sie auf der Ebene des Dorfes trotz allem nicht finden.[6] Dass die Obrigkeit also angesichts der zentralen Scharnierfunktion, welche der Untervogt in ihrem Herrschaftssystems erfüllte, für dieses Amt Männer bevorzugte, die schon eine gewisse Machtposition innerhalb der Gemeinde einnahmen und die insbesondere in gefestigten materiellen Verhältnissen lebten, liegt auf der Hand. Diese vertraten dann zwar die Interessen der dörflichen Oberschicht, aber sie waren immerhin weniger anfällig für materielle Druckversuche in der Gemeinde. Und zudem bestand oft durchaus eine gewisse Übereinstimmung der Interessen von Herrschaft und dörflicher Oberschicht.

Dies alles dürfte auch dazu geführt haben, dass schon vom frühen 17. Jahrhundert an die Untervögte oder Meier ihre Ämter auf Lebenszeit behielten.[7] Auch wurde immer häufiger im 17. Jahrhundert die Nachfolge eines verstorbenen Untervogts oder Meiers innerhalb der Familie geregelt. Es gelang so einigen wenigen Familien in der Gemeinde, das Amt für sich zu monopolisieren. Ein schönes Beispiel, wie ein solcher Übergang im Familienkreis faktisch schon zu Lebzeiten des alten Amtsinhabers stattfinden

Zunzgen um 1680
Federskizze von Georg Friedrich Meyer. Unten links ist als einziges Gebäude das «Undervogtshus» speziell beschriftet. Der Wohnsitz des Dorfvorstehers fällt auf durch seine Grösse. Zudem ist er nicht wie die meisten andern Häuser in Holz, sondern in Stein gebaut und trägt nicht ein Stroh-, sondern ein Ziegeldach.

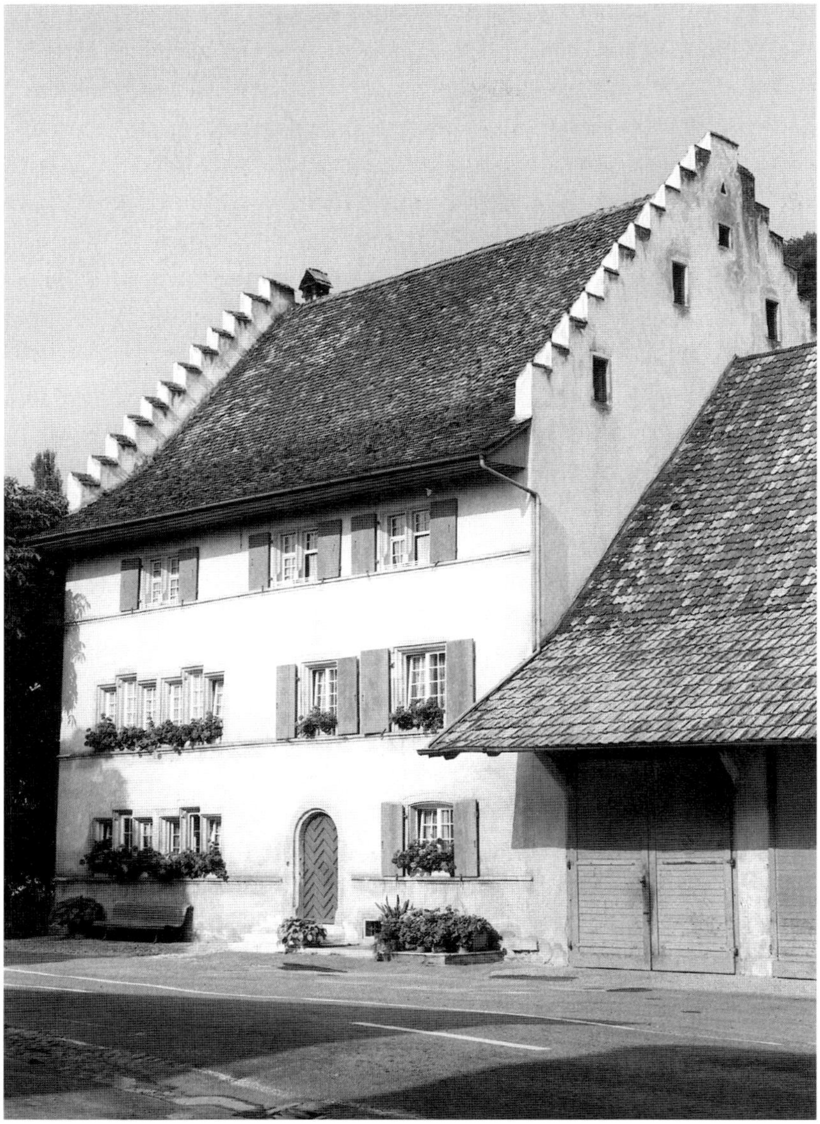

Der Dinghof in Bubendorf
Das Gebäude wurde um 1600 nach einem Brand neu errichtet. Der Dinghof diente ursprünglich als Wohnsitz und Gerichtsstätte des von der Dompropstei eingesetzten Meiers. Später war es ein Wirtshaus.

Kirchmeiers gewesen sein mögen – sicherlich wohl auch ein breiter Widerstand im Dorf –, sie repräsentierten jetzt die Gemeinde nach aussen und sie hatten die grosse Mehrheit der Gemeindegenossen im Rücken. Der Meier aber stand auf der andern Seite, der Zusammenhalt der dörflichen Oberschicht hatte einen Riss bekommen. Das hatte auch mit persönlichen Feindseligkeiten zu tun, zwischen dem Meier und andern Familien der Oberschicht bahnte sich ein Streit an, dessen Gründe anderswo lagen als bei der strittigen Hollarain-Geschichte. Und es ist nicht klar, ob sich die Geschworenen und der Kirchmeier tatsächlich der Interessen der ärmeren Gemeindegenossen angenommen hatten oder ob sie diese nur als Vorwand nutzten, um dem Meier eins auszuwischen. Jedenfalls setzte sich der Zwist fort, als es um die Verfahrenskosten ging. Der Meier bezahlte aus der eigenen Tasche, die übrigen Unterbeamten jedoch mit Geldern der Gemeinde. Der Meier sei der Gemeinde «feindlich gesonnen» gewesen, war ihre Begründung. Dieser war begreiflicherweise verärgert. Nach langen Feindseligkeiten, die in Schelthändel ausarteten, befahl schliesslich die Obrigkeit, alle vier hätten ihre Busse selbst zu berappen. Die Angelegenheit zog noch weitere Kreise. Einige Jahre später wehrte sich die

konnte, zeigt die Neubesetzung des Meieramtes von Reigoldswil im Jahre 1607. Zum Dreiervorschlag, den der Landvogt ordnungsgemäss an den Basler Rat schickte, legte er eine besondere Empfehlung bei für Romei Vogt, den Sohn des verstorbenen Meiers Cuni Vogt. Vater Vogt sei nämlich schon kurz nach seinem Amtsantritt schwer krank und bettlägerig geworden. Da habe sein Sohn Romei «als ein erlicher und uffrechter man» anstelle seines Vaters jeweilen des Amtes gewaltet. Der Rat möge ihn deshalb doch in dem Amt, das er nun schon drei oder vier Jahre fleissig versehen habe, weiterhin belassen. Das war offenbar kein Einzelfall, und auch die Gemeindegenossen sahen in der nahen Verwandtschaft mit dem alten Amtsinhaber eine wichtige Qualifikation. Die Gemeinde Langenbruck führte unter anderem den Anschauungsunterricht beim Vater als Empfehlung für den Sohn eines verstorbenen Meiers ins Feld. Dieser sei «mit verstandt von gott dem almechtigen wol begabt, auch viel von seinem vatter gehördt und gesechen, das ihm zuo solchem ampt gantz dienstlich sein werde».[8] Auf diese Weise entstand eine Oligarchie in der Gemeinde, das heisst, einige wenige Familien hielten die Macht in Händen. Dies lag auch im Interesse der Obrigkeit, da sie auf diese Weise mit konstanten Ansprechpartnern rechnen konnte.

Würde mit Bürde – Die Geschworenen

Weniger attraktiv als das Amt des Untervogts oder Meiers war das des Geschworenen, von denen es in jeder Gemeinde zwei bis vier gab. Als einer Art Exekutivbeamten der Gemeindeversammlung wurden den Geschworenen viel Arbeit und «Läuf und Gänge» aufgebürdet. Zudem erfüllten sie als Stellvertreter des Untervogts oft Polizei- und Aufpasserfunktionen und spielten eine wichtige Rolle beim Einzug von Abgaben. Das konnte sie unbeliebt machen. Doch die Mühen und Anfechtungen wurden nicht aufgewogen mit einer dem Untervogt vergleichbaren Ehren- und Machtposition und schon gar nicht mit entsprechenden Einkünften. Nicht selten gerieten sie bei der Ausübung ihres Amtes in Schelthändel, etwa weil sie einen Mitbürger beim

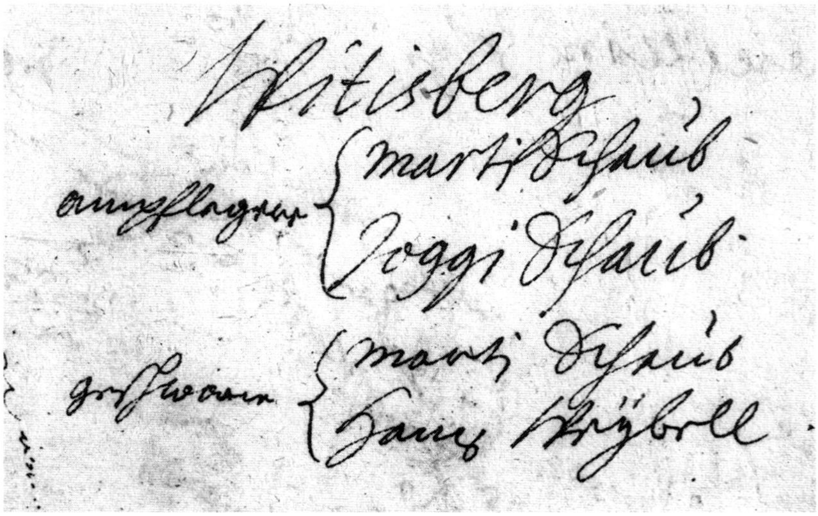

Wittinsburger Behörden um 1680
Auf dem Dorfplan von Georg Friedrich Meyer sind links oben die Namen von vier Dorfbeamten angeführt: die zwei Amtspfleger Martin und Joggi Schaub und die beiden Geschworenen Martin Schaub und Hans Strybell. Kleinere Gemeinden hatten keinen Untervogt; hier walteten die Geschworenen als oberste Gemeindebehörde.

Landvogt angezeigt oder einen Säumigen zur Beteiligung am Gemeindewerk aufgefordert hatten. Oder ihre Gemeindegenossen verdächtigten sie, beim Einzug der Abgaben nicht ehrlich vorgegangen zu sein. Aus ähnlichen Anlässen konnten sie Opfer von Diebstählen oder Bubenstücken werden.[9] Dennoch gehörten im 18. Jahrhundert auch die Geschworenen grösstenteils zu den Bauern der Oberschicht oder der oberen Mittelschicht. Vereinzelt waren es Handwerker, und wenn schon selten ein Heimarbeiter zu Ehren kam, dann war er sicher mit Grundbesitz ausgestattet, der weit über dem Durchschnitt seiner Standesgenossen lag. Insgesamt hatten die Geschworenen also eine solide ökonomische Basis.

Das war nicht immer so. Aus einer Bittschrift des Jahres 1573 geht hervor, dass es damals noch häufig üblich war, Tauner mit dem Amt eines Geschworenen zu betrauen.[10] Doch zwischen dem 16. und dem 18. Jahrhundert hatte sich die soziale Herkunft nach oben verlagert. Es scheint, dass im Verlaufe dieser Zeit die bäuerlichen Oberschichten die Gemeinden mehr unter ihre Kontrolle brachten. Darin hat sich aber auch der zunehmende Einfluss der Obrigkeit niedergeschlagen. Sie war an einer stärkeren Position ihrer Organe im Dorf interessiert. Ein Tauner war da zu sehr in dörfliche Abhängigkeiten verstrickt, um sich bei der Amtsausübung auch in Konflikten durchzusetzen. Gleichzeitig verlängerte sich die Amtszeit der Geschworenen deutlich. Noch gegen Ende des 16. Jahrhunderts dauerte sie üblicherweise zwei Jahre. Zwar liess die Obrigkeit die Geschworenen schon damals gelegentlich über diese Zeit hinaus im Amt. Im 18. Jahrhundert behielten dann aber die meisten ihr Amt bedeutend länger als die nun vorgeschriebenen mindestens drei Jahre, oft über zehn Jahre, gelegentlich mehr als zwanzig. Auch dies hatte mit dem Durchsetzungsvermögen zu tun. Denn ein Geschworener, der nur die kurze Zeit von zwei Jahren amtete, dürfte sich gehütet haben, seinen Polizeiaufgaben allzu eifrig nachzugehen, wenn er schon bald wieder selber auf der andern Seite stehen würde. Diese Probleme zeigten sich noch im 18. Jahrhundert im Amt Waldenburg, wo die

Mehrheit der ärmeren Gemeindegenossen im Streit um die Spätweide gegen die Privilegien der Bauern.[2] Diesmal schlug sich der Meier, gegen die bäuerliche Oberschicht, auf die Seite der ärmeren Mehrheit, obwohl er doch in der Hollarain-Geschichte überhaupt nichts für sie unternommen hatte. Aber jetzt fand er Gelegenheit, sich für das damalige Ausscheren seiner «Klassengenossen» zu revanchieren. Wenn auch in beiden Auseinandersetzungen mit der Notlage der Armen argumentiert wurde, so ging es doch auch, und vielleicht gar in erster Linie, um Streitigkeiten unter reichen Bauern. Den Armen kam dabei eine Art Statistenrolle zu.

Der Streit mit dem Meier Hans Abt ging schliesslich so weit, dass die Gemeinde eine Beschwerdeschrift mit schwerwiegenden Vorwürfen gegen Abt an den Basler Rat schickte. Dieser erklärte sie aber nach einigen Untersuchungen als gegenstandslos. Er stärkte damit dem Meier trotz der massiven Vorhaltungen den Rücken. Es war der Obrigkeit viel wert, die Loyalität des wichtigsten Unterbeamten ihr gegenüber zu festigen. So konnte der Meier also dank seiner Position zwischen Obrigkeit und Gemeinde und dank seiner Nähe zu jener sich auch dann behaupten, wenn er innerhalb der Gemeinde massiv angefeindet wurde.

Geschworenenstellen anders als in der übrigen Landschaft bis 1783 «ambulant» waren, also regelmässig alle drei Jahre wechselten.[11] Verschiedentlich wurde von obrigkeitlicher Seite beklagt, die Geschworenen scheuten sich, einen Übeltäter anzuzeigen, weil sie fürchteten, der Angezeigte könnte sich als möglicher Amtsnachfolger später rächen. Wir finden übrigens auch aus jener Zeit noch Andeutungen dafür, dass Geschworene als Marionetten der Mächtigen amteten, wenn sie aus weniger reichen und einflussreichen Kreisen kamen. Als ein Geschworener in Augst einen Mann aus dem Dorf anzeigte, weil er dem Müller einen halben Sack Kernen gestohlen hatte, da beschwerte sich der Dieb beim Verhör, der Geschworene habe in seinem Bericht nur geschrieben, «was der Müller habe wollen». Einflussreiche Dorfgenossen drohten dem Geschworenen Hans Jacob Riggenbacher von Rünenberg, als ihnen dessen Amtsführung nicht behagte, sie würden dafür sorgen, «dass er vom Geschworenen Aembtlin entsetzt werde».[12]

Gegen Ende des 18. Jahrhunderts mehren sich die Anzeichen dafür, dass sich die sozialen Eliten der Gemeinden gelegentlich von den Ämtern, nicht nur jenem der Geschworenen, fern zu halten begannen. Offenbar verloren diese an Attraktivität, und die Obrigkeit bekam manchmal Schwierigkeiten, sie zu besetzen. Einerseits war die Ausübung der Ämter aufwändiger geworden, weil sich bei der wachsenden und allmählich mobileren Bevölkerung der Abgabenbezug komplizierter gestaltete. Ausschlaggebend waren aber vermutlich vorwiegend finanzielle Probleme: Die Gebühren waren als feste Beträge angesetzt. Als dann gegen das Jahrhundertende die Preise allgemein stiegen, verminderte dies das Einkommen der Amtsinhaber.[13]

Wie fallen Entscheidungen?

Die Gemeindeversammlung war eigentlich jener Ort, an dem die Entscheidungen der Gemeinde getroffen wurden. Doch wie sich gewöhnliche Gemeindeversammlungen abspielten, bleibt weitgehend im Dunkeln, weil sie in der Regel nicht protokolliert wurden. Nur bei besonderen Gelegenhei-

Gegen einen fremden Meier

In einem andern politisch-herrschaftlichen Rahmen stand etwa eineinhalb Jahrhunderte früher der Widerstand der Gemeinde Ettingen gegen einen neuen Meier.[3] Diese Opposition war von anderer Art, aber auch hier lässt sich ein Stück weit verfolgen, wie eine Gemeinde agierte, wie soziale Solidaritäten und Gegensätze das Handeln bestimmten und schliesslich auch, wie die «Gemeinde» nicht immer das Gleiche bedeuten musste. Im Herbst 1581 setzte Fürstbischof von Blarer aus Gründen, die nicht genau auszumachen sind, den Ettinger Meier Hans Thüring ab. Der Vogt von Birseck bestimmte als dessen Statthalter, also noch nicht als dessen definitiven Nachfolger, den Neubürger Hans Häner. Häner stammte aus Dornach und hatte erst einige Jahre zuvor das Ettinger Bürgerrecht erhalten, und zwar war es ihm vom Birsecker Vogt verliehen worden. Faktisch war er immer noch ein Fremder im Dorf. Zudem bekannte er sich zum katholischen Glauben, während die birseckischen Gemeinden, ausser Arlesheim, damals noch reformiert waren. Die schliesslich erfolgreiche Rekatholisierung durch den Fürstbischof stand erst an ihrem Anfang. Es verwundert kaum, dass der neue Meier in der Gemeinde auf Ablehnung stiess. Sie richtete eine Bittschrift an den Bischof, er

ten, etwa bei «Abhörungen», sind sie aktenkundig geworden. Es bedarf aber keiner grossen Einbildungskraft, um sich vorzustellen, dass sich die alltäglichen sozialen Kräfteverhältnisse und Abhängigkeiten, wie sie etwa durch das Verfügen über einen Zug oder über das Angebot von Arbeit begründet waren, auch in der Gemeindeversammlung auswirkten. Sie war insofern kein Organ der freien und demokratischen Willensbildung. Oft waren wohl die Meinungen schon vorher gemacht, und die herrschende Meinung wird unter Umständen mehr Stimmen erhalten haben, als tatsächlich Bürger von ihr überzeugt waren.[14] Aus der Geschichte der Einschlagsbewegung wissen wir auch, dass Gesuchssteller für Einschläge mit Wein und Geld tüchtig nachhalfen, wenn ihre Gesuche an der Gemeindeversammlung behandelt wurden, und so die Entscheide zu ihren Gunsten lenkten.[15] Wenn in wichtigen und kontroversen Angelegenheiten die Landvögte oder deren Schreiber «Abhörungen» der Gemeinden durchführten und dabei jeden einzelnen Bürger separat befragten, dann bezweckten sie damit offensichtlich, die gemachten Meinungen zu durchbrechen und die Bürger dem Druck der dörflichen Meinungsmacher zu entziehen. Doch das war ja nur bedingt möglich, weil der anwesende Untervogt oder Meier immer noch Kontrolle ausüben und missliebige Äusserungen seinen Standesgenossen aus der Dorfaristokratie hinterbringen konnte. Abgesehen davon war schliesslich ein Entscheid, der den Interessen der dörflichen Oberschicht ganz zuwiderlief, nicht durchsetzbar. Dass allerdings die Gemeindeversammlung nur eine Scheinveranstaltung mit willenlos unterdrückten oder allenfalls bestochenen Gefolgsleuten der wenigen Machthaber im Dorf gewesen wäre, das gäbe doch wieder ein zu sehr vereinfachtes Bild. Eine der wenigen protokollierten Gemeindeversammlungen ist jene vom 8. April 1769 in Allschwil, als eine strittige Bürgerrechtsaufnahme behandelt wurde.[16] Auch dies war allerdings keine gewöhnliche Gemeindeversammlung. Hier war ebenfalls der Landvogt anwesend, die Voten wurden aber im Plenum abgegeben, und zwar als Antwort auf einige vom Landvogt vorgegebene Fragen. Ein bedeu-

möge Thüring wieder einsetzen oder zumindest einen Einheimischen als Meier wählen. Die «Gemeinde» erschien hier nach aussen identisch mit den Anhängern Thürings. Sie ging in ihrem Widerstand noch weiter. Als der Vogt von Birseck das Dorfgericht von Therwil und Ettingen besetzen und dazu die beiden Gemeinden bei ihrem Gehorsamseid aufbieten wollte, erschien aus Ettingen überhaupt niemand. Weder die Bittschrift noch der Boykott fruchteten etwas: Im Frühling 1582 bestätigte der Bischof definitiv Hans Häner als neuen Meier von Ettingen. Dieser sah sich nun aber massiven feindseligen Aktionen, einer Art Mobbing, innerhalb der Gemeinde ausgesetzt. Seine Anordnungen wurden missachtet, er erhielt Morddrohungen, Fensterscheiben seines Hauses gingen in Brüche, sein Sohn wurde verprügelt. Meist waren es nächtliche Aktionen, vermutlich ausgeführt von jungen Männern aus dem Dorf, so genannte Knaben. Es ist aber anzunehmen, dass die einflussreichen Leute im Dorf diese Handlungen im Stillen billigten. Sie übertrugen den Knaben sozusagen die Arbeiten fürs Grobe, ohne dass ihnen dabei eine direkte Beteiligung hätte nachgewiesen werden können. Ende des Jahres war Häner so weit zermürbt, dass er daran dachte, aus Ettingen wegzuziehen. Nur eindringliches Zu-

Ofenkachel aus Kilchberg
Die Kachel mit Fabeltieren ist Teil eines prachtvollen barocken Kachelofens im ehemaligen Kirchmeier-Haus. Geschaffen hat ihn 1775 der Hafnermeister Johannes Hoffmann aus Olten. Als Verwalter des Kirchengutes gehörte der Kirchmeier zu den wichtigen Amtsträgern des Dorfes.

tender Teil der Votanten schlossen sich jeweils dem Vorredner an, gaben also nicht explizit eine eigene Meinung ab. Die grosse Mehrheit äusserte sich im Sinne des Meiers und anderer Angehöriger der Oberschicht, gegen die Aufnahme ins Bürgerrecht nämlich. Aber es gab doch zahlreiche Voten, die zu selbständig waren, als dass sie nur von den Machthabern hätten gelenkt sein können.

Auch fand sich die dörfliche Oberschicht nicht immer in einer geschlossenen Interessenfront. Manchmal ging ein Riss durch den Kreis der Dorfaristokraten, und dann konnte es vorkommen, dass ein Teil sich der Anliegen der ärmeren Gemeindegenossen annahm. Ein Beispiel dafür ist die Ablehnung der ersten grossen Einschlagsgesuche in Bretzwil durch die Mehrheit der Gemeinde.[17] Gegen die Absichten einiger reicher Bauern wehrten sich die ärmeren Gemeindegenossen, die unter anderem ihre Rechte am allgemeinen Weidgang geschmälert sahen. Ihnen zur Seite standen jene konservativen Bauern der Oberschicht, welche die herkömmlichen Nutzungsformen beibehalten wollten und deshalb die Neuerungen ablehnten. Angehörige dieser Fraktion der Oberschicht waren es dann auch, welche die negative Haltung der Gemeinde vor der Obrigkeit vertraten. Auch dies war eine typische Konstellation. Wenn die ärmere Mehrheit der Gemeinde sich mit

reden seitens der Obrigkeit liessen ihn weiterhin ausharren. Aber für den Vogt war es schwierig, den Widerstand in Ettingen in den Griff zu kommen. Die Gemeinde entwand sich ihm durch Strategien und Entscheidungen, die nach aussen undurchsichtig waren. So zitierte er etwa die Geschworenen und einige andere Gemeindeangehörige zu sich aufs Schloss und verlangte von ihnen eine verbindliche Erklärung, ob sie dem neuen Meier gehorsam sein wollten oder nicht. Damit versuchte er sie sozusagen am Schopf zu packen und sie vor die Alternative der Unterwerfung oder der offenen Rebellion zu stellen. Doch da erklärten sie sich als nicht kompetent, sie müssten die Forderung des Vogts der Gemeindeversammlung vorlegen. In dieser Situation wurde nun also die «Gemeinde» dazu benutzt, dass sich die Anführer des Widerstandes hinter dem Kollektiv verstecken konnten.

Wiederum mit einem Verfahrenstrick zog sich die Gemeinde in der heiklen Angelegenheit um die Jahressteuer aus der Affäre. Die als Betrag geringfügige Steuer musste der Meier bei den einzelnen Haushaltungen einziehen und auf das Vogteischloss bringen. Liess die Gemeinde den umstrittenen Hans Häner in dieser Sache seines Amtes walten, dann anerkannte sie ihn faktisch als ihren Meier. Verweigerte

ihren Anliegen an die Obrigkeit wandte, wählte sie meistens Angehörige der Oberschicht zu ihren Vertretern, weil diese im Umgang mit obrigkeitlichen Beamten erfahren waren und in der Regel auch lesen und schreiben konnten. Damit brachten sich die Ärmeren aber in zusätzliche Abhängigkeit von der Dorfaristokratie und handelten sich weitere Nachteile ein. Denn sie wurden eben nicht von Ihresgleichen vertreten, und ihre Wortführer nutzten die Gelegenheit immer wieder, um auch eigene Interessen mitzutransportieren oder gar in den Vordergrund zu schieben.

Sehr oft dürften allerdings wichtige Entscheidungen der Gemeinde von wenigen Mächtigen ohne die breite Mehrheit der übrigen Gemeindegenossen getroffen worden sein. Wie die Bretzwiler Gemeindebeamten in der Hollarain-Angelegenheit ihre Verhandlungen mit dem Landvogt vor der übrigen Gemeinde verschwiegen, ist ein gutes Beispiel dafür. Diese Praxis ist auch aus der Geschichte der grossen Widerstandsbewegungen bekannt, die von Angehörigen der Oberschicht getragen und geführt wurden. Im Bauernkrieg von 1653 wurden offensichtlich ärmere, sozial tiefer gestellte Leute bei wichtigen strategischen Entscheidungen nicht einbezogen.[18] Balz Waldner aus Oberdorf gab im Verhör zu Protokoll, das er «und seinesgleichen Arme» nie zu den Sitzungen im kleinen Kreis zugelassen worden seien. Isaak Mundwiler aus Tenniken bemerkte, dass er «und andere arme gute Gesellen haben nicht viel zu den sachen reden oder nachfragen dörffen, sondern müßen fünfe laßen grad sein». Sogar einer der hingerichteten Hauptverantwortlichen, Conrad Schuler, beteuerte plausibel, er wisse nur, dass einige namentlich genannte Anführer «in ihren häuseren offt zusammen kommen, Brieff empfangen und verschickt, er aber, weil er arm, sey nicht darzu gezogen worden». Als sich im Jahre 1630 im Birseck und im Laufental ein bewaffneter Widerstand gegen die Kriegssteuer erhob, ging dieser offensichtlich ebenfalls vom Kreis der Besitzenden in den Gemeinden aus.[19] Über den Ettinger Meier bemerkte dabei der Vogt von Birseck, dieser sei zwar eigentlich obrigkeitstreu, er gehöre aber nicht zu den Reichen im Dorf und sei von

Dorfansicht von Therwil um 1621/22
Stich von Matthäus Merian dem Ältern. Beim Mann im Vordergrund, welcher mit seinem Stock das Vieh in Zaum hält, handelt es sich wohl um den Dorfhirten. Der Hirte, ein Angehöriger der Unterschicht, trieb im Auftrag der Gemeinde das Vieh der Dorfgenossen auf die Weide und hütete es dort. Er musste sich in den oft komplizierten Regelungen der Weidenutzung auskennen und das Vieh zur richtigen Zeit am richtigen Ort weiden.

diesen gleichsam genötigt worden, sich der Bewegung anzuschliessen. Anlässlich einer kleineren Widerstandsaktion im Jahre 1595, als die Birsecker Gemeinden den Bischof in einer Bittschrift aufforderten, auf die Erhöhung des Umgeldes zu verzichten, verfasste der Therwiler Schulmeister und frühere Birsecker Amtsschreiber Abraham Keller für den Bischof einen Bericht über die Umstände dieser Unzufriedenheit.[20] Keller stellte fest, dass es sich beim Ganzen um ein Unternehmen der Wirte, Meier und Geschworenen, also der dörflichen Führungsschicht, handelte. Von Therwil und Oberwil wisse er, dass die Angelegenheit gar nicht vor die Gemeindeversammlung gekommen sei. Die gewöhnlichen Bürger hätten nicht einmal gewusst, weshalb die Bittschrift abgefasst worden sei und was die Geschworenen bei ihrem Gang nach Pruntrut begehrt hätten. Der Eindruck entsteht auch hier, dass die Gemeinden als Ganze gar nicht in den Entscheidungsprozess einbezogen worden sind, obwohl formell die ganze Gemeinde als Unterzeichnerin auftrat. Umgekehrt wurden in Konflikten bewusst innergemeindliche Entscheidungen gegen oben im Dunkeln gelassen. So konnten sich Anführer hinter der scheinbar geschlossenen Gemeinde verstecken und damit die Verantwortung auf ein schwer fassbares Kollektiv abwälzen.[21]

Die Obrigkeit als Entlastung

Im Jahre 1601 stand in Reigoldswil die Stelle des Meiers zur Neubesetzung an. Damals war es noch üblich, dass der Landvogt bei der Gemeindeversammlung einen Dreiervorschlag einholte und diesen dann mit seinen eigenen Präferenzen versehen an den Rat nach Basel weiterreichte. Dieses Mitspracherecht der Gemeinden verschwand wahrscheinlich bereits in der ersten Hälfte des 17. Jahrhunderts. Nun setzte sich der Landvogt in Reigoldswil schon damals darüber hinweg. Allerdings, auf eine Konsultation von Landleuten verzichtete er nicht. Er besprach sich mit einigen «unpartheiischen» Personen, so mit den Ältesten im Dorf, mit den Gerichtsleuten, mit den Meiern anderer Dörfer und auch mit dem Pfarrer. Darauf schickte er,

Gemeinderatssitzung im 20. Jahrhundert
Von den Dorfbeamten und den Institutionen der dörflichen Selbstverwaltung in der frühen Neuzeit zieht sich eine Linie bis hin zu den Gemeinderäten unserer Zeit.

sie die Abgabe, beging sie einen schwerwiegenden und strafbaren Akt des Ungehorsams gegenüber dem Bischof. Also entschied die Gemeindeversammlung, die Geschworenen sollten an Stelle des Meiers die Steuer einziehen. So geschah es, und Pfarrer Stöcklin, ein Parteigänger des abgesetzten Thüring, brachte das Geld aufs Schloss. Dort lehnte der Vogt die Übernahme ab. Nach erneuter Beratung schickte die Gemeindeversammlung eine Delegation zu Häner, die ihm das Geld brachte, ihn aber gleichzeitig zur Demission aufforderte. Der verängstigte Häner nahm das Geld nicht entgegen, und die Steuer blieb unbezahlt.

Im Februar 1583 entschloss sich der Bischof zum Durchgreifen. Er befahl den Unterbeamten der Gemeinden Therwil und Oberwil, die Anführer des Widerstandes in Ettingen zu verhaften. Der Meier von Therwil, mit einem der Gesuchten verwandt, weigerte sich. Auch die Meier von Oberwil, Allschwil und Arlesheim brachten Einwände vor. Hier schien einerseits die Solidarität zwischen den Oberschichten der verschiedenen Gemeinden zu spielen. Anderseits betrachteten auch die andern Gemeinden den herrschaftlichen Eingriff in die Ettinger Gemeindeverhältnisse mit Misstrauen. Deshalb hatten sie schon früher durch Abordnungen beim Vogt

unter Umgehung der Gemeindeversammlung, einen eigenen Vorschlag nach Basel. Nach einigen Schwierigkeiten setzte er schliesslich seinen Kandidaten durch. Er begründete das Vorgehen damit, dass ihm einige Leute im Dorf dazu geraten hätten. Dort strebte nämlich ein gewisser Hans Roth das Meieramt an, ein offensichtlich einflussreicher, jedoch verrufener und unbeliebter Mann. Hätte die Gemeindeversammlung nach hergebrachtem Recht einen Dreiervorschlag auswählen können, dann wären einige Bürger in Verlegenheit geraten, wenn sie Roth ihre Stimme verweigert hätten.[22] Die Gemeinde war in die Lage geraten, sich nicht mehr mit eigenen Mitteln gegen den Ehrgeiz einiger weniger mächtiger Persönlichkeiten durchsetzen zu können. Deshalb sah sie das eigenmächtige Vorgehen des Landvogts nicht ungern. Denn er war es, der kraft der Autorität seines Amtes jenen Kreisen Einhalt gebieten konnte. Die Gemeinde liess sich unter diesen Umständen auch die Schmälerung ihres Wahlrechtes gefallen.

Eine Gemeinde konnte, wie dieses Beispiel zeigt, an die Grenzen ihrer Selbstverwaltung und Selbstregulierung stossen. Zwar gehörten Spannungen und Streitigkeiten zur Gemeinde. In einem gewissen Sinn bedeutete Gemeinde geradezu das Austragen von Konflikten. Die Interessengegensätze konnten so zur Sprache gebracht und verhandelt werden.[23] Doch es gab eine Grenze, jenseits derer die Konflikte nicht mehr innerhalb der Gemeinde beizulegen waren. Gewisse Personen oder Gruppen waren zu mächtig geworden wie etwa die Leute um Hans Roth. Oder die Gemeinde war zwischen sozialen Gegensätzen blockiert wie ein gutes Jahrhundert später die Gemeinde Bretzwil in Auseinandersetzungen um die Allmendnutzung. In solchen Situationen konnte der Gang der streitenden Parteien vor die Obrigkeit oder deren Eingreifen die Gemeinde entlasten. Sonst hätte der Konflikt vielleicht so weite Kreise gezogen, dass er das Minimum an Zusammenhalt gefährdet hätte, welches für das Funktionieren des Dorflebens notwendig war. Die Obrigkeit war zudem in solchen Fällen oft um sozialen Ausgleich bemüht, indem sie die Interessen der ärmeren Schichten schützte.

ebenfalls um die Wiedereinsetzung Hans Thürings als Meier gebeten. Nun zierten sie sich bei der Ausführung des bischöflichen Befehls. Als dann schliesslich die Therwiler Geschworenen sich nach Ettingen bemühten, hatten die beiden am meisten Gesuchten, Jakob Thüring und Jakob Stöcklin, schon längst das Weite gesucht. Festgenommen wurde bloss Georg Hans, ein unbemittelter junger und unverheirateter Mann. Man opferte also den kleinen Hans, dem zwar Tätlichkeiten gegenüber Häner und Frechheiten gegenüber dem Vogt angelastet wurden, der aber sicher nicht Einfluss gehabt oder Führungsfunktionen ausgeübt hatte. Zwar brach der Widerstand bald zusammen. Die Häupter der Gemeinde hatten vergeblich bei der Stadt Basel um Hilfe nachgesucht und dort bloss den Rat erhalten, sich der Obrigkeit zu stellen. Sie taten dies auch und wurden mit Geldstrafen belegt. Bezahlen mussten sie diese aber schliesslich nur zu einem kleinen Teil. Nicht bestraft wurde der abgesetzte Meier Hans Thüring, obwohl er in Verhören stark belastet worden war. Gegen ihn wagte der Bischof nicht noch strenger vorzugehen. Wie lange der unglückliche Hans Häner noch als Meier im Amt war, bis er 1588 starb, ist nicht überliefert. Aber es scheint, dass für kurze Zeit sein abgesetzter Vorgänger ihn wieder ablöste.

Lesetipps

Eine kurze, aber informative Übersicht über die Selbstverwaltung der Gemeinden und die einzelnen Unterbeamten im späteren 18. Jahrhundert findet sich bei Christian Simon (1981).

Zu Entwicklungen im 16. und 17. Jahrhundert gibt Niklaus Landolt (1996) in seiner umfangreichen Studie über Untertanenrevolten und Widerstand wichtige Hinweise.

Für das fürstbischöfliche Birseck hat Hans Berner (1994) das Verhältnis zwischen Gemeinden und Obrigkeit vom 16. bis zum 18. Jahrhundert untersucht. Er gewährt dabei auch aufschlussreiche Einblicke in die Entscheidungsabläufe und Interessengegensätze in den Gemeinden.

Albert Schnyder (1992) wiederum beobachtet mit einem mikrohistorischen Ansatz die sozialen Konflikte innerhalb der Institution Gemeinde und zeigt auf, dass diese nicht etwas Gleichbleibendes und Statisches war, sondern sich je nach Situation immer wieder neu definierte.

Abbildungen

Staatsarchiv Basel-Landschaft, GA 4031 Bezirksgerichtsarchiv Arlesheim, Dorfgerichtsprotokoll Arlesheim 1600–1621; HSS SL 5250 52/01 fol. 137; HSS SL 5250 52/02 fol. 407: S. 97, 104, 106.
Historisches Museum, Basel, Inv.1870.921, Fotonr. C 1713, Foto Maurice Babey: S. 99.
Staatsarchiv Basel-Stadt, Bild Falk A 477: S. 101 [A].
Gemeinde Pratteln: S. 103 oben [A].
Foto Mikrofilmstelle: S. 103 unten, 105, 110, 112.
Kantonsmuseum Baselland, Liestal, Graphische Sammlung, Inv.Nr. KM 1950.370 [A]: S. 111.

[A] = Ausschnitt aus Originalvorlage
Reproduktionen durch Mikrofilmstelle

Anmerkungen

1 Näheres zur Gemeinde als Institution in Bd. 3, Kap. 8.
2 Vgl. Bd. 4, Kap. 7.
3 Huggel 1979, S. 450ff. und 758ff.
4 Berner 1994, S. 128.
5 Simon 1981, S. 185ff.
6 Berner 1994, S. 254ff.
7 Simon 1981, S. 186f.; Landolt 1996, S. 115f.
8 Landolt 1996, S. 116.
9 Simon 1981, S. 188ff.
10 Landolt 1996, S. 124ff.
11 Simon 1981, S. 188f.
12 Huggel 1979, S. 450f.
13 Huggel 1979, S. 451f.; Simon 1981, S. 199.
14 Simon 1981, S. 196f.
15 Huggel 1979, S. 17f.
16 Berner 1994, S. 281ff.
17 Schnyder 1992, S. 252ff.
18 Landolt 1996, S. 631f.
19 Berner 1994, S. 109.
20 Berner 1994, S. 185ff.
21 Berner 1994, S. 122f.
22 Landolt 1996, S. 119ff.
23 Schnyder 1992, S. 236, 248f.

1 Zum Folgenden: Schnyder 1992, S. 231ff.
2 Vgl. Bd. 4, Kap. 4.
3 Zum Folgenden: Berner 1994, S. 120ff.

EVB

Bild zum Kapitelanfang
Zwei raufende Bauern
Vertreter der städtischen Obrigkeit stiessen sich oft an der angeblichen Rohheit und Streitsucht der Landleute. Tatsächlich gehörte ein gewisses Mass an körperlicher und verbaler Gewalt zur alltäglichen Streitkultur im Dorf. Das war man sich zur Wahrung seiner Ehre schuldig. Schon kleine Dinge konnten zu einer Rauferei Anlass geben, wie etwa das Kegelspiel, bei dem diese beiden Bauern wohl aneinander geraten sind. Jedoch sorgten gewissermassen rituelle Regeln dafür, dass ein Streit nicht in schwere Körperverletzung oder gar Totschlag ausartete.

Enge und Knappheit

Im Jahre 1730 kam ein Streit vor den Landvogt, der von einem Fuder Mist seinen Ausgang nahm, welches Hans Hemmig von Ziefen dem Jakob Heinimann von Bennwil abgekauft hatte, obwohl es eigentlich Heinimanns Frau gehörte, die es ihrerseits schon einem Pentel Hug verkauft hatte. Der Fall war eskaliert, und schliesslich ging es um weit mehr als um den Mist, nämlich um Ehrverletzungen. Unter anderem sollte Hans Hemmigs Frau die Frau Pentel Hugs beschuldigt haben, vor 25 Jahren mit dem Meier von Reigoldswil «gehurt» zu haben. Einer der einvernommenen Zeugen, Werner Stohler aus Ziefen, bestätigte, er habe durch ein Loch in der Wand den Streit der beiden Frauen mitbekommen und gehört, dass Hemmigs Frau Hugs Frau eine «Meierhur» gescholten habe.[1] Der Vorfall veranschaulicht zwei Grundvoraussetzungen, die damals das Leben im Dorf prägten: die Enge der Verhältnisse und die Knappheit der Güter. Die Menschen lebten eng beieinander, und es blieb ihnen wenig Rückzugsraum. Das Wohnrecht einer Witwe im Hause ihres Sohnes etwa reichte oft lediglich für eine Ecke in der Stube, wo auch ihr Bett stand. Wenn nun Stohler durch ein Loch in der Wand die beiden Frauen streiten hörte, dann musste er nicht ein besonders neugieriger Horcher sein. Es gab keine Anonymität im Dorf. Kaum etwas konnte geschehen ohne Wissen Dritter. Jeder und jede kannte jeden und jede. Es war äusserst schwierig, etwas unbemerkt zu unternehmen. Das Gerücht trug es bald einmal im ganzen Dorf herum. Knapp war nicht nur der Platz, sondern fast alles, was die Menschen zum Leben brauchten, Brot, Holz, Arbeit, Boden und eben auch so nützliche Dinge wie der Mist. Die Enge und die Transparenz der Verhältnisse sorgten dafür, dass Abweichungen von den Normen dörflichen Zusammenlebens sofort registriert und sanktioniert wurden. Und sie sorgten, zusammen mit der Knappheit der Güter, dafür, dass sich allerorten Konflikte entzünden konnten.

Das Leben im Dorf spielte sich nicht einfach hinter den eigenen vier Wänden ab. Vieles geschah im öffentlichen Raum, wo die Leute gesehen

Dorfgasse in Pratteln
Die Gouache von Emanuel Büchel aus dem Jahr 1735 zeigt den Ausblick vom Pfarrhaus ins Oberdorf. Dorfgassen waren ein öffentlicher Raum. Man beobachtete sich gegenseitig. Abweichungen von den Normen dörflichen Zusammenlebens wurden sofort registriert und geahndet.

wurden und sich auch zeigten, wo sie sich gegenseitig beobachteten, wo sie Informationen austauschten und wo sie sich nicht zuletzt auch stritten. Zu diesem öffentlichen Raum gehörten im Freien die Dorfgassen, die Landstrasse, die Wege zu den Feldern. Hier begegnete man sich bei alltäglichen Verrichtungen. Im Wirtshaus trafen sich vor allem die Männer, auch die männliche Jugend, zum Trinken, Spielen, zum Vorlesen von Zeitungen, zum Reden über mehr oder weniger Alltägliches. Nicht zuletzt war es einer der Orte, an denen Einheimische auf durchziehende Fremde trafen.

Einen spezifisch weiblichen Raum bildeten die Lichtstuben oder Spinnstuben. In der Stube der Gastgeberin fanden sich zu bestimmten Zeiten im Winter vorwiegend junge, unverheiratete Frauen ein zu gemeinsamen Arbeiten wie Spinnen und vor allem zu geselligem Beisammensein. Die üblichen Besuche von Burschen, mit denen solche Stubeten meist endeten, gehörten neben dem Kiltgang zu den wichtigen Gelegenheiten des Umgangs der Jugend beider Geschlechter und der Eheanbahnung. Wichtige soziale Ereignisse mit grosser Öffentlichkeit waren die von Zeit zu Zeit stattfindenden Ganten. Hier war jeweils fast das ganze Dorf versammelt und überwachte, kommentierte und kritisierte das Geschehen. Es wurde getrunken und oft auch gestritten. Fahrnisganten dienten zudem als die eigentlichen Warenhäuser des Dorfes.

An solchen Orten der Öffentlichkeit spielten die Frauen und Männer des Dorfes ihre Rollen. Und hier waren sie bestrebt, sich den dörflichen Normen entsprechend zu verhalten und ihren sozialen Status zu zeigen. Ein gutes Beispiel dafür ist die Kirche. Es bestand eine strikte Sitzordnung, welche die soziale Hierarchie und die Machtverhältnisse zwischen den Geschlechtern widerspiegelte. Jede und jeder hatte seinen genau zugewiesenen Platz. Wer diese Ordnung missachtete, indem er jemandem einen Platz wegnahm, konnte heftigen Streit auslösen. Doch kam dies gelegentlich vor, vor allem wenn sich in der realen sozialen Hierarchie etwas verändert hatte, wenn Personen oder Familien auf- oder abgestiegen waren.[2]

Dörfliches Nachtleben

Eine Gruppe von Knaben, wie man die jungen, unverheirateten Männer im Dorf nannte, zieht nachts vor ein Haus, vor das Kammerfenster einer jungen, ebenfalls ledigen Frau. Zu ihr möchte der eine der Burschen in die Kammer steigen. Seine Begleiter helfen ihm die Leiter anstellen. Sie tun auch mit, als es noch einiger Überredungskünste bedarf, bis die Frau den Einlass durch das Fenster gewährt. Der Bursche verschwindet in der Kammer. Seine Begleiter ziehen sich zurück. So etwa kann man sich den Beginn eines nächtlichen Kiltganges vorstellen. Der Kiltgang gehörte zum Spielraum der Beziehungen zwischen jungen Männern und Frauen und spielte eine wichtige Rolle bei der Anbahnung von Ehen. Wie der ganze Bereich der Beziehungen zwischen den jungen Leuten beider Geschlechter war er vom Brauchtum streng geregelt[1]. Die regierende Obrigkeit und mit ihr die Kirche geboten den jungen Leuten vor der formellen kirchlichen Eheschliessung sexuelle Abstinenz. Die Wirklichkeit des Dorfes jedoch war diesbezüglich offener und liess ihnen einen gewissen Freiraum, um ihre Sexualität zu leben. Doch auch hier galten klare Normen darüber, was noch mit der Ehrenhaftigkeit vereinbar war und was nicht. Viel mehr den Frauen als den Männern drohte bei deren

Familie, Verwandtschaft

In der engen Welt des Dorfes lebten die Menschen in verschiedenartigen Beziehungen zueinander: als Nachbarn im Haus und auf dem Feld etwa, als Arbeitnehmerin oder Arbeitgeber, als Gläubiger oder Schuldnerin, auch als Familienangehörige und Verwandte. Dass das Dorf als eine archaische Gesellschaft grundlegend auf familiären und verwandtschaftlichen Beziehungen gegründet habe, ist zwar eine gerne gehegte Vorstellung. Fast alle, so ein oft wiederholter Gemeinplatz, seien miteinander verwandt gewesen, Familie und Verwandtschaft hätten den eigentlichen sozialen Kitt des Dorfes gebildet. Doch trifft dieses Bild nicht zu. Schon an anderer Stelle wurde dargelegt, dass Familie in erster Linie Kernfamilie, also Eltern mit Kindern, bedeutete und dass das gelegentlich als Idylle gehegte Bild der generationenübergreifenden Grossfamilie nicht stimmt.[3] Immerhin aber war für die heranwachsenden Burschen und Mädchen die familiäre Umgebung wichtig. Geschwister unternahmen sehr viel gemeinsam, vor allem Arbeiten im Haus und auf dem Feld. Und bei Unternehmungen mit andern Jugendlichen des Dorfes passten die älteren auf die jüngeren Geschwister auf. Doch lockerten sich diese Geschwisterbeziehungen mit dem Älterwerden, etwa wenn ein Bruder oder eine Schwester wegzog oder heiratete. Und so kann auch nicht von einer hervorragenden Bedeutung der Verwandtschaft im dörflichen Leben gesprochen werden. Zwar spielten für die Männer und Frauen des Dorfes durchaus verwandtschaftliche Beziehungen, die übrigens immer auch über das Dorf hinaus reichten. Und es ergaben sich daraus Rechte und Verpflichtungen. Beispielsweise hatten Verwandte bei einem Grundstückverkauf ein Zugrecht: Wenn sie gleich viel bezahlten wie andere Käufer, musste der Verkäufer das Grundstück ihnen überlassen. Doch war die Verwandtschaft keineswegs das alles bestimmende soziale Netz. Und es traten nicht in erster Linie geschlossene Familienverbände als Akteure im gesellschaftlichen Leben des Dorfes auf. Wenn auch manchmal Verwandtschaft im Spiel war, selten handelte jemand nur als Verwandte oder Verwandter,

Missachtung der Verlust der Ehre. Es gab bestimmte Gelegenheiten, an welchen Burschen und Mädchen einander einigermassen unverbindlich kennen lernen konnten. Dazu gehörten die zahlreichen Feste wie Hochzeiten, Märkte, Musterungen, die Kirchweih in katholischen Gegenden, der Tanz am Sonntag, bestimmte Termine im dörflichen Arbeitsjahr. Nicht nur festliche Anlässe boten Gelegenheit für Bekanntschaften, sondern auch die Arbeit, besonders die Taglöhnerarbeit von Angehörigen der Unterschicht. Burschen und Mädchen arbeiteten da nicht nur zusammen, sondern verbrachten miteinander auch die Freizeit; nachts schliefen meist auch alle im gleichen Raum. Schon etwas verbindlicher und auch intimer war der eingangs erwähnte Kiltgang. Solche Kammer- und Bettbesuche liefen nach bestimmten Formen ab. Meist ging der Kilter nicht allein, sondern in Begleitung von zwei, drei oder mehreren Burschen zum Haus, in dem die junge Frau wohnte. Der Bursche ging zur Frau hin und begehrte Einlass in ihre Kammer – darin zeigt sich deutlich, dass es Sache der Männer war, den Kontakt zu den Frauen aufzunehmen. Das Umgekehrte wäre sehr unschicklich gewesen. Die umworbene Frau musste anderseits auf den Annäherungsversuch eines Kilters auf jeden

sondern fast immer auch in andern Rollen.[4] Einzig wenn es ums Erben ging, präsentierte sich die Familie und die Verwandtschaft ausgesprochen stark als nach aussen abgeschlossene Gruppe. In solchen Situationen wurde zäh am Familienbesitz festgehalten. Doch auch das wurde von der Öffentlichkeit beobachtet. Sie wusste, wer was zu erwarten hatte. Übervorteilungen wären zum Dorfgespräch geworden. Verwandtschaften entstanden immer wieder neu, wenn ein Paar heiratete, denn Heiraten unter Verwandten waren recht selten. Die beteiligten Familien beobachteten deshalb eine sich anbahnende Beziehung sehr genau. Manch eine gute Partie wurde gefördert und eine Missheirat nach Möglichkeit verhindert. In solchen Fällen erhoben die Eltern des besser situierten Teils entschieden Einsprache, und gegen den Willen der Eltern konnte ein Paar schwerlich die Heirat durchsetzen. Aber auch so hatten die neuen Verwandtschaften ihre Tücken. Nicht selten betrachteten sich Schwäger mit grossem Argwohn, denn es war nun ein Mitkonkurrent um das einst zu erwartende Erbe aufgetreten.

Besonders sensibel aber war das Verhältnis zwischen neu verheirateten Frauen und ihren Schwiegermüttern. Denn für beide Frauen begann jetzt eine kritische und konfliktträchtige Übergangssituation. Die junge Frau zog meist an den Wohnsitz ihres Mannes und geriet damit von aussen kommend in den Einflussbereich ihrer Schwieger-Verwandtschaft, wo sie lernen musste, sich unterzuordnen oder sich durchzusetzen. Und die Schwiegermutter sah angesichts der neuen Hausfrau den eigenen Stellenwert schwinden. Heftige verbale und gelegentlich auch handgreifliche Auseinandersetzungen blieben daher keine Seltenheit.

In der dörflichen Oberschicht und oberen Mittelschicht spielte aber gerade bei Heiraten auch die soziale Verwandtschaft eine wichtige Rolle. Nach einem ungeschriebenen Gesetz versuchten die reichen Familien, möglichst unter Ihresgleichen zu bleiben. Dabei waren besonders die soziale Herkunft der Frau und ihr Vermögen von grosser Bedeutung für die gesellschaftliche Stellung einer neu gegründeten Familie.

Liebespaar am Kornfeld
Federzeichnung von Albrecht Altdorfer aus dem Jahr 1508. Die dörfliche Sexualmoral entsprach nicht den Werten der städtischen Obrigkeit und der Kirche. Voreheliche sexuelle Beziehungen zwischen jungen Frauen und Männern waren in bestimmten Grenzen, eben jenen, die im Dorf galten, toleriert.

Fall eingehen. Sofern dieser sich richtig benahm, etwa anklopfte und seinen Kiltspruch hersagte, hatte sie ihm zu öffnen oder ihn dann geziemend abzuweisen. Andernfalls nahm sie Racheakte in Kauf. Die Knaben konnten ihr beispielsweise die Fenster einschlagen oder in charivariähnlichen Aufzügen vors Haus laufen. Sie durfte sich aber auch nicht allzu freigiebig zeigen. Liess sie sich zu oft mit verschiedenen Burschen ein oder bemühte sie sich zu aktiv um einen Mann, dann galt sie rasch als liederlich. Ihr guter Ruf und damit ihre Ehre waren eigentlich stets gefährdet: Nur zu bald konnte sie vor der dörflichen Öffentlichkeit entweder als «ewige Jumpfer» oder dann als «leichtfertiges Mensch» dastehen.
Das «Z'Kilt-Gehen» war vielleicht ein erster Schritt zur Anbahnung einer Ehe zwischen zwei jungen Leuten, musste es aber noch nicht sein. Wie die unverbindlichere Begegnung beispielsweise an einem Fest konnte das Zusammensein in der Kammer und im Bett einfach eine Gelegenheit für Erfahrungen mit dem andern Geschlecht sein, sich kennen zu lernen, herauszufinden, wer zu wem passte. In dieser Phase besuchten die Männer noch verschiedene Frauen, und die Frauen liessen oft verschiedene Männer zu sich. Offensichtlich vertrieben sich die beiden die Zeit mit se-

Bauernfamilie am Tisch
Die fast triste Szene im kahlen und karg möblierten Raum, wie sie Josef Reinhart (1749–1829) entwarf, kontrastiert zur idyllisierenden Darstellung bei Johannes Senn. Sie dürfte aber der Wirklichkeit, insbesondere jener von weniger begüterten Familien, eher entsprechen.

Ehre

Ob es «auch so nichts rechtes werden wolle wie seine Mutter», bekam in Ormalingen ein Kind von einer Frau aus dem Dorf zu hören. Die Mutter des Kindes konterte unverzüglich und warf jener Frau vor, von einem Diebs- und Hurenvolk abzustammen. Die Mutter sah die Ehre der Familie verletzt. Dies durfte sie nicht hinnehmen. Umgehend stellte sie noch schärfer die Ehrenhaftigkeit der andern Frau und deren Familie in Frage. Dieser Streit aus dem Jahre 1736 verweist auf die grundlegende Bedeutung der Ehre im dörflichen Leben. In der Enge der dörflichen Verhältnisse galten strenge Normen des Zusammenlebens. Und die Menschen, die im Dorf lebten und handelten, erwarteten voneinander die Einhaltung dieser Normen. Dies machte die Ehre eines Menschen aus, die eigentliche Grundlage der sozialen Existenz. Wer Ehre hatte, galt als vertrauenswürdig, mit ihm oder ihr war ein verlässlicher Umgang möglich. Wem die Ehre abhanden gekommen war, fiel hingegen aus dem sozialen Netz.[5] So bestimmte die Ehre das Zusammenleben der Menschen im Dorf in einer Weise, die wir uns nur schwer mehr vorstellen und auch nicht bis ins Letzte nachvollziehen können. Wir sind heute gewohnt, zumindest auf einer rationalen Ebene zu unterscheiden zwischen unserer persönlichen Identität und den sozialen Rollen, die wir spielen. Im Dorf der frühen Neuzeit bestand diese Trennung kaum. Eine Person galt als identisch mit ihrer sozialen Rolle, und die nicht erfüllten Rollenerwartungen gingen direkt an die Substanz der Person, eben an ihre Ehre.

Die Ehre bildete insofern ein Korrektiv zur sozialen Ungleichheit im Dorf, als sie nicht an Besitz und Reichtum gebunden war.[6] Auch Arme besassen ihre Ehre und durften nicht ungestraft beleidigt oder angegriffen werden. Dies galt jedoch nur für die «würdigen» oder «dürftigen» Armen: Alte, Kranke, Waisen. Sie waren nach zeitgenössischer Vorstellung «unverschuldet» in Armut geraten und hatten ein Anrecht auf Unterstützung. Was ihnen aus dem Armensäckel der Gemeinde, aus Mitteln des obrigkeitlichen Deputatenamtes und allenfalls aus dem Erlös eines gelegentlichen Kirchenopfers

xuellen Spielereien, wobei sie aber in der Regel den eigentlichen Geschlechtsverkehr vermieden. Die Treffen waren auch von den Eltern toleriert, denn bei den engen räumlichen Verhältnissen in den Häusern konnte so etwas nicht unbemerkt geschehen. Einverständnis und Mitwissen bedeuteten aber auch Kontrolle. Und die Kontrolle dieser nächtlichen Kiltgänge wurde nicht nur von den Eltern, sondern auch von den Knaben ausgeübt, welche ja den Kilter meist auf seinem Gang zum Haus begleiteten. Die Knaben, das waren die ledigen jungen Männer des Dorfes, welche als ziemlich lose gefügte Gruppe sich trafen, gemeinsam etwas unternahmen, etwa ins Wirtshaus gingen oder die Frauen in den Lichtstuben besuchten oder sich auf den Kiltgang machten. Und sie kontrollierten einander. Insbesondere wachten die Knaben als die dörfliche Kontrollinstanz über die Beziehungen zwischen den unverheirateten Frauen und Männern. Sie wussten darüber Bescheid, wer bei welcher Frau in der Kammer war, wie lange und wie oft, und wie es jeweils um die Beziehung zwischen den beiden stand. Sie schritten ein, wenn verheiratete Männer «z'Kilt gingen», aber auch wenn sich ledige Männer nicht an die ungeschriebenen Regeln hielten, etwa mit zu vielen Frauen sich ins Bett legten oder ge-

in Geld oder Naturalien zugesprochen wurde, erhielten sie beispielsweise in Gelterkinden jeden Monat einmal nach dem sonntäglichen Gottesdienst ausgeteilt. Oft wurden sie auch auf die «Kehre», das heisst nach einem vorgegebenen Turnus zu bestimmten Familien zur Verköstigung «herumgereicht». Dies galt damals noch nicht als ehrenrührig. Wer aber angeblich selbstverschuldet in Armut geriet oder gar im Ruf der Liederlichkeit stand, war in seiner Ehre beschädigt und an den Rand der Gesellschaft gedrängt.[7]

Konfliktfelder

Der dörfliche Alltag war voll von Konflikten, die mit verbaler und körperlicher Gewalt ausgetragen wurden. Man stritt sich sehr ausgiebig. Die dörfliche Gesellschaft wurde geradezu in Atem gehalten von ihren Konflikten.[8] Auch hier ging es, neben den eigentlichen Ursachen der Streitigkeiten, immer auch um die Ehre, die es zu wahren oder wieder herzustellen galt. Ursachen gab es bei der Enge und Knappheit der dörflichen Verhältnisse noch und noch. Zum Beispiel führten begrenzte Verdienstmöglichkeiten zu Konkurrenzkämpfen zwischen Handwerkern, vor allem in jenen Branchen, welche als «übersetzt» galten, wo es also zu viele Handwerksleute gab. Einen weiteren häufigen Anlass zu Streitigkeiten bot die Arbeitswelt: Ein Arbeitsvertrag oder einzelne seiner Bestimmungen wurden angezweifelt. Mägde, Knechte oder Lehrlinge traten ihre Arbeit gegen ihr Versprechen nicht an oder liefen davon. Umgekehrt jagte ein Arbeitgeber seine Magd oder seinen Knecht davon, ein anderer weigerte sich, den vereinbarten Lohn zu bezahlen. Geldgeschäfte und Handänderungen enthielten ebenfalls Konfliktpotentiale: Der Viehhandel funktionierte in der Regel mit nur mündlichen Vereinbarungen. Da konnte man sich nachträglich über Kaufbedingungen streiten oder darüber, ob die Bezahlung schon erfolgt sei oder nicht. Streitigkeiten drehten sich um Schuldforderungen, etwa wenn sich der Gläubiger nach Tilgung der Schuld weigerte, die «Handschrift», also den Schuldschein, herauszugeben oder bei einer Teilzahlung den alten Schuldschein

gen den Willen einer Frau zu ihr gingen. Dann konnte es vorkommen, dass sie so jemanden «abschmierten», also verprügelten. Vehement verteidigten sie ihr Revier gegen fremde Freier aus andern Dörfern. Und selbstverständlich waren sie es auch, welche über das Verhalten der ledigen Frauen wachten.[2]

Das Anbahnen einer Ehe

Entwickelte sich ein Verhältnis in Richtung einer ernsthaften festen Verbindung, dann begann eine Folge brauchtümlicher symbolischer Handlungen. Als Erstes fragte der Mann die Frau, ob sie ein Eheversprechen mit ihm eingehen wolle. Sie hatte dann drei Möglichkeiten zu antworten: Sie sagte ihm bedingungslos Ja. Sie wies ihn ab. Oder sie knüpfte ihr Versprechen an eine Bedingung, meist das Einverständnis ihrer Eltern. Ohnehin mussten spätestens jetzt die Eltern um ihre Zustimmung gefragt werden. Manchmal gaben diese gleich eine Antwort, zustimmend oder ablehnend. Manchmal schoben sie den Entscheid hinaus und zogen noch Erkundigungen ein. Ohne das elterliche Einverständnis war es praktisch unmöglich, an eine Heirat zu denken, es sei denn, eine Schwangerschaft sorgte für vollendete Tatsachen. Den Wendepunkt einer vorehelichen Beziehung bedeutete das Ehever-

durch einen neuen zu ersetzen. Bei Immobilienkäufen konnten Unklarheiten über Servitute und «Gerechtigkeiten», die auf der Liegenschaft lasteten, Käufer und Verkäufer aneinander geraten lassen, oder ein Kauf wurde aufgrund des Zugrechtes vereitelt. Besonders erbittert konnte um ein Erbe gestritten werden, denn dabei ging es oft um das wirtschaftliche Überleben der Nachkommen. Manchmal gab es schon früher Streit, wenn ein Vater seinem Sohn oder Schwiegersohn bereits zu Lebzeiten den Hof übergab und als Gegenleistung nicht nur das Wohnrecht forderte, sondern etwa, dass der «Junge» auch noch seine Schulden übernahm. Anfällig für Konflikte war des Weiteren der Bezug der Abgaben, welcher ja von der Obrigkeit auf die Ebene des Dorfes delegiert wurde, an die Zehntbeständer und an die Träger, welche die Bodenzinse beizubringen hatten. Sowohl die Einzüger wie die Abgabenpflichtigen argwöhnten Betrügereien auf der jeweils andern Seite. Ähnliches galt für die Frondienste, welche nicht selten Anlass zu Auseinandersetzungen zwischen Dorfbeamten und Fronpflichtigen bildeten. In hohem Masse konfliktträchtig war das System der Dreizelgenwirtschaft: Bei der Streulage oft sehr kleiner Parzellen in den Zelgen gerieten sich Grenznachbarn gerne in die Haare, kaum aus besonderer Bösartigkeit, sondern weil die Grenzen grundsätzlich nicht klar genug gekennzeichnet waren. Zudem gestalteten sich die Zufahrtsrechte sehr kompliziert, da es sehr wenige Wege gab und man sich deshalb gegenseitig über die Grundstücke fahren musste. Auch in den Wohnhäusern und um sie herum lauerte der Streit. Oft lebten zwei bis vier Familien in einem Haus. Schon das alltägliche Zusammenleben auf so engem Raum war nicht einfach. Noch weniger waren es bestimmte Fragen gemeinsamer Nutzung: Wer hatte was zum Unterhalt des Daches beizutragen? Wem stand wo und wie viel Platz im gemeinsam genutzten Stall zu? Wer durfte wo seinen Miststock hinbauen? Und da waren auch noch die Nachbarn, denen man Wegrechte freihalten musste und die darauf bedacht waren, dass ihnen bei einem Umbau kein Licht abhanden kam. Fast allen solchen Streitigkeiten liegt die Knappheit wertvoller Güter zu Grunde.

sprechen, welches sich die jungen Leute meist erst nach Erhalt der elterlichen Erlaubnis, gelegentlich aber auch schon vorher, gaben. Das Eheversprechen war ein feierlicher Akt zwischen den beiden künftigen Eheleuten. Manchmal geschah es in Anwesenheit von Zeugen, etwa der Eltern oder sonstiger Verwandter, des Meisters oder von Nachbarn. Doch das war nach dem Verständnis der Landleute nicht notwendig, und in den meisten Fällen waren denn auch keine Zeugen anwesend. Als entscheidendes Zeugnis und Symbol galt das Ehepfand. Das war ein Wertgegenstand wie beispielsweise ein Ring, ein Tuch, ein Kleidungsstück, ein Gesangbuch oder ein Geldstück. Die Übergabe musste nach ganz bestimmten Regeln vor sich gehen: Die Frau nahm das Pfand mit ihren Händen und «behielt» es, steckte es also ein. Lehnte sie es ab, so liess sie es fallen, durfte es nachher aber auf keinen Fall mehr aufheben. Der Mann sprach laut und verständlich eine Formel aus, mit der er deutlich bezeugte, dass er den Gegenstand «auf die Ehe hin» gebe. Er sagte etwa: «Nun bist du mein und ich bin dein» oder «Das geb ich dir auf die Ehe, und uns soll nichts scheiden als Gott und Tod». Vom Aussprechen einer solchen Formel hing alles ab. Ohne sie wäre das Pfand nur eine unverbindliche Gefälligkeit, bloss ein

Alltägliche Gewalt

Entstand ob solcher Gegenstände ein Streit, wurde er kompromisslos ausgetragen. Schon kleine Dinge konnten Anlass zu einer Schlägerei werden. Wenn ein Fremder einem Einheimischen beim Tanz ein Mädchen ausspannte, war Feuer im Dach. Im Jahre 1756 nannte ein Langenbrucker einen Mann aus der solothurnischen Nachbarschaft einen «papistischen Ketzer», und schon entstand ein Handgemenge. In Buus weigerte sich 1724 ein Wirt, zwei Dorfbewohner um zehn Uhr nachts in seine Wirtschaft einzulassen und ihnen etwas zu essen zu bereiten, was in eine Schlägerei mündete. In Wenslingen schloss im Jahre 1737 Adam Weitnauer aus Oltingen mit Joggi Börlin eine Wette. Börlin sollte beweisen, dass er das Wort «Hierosolomitaner» buchstabieren könne. Dass es ihm nicht gelang, konnte er nicht auf sich sitzen lassen, und was uns als eine Bagatelle vorkommt, gab Anlass zu einer ernsthaften Balgerei.[9] Ein verheirateter Mann der, wie 1739 in Titterten, einen Ledigen hänselte, «er sei gar wüst», dass ihn nur eine «Hure» nehmen werde, bekam als Antwort zurück, er müsse ja auch mit einer wüsten Frau hausen, was dessen Ehre dermassen verletzte, dass der Gang vor den Landvogt unumgänglich wurde.[10] So war der dörfliche Alltag geprägt durch verbale und körperliche Gewalt. Und zwar waren daran Männer und Frauen jeglichen Alters und aller sozialen Schichten beteiligt. Wenn es unter Männern ausser zu Scheltworten auch zu Handgreiflichkeiten kam, dann geschah dies in einer Art Ringkämpfe oder in Schlägereien. Waffen wurden selten verwendet. Überhaupt muss eine Hemmung bestanden haben, es bis zum Äussersten kommen zu lassen. Schwere Körperverletzungen waren die Ausnahme, und ein Totschlag kam höchst selten vor. Frauen gingen in der Anwendung körperlicher Gewalt weniger weit als Männer. So war es ihnen anerzogen, und nur so war es auch gesellschaftlich toleriert. Sie teilten etwa Ohrfeigen und Tritte aus, kratzten und spuckten und rissen einander an den Haaren. Meist schlugen sich Frauen oder Männer unter sich. Es beteiligten sich kaum beide Geschlechter miteinander an grossen Schlägereien.

Bauernfamilie in der Stube
Eine idyllisierte Ansicht von Johannes Senn (1780–1861). Familie bedeutete in erster Linie Kernfamilie, also Eltern mit Kindern, und nicht Generationen übergreifende Grossfamilie. Auch darf die Bedeutung familiärer und verwandtschaftlicher Beziehungen für das Zusammenleben im Dorf nicht überschätzt werden.

Es gab einen bestimmten Punkt, an dem gegenseitiges Sticheln und Reizen in eine offen aggressive Phase überging: dort, wo man begann, einander Scheltworte an den Kopf zu werfen. Worte galten viel bei den Dorfleuten, im Positiven wie im Negativen. Wichtige Vereinbarungen, etwa Viehkäufe, Bürgschaften, ja auch Eheversprechen, wurden nicht schriftlich getroffen, sondern Männer oder Frauen gaben dafür ihr Wort. Wenn einer klagte, der andere habe ihn «übel tractiert mit wortten und schlagen», können wir erahnen, dass Worte wie Schläge getroffen haben. Scheltworte zielten direkt auf die Ehre des Gegners. Dieb, meineidiger Schelm, Spitzbub, Ketzer, Bub, Hurenbub, Gassenheini, falscher Mann, Laushund, Pfuscher, Hexenmeister, verdräheter Mann, Narr, Hur, donnerschiessige Hur, ein unvernünftig Vieh: Wer mit solchen Worten «tractiert» wurde, sah sich verbal ausserhalb der ehrbaren Gesellschaft gestellt; seine Verlässlichkeit war gefährdet. Wer wollte und konnte noch jemandem trauen, der stahl, log, ungläubig war oder keinen rechten Verstand mehr besass. Wer liess sich noch mit einer Hure ein, da doch die Ehre der Frauen sehr stark über ihr gebührliches sexuelles Verhalten definiert wurde. So etwas durfte niemand auf sich sitzen lassen. Ein Kampf um die Ehre begann. Die Angegriffenen schlugen zurück mit Scheltworten, die dem Gegenüber genauso an die Ehre gingen, und der Schritt zu körperlicher Gewalt war nur klein. Streitigkeiten hatten immer die Tendenz zu eskalieren, neue Vorwürfe zu provozieren, die schliesslich weit weg vom anfänglichen Streitgegenstand führten. Die eingangs angeführte Geschichte um Jakob Heinimann von Bennwil und seine Frau begann ja damit, dass der gleiche Mist zweimal verkauft wurde, von Heinimanns Frau, der er gehörte, und von Heinimann selbst, der dazu eigentlich nicht berechtigt gewesen wäre. Im Verlaufe des Streites beschuldigte die Frau Pentel Hugs, des einen Käufers, Hans Hemmig, den andern Käufer, er habe Geld seines Vogtknaben «verhaust», sei also mit Mündelgeldern leichtfertig umgegangen. Und Hemmigs Frau wiederum hielt Hugs Frau die alte Geschichte von der «Hurerei» mit dem Meier von Reigoldswil vor, die schon sehr lange her war. Ausser

«Präsent» gewesen. Diese strenge Formelhaftigkeit und die gleichzeitige Abwesenheit von Zeugen liessen das Eheversprechen in einem nachträglichen Konflikt zum heiklen und strittigen Punkt werden. Wer konnte schon absolut gültig beweisen, dass das Pfand in der korrekten Form überreicht worden war.

Wenn sich zwei so die Ehe versprochen hatten, dann galten sie öffentlich als Paar. Sie zeigten sich nun auch möglichst oft zusammen in der Öffentlichkeit, etwa indem sie gemeinsam spazieren gingen, in der Wirtschaft Wein tranken, sich gegenseitig bewirteten. Auf Festen durften nur noch sie zusammen tanzen. Für die Knaben war klar, dass die beiden aus dem Kreis der ledigen Leute ausgeschieden waren. Niemand sonst hatte bei einer oder einem der beiden noch etwas zu suchen. Nach den dörflichen Normen war nun auch der Geschlechtsverkehr zwischen den beiden nicht nur toleriert, sondern er wurde ausdrücklich auch als Bestätigung der eingegangenen Bindung angesehen. Im Dorf galt ein Paar mit dem Eheversprechen faktisch als verheiratet. Der Gang zur Kirche war nur noch eine Formsache. Die Obrigkeit und die Pfarrer sahen das allerdings nicht so. Die Ehegerichtsordnung erlaubte sexuelle Beziehungen erst in der Ehe, das heisst nach der kirchlichen Trauung. Ver-

dass nun allerhand zum Ausgangspunkt des Streites, dem Mistkauf, dazu gekommen war, hatte die Sache auch personell weitere Kreise gezogen. Vor dem Landvogt, der schliesslich den Streit zu schlichten hatte, stand nun auch noch der Meier, dessen Ehre durch den Vorwurf der «Hurerei» ebenfalls in Mitleidenschaft gezogen worden war. Und es ging jetzt vor allem um diese im Verlauf des Streites hinzugekommenen Vorwürfe. Dass der Mist dem Pentel Hug zustand, war nämlich bald einmal klar.

Normen des Zusammenlebens

Aus den zahllosen Konflikten, welche aktenkundig geworden sind, werden einige wichtige Normen des dörflichen Zusammenlebens deutlicher sichtbar.[11] Im Zentrum stand die strikte Unterscheidung von Dein und Mein. Eigener Besitz und wohlerworbene verbriefte oder überlieferte Rechte auf Nutzung bestimmter Dinge galten für die Leute des Dorfes als unantastbar. Nicht von ungefähr gehörten Ausdrücke wie «Dieb» oder «Schelm» zu den häufigsten Scheltwörtern. Sie bezeichneten Menschen, welche sich über diese Norm hinwegsetzten, eine Norm, die als absolut und unteilbar postuliert wurde. Auch dann, wenn der Gegner für sich guten Glaubens ein ebenso wohlerworbenes Recht geltend machen konnte. Wer sich auf Kompromisse einliess, gab einen Teil seiner Rechte preis. Darauf gründete sich eine Kompromisslosigkeit, die für Konflikte kaum Lösungen zuliess, zumindest nicht ohne äusseren Eingriff. Aus diesem absoluten Besitzanspruch folgte als weitere Norm der Anspruch auf die Freiheit, den eigenen Besitz und die eigenen Rechte uneingeschränkt zu nutzen, ohne dass jemand anderer dreinredete. «In meinem Haus hat mir niemand nichts zu befehlen.» Und wer ein Recht unangefochten längere Zeit nutzte, nutzte es rechtmässig. Im dörflichen Rechtssystem, in welchem so gut wie nichts niedergeschrieben war, galt des Weiteren das Präjudiz als wichtigste Grundlage von Rechten. Entsprechend war man darauf erpicht, keine neuen Präjudizien aufkommen zu lassen. Sie zu verhindern, war allgemeine Verhaltensmaxime, was im Kon-

Wirtshausschilder
Schilder wie jene am «Löwen» und am «Lämmli» in Laufen verlocken noch heute zur Einkehr. Auch im Dorf und im Städtchen der frühen Neuzeit war die Wirtsstube ein wichtiger Ort des sozialen Lebens. Hier trafen sich vor allem die Männer und die männliche Jugend, zum Trinken, Spielen, Vorlesen und Schwatzen. Der «Löwen» wird 1681 erstmals namentlich erwähnt und bereits 1585 soll ein Jakob Rhym in Laufen eine Wirtschaft betrieben haben.

stösse gegen dieses Gebot wurden, falls sie etwa durch eine Schwangerschaft an den Tag kamen, als «früher Beischlaf», eine Form der «Hurerei», bestraft. Die entsprechenden Geldstrafen gingen allerdings als Routinefälle durch, und die Betroffenen bezahlten sie auch ohne grosses Aufheben.

Der Kampf der Frauen um ihre Ehre

Das Leben der ledigen jungen Leute im Dorf spielte sich also nicht in sexueller Enthaltsamkeit ab. Doch die Beziehungen zwischen den Geschlechtern und die Eheanbahnung unterlagen festen Normen. Für die Einhaltung dieser Normen und die Respektierung eines bestimmten Ehrenkodex standen die Knaben. Sie sanktionierten die Verstösse, und sie sorgten auch dafür, dass eine geschwängerte Frau «zu Ehren gezogen», also vom Schwängerer geheiratet wurde, sofern in den Augen der Knaben der Fall eindeutig war. Der Betroffene fügte sich diesem Druck in der Regel freiwillig, denn von aussen zu einer Ehe gezwungen zu werden, galt für einen Mann als ehrenrührig.

In den meisten Fällen bewährten sich die diesbezüglichen dörflichen Normen und konnten auch durchgesetzt werden. Doch es gab empfindliche Bruchstellen und Risiken, denen insbesondere die ungleiche

Drei zechende Bauern
Darstellung eines unbekannten Künstlers aus dem oberrheinischen Gebiet, 16. Jahrhundert.

fliktfalle einen Vergleich so gut wie unmöglich machte. Fand jemand seine Rechte verletzt, galt es als ein Gebot der Gerechtigkeit, diese wiederherzustellen. Wenn es sein musste, griff man dabei auch zur Selbsthilfe, die in eigentliche Racheakte ausarten konnte. Und schliesslich ist es die unabdingbare Qualität der Ehre, welche auf der Respektierung dieser wichtigsten Normen beruhte. Ehrbar war, wer sich an die Normen hielt und die Rechte anderer nicht antastete. Der Vorwurf der Unehrbarkeit, und das war die eigentliche Bedeutung der Scheltworte, war für die Betroffenen deshalb so schlimm, weil ihnen damit die Zugehörigkeit zur Dorfgesellschaft als einer Gesellschaft der Ehrbaren abgesprochen wurde.

Seinen Besitz, seine Rechte, seine Ehre zu wahren, bedurfte einer permanenten Wachsamkeit. Wahrscheinlich verlor schon, wer übervorteilt wurde oder gar ein Stück seiner wohlerworbenen Rechte preisgab, damit einen Teil seiner Ehre. Argwohn und Misstrauen waren ständige Begleiter der Menschen im Dorf. Schon eine kleine Verunsicherung konnte Angst auslösen und in eine Konfrontation umschlagen. Eine nächtliche Begegnung, das Verweigern oder das Vergessen des Grusses bei einer Begegnung konnten dafür ausreichen. Hans und Urs Vogt, die auf einem Sennhof in der Nähe von Lauwil lebten, wurden an einem Samstag im Jahre 1756 nachts von zwei Lauwilern gescholten und tätlich angegriffen. An jenem Abend war in Lauwil ein Feuer ausgebrochen, und schon galten die zwei nächtlichen Heimkehrer für die beiden Dorfbewohner als die Brandstifter. Hier kommt auch das grundsätzliche Misstrauen gegen Fremde zum Vorschein. Ein besonderer Ausdruck des Argwohns war, meist Frauen der Hexerei zu bezichtigen. Eine Geiss wurde krank, und da beschuldigte die Besitzerin ein Ehepaar, ihr Tier verhext zu haben. Oder dem Joggi Tschudin aus Lupsingen begegnete eines Nachts, acht Tage vor der Fasnacht des Jahres 1727, auf dem Weg von Eptingen her ein Karren mit zwei Rädern, der von alleine fuhr. Und ein paar Schritte vor ihm her gingen angeblich drei verheiratete Frauen aus Ziefen und Lupsingen, «alle drei c.v. Hexen, die ihm im Wandlen geruffen haben, sie wollten

Machtverteilung zwischen den Geschlechtern zu Grunde lag. In verhältnismässig wenigen Fällen entstanden daraus Konflikte, welche das Dorf mit seinen Instanzen, den Knaben und den Eltern vor allem, nicht mehr lösen konnte und die vor das obrigkeitliche Ehegericht gezogen wurden. Der eigentlich kritische Punkt blieb das Eheversprechen. Als mündlicher Vorgang meist ohne Zeugen bot es Anlass zu Missverständnissen und Missbräuchen. Nicht immer war es dem Mann wirklich ernst damit. Manchmal täuschte es einer auch einfach vor, um von der Frau die Zustimmung zum Geschlechtsverkehr zu erschleichen, und bestritt es später wieder. Offensichtlich ist, dass die Frau in dieser Situation das viel höhere Risiko einging als der Mann. Im Falle einer Schwangerschaft lief sie Gefahr, als uneheliche Mutter ihre Ehre zu verlieren, vielleicht gar zur Schande mit aufgesetztem Strohkranz um den Dorfbrunnen geführt zu werden, während dem Mann noch einige Hintertüren offen standen, sich aus der Affäre zu ziehen.[3]
Wenn strittige Eheversprechen vor das Ehegericht kamen, dann waren es in der grossen Mehrheit Frauen, welche klagten, und nur vergleichsweise selten Männer. Ging es um die Forderung eines Mannes, die beklagte Frau solle ihr Eheversprechen einhalten, waren meist die Eltern der Frau

Tanzendes Bauernpaar
Es handelt sich hier, wie auch beim Bild der drei zechenden Bauern, nicht um eine realistische Darstellung, sondern um eine satirische Überzeichnung. So wie auf diesem Bild eines anonymen Künstlers aus dem 16. Jahrhundert wurden Bauern oft gezeigt: derb, grob und ungelenk.

mit ihm spielen». Einige Male sei dabei vor ihm ein Dampf oder Nebel aufgegangen.[12] In Tschudins Phantasie versuchten die drei Frauen ihn als ehrlichen Mann zu verführen, erst noch unter Anwendung von Hexerei. Damit griff er, nicht ungestraft übrigens, in schwerwiegender Weise deren Ehre an.

Der Streit als Ritual

Hatte ein Streit einmal begonnen, dann lief er in gewissem Sinne als Ritual ab. Den Übergang in die offen aggressive Auseinandersetzung markierten, wie schon erwähnt, Scheltworte. Danach verlief der Streit nach immer ähnlichen Mustern, nahm quasi rituellen Charakter an. Dazu gehörten auch Handlungen, welche für die Beteiligten einen hohen symbolischen Wert hatten: den Hut abschlagen; ins Gesicht oder auf den Kopf schlagen; die Fenster einwerfen; die Haustüre verpfählen. Bezeichnenderweise waren dies alles Verletzungen der Distanz und des persönlichen Territoriums, sei es des Körpers als des physischen Kerns der Ehre oder des Hauses als des eigenen Freiheitsraumes. Zu diesem persönlichen Territorium konnten auch Haustiere wie etwa eine Kuh gehören, die stellvertretend gescholten wurde. Aktionen von hohem symbolischem Wert wurden auch von Knaben ausgeführt, die bei der dörflichen Selbstjustiz eine wichtige Rolle spielten, also wenn es darum ging, normwidriges Verhalten zu sanktionieren. Auch da brach man in das Territorium ein: Beim Vors-Haus-Laufen versammelten sich die Knaben vor dem Haus der Betroffenen, machten Lärm, sangen ad hoc erdichtete Lieder, warfen Fenster ein, sprengten Läden auf oder verpfählten die Türen. Eine Stufe schärfer war die Heimsuchung. Dabei drangen die Knaben ins Haus ein und jagten den Bewohnerinnen und Bewohnern mit verbaler und brachialer Gewalt Angst ein. Bei der Wüstung schliesslich raubten oder zerstörten sie Gegenstände, vor allem Nahrungsmittel. Solche Rituale ermöglichten nicht nur das Austragen von Konflikten und die Ausübung von Gewalt. Sie setzten ihnen auch Grenzen und verhinderten ein Überborden mit schweren Körperverletzungen oder gar Totschlag.

Der Kiltgang
Der nächtliche Kiltgang, hier in einem verklärenden Bild aus dem 19. Jahrhundert, gehörte zum Spielraum der geschlechtlichen Beziehungen zwischen jungen Männern und Frauen und konnte ein wichtiger Schritt zur Anbahnung einer späteren Ehe sein. Er war aber nicht einfach nur ein Anlass trauter Zweisamkeit, sondern wurde von den Eltern und den jungen Männern des Dorfes kontrollierend beobachtet.

im Spiel. Ihnen waren dann die wirtschaftlichen Verhältnisse des Bräutigams nicht solide genug, oder sie versuchten eine Missheirat ihrer Tochter zu verhindern. Diese hatte in solchen Fällen, manchmal aus Trotz, das Eheversprechen meist schon gegeben, bevor sie die Eltern um Erlaubnis fragte. Untervogt Gass von Oltingen zwang im Jahre 1713 seine Tochter, ihr Eheversprechen gegenüber Martin Grieder aus Kienberg, welcher in Oltingen bei einem Meister in Diensten stand, zurückzunehmen, weil dieser angeblich ein «liederlicher Mensch» war. Offensichtlich passte dessen soziale Herkunft nicht zum Status einer Frau aus der Oberschicht. Übrigens gab es kaum Fälle vor Gericht, in denen eine Familie gegen unstandesgemässe Heiratspläne eines Sohnes einschritt.

Klagten Frauen vor Ehegericht ein Eheversprechen ein, dann waren sie meist schwanger und kämpften darum, nicht in Unehren sitzen gelassen zu werden. Die beklagten Männer setzten dann auf bestimmte Strategien, um ungeschoren davon zu kommen. Es redete sich einer etwa darauf heraus, überhaupt kein formelles Eheversprechen gegeben und das vermeintliche Ehepfand lediglich als Geschenk «gekramt» zu haben. Damit wäre er jedoch bereits bei den dörflichen Instanzen, insbesondere den Knaben, nicht

Bei allen diesen Streitigkeiten wurde letztlich die Ehre öffentlich in Szene gesetzt, die man einander mit Scheltworten und Schlägen absprach. Oft spielte, wie gezeigt, der ursprüngliche Anlass des Streites bald nur noch eine untergeordnete Rolle. Eine Schelte rief nach einer Gegenschelte, ein Schlag nach einem Gegenschlag. Schliesslich ging es nur noch darum, das Gesicht und damit seine Ehre zu wahren. Es lag aber im Wesen der gängigen Konfliktabläufe und der kompromisslosen Normen, welche dahinter standen, dass dies von einem bestimmten Punkt an innerhalb der dörflichen Gesellschaft nicht mehr möglich war. Dann gab es im Dorf niemand mehr, der genügend Distanz und Autorität besass, um die Streitparteien an den Verhandlungstisch zu bringen oder ihnen einen Schiedsspruch aufzuzwingen.

In dieser Situation war der Landvogt gefragt. Nur er vermochte den aussenstehenden, mit genügender Sanktionsmacht ausgestatteten Schiedsrichter zu spielen. Zum einen konnte er zur ursprünglichen Streitsache einen Schiedsspruch fällen. Das war aber gar nicht das Wichtigste. Durch die Scheltworte, welche die Streitparteien einander an den Kopf geworfen hatten, und allenfalls durch die Schläge, die sie einander zugefügt hatten, war auch ihre Ehre angetastet oder gar vernichtet worden. Der Landvogt als übergeordnete obrigkeitliche Amtsperson stellte sie wieder her, indem er die Scheltworte und Ehrverletzungen ausdrücklich aufhob. Manchmal, bei besonders hartnäckigen oder gefährlichen Streitigkeiten, verfügte er zudem einen «Ursatz»: Bei Androhung von Strafe verbot er damit den Kontrahenten, wiederum Streit anzufangen. Der Landvogt war so als reinigende Instanz in das dörfliche Streit- und Gewaltritual eingebunden, indem er die ausserhalb der dörflichen Ehrbarkeit geratenen Personen wieder an ihren rechten Platz setzte. Und er spielte dieses Spiel in der Regel auch mit einer stoischen Ruhe mit. Der Gang vor den Landvogt bedeutete demnach in solchen Fällen nicht einen Akt der Unterwerfung unter die obrigkeitliche Herrschaft. Die Untertanen hatten von sich aus ein Interesse, ihre Händel vor den Landvogt zu bringen. Es ist denn auch nicht verwunderlich, dass Schelt- und

sehr weit gekommen, wenn seine Vaterschaft eindeutig festgestanden hätte. Er hätte dann die geschwängerte Frau «zu Ehren ziehen» müssen. Er stritt deshalb entweder geradewegs ab, mit der Frau geschlafen zu haben, oder er setzte alles daran, zu behaupten oder beweisen, dass die Vaterschaft nicht eindeutig sei, weil die Frau sich zur fraglichen Zeit auch mit andern Männern eingelassen habe. Ja er stellte die Frau gar als eine Art leichtfertige «öffentliche Person» dar, mit der wegen ihres häufigen Partnerwechsels nach öffentlicher Meinung der Umgang folgenlos blieb. Die Beweislast lag dann einseitig bei der Frau. Auch mit der Unterstützung der Knaben, auf deren Druck hin sie «zu Ehren gezogen» würde, konnte sie nur rechnen, wenn für diese der Fall eindeutig klar war, also nach deren Beobachtungen sicher kein anderer Mann im Spiel sein konnte. Eine ebenfalls sehr gängige Strategie legte es darauf an, die Frau als Verführerin darzustellen. So behauptete der Markgräfler Jacob Pfautler von Anna Köchlin aus Liestal, die mit ihm beim gleichen Meister in Diensten stand und im Jahre 1713 von ihm das Eheversprechen einklagte, sie sei etliche Male bei ihm in der Kammer gewesen und habe Wein mitgebracht. Erst mit der Zeit habe er gemerkt, was sie von ihm wolle. Die beklagten Männer unterstellten den

Schlaghändel die häufigsten «Delikte» waren, über welche der Landvogt zu richten hatte. Ohne ihn war bei dieser Streitkultur ein Auskommen nicht denkbar. Einschränkend ist zu sagen, dass in der Regel nur die vor den Landvogt gebrachten Streitigkeiten aktenkundig geworden sind. Sicherlich vermochten in vielen Fällen schon innerdörfliche Entscheide oder Rituale zu schlichten. Doch die aktenkundigen Fälle sind sehr zahlreich. Das deutet auf eine gewisse Zwangsläufigkeit hin, mit der Konflikte sehr oft so weit eskalierten, dass das Eingreifen des Landvogts notwendig wurde.

Vertreter der städtischen Obrigkeit sprachen oft von der Rohheit und der Streitsucht ihrer Untertanen. Deren Verhalten entsprach nicht den Werten der städtischen Oberschicht. Überhaupt hatte die Obrigkeit eine andere Moral als die Leute auf dem Land. Noch deutlicher als in der unterschiedlichen Konfliktkultur zeigte sich dies in der Frage der Sexualmoral. Und nirgends wird es offensichtlicher, wie erfolglos das Bestreben der Obrigkeit war, ihre Moral den Landleuten aufzudrängen. Die Ehegerichtsordnung verbot sexuelle Beziehungen vor der kirchlichen Eheschliessung und in diesem Zusammenhang auch die heimlichen Eheversprechen ohne Zeugen. Doch die Landleute kümmerte dies kaum. Für sie galt nach wie vor die Ehe mit dem Eheversprechen als geschlossen und nicht erst mit dem Gang zur Kirche. Sie arrangierten sich, so gut es ging, mit den Gesetzen der Obrigkeit. Eheversprechen wurden vor dorffremden Instanzen geheim gehalten. Bestrafung wegen «frühen Beischlafs» nahmen die «Fehlbaren», sofern sie sie nicht mit irgendwelchen Ausreden abwenden konnten, in Kauf. Es entstand so ein «Massendelikt», das niemand recht ernst nahm. Eine Änderung des Verhaltens erreichte die Obrigkeit bis zum Ende des Ancien Régime nicht wirklich. Das rührte nicht zuletzt daher, dass die Mittel der Kontrolle sehr beschränkt waren. Ausser dem Landvogt, dem Landschreiber und dem Pfarrer waren kaum Amtsträger da, welche nicht aus der dörflichen Kultur stammten und in ihr verankert waren. Und es war auch keine einheimische Elite da, welche, wie im 19. Jahrhundert, bürgerliche Kultur und Moral im Dorf verbreitete.[13]

«Bauernhochzeit»
Auf der Fotografie aus den 1940er Jahren wird im fasnächtlichen Rahmen eine Bauernhochzeit, wie man sie sich für frühere Zeiten vorstellte, nachgespielt. Dazu gehörte eine Anzahl von Bräuchen der Knabenschaft wie das Schiessen, das Spreustreuen und das Seil- oder Kettenspannen. Bei Letzterem muss sich der Bräutigam mit einem Geldbetrag «loskaufen», bevor er die Kette – im 20. Jahrhundert nun das Band – lösen darf.

Liebes- und Werbebrief des Orismüllers

Der junge Orismüller Johann Jakob Schäfer (1749–1823) verehrte diesen Brief seiner Braut Ursula Gysin, bevor er sie 1773 heiratete. Vielleicht diente er als Pfand, mit dem er sein Eheversprechen besiegelte.

Und auch uns heutigen Betrachtern mag die Kultur von Ehre und Gewalt im damaligen Dorf fremd vorkommen. Doch es wäre falsch, sie mit den uns eigenen Moralvorstellungen zu messen. Jene Moral bemass sich nicht so sehr nach einem verinnerlichten Gewissen, sondern nach den Normen der Ehre, die jederzeit öffentlich überprüft und kontrolliert wurden. Sie war eine äusserliche Moral und wurde in der Öffentlichkeit gelebt und inszeniert. Streit und Gewalt waren offenbar Mittel dieser Gesellschaft, um bei andauernder Enge und Knappheit immer wieder nach einem prekären Gleichgewicht zu suchen.

Frauen mit solchen Verdächtigungen ein Verhalten ausserhalb der Normen. Die Frauen ihrerseits kämpften letztlich um die Rettung und Wiederherstellung ihrer auf diese Weise gefährdeten Ehre. Diese wurde bei Frauen in besonderem Masse und viel mehr als bei Männern an ihrem sexuellen Verhalten gemessen. Der Gang vor das Ehegericht war dabei der letzte Schritt, den sie erst taten, wenn alle Möglichkeiten innerhalb des Dorfes ausgeschöpft waren. Unterstützung hatten sie vom Ehegericht nämlich kaum zu erwarten. Denn nach den obrigkeitlichen Moralvorstellungen hatten sie sich ohnehin gegen das Gebot strikter sexueller Abstinenz vor der Ehe verfehlt. Ihre Ehre war eigentlich schon nicht mehr zu retten, wenn sie ihnen von den innerdörflichen Instanzen, das heisst vor allem von den diesen Bereich kontrollierenden Knaben, nicht mehr zugestanden wurde. Vom brauchtümlichen Urteil dieser jungen Männer hing es also entscheidend ab, ob sie als ehrenwerte Frau oder als Hure galt.

Lesetipps

Grundlegend für dieses Kapitel und zur Vertiefung lesenswert sind vor allem zwei Arbeiten:

Christian Simon (1981) hat anhand der sechs Gemeinden des Kirchspiels Sissach die Normen und Konflikte in einer ländlichen Gesellschaft im Zusammenhang mit der obrigkeitlichen Moralpolitik untersucht.

Albert Schnyder (1992) vertiefte die dort gewonnenen Ergebnisse in einer mikrohistorischen Studie zu Bretzwil und dem oberen Waldenburgertal. Er arbeitete dabei besonders die ungleichen Handlungsräume von Männern und Frauen heraus.

An früheren Studien seien erwähnt das letzte Kapitel von Samuel Huggels (1979) Untersuchung zur Einschlagsbewegung auf der Basler Landschaft sowie die Publikationen des Volkskundlers Eduard Strübin (1952 und 1959).

Abbildungen

Hamburger Kunsthalle, Inv.Nr. 10448, Foto Elke Walford, Hamburg: S. 115.
Gemeinde Pratteln [A]: S. 116.
Öffentliche Kunstsammlung Basel, Kupferstichkabinett, Inv.U.XVI.31; Inv.1905.68; Bi.263.11; Inv.U.VII.129; Inv.U.VII.136; Foto Martin Bühler: S. 119, 120, 123, 127.
Foto Mikrofilmstelle: S. 125.
Schweizerisches Landesmuseum, Inv.Nr. LM-45721, Fotonr. COL-12560: S. 128.
Kantonsmuseum Baselland, Liestal, Sammlung Theodor Strübin; Graphische Sammlung: S. 130, 131.

[A] = Ausschnitt aus Originalvorlage
Reproduktionen durch Mikrofilmstelle

Anmerkungen

1 Schnyder 1992, S. 310f.
2 Schnyder 1992, S. 189ff., 264ff., 313f.; Röthlin 1984, S. 47f.; Schluchter 1988, S. 182; Schnyder 1996; Medick 1980.
3 Vgl. Bd. 4, Kap. 3.
4 Schnyder 1992, S. 105ff.
5 Huggel 1979, S. 481ff.; Simon 1981, S. 252ff.; Schnyder 1992, S. 301ff.
6 Vgl. Bd. 4, Kap. 4.
7 Strub 1986, S. 13f., S. 71ff; Schnyder 1992, S. 157f.
8 Simon 1981, S. 252ff.
9 Huggel 1979, S. 485.
10 Schnyder 1992, S. 311f.
11 Simon 1981, S. 265ff.
12 Schnyder 1992, S. 312f.
13 Simon 1981, S. 244ff., 291ff.

1 Zum Folgenden: Simon 1981, S. 234ff.; Schnyder 1992, S. 256ff.; Strübin 1959.
2 Vgl. auch Bd. 5, Kap. 7.
3 Schluchter 1988, S. 173f.

Bild zum Kapitelanfang
Hausiererkasten
Die Begegnung mit dem fahrenden Krämer an der Haustür war auch eine Begegnung der sesshaften Gesellschaft mit den Menschen auf der Strasse. Hausiererinnen und Hausierer brachten allerhand Kleinwaren, die sonst im Dorf nicht zu haben gewesen wären, zu den Leuten. So weit waren sie willkommen. Als Fremde, oft nur halb oder gar nicht Sesshafte, erregten sie aber den Argwohn des Dorfes. Der hier abgebildete Hausiererkasten – «Tragräf» genannt – aus Oltingen stammt aus dem 19. Jahrhundert.

Das Dorf der Bürger

Das Dorf war keine geschlossene Gesellschaft. Man tätigte Geschäfte mit Leuten aus dem Nachbardorf, verkaufte und kaufte auf den Märkten im nächsten Städtchen oder Marktort. Menschen von auswärts lebten im Dorf, hier niedergelassen oder nur für eine befristete Zeit anwesend. Menschen aus andern Gegenden zogen durch das Dorf; sie konnten einen Hauch der weiten Welt verbreiten. Doch als einheimisch und fraglos zum Dorf gehörig galten nur die Bürgerinnen und Bürger der Gemeinde. Alle anderen waren – aus verschiedenen Gründen – Fremde. Die Gemeinde hatte sich im Verlaufe der Geschichte als ein Verband herausgebildet, dessen Mitglieder bestimmte Lasten und Nutzungen untereinander teilten. Der im Dreizelgensystem festgelegte Rhythmus von Aussaat und Ernte, die gemeinsame Weidenutzung auf den Zelgen und der Allmend, die Nutzung des Waldes, die Organisation gemeinsamer Arbeiten bei den Gemeindefronen oder den Wachten, nicht zuletzt die Unterstützung der Armen, das alles brachte eine Reihe bestimmter Rechte und Pflichten mit sich. Das erforderte aber auch, dass klar definiert war, wer dazugehörte und wer nicht. Zur Bürgerschaft gehörte, wer als Kind einer Bürgerfamilie geboren war oder, was im Verlauf der Zeit immer seltener vorkam, wer sich ins Bürgerrecht einer Gemeinde eingekauft hatte.

Es gab verschiedene Gründe, von aussen kommend sich in einem Dorf niederzulassen. Frauen oder Männer, vorwiegend junge, verdingten sich als Mägde oder Knechte. Frauen oder, viel seltener, Männer heirateten in eine einheimische Familie ein und zogen deswegen ins Dorf. Ein auswärtiger Käufer oder Erbe setzte sich auf die erworbene Liegenschaft. Ein Handwerker von auswärts versuchte hier sein Auskommen zu finden. Ein Pächter bewirtschaftete eine obrigkeitliche Mühle oder Schenke oder, im Baselbieter Jura, einen Sennhof eines städtischen Besitzers. In den seltensten Fällen erlangten solche Leute das Bürgerrecht. Wenn sie sich überhaupt für längere Zeit niederlassen durften, dann nur als so genannte Hintersassen. Knech-

Arlesheim mit Dom
Ausschnitt aus dem Bistumskalender von Jacob Andreas Fridrich, Mitte 18. Jahrhundert. In Arlesheim hatte sich 1679 das Domkapitel des Bistums Basel niedergelassen. Es prägte seither nicht nur das Dorfbild, sondern begründete auch ein vielfältiges Nebeneinander und Miteinander zweier Welten, jener des Dorfes und jener der hier residierenden Kleriker.

te und Mägde hatten ohnehin kaum Rechte und ein Bleiberecht nur so lange, wie sie ihr Meister behielt. Etwas anders war die Stellung der einheiratenden Frauen. Für sie war eine besondere Einkaufsgebühr, das so genannte Weibergeld, zu entrichten. Sie gehörten dann als Gattinnen von Bürgern den Bürgerfamilien an, zumindest solange ihre Männer lebten. Witwen geworden, zogen sie oft zurück in ihre Heimat, es sei denn, sie verheirateten sich wieder in der Gemeinde. Ihr Weggang erfolgte vor allem dann eher gezwungenermassen als freiwillig, wenn sie unterstützungsbedürftig geworden waren. Frauen wurden also auch durch Einheirat nicht zu richtigen Einheimischen.[1]

Wenn sich auch einige Auswärtige im Dorf niederliessen, zum allergrössten Teil bewohnten doch Bürgerinnen und Bürger das Dorf. Gemäss überlieferten Zahlen aus dem Birseck und dem Laufental waren es dort im 18. Jahrhundert rund 90 Prozent. Vorher lebten wohl noch etwas mehr Auswärtige in den Dörfern. Die Tendenz zu vermehrter Abschliessung setzte sich fort, und gegen Ende des 18. Jahrhunderts erhöhte sich der Anteil der Einheimischen nochmals. Wer als Hintersasse in den Dörfern lebte oder um Niederlassung nachsuchte, kam in der Regel nicht von sehr weit her. Im Birseck zum Beispiel stammte fast ein Drittel aus dem Bistum selber, und zwar zumeist aus dessen deutschen Ämtern, also aus den Herrschaften Birseck, Pfeffingen oder Laufen. Die Heimat der meisten andern lag im benachbarten solothurnischen Gebiet, im Elsass oder im Fricktal, hingegen, aus konfessionellen Gründen, kaum im alten Baselbiet. Nur wenige stammten aus der Schweiz jenseits des Juras und noch weniger aus den entfernteren Gebieten des Reiches oder Frankreichs. Es handelte sich also um Leute aus der weiteren oder engeren Region, oft sogar aus unmittelbar benachbarten Gemeinden. Doch auch dies reichte schon, um im Dorf als fremd zu gelten.[2] Was hier für das Gebiet des Fürstbistums beschrieben ist, dürfte ähnlich auch für die alte Basler Landschaft gelten.

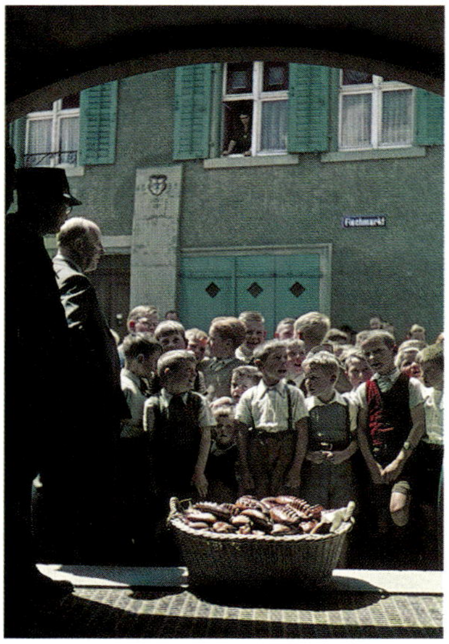

Der Auffahrtsweggen in Liestal
Noch bis ins 20. Jahrhundert verteilten die Liestaler Gemeinderäte alljährlich an Auffahrt den vor dem Rathaus versammelten Buben und Mädchen einen währschaften Weggen. Der Brauch geht zurück in die frühe Neuzeit, auf die Bannbesichtigung und nach 1700 auf den Musterungsumzug an Auffahrt mit anschliessenden Lustbarkeiten. Alle Bürger erhielten bei dieser Gelegenheit ein Mass Wein und ein Laiblein Brot, die Knaben «ein Wecklein Brot» ausgeteilt.

Der Chirurg Johann Georg Steyer in Oberwil

Wahrscheinlich im Jahre 1751 liess sich ein ursprünglich aus dem Österreichischen stammender Chirurg namens Johann Georg Steyer in Oberwil nieder.[1] Bevor er ins fürstbischöfliche Gebiet kam, hatte er sich in der Grafschaft Baden aufgehalten. Chirurgen waren Wundärzte, die nicht wie die Mediziner akademisch ausgebildet waren, sondern eine handwerkliche Lehre durchlaufen hatten. Sie waren es hauptsächlich, welche die ärztliche Versorgung in ländlichen Gebieten gewährleisteten. Steyer fand offensichtlich ohne Probleme Aufnahme in Oberwil. Nicht einmal eine formelle obrigkeitliche Niederlassungsurkunde scheint ausgestellt worden zu sein. Und niemand stiess sich daran, wohl weil man sich in Oberwil die Anwesenheit eines Chirurgen wünschte. Nach kurzem Aufenthalt amtete er bereits als Pate bei einer Taufe, ein Zeichen dafür, dass er akzeptiert war und in einem gewissen Ansehen stand. Erst im Jahre 1753 stellte er ein formelles Gesuch um Niederlassung als Hintersasse an das Oberamt Birseck. Dieses hegte zwar gewisse Zweifel an seinem beruflichen Können, schlug aber dennoch vor, ihm die Niederlassung auf ein oder zwei Jahre befristet zu gewähren. Der Fron- und Wachdienst solle

Hintersassen

Wer sich im Dorf auf Dauer mit eigener Haushaltung niederlassen wollte, nicht Bürger war und nicht als solcher aufgenommen wurde, musste sich um den Status eines Hintersassen bemühen. Den Hintersassen war der Verbleib im Dorf gestattet. Sie waren jedoch, zumindest im Grundsatz, von all jenen Rechten ausgeschlossen, die sich auf die Gemeinde bezogen. Sie durften nicht zur Gemeindeversammlung gehen und keine Gemeindeämter übernehmen. An der Nutzung des Gemeindewaldes und der Gemeindeweide hatten sie nur beschränkten oder gar keinen Anteil. Ihr Aufenthaltsrecht im Dorf war nicht so weit gesichert wie jenes der Bürger. Schliesslich hatten Hintersassen auch keinen Anspruch auf Unterstützung durch den Armensäckel der Gemeinde, wenn sie bedürftig wurden.[3] Ausserdem mussten sie zusätzlich zu den Steuern, mit denen auch ein Bürger belastet war, jährlich das Hintersassengeld bezahlen. Es betrug beispielsweise im Birseck und Laufental jährlich vier Gulden pro Haushalt, die je zur Hälfte an die Gemeinde und an den Fürstbischof gingen. Es kam oft vor, dass Hintersassen diese Steuer nicht bezahlen konnten oder wollten. Sie wurde demnach als eine besondere Belastung empfunden, vielleicht nicht nur wegen der Höhe des Betrages, sondern auch, weil die Steuer sie daran erinnerte, dass sie als Dorfbewohner zweiter Klasse galten.

Die Hintersassen waren zwar rechtlich benachteiligt, man darf sie sich jedoch nicht als dörfliche Unterschicht vorstellen. Denn sozial und ökonomisch gesehen, stellten sie alles andere als eine homogene Gruppe dar. Die wenigsten von ihnen fanden ihr Auskommen ausschliesslich in der Landwirtschaft, vielmehr lebten sie als Handwerker oder Gewerbetreibende. Und da gab es auf der einen Seite ärmliche Existenzen wie Schneider, Schuhmacher, Strumpfstricker, Korber oder Krämer, auf der andern Seite aber auch ausgesprochen reiche Leute wie Wirte oder Müller. Im Birseck, vor allem in Arlesheim, wo die Domherren residierten, standen etliche Hintersassen im Dienst bei adeligen und geistlichen Herren. Für die einheimischen Handwer-

ihm, wie andern Chirurgen auch, erlassen werden, hingegen habe er das übliche Hintersassengeld von jährlich vier Gulden zu entrichten. Ob ihm die fürstbischöfliche Regierung in Pruntrut schliesslich die Niederlassungsbewilligung erteilte und mit welchen Bedingungen, ist nicht mehr auszumachen. Jedenfalls zeigte sich die Regierung in Pruntrut, als Steyer fünf Jahre später um deren Erstreckung nachsuchte, genauso überrascht wie das Oberamt Birseck. Beide wussten nichts von einer jemals ausgestellten Bewilligung. Hingegen ging aus den Nachforschungen des Oberamtes hervor, weshalb Steyer um eine Bestätigung bat: Er war inzwischen im Dorf Oberwil nicht mehr ganz unangefochten und wollte deshalb seinen Aufenthalt absichern. Offensichtlich war er zu Geld gekommen und konnte sich ein Haus und Güter kaufen. Das sahen nicht alle Leute gern. Vor allem ärgerte es sie, dass Steyer nicht nur vom Fron- und Wachdienst befreit war, sondern dass er als vermögender Mann nicht einmal das Hintersassengeld bezahlte. Dies war in der Bewilligung von 1753, wenn sie überhaupt je ausgestellt worden war, sicherlich nicht vorgesehen gewesen. Aber Steyer hatte den Sachverhalt gegenüber den verantwortlichen Gemeindebeamten offenbar so darstellen können. Und leichtgläubig nahmen sie ihm

ker bedeuteten die zugezogenen Kollegen nicht selten eine unliebsame Konkurrenz. Allerdings gab es auch ausgesprochene Spezialisten mit Berufen, welche die Einheimischen kaum ausübten, etwa die Perücken- und Hutmacher, Gärtner, Maler oder Büchsenschmiede. Weil Hintersassen vor allem handwerkliche und gewerbliche Berufe ausübten, waren sie auch nicht in allen Dörfern gleich stark vertreten. Sie fanden sich vor allem dort, wo sie Arbeit und Absatz für ihre Produkte fanden: in der Nähe der Stadt, in zentralen Orten und in Dörfern an günstiger Verkehrslage. In Allschwil und Arlesheim beispielsweise lebten überdurchschnittlich viele Menschen ohne einheimisches Bürgerrecht.

Die Hintersassen waren also Dorfbewohner minderen Rechts, und sie waren es nur auf Widerruf. Wer das Bürgerrecht besass, durfte nicht aus dem Dorf weggewiesen werden, ausser wenn ihn die Obrigkeit mit Verbannung bestrafte. Anders ein Hintersasse. Er hatte keinen Anspruch auf einen dauernden Aufenthalt im Dorf. Es konnte ihm passieren, dass er willkürlich aus dem Dorf ausgewiesen wurde. Davor war er nicht geschützt, und entsprechend konnte er in einem Konflikt unter Druck gesetzt werden. Für den Arlesheimer Hintersassen Urs Malzach war diese Unsicherheit der Grund, weshalb er 1707 beim Fürstbischof um die Verleihung des Arlesheimer Bürgerrechts ersuchte: Er und die Seinen könnten dann nicht aus dem Dorf vertrieben und damit ins Elend gestossen werden.[4]

Unklar war, ob das Niederlassungsrecht auch auf Kinder von Hintersassen überging, wenn sie erwachsen wurden, oder ob sie erneut darum nachsuchen mussten. Im Jahre 1760 versuchte die Gemeinde Arlesheim, die Niederlassung des Schreiners Johann Albert, Sohn eines Hintersassen, zu verhindern. Während sich die Gemeinde auf altes Herkommen berief, verwies das Oberamt Birseck auf Beispiele dafür, dass sich der Hintersassen-Status durchaus auf die Kinder übertrug. Offensichtlich gab es gar keine allgemein gültige Regelung. Es macht den Anschein, als ob Gemeinden wie Obrigkeit die Rechte je nach Situation anders interpretierten. Das gehörte

diese Privilegien auch ab. Das war nur möglich, solange er im Dorf wohl gelitten war. Doch jetzt, da er in besseren finanziellen Verhältnissen stand, begann sich das zu ändern. Seine ärztliche Kunst allerdings blieb auch für die nächsten Jahre in Oberwil kein Thema. Das Birsecker Oberamt hingegen sah in ihm eher einen Scharlatan und empfahl, er solle seine Kenntnisse vom bischöflichen Leibarzt überprüfen lassen und, um die Gemeinde zufrieden zu stellen, künftig das Hintersassengeld bezahlen müssen. Beidem kam Steyer nach. Das ärztliche Gutachten attestierte ihm bloss die Befähigung zu eingeschränkten Behandlungsmethoden wie Schröpfen, Aderlassen und dergleichen. Doch das legte er als Erlaubnis aus, wie bisher zu praktizieren.

Im Jahre 1764 – Steyer lebte inzwischen schon 13 Jahre in Oberwil, war mit einer Bürgerstochter verheiratet, besass aber immer noch keine ausdrückliche Niederlassungsbewilligung – wandte sich das Blatt endgültig. An einer Liegenschaftsgant in Oberwil Anfang März sicherte sich Steyer ein Grundstück. Darüber kam es zum Streit und ein paar Tage später zum Verhör der Parteien vor dem Oberamt. Dort beklagten sich die Gegner des Chirurgen, er treibe als Fremder bei Ganten die Preise hoch und nehme den Einheimischen die

ebenfalls zur eingeschränkten Sicherheit der Hintersassen. Sie mussten sich damit abfinden, dass unversehens Rechte, deren sie sich vielleicht seit Jahrzehnten versichern konnten, neu interpretiert und damit in Frage gestellt wurden. Aber nicht nur, was die Niederlassung, sondern auch was die Nutzungsrechte am Gemeindegut betraf, bestanden von Gemeinde zu Gemeinde und von Fall zu Fall unterschiedliche Regelungen. Grundsätzlich gehörten Hintersassen nicht zur Gemeinde und waren deshalb auch von den Nutzungsrechten ausgeschlossen. Doch in der Praxis sah es anders aus. Ein Hintersasse, welcher eine Liegenschaft und damit Land in den Zelgen und Matten besass, war ja in das ganze System der Dreizelgenwirtschaft eingebunden. Da musste auch er jeweils seine Parzellen für den allgemeinen Weidgang öffnen, weswegen es umgekehrt kaum zu rechtfertigen war, ihm die Weiderechte zu verweigern. Deshalb genossen solche Hintersassen oft die gleichen Rechte, ihr Vieh auf die gemeindlichen Weiden zu treiben, wie die Bürger. Hingegen stand ihnen kein Brenn- und Bauholz aus dem Gemeindewald zu.

Noch weiter gingen die Gemeinden bei Hintersassen, welche eine Mühle oder ein Wirtshaus führten. Das waren vielfach Gewerbe, welche für die Gemeinden wichtig waren, und manchmal waren es auch obrigkeitliche oder grundherrliche Lehen. Deren Inhaber stellten die Gemeinden dann nicht nur für die Weide-, sondern auch für die Waldnutzung den Bürgern gleich. Doch all das sah von Gemeinde zu Gemeinde wieder etwas anders aus. Es gab Gemeinden, wie etwa Grellingen, welche für die Weidenutzung eine besondere Abgabe verlangten. Andere Gemeinden wiederum kamen den Hintersassen bei der Brennholznutzung entgegen. Ettingen gewährte ihnen die Hälfte dessen, was einem Bürger zustand. Immerhin scheint es üblich gewesen zu sein, dass Hintersassen, auch wenn sie sonst keine Holzgabe bekamen, doch im Wald «totes Holz», also Fallholz und Reisig sammeln durften. Das war insbesondere für die Ärmeren wichtig, die es neben Leuten wie Müllern und Wirten auch gab.

besten Grundstücke weg. Ein knappes Jahr später wandten sich der Meier, die Geschworenen und die Gerichtsleute, also nicht die ganze Gemeinde, mit einer Beschwerde gegen ihn an den Fürstbischof. Darin wurden nun erstmals von Seiten des Dorfes seine ärztlichen Behandlungsmethoden angefochten. Sie seien befremdlich und lebensgefährlich und hätten schon mehrfach den Tod der Behandelten, darunter Frauen im Kindbett, verursacht. Überdies beklagten sich die Beschwerdeführer über Steyers Lebenswandel, über anstössige Frauengeschichten. Jetzt war klar: Gegen Steyer hatte sich in Oberwil eine starke Front gebildet, die ihn im Dorf nicht mehr litt. Ob dies nur eine kleine Gruppe von Intriganten war, welche für einen andern, aus Oberwil stammenden Chirurgen Platz schaffen wollten, wie dies das Oberamt vermutete, bleibe dahingestellt. Es genügte, dass er die mächtigen Leute des Dorfes gegen sich hatte. Seine Gegner reichten eine Reihe weiterer Beschwerden nach. Erneut forderten sie eine gründliche Untersuchung von Steyers ärztlichem Können. Sie hegten – erst jetzt – den Verdacht, Steyer habe ursprünglich die Aufenthaltserlaubnis nur für wenige Monate bekommen, und er habe fälschlich vorgegeben, als Hintersasse aufgenommen zu sein. Sie warfen ihm des Weiteren

Strittig war die Frage, wie weit Hintersassen Grundstücke erwerben durften. Sie stellte sich immer wieder dann, wenn begüterte Hintersassen selbstbewusst auf dem lokalen Liegenschaftsmarkt auftraten. Solche Leute machten sich unbeliebt. Die Bürger sahen in ihnen lästige Konkurrenten, die zudem die Grundstückpreise in die Höhe trieben. Dies führte im 18. Jahrhundert vermehrt zu Diskussionen darüber, ob man Hintersassen den Erwerb von Grundstücken nicht überhaupt verbieten müsse. Seit ungefähr Mitte des Jahrhunderts versuchten dies verschiedene Gemeinden durchzusetzen. Die Gemeinde Arlesheim etwa verlangte von der Obrigkeit, dass sie eine Verordnung für Hintersassen erlassen dürfe, welche diesen den Liegenschaftserwerb und das Mitbieten auf Ganten verbieten würde. Dieser Vorstoss aus Arlesheim ist symptomatisch für den zunehmenden Bevölkerungsdruck, der auf vielen Gemeinden lastete. Die Verordnung sollte abweisend wirken und Interessenten davon abhalten, überhaupt ein Gesuch um Aufnahme als Hintersassen zu stellen. Sie enthielt noch weitere Einschränkungen mit dem Ziel, das Dasein als Hintersasse so wenig attraktiv wie möglich machen: Sie sollten künftig kein Vieh mehr auf die Gemeindeweide treiben dürfen. Und der Zugang zum Wald sollte ihnen gänzlich verboten werden, womit sie auch kein «totes Holz» mehr hätten nach Hause tragen können. Es zeigt sich also auch bei der Allmendnutzung, wie schon bei der Niederlassung, dass die Rechte der Hintersassen sehr labil und den Zeitläuften unterworfen waren. Was ihnen im 17. und frühen 18. Jahrhundert vermutlich noch fraglos zugestanden worden war, drohte ihnen später unter verstärktem Druck der wirtschaftlichen Verhältnisse und der Bevölkerungsentwicklung zusehends abhanden zu kommen.

Dudelsackpfeifer
Kupferstich von Albrecht Dürer, 1514. Fahrende Musikanten brachten Abwechslung in den dörflichen Alltag.

Adelige, Kleriker und Stadtbürger

Eine besondere Gruppe von Fremden stellten die Angehörigen höherer Stände dar, welche in Dörfern lebten: Stadtbürger auf der Basler Landschaft, Adelige, Kleriker und hohe Beamte in den fürstbischöflichen Gebieten. Letz-

vor, er verspotte die Gemeinde Oberwil in der Nachbarschaft, weil sie ausser Stande sei, ihm seine Güter abzukaufen und ihn wegzuschicken. Gerade die Rückgabe der Güter jedoch forderte eine der Beschwerden. Entweder solle er sie öffentlich verganten oder gegen Zins an Einheimische vergeben. Der Landvogt wandte sich aber nicht gegen Steyer. Er riet ihm im Gegenteil, sich beim Bischof um einen Schutzbrief zu bemühen. Der käme zwar nicht dem Hintersassenstatus gleich, erlaube also immer noch keinen Grundstückerwerb. Doch gerade diese Einschränkung könne helfen, die Wogen zu glätten. Dieser Empfehlung kam Steyer nach, auf den Schutzbrief wartete er aber noch im Dezember vergeblich.

Den entscheidenden Trumpf konnten Steyers Gegner ausspielen, als sich ein Angehöriger des Domstiftes, Baptist Knupfer, Scholaster des Domkapitels Arlesheim, einschaltete und bei der Regierung in Pruntrut vorstellig wurde. Möglicherweise war Knupfer vom Pfarrer ins Spiel gebracht worden, der Steyer ebenfalls mit zunehmendem Misstrauen begegnete. Vielleicht hatte er aber auch Beziehungen zum Konkurrenten um die Oberwiler Chirurgenstelle. Jedenfalls pflegte er Kontakte zum Meier und zu einigen Gerichtsleuten. 1766 sandte Knupfer dem Kanzler in Pruntrut

Das Schloss Ebenrain in Sissach
Das Gemälde zeigt die Ansicht von Westen im 18. Jahrhundert. Der Basler Bandfabrikant Martin Bachofen-Heitz erwarb um 1770 von Sissacher Bauern mehrere Stücke Acker- und Wiesland. Darauf liess er in den Jahren 1774–1776 das Schloss als seinen Landsitz errichten.

tere waren als «Gefreite» privilegiert und von den gemeindlichen Verpflichtungen entbunden. In besonderem Masse gegenwärtig war der Klerus in Arlesheim. Hier hatte sich im Jahre 1679 das Domkapitel niedergelassen und prägte seither nicht nur das Dorfbild, sondern begründete auch ein vielfältiges Miteinander und Nebeneinander zweier unterschiedlicher Welten. Die Stadtbürger, die auf der Basler Landschaft lebten, waren zum grössten Teil obrigkeitliche oder kirchliche Amtsträger: Landvögte, Landschreiber und vor allem Pfarrer, welche am unmittelbarsten mit den Menschen im Dorf zu tun hatten. Als Vertreter der Obrigkeit kam ihnen eine spezifische Autorität zu, welche sie deutlich über die Landleute stellte. Daneben gab es aber auch vereinzelte Stadtbürger, welche sich als Privatleute in einem Dorf niederge-

ein Schreiben, worin er die Oberwiler in Schutz nahm und umgekehrt dem Oberamt Nachlässigkeit bei der Untersuchung vorwarf. Bei Missachtung der Forderungen der Gemeinde, so Knupfer, müsse mit gewalttätigen Aktionen junger Leute gerechnet werden. Diese hätten sich bislang nur durch Zureden Älterer von Attacken auf Steyer und sein Haus abhalten lassen. Das Oberamt Birseck, von Pruntrut aus zu einer Stellungnahme aufgefordert, hielt immer noch zum angefeindeten Steyer. Es gehe seinen Gegnern gar nicht um eine bessere ärztliche Versorgung, sondern bloss um die Rückgewinnung der von Steyer erworbenen Güter und darum, den einheimischen Chirurgen im Dorf zu platzieren. Dahinter stehe ein Arzt, der bei einem vornehmen Geistlichen, wahrscheinlich Knupfer, Einfluss besitze und der eine Oberwiler «Betschwester», Anna Hügin, dazu angestiftet habe, ihren Neffen als Chirurgen nach Oberwil zu holen. Steyer sei zwar ein Scharlatan, aber deswegen müsse man ihn nicht ausweisen. Es genüge, ihn mit einem fähigen Konkurrenten in die Schranken zu weisen. Die Regierung in Pruntrut kam zu einem andern Schluss: Am 8. Dezember 1766 verfügte sie, Steyer habe bis Ostern das Fürstbistum zu verlassen. Die Besitzverhältnisse solle er so regeln, wie es die Gemeinde vorgeschlagen habe, ent-

lassen hatten. Sissach zählte 1774 sieben solcher privater Stadtbürger mit Haus- und Grundbesitz. Sie schwebten keineswegs als eine abgehobene Gruppe über dem dörflichen Alltag. Sie waren eingebunden in das System der Dreizelgenwirtschaft. Sie hatten sich, wie gewöhnliche Dorfbewohner auch, mit den üblichen Nachbarschaftskonflikten herumzuschlagen, etwa wenn eine Grundstücksgrenze strittig war oder wenn sich die Jungfer Rhyner gegen ihren Nachbarn wehren musste, der sein Haus anbaute und ihr damit Licht wegnahm. Sie konnten sich auch nicht den Pflichten eines Landbesitzers, wie etwa den Gemeindefronen oder dem als Ersatz dafür zu entrichtenden Geldbetrag, entziehen. Als der Stadtbürger Martin Bachofen auf dem Ebenrain 1776 seinen Beitrag nicht bezahlte, galt dies für die Gemeindebürger als ein Verstoss gegen den Grundsatz der Gerechtigkeit. Einige von ihnen verweigerten aus Protest ihren Beitrag ebenfalls. Allerdings wurden dann die widerborstigen Landleute und nicht die fehlbaren Stadtbürger vor Gericht gezogen.

Schon allein den Erwerb von Grundstücken durch Stadtbürger sahen die Landleute nicht gerne. Denn gemäss ihrem Verständnis sollten die Güter in der Gemeinde in den Händen von Gemeindebürgern bleiben. Besonders unbeliebt machten sich deshalb jene Stadtbürger, welche zu offensiv auf dem Grundstückmarkt auftraten, etwa an Liegenschaftsganten. Jene Einheimischen, welche ebenfalls am strittigen Land interessiert waren, versuchten dann, Grundstückkäufe, die so zu Stande gekommen waren, durch das so genannte Zugrecht rückgängig zu machen. Dieses erlaubte einem Gemeindebürger, eine verkaufte Liegenschaft innert einer bestimmten Frist an sich zu «ziehen», wenn er den gleichen Preis bot wie der Auswärtige. Manchmal wurde dem noch nachgeholfen, indem der «Züger» das Land gleich besetzte und ansäte, um seinen Anspruch anschaulich zu demonstrieren. Wie andere Auswärtige auch, stiessen Stadtbürger also dann auf heftige Ablehnung im Dorf, wenn sie mit den Einheimischen in Konkurrenz um knappe Güter wie Land oder Holz traten.[5]

weder durch Vergantung oder durch Verleihung gegen Zins. Steyer entschied sich für Letzteres und zog in die elsässische Nachbargemeinde Neuweiler fort. Zehn Jahre später versuchte er wieder nach Oberwil zurückzukehren. Ein entsprechendes Gesuch wies der Fürstbischof jedoch ab. Dennoch treffen wir Steyer 1780 in Aesch an, und 1785 war er wieder in Oberwil ansässig. Diesmal gelang es der Gemeinde nicht mehr, seine Ausweisung zu erreichen. Zwischen 1794 und 1801 muss er in Oberwil gestorben sein.
Johann Georg Steyer war ein Fremder im Dorf. Nicht irgendein armer Schlucker, der zum Vornherein zu einem Leben am Rand verurteilt war, sondern ein Angehöriger eines angesehenen Berufsstandes. Dennoch widerfuhr ihm ein sehr wechselhaftes Schicksal – das Schicksal eines Fremden eben, der auf Gedeih und Verderb vom Wohlwollen der Einheimischen abhängig war und nur bestehen konnte, solange er sich diesen gegenüber wohl verhielt. Neu in Oberwil zugezogen, war er erstaunlich rasch akzeptiert und in dörfliche Beziehungsnetze einbezogen. Er konnte es sich jahrelang leisten, ohne förmliche Niederlassungsbewilligung hier zu leben. Er brauchte deren Besitz bloss vorzugeben und konnte dabei erst noch besondere Privilegien glaubhaft machen.

Schlossbesitzer
Eine besondere Kategorie der «Fremden» im Dorf bildeten die Stadtbürger, welche auf der Landschaft Grundstücke erwarben und sich einrichteten, nicht immer zur Freude der Landleute. Der Bandfabrikant Martin Bachofen-Heitz, Besitzer des Schlosses Ebenrain in Sissach, geriet mit der dortigen Gemeinde in Streit, weil er den Beitrag an die Gemeindefronen nicht zu leisten bereit war. Sein Porträt und dasjenige seiner Gattin Margaretha Bachofen-Heitz wurden 1768 von Joseph Esperlin gemalt.

Hans Heinrich Wicki will Bürger werden

Im Jahre 1769 stellte Hans Heinrich Wicki beim Fürstbischof das Ansuchen um das Allschwiler Bürgerrecht. Wicki stammte aus Häsingen im Elsass und lebte in Allschwil bereits als Hintersasse. Die Regierung in Pruntrut beauftragte darauf das Oberamt Birseck, in Allschwil die Gemeinde zu versammeln. Die Bürger sollten befragt werden, wie sie sich zum Gesuch Wickis stellten, ob sie Einwände gegen seine Person hätten und welches Einkaufsgeld sie von ihm verlangen würden.[6] «Die gemeinde seye ohnehin schon mit burgern überladen, er wolle also gebetten haben, mit neüen burgern dieselbe zu verschonen.» Mit diesen Worten stellte sich gleich zu Beginn der Meier Hans Jakob Werdenberg gegen die Aufnahme Wickis. Mit ihm lehnten sie auch die vier Geschworenen und die allermeisten Bürger ab. «Die burgerschafft seye starck genug, man könne denen alten burgern schier nicht genug holtz geben es seye allso kein neuer burger nöthig», formulierte der Küfer Heinrich Gürtler eines der am häufigsten vorgetragenen Bedenken. Denn fast einhellig hielt man Allschwil für «übersetzt» mit Bürgern, also übervölkert. Insbesondere fürchtete man, das Holz aus dem Gemeindewald reiche nicht mehr für alle aus. Die jährlichen Gaben an Holz würden immer kleiner, und der Bau neuer Häuser sowie die Ausbesserung alter Gebäude würden den Wald ruinieren. Dazu kam, dass die Gemeinde Allschwil vor einiger Zeit mit grossen Kosten verschiedene Grundstücke aufgeforstet hatte. Und nun wollte man die Waldnutzung nicht mit Leuten teilen, die daran keinen Beitrag geleistet hatten. Wicki sei überdies ein «unruhiger Mensch», meinte der Geschworene Mathias Gürtler. Auch nach Ansicht seines Amtsbruders, Hans Jakob Werdenberg, hatte sich Wicki nicht beliebt gemacht, und er könnte, «weilen er ein reicher Mann seye, alles an sich reissen». Man fürchtete also einen reichen Neubürger als gefährlichen Konkurrenten auf dem Grundstückmarkt. Als Einkaufsgeld hatte Wicki der Gemeinde 100 Pfund angeboten. Offenbar hatten darüber schon vorher Abklärungen oder gar Verhandlungen mit der Gemeinde stattgefunden. Dies entsprach

Und weit mehr als ein Jahrzehnt lang kümmerte sich niemand im Dorf darum, dass es mit seinen ärztlichen Künsten nicht zum Besten stand. Paradoxerweise wandte sich das Glück erst von ihm ab, als er zu Wohlstand kam. Als er auf Ganten erschien und Einheimische überbot, trat er den reichen Dorfbürgern auf die Füsse. Einen fremden Konkurrenten duldeten sie nicht, auch wenn, oder vielleicht gerade weil sein Schwiegervater ein Bürger war. Nun liessen sie ihre Macht und ihre Beziehungen gegen ihn spielen. Sachverhalte, die vorher nicht von Belang waren, kehrten sich gegen ihn: die unklare Niederlassungsbewilligung, der Mangel an ärztlicher Qualifikation, sein anstössiger Lebenswandel. Er bot sich geradezu an als Zielscheibe und als Sündenbock, auf den man die verbreitete Unzufriedenheit wegen des teuren Bodens und des mangelnden Wohnraumes lenken konnte. Interessant ist dabei immerhin die Resistenz des Oberamtes Birseck, im Wesentlichen des Landvogts und des Amtsschreibers, gegen die gemeindeinternen Angriffe auf Steyer. Erst als die Gemeindeoberen über den Domherrn Knupfer sozusagen die direkte Linie nach Pruntrut gefunden hatten, war es um Steyer endgültig geschehen.

einer gängigen Praxis, für die es auch anderswo, beispielsweise im oberen Baselbiet, Hinweise gibt.[7] Was Wicki zu geben bereit war, betrug das Doppelte der früher üblichen 50 Pfund – für die inzwischen aber wohl kaum noch eine Einbürgerung zu haben war. Doch auch mit den 100 Pfund gab man sich in Allschwil nicht zufrieden. Der Meier und verschiedene weitere Bürger verlangten für den Fall, dass Wicki doch eingebürgert werden sollte, 200 Gulden, was 250 Pfund entsprach. Andere forderten 400 bis 1000 Pfund, andere wieder wären für kein Geld bereit gewesen, Wicki als Bürger aufzunehmen. Die genannten Beträge waren abschreckend hoch und betonten zusätzlich die Ablehnung Wickis. Man wollte damit wohl aber auch die Verhandlungssumme möglichst hoch ansetzen, für den Fall, dass die fürstbischöfliche Obrigkeit der Gemeinde die Einbürgerung doch noch aufdrängen sollte. Die Rechnung ging allerdings nicht ganz auf. Zwar mussten die Allschwiler auf Weisung der Obrigkeit Wicki tatsächlich als Bürger aufnehmen. Doch mit der Einkaufssumme hatten sie sich verrechnet. Am Sonntag nach der Versammlung begaben sich die Geschworenen, statt die Kirche zu besuchen, nach Basel und liessen dort eine Bittschrift gegen die Aufnahme Wickis aufsetzen. Darin äusserten sie gleichzeitig ihre Meinung, der Bischof könne ohne Zustimmung der Gemeinde keinen Bürger und keinen Hintersassen aufnehmen. Als sie gleichentags die Bittschrift dem Landvogt überreichten, drohte er, sie wegen der versäumten Messe zu bestrafen. Und aus Ärger über die «unruhige, wo nicht gar aufrührerische Gemeind Allschweyler» schlug er dem Fürstbischof vor, Wicki solle der Gemeinde nur gerade die minimalen 50 Pfund als Einzugsgeld bezahlen und die weiteren 50 Pfund, die er geboten hatte, in die bischöfliche Kasse geben. Schliesslich bringe dieser ansehnliche Mittel ins Land und seine Söhne werde man nicht alle ins Bürgerrecht aufnehmen.

Wicki erfreute sich in Allschwil offensichtlich keiner sehr grossen Beliebtheit. Das kam sicherlich auch daher, dass er als Auswärtiger eine Allschwiler Bürgerstochter geheiratet hatte. Wickis Schwiegervater war erst noch

Die Gaunerbande des «Schwarzen Samuel»

Am 7. März 1732, während des Basler Fronfastenmarktes, wurden im Wirtshaus «Zum Blauen Wind» an der Steinentorstrasse vier Frauen, Maria Katharina Fricker, Maria Frey und die beiden Schwestern Anna Barbara und Anna Maria Lünger, sowie ein Mann, der desertierte Soldat Peter Babo, verhaftet.[2] Die Frauen hatten zwei Tiroler Krämern Indiennestoffe gestohlen und sich danach mit Babo im Wirtshaus getroffen. Nur weil sie zufällig vom Binninger Christoph Tschopp, einem Gelzer oder Schweineschneider, erkannt wurden, gerieten sie in die Hände der Justiz. Tschopp denunzierte die vier nicht von ungefähr. Er scheint einmal mit ihnen gestritten zu haben und wurde danach von ihnen bedroht, unter anderem mit Brandstiftung. Er wusste zu berichten, dass sie einer Bande von ungefähr 15 Personen angehörten, welche sich im Birseck, insbesondere in Oberwil und Therwil, herumtrieben. Rund eine Woche später geriet Barbara Freiberger, die Gattin des Peter Babo, der Polizei in die Fänge, als sie sich nach dem Verbleiben ihres Mannes erkundigen wollte. Ende April gingen in Riehen sieben weitere Mitglieder der Bande ins Netz: Samuel Kestenholz, der «Schwarze Samuel», ihr Oberhaupt; Johannes Fricker, der Bruder der verhafte-

Vagantenpaar vor einem Dorf
Ungefähr jeder zwölfte Mensch lebte damals auf der Strasse und zog ohne festen Wohnsitz durchs Land. Ein Schicksal, das randständige Leute im Dorf als stets drohende Gefahr vor Augen hatten. Fahrende standen ausserhalb der sesshaften Gesellschaft und waren rechtlos. Manch einer wurde aus Not zum Gauner und endete am Galgen. Federzeichnung von Hermann Weyer, 1614.

ein wohlhabender Mann, der im Dorf zwei Häuser besass. Da war also eine gute Partie an einen Auswärtigen gegangen. Nirgends, nicht nur in Allschwil, sah man es gerne, wenn eine Bürgerstochter ein Verhältnis mit einem Mann von auswärts einging. Nicht selten versuchten in einem solchen Falle die Knaben des Dorfes, den Eindringling zu vertreiben. Denn er minderte ihre eigenen Heirats- und Erbchancen. Auch Johann Georg Blum, Bediensteter eines Domherrn, musste Widerstand erleben, als er in Arlesheim das Gesuch um Aufnahme ins Bürgerrecht stellte. Die Gemeinde lehnte ab mit Hinweis auf die grosse Zahl von Hintersassen im Dorf, die beengten Wohnverhältnisse, den Holzmangel, die Zunahme von Felddiebstählen, die Verdrängung eingesessener Bürger durch Neubürger und andere Gründe. Ausschlaggebend war aber auch hier, dass Blum mit der einzigen Tochter des reichen Schmieds Konrad Schaulin verlobt war. Schaulins Verhältnis zur Gemeinde war schon gespannt, weil er sich weigerte, einen Nussbaum, den er vor seinem Haus auf Allmendboden gepflanzt hatte, wieder zu entfernen. Vielleicht aus Verärgerung darüber soll er verkündet haben, kein Bürgerssohn werde seine Tochter zur Frau bekommen. Als sich dies dann durch deren Verlobung mit Blum abzeichnete, entrindeten «böse Buben» nachts den strittigen Nussbaum, der so zu Grunde ging. Ein anderes Mal schlugen sie an Schaulins Haus die Fenster ein.

Pro forma bedauerten zwar die Bürger diese Strafaktionen, welche hier in typischer Weise die Knaben, also junge, unverheiratete Männer des Dorfes, unternommen hatten. In Wirklichkeit lag dies aber durchaus in ihrem Sinne. Auch ein Vorfall aus Aesch aus dem Jahre 1736 zeigt, wie junge Burschen ihrem Ärger Luft machten, weil sie in einer Heiratssache übergangen worden waren. Sie verweigerten dem Landvogt den Bürgereid und erklärten, diesen nur dann zu leisten, wenn die Hintersassen aus ihrem Dorfe weggeschafft würden. Der augenfällige Grund war: Die offenbar begehrte Tochter eines Hintersassen hatte einem Dornacher statt einem der Ihren die Ehe versprochen.

ten Katharina Fricker; dessen Frau Anna Katharina Widmer; Joseph Berne, deren Stiefbruder; Hans Georg Müller und seine Frau Regina Kehrer; deren achtjähriger Sohn Franz Joseph Haussmann. Ende Mai hielten die Stadtwachen das zwölfjährige Bettelmädchen Maria Laiblin an. Im Verhör lieferte es wichtige Auskünfte über die Bande und belastete seinen Vater Jakob Laiblin und seinen Bruder Heinrich Laiblin so schwer, dass der Basler Rat beim Fürstbischof und beim Stadtkommandanten von Hüningen deren Auslieferung erreichen konnte. Schliesslich sassen 14 erwachsene Mitglieder der Bande in Basler Gefängnissen, die beiden Kinder wurden im Waisenhaus untergebracht. Mindestens sechs Bandenangehörige blieben auf freiem Fuss und strichen weiterhin in der Gegend um Basel umher. Während des nun folgenden, langwierigen und Aufsehen erregenden Prozesses hielten sie sich, teils durch Mittelsleute, teils sogar persönlich, über dessen Verlauf und allfällige Gefahren für sie selbst auf dem Laufenden. Der Prozess war im Übrigen begleitet von Korrespondenzen der Basler Stadtkanzlei mit zahlreichen Amtsstellen der näheren und weiteren Umgebung: mit den Oberämtern von Birseck, Lörrach, Salmannsweiler und Säckingen, mit den Vogteien Dorneck, Landskron und Baden, mit

Häufige Ablehnung von Zuzügern

Ob Gemeinden sich bei der Verleihung des Bürgerrechts oder des Hintersassenrechts mehr oder weniger ablehnend verhielten, hing von Ort und Zeit und wirtschaftlicher Lage ab. Es ist aber zu vermuten, dass sie sich generell im Verlaufe des 17. Jahrhunderts immer mehr abschlossen und es zumindest in der ersten Hälfte des 18. Jahrhunderts für Auswärtige äusserst schwierig war, das Bürgerrecht zu erlangen. Dies galt erst recht für Leute, die nicht sehr begütert waren. Die Gemeinden begannen sich vermehrt gegen den Zuzug Auswärtiger und insbesondere gegen die Aufnahme neuer Bürger zu wehren. In den Herrschaften Birseck und Pfeffingen beispielsweise sind für die Zeit zwischen 1707 und 1770 insgesamt 65 Gesuche um Bürgerrecht oder Niederlassung als Hintersassen aktenkundig geworden. In der grossen Mehrzahl der Fälle sprachen sich die Gemeinden gegen die Gesuche aus, was allerdings den Fürstbischof gelegentlich nicht daran hinderte, über deren Willen hinweg die Gesuchsteller aufzunehmen. Einzuschränken ist, dass es sich bei der genannten Zahl nur um jene Gesuche handelt, bei denen die bischöfliche Obrigkeit die Gemeinden befragte. Die Zahl der tatsächlich gestellten Anträge ist nicht bekannt.[8]

Aus Oltingen berichtete ein Beobachter im Jahre 1762, hier seien während 200 Jahren «nicht 10 neue Bürger» aufgenommen worden.[9] Die Gemeinde Bretzwil im oberen Baselbiet hatte in den fünf Jahrzehnten zwischen 1690 und 1740 lediglich zwei Männer mit ihren Familien eingebürgert. In den nächsten 50 Jahren dagegen erhielten elf Familien das Bürgerrecht. Hier zeigt sich, dass mit der Heimindustrie der wirtschaftliche Spielraum weiter wurde und sich dem Dorf auch eher wieder Möglichkeiten zur Öffnung boten.[10] Auch die Gemeinden des Kirchspiels Sissach waren wohl im früheren 18. Jahrhundert nicht so grosszügig wie in den drei Jahrzehnten zwischen 1766 und 1797. In dieser Zeit akzeptierten sie fast zwei Drittel der Gesuche um Verleihung sowohl des Bürgerrechts als auch des Hintersassenrechts, und nur ein gutes Drittel lehnten sie ab.[11]

dem Fürstbischof von Basel und seinen Hofräten in Pruntrut, mit dem französischen Intendanten in Strassburg, mit der vorderösterreichischen Regierung in Freiburg, mit den Städten Colmar, Altkirch, Mülhausen, Delsberg, Solothurn, Aarau, Rheinfelden, Zurzach, St. Gallen, Memmingen und Karlsruhe. Dies illustriert schon, wie weiträumig die Gruppe oder Einzelne ihrer Mitglieder Spuren hinterlassen hatten. Die Verhafteten gaben sich zuerst als harmlose Landstreicher aus. Ihre Brandmale mit unterschiedlichen Hoheitszeichen liessen allerdings bald erkennen, dass sie schon öfters in die Fänge obrigkeitlicher Polizei geraten waren. Doch sie machten trotz Folter keine belastenden Aussagen und leugneten vor allem, einander zu kennen; dies nicht zuletzt deshalb, weil einem Verräter, falls er wieder frei gelassen wurde, gnadenlose Rache drohte. Erst als Kestenholz, vermeintlich um seine Haut zu retten, alle seine Gefährtinnen und Gefährten verriet, mussten diese sich geschlagen geben. Vier Frauen und vier Männer, darunter auch Kestenholz, wurden schliesslich hingerichtet, einer auf die Galeeren geschickt. Drei weitere Männer und Frauen wurden ins Schellenwerk gesperrt oder des Landes verwiesen. Einzig Johannes Fricker hatte aus dem Gefängnis entkommen können. Seine ebenfalls zum

Das Hauptargument gegen die Einbürgerung Wickis in Allschwil treffen wir überall als häufigsten und beinahe stereotyp vorgebrachten Einwand: Die Gemeinde sei «übersetzt», es lebten schon zu viele Bürger und Hintersassen im Dorf und die einzelnen Bürger bekämen so immer weniger Holz oder der Wald würde übernutzt. Damit zusammenhängend und ebenso häufig klagten die Gemeinden über den knappen Wohnraum im Dorf. Junge Bürgersöhne, vor allem weniger bemittelte, könnten deswegen kaum einen Hausstand in ihrer Heimatgemeinde gründen und müssten in der Fremde, also in einem andern Dorf, als Hintersassen unterkommen. Und wenn sie im Dorf bleiben könnten, seien sie gezwungen, mit ihren Familien auf engem Raum zusammenzuleben. Die verstärkte Nachfrage treibe die Preise für Häuser und Liegenschaften in die Höhe und mache es den Eingesessenen oft unmöglich, bei Käufen und Ganten mitzuhalten. Auf die Zahl der Kinder, welche ein Gesuchsteller mitbrachte, wurde genau geachtet, und man stellte auch Mutmassungen darüber an, wie viele noch dazu kommen könnten. Manchmal wurde bei einer Annahme des Gesuchs ein Teil der Kinder vom Bürgerrecht ausgenommen. Bei zu zahlreichen Kindern wäre die Bürgerschaft allzu stark gewachsen, oder man befürchtete, kinderreiche Familien könnten dereinst dem Armensäckel zur Last fallen. Sich für die Zukunft Arme auf den Hals zu laden, davor wollte man sich sowieso hüten. Deswegen hatten wenig begüterte oder stark verschuldete Auswärtige besonders schlechte Aussichten, als Bürger angenommen zu werden. Bei Reichen allerdings konnte, wie im Fall von Wicki, auch wieder die Angst vor Konkurrenz aufkommen. Dieser Grund war oft auch für die Ablehnung von Handwerkern ausschlaggebend. Die Gemeinde Sissach lehnte im Jahre 1776 einen Schneider ab. Er wäre neben den schon ansässigen acht der neunte gewesen, und jene hätten schon nicht genug Arbeit zum Leben finden können. In seltenen Fällen war es auch umgekehrt: Als im selben Jahr in Zunzgen ein Zimmermann um das Bürgerrecht nachsuchte, fanden die dortigen Bürger, einen solchen könnten sie gut gebrauchen, und nahmen ihn an. Der häufigste Beweggrund jedoch,

Tode verurteilte Schwester durfte nicht hingerichtet werden, weil sie schwanger war. Nach ihrer Niederkunft wurde sie zuerst zu ewiger Gefangenschaft begnadigt und schliesslich zur Belohnung für wertvolle Aussagen freigelassen.
Bevor die Bande aufflog, hauste sie lange Zeit in der Scheune eines Wirts in Oberwil. Von hier aus unternahmen die Gauner ihre Diebestouren in die nähere und weitere Umgebung. Hier betätigten sich einige der Frauen zeitweise auch als Prostituierte, «es seyen offt Herren von Basel hinauss auf Oberwil kommen und mit Jhnen sich lustig gemacht», wie die verhaftete Barbara Lünger berichtete. Dass dies alles bei der bekannten engen sozialen Kontrolle eines Dorfes möglich war, mag erstaunen. Aber Fremde standen ohnehin ausserhalb der dörflichen Ehrenhaftigkeit und wurden mit andern Massstäben gemessen. Darüber was hier gespielt wurde, war sich nicht nur der Wirt im Klaren, der offenbar sehr viele Gauner kannte und sie jeweils auch zu warnen pflegte, wenn Gefahr im Anzug war. Das ganze Dorf wusste Bescheid. Einmal konnte die Bande sogar offen ein ganzes gestohlenes Bett zum Dorf hinaus zu einem elsässischen Hehler tragen, ohne dass sie dabei behelligt wurde. Auch der Meier hatte längst mitbekommen, was hier getrieben wurde, und unternahm nichts.

einem Auswärtigen das Bürgerrecht zu gewähren, waren verwandtschaftliche Beziehungen mit einer Bürgerfamilie oder Einheirat in eine solche. Die beiden einzigen Männer, welche in Bretzwil zwischen 1690 und 1740 eingebürgert wurden, hatten auf einen Hof in der Gemeinde eingeheiratet. Und auch in den Gemeinden des Kirchspiels Sissach war dies in den meisten Fällen ausschlaggebend. Zwar machte sich ein junger Mann unbeliebt, wenn er als Auswärtiger eine Bürgerstochter heiratete und damit einem Einheimischen möglicherweise vor dem Glück stand. Doch wenn er dann dadurch in den Besitz des schwiegerelterlichen Hofes gekommen war, standen die Chancen recht gut, dass er nach einer gewissen Zeit als Bürger angenommen wurde. Vielleicht war er nun doch nicht mehr ganz so fremd wie zuvor.

Menschen unterwegs

Wenn der Arlesheimer Hintersasse Urs Malzach 1707 mit dem Erwerb des Bürgerrechts seinen Aufenthalt sichern wollte, damit er nicht aus dem Dorf weggewiesen und ins Elend gestürzt werden könne, dann war diese Begründung mehr als nur eine Floskel. Wer im Dorf niedergelassen lebte, sei es auch nur als Hintersasse, hatte hier eine Heimat, war eingebunden in die alltäglichen Beziehungen, hatte seine Ehre und war damit überhaupt erst sozial lebensfähig. Wer aber aus der Sesshaftigkeit des Dorfes vertrieben wurde, dem widerfuhr eine Katastrophe und er fiel ins Nichts. In der Fremde zu leben, bedeutete damals noch im alten Wortsinne, «elend» zu sein: ausgeschlossen aus dem Kreis einer Gesellschaft, die von ihren Mitgliedern nicht nur die Erfüllung bestimmter Normen erwartete, sondern ihnen auch Rechtsschutz gewährte. In grösserem Ausmasse, als wir uns dies heute vorstellen können, lebten in der frühen Neuzeit Menschen auf der Strasse. Sie zogen ohne festen Wohnsitz durchs Land als Wanderarbeiter, als Handwerker, als Bettler, als Gauner. Oft vereinigten sie mehrere Rollen auf sich, schon weil ein Landstreicher ohne gelegentlichen Diebstahl kaum durchs Leben kam.

Das Neubad bei Basel
Im Jahre 1742 entdeckte und kaufte ein Basler Professor die Heilquelle im Holee-Gebiet. Später erwarb sie der Holeeziegler Rudolf Mory, ein hugenottischer Flüchtling, und errichtete zwischen 1765 und 1770 diesen Gebäudekomplex. Das Bad wurde ein beliebter Vergnügungsort der Stadtleute auf dem nahe gelegenen Land. Auf diesem Stich von Rudolf Huber wird der Zustand um 1791 sichtbar.

Der Heilige Martin mit Bettler
Der Legende nach schnitt der Heilige Martin seinen Mantel entzwei und teilte ihn mit einem Bettler. In den Augen der Leute von damals dürfte dieser zu den «kranken» Bettlern, jenen mit einem körperlichen Gebrechen, gehört haben. Mit ihnen war man nachsichtig, nicht aber mit den «starken» Bettlern, die als Nichtsnutze galten. Diese Statue gehörte zur St. Martinspfarrei Laufen.

Fahrende waren geächtet und rechtlos. Seit dem ausgehenden Mittelalter hatte sich die Gesellschaft auf eine Weise gewandelt, welche die Fahrenden zusehends in Bedrängnis brachte. Sie wurden immer mehr als Belästigung und Bedrohung wahrgenommen. Das mag einerseits mit einer Zunahme von Bettlern im Zuge eines allgemein sinkenden Lebensstandards zu tun gehabt haben. Anderseits hatte sich die früher noch mobilere Gesellschaft zu einer abgeschlossenen und erstarrenden Ordnung hin entwickelt. Darin bekamen Gruppen und Einzelne ihre bestimmten Rollen zugewiesen, die sie bei drohendem Verlust von Ehre und zugesicherten Privilegien zu erfüllen hatten. Absolutistische und bürgerliche Obrigkeiten versuchten ihre Untertanen bis in den privaten Bereich hinein zu disziplinieren. Nicht mehr konforme Verhaltensweisen wie der Bettel oder das Herumziehen als dauerhafte Lebensform wurden kriminalisiert. Ein neues politisches und ökonomisches Denken sah in Landstreichern und Bettlern unproduktive und schädliche Elemente, welche die öffentliche Ordnung zu bedrohen schienen. Nicht nur hatten sie gemäss diesem Denken keinen Anspruch auf Fürsorge, sondern man verfolgte sie im Gegenteil als lasterhafte Verächter der gesellschaftlichen Normen.[12]

Wie viele Fahrende damals durch die Strassen zogen, lässt sich nicht annähernd genau sagen. Für Bayern hat man aufgrund von Quellen geschätzt, dass sie im 18. Jahrhundert etwa acht bis zehn Prozent der Bevölkerung ausmachten. Es spricht nichts dagegen, dass es in schweizerischen Regionen ebenso viele gewesen sein könnten. Denn wie in Süddeutschland war in den kleinräumigen Territorien der Eidgenossenschaft deren Vertreibung kaum effizient zu vollziehen, da sie immer wieder von einem Hoheitsgebiet auf das andere ausweichen konnten. Stark angewachsen war die Zahl von Fahrenden im Gefolge des Dreissigjährigen Krieges (1618 bis 1648) und dann nochmals in den ersten Jahrzehnten des 18. Jahrhunderts, als wiederum kriegerische Ereignisse die Menschen auf die Strasse trieben. Es traf sowohl die Opfer des Krieges, deren Hab und Gut zerstört wurde, wie viele

Die Gauner selbst sollen damit geprahlt haben, sie hätten schon oft mit dem Meier zusammen getrunken und er wolle sie nicht verhaften. Er habe ihnen gesagt, ein Meier sei in einem Dorf nicht dazu da, Diebe zu fangen. Hinter diesem merkwürdigen Gewährenlassen durch die dörfliche Öffentlichkeit mag auch Angst gesteckt haben. Denn dass Landstreicher und Diebe ihre Ziele oft mit Drohungen verfolgten, war allgemein bekannt. Und sich mit einer 20-köpfigen Bande anzulegen, war auch für ein ganzes Dorf nicht gerade ratsam. Ausserdem brachte es Vorteile, sie im eigenen Dorf zu beherbergen. Die Diebe stahlen nämlich nie dort, wo sie sich für längere Zeit aufhielten. Sie wollten sich bei der ansässigen Bevölkerung nicht verhasst machen. So blieb Oberwil tatsächlich von den Streifzügen der Bande verschont. Der Wirt übrigens scheint es in diesem Falle doch zu weit getrieben zu haben. Er konnte sich schliesslich der drohenden Verhaftung nur noch durch Flucht entziehen.

Auf ihren Streifzügen traten die Mitglieder der Bande als Bettler, Krämerinnen, Hausiererinnen und Handwerker auf. Regina Kehrer unterhielt die Leute als Lieder-Sängerin. Andere strickten, spannen, klöppelten, flochten Strohhüte oder Körbe. Wieder andere stellten Schnüre, leinene

der namenlosen Täter, die abgedankten oder desertierten Soldaten, welche nicht mehr in ein geordnetes sesshaftes Leben zurückfanden.

Der allgemein zur Norm erhobene Grundsatz, zwischen einheimischen und fremden Armen oder Bettlern zu unterscheiden, wurde auch im Gebiet der Eidgenossenschaft angewandt. Das Bettelmandat von 1551 verfügte für die gesamte Eidgenossenschaft, dass jede Gemeinde für ihre eigenen Armen aufzukommen, die fremden Bettler aber abzuweisen habe. Dieses Mandat war ausschlaggebend für die Ausbildung einer kommunalen Armenfürsorge. Doch auch die Abweisung fremder Bettler institutionalisierte sich im Verlaufe der Zeit. Als sich später Obrigkeiten und Gemeinden immer mehr von Bettlern belästigt fühlten, veranstalteten diese regelmässig so genannte Bettelfuhren.[13] Man trieb die bettelnden Frauen, Männer und Kinder über die Gemeindegrenze hinaus. Dabei verfrachtete man sie, insbesondere jene, die nicht mehr gut zu Fuss waren, auf Fuhrwerke, manchmal auch nur auf Handwagen. Und es dauerte selbstverständlich nicht lange, bis die Nachbargemeinden mit ihnen ebenso verfuhren.

Diese obrigkeitlichen Bettelfuhren oder -jagden wurden jeweils auf einen bestimmten Termin angesetzt, meist im Herbst oder im frühen Frühling, wenn die Landleute ihre Arbeit liegen lassen konnten. Denn ohne deren Mithilfe waren solche Unternehmungen nicht durchführbar. Zu den angesetzten Tagen scheuchten die «Jäger» im gesamten Territorium alle Bettler und Landstreicher auf und trieben, wessen sie habhaft werden konnten, über die Grenzen. Oft koordinierten mehrere Obrigkeiten die Betteljagden grossräumig, so etwa die Basler Obrigkeit mit der solothurnischen und der fürstbischöflichen, damit die Verfolgten nicht einfach auf ein anderes Hoheitsgebiet ausweichen und bald wieder zurückkehren konnten. Häufig trieb man die Gejagten auch am zentralen Ort eines Amtes zusammen. Jeder und jede Einzelne kamen ins Verhör, Diebe wurden bestraft. Leute, denen nichts zur Last gelegt werden konnte, versahen die obrigkeitlichen Beamten mit einem Reisepass mit genau festgelegter Route und liessen sie durch

Bänder oder hölzerne Schuhnägel her. Eine der Frauen verkaufte Enzianwurzeln, die sie im Schwarzwald gestochen hatte, an Schnapsbrenner. Einer der Männer machte sich selbst als Schnapsbrenner nützlich. Maria Katharina Fricker schliesslich bettelte sich als Wallfahrerin durch. Sie war angeblich schon einmal in Rom gewesen und trug deshalb den Gaunernamen die «Römerin». Bei ihrer Verhaftung gab sie vor, auf ihren Geliebten zu warten, um mit ihm zu einer Wallfahrt nach Mariastein und weiter nach Santiago de Compostela aufzubrechen.

Zu einem Teil lebten diese Gaunerinnen und Gauner also tatsächlich vom Bettel und von ihrem kleinen Handwerk und Gewerbe. So erbettelten die Frauen und Kinder einen Grossteil der täglichen Nahrung, vor allem Brot und Milch, wie andere Arme auch auf den Bauernhöfen. Der Übergang zu den Diebereien war fliessend. Solche begingen sie allerdings ausgiebig. Allein der 17-jährige Heinrich Laiblin hatte trotz seiner Jugend schon über 70 Diebstähle auf dem Kerbholz.

In den Dörfern stahlen sie vor allem Nahrungsmittel. Als besonders lohnend erwiesen sich die Küchen von Wirtshäusern, die Rauchfänge reicher Bauern und die Speisekammern der Pfarrer. Butter, Brot, Käse und geräuchertes Fleisch war an solchen

Steckbrief der fürstbischöflichen Kanzlei

Die zehn gesuchten Gaunerinnen und Gauner dieses «Signalements etwelcher sehr berüchtigter Dieben» stammten aus Bayern, dem Elsass, dem Badischen, dem Allgäu, dem Schwabenland, dem Freiamt und dem Bernbiet. Sie bewegten sich weiträumig und über Ländergrenzen hinweg.

Dorfwächter oder Harschierer über die Grenzen bringen. Bettler, die schon einmal ausgewiesen worden waren, konnten gebrandmarkt werden, das heisst, man brannte ihnen ein obrigkeitliches Zeichen auf die Stirn. So blieben sie zeitlebens als Fehlbare erkennbar.

Viele Fahrende waren in Familienverbänden unterwegs, als Ehepaare mit Kindern, als ledige Mütter, Witwen oder verlassene Frauen mit Kindern. Ein Schlaglicht auf das Schicksal einer solchen Familie wirft die Geschichte der Familie Rosenberger, welche 1731 anlässlich einer Betteljagd in den aargauischen Freien Ämtern in der Nähe von Bremgarten aufgegriffen wurde: Ludi Rosenberger, gebürtig aus Köln, seine Frau Anna Barbara Rosenbergerin, deren Mutter Maria Eva Hirschhorn aus dem Elsass und die beiden Kinder des Ehepaars, die zehnjährige Anna Barbara und die sechsjährige Maria Joda.[14] Die Familie war schon früher in der gleichen Gegend aufgegriffen und weggewiesen worden. Danach schlug sie sich im Baselbiet durch, später im Solothurnischen. Dort fasste man sie, führte sie nach Olten, schnitt allen die Haare ab und wies sie weg.

Schliesslich zog die Familie in die Freien Ämter zurück, weil die obrigkeitlichen Kontrollen in den Gemeinen Herrschaften bekanntermassen noch weniger effizient waren als anderswo. Da die Familienmitglieder aber bei ihrer früheren Festnahme den Eid geschworen hatten, dorthin nicht mehr zurückzukehren, wurde Ludi nun an der Stirn gebrandmarkt, zusammen mit seiner Frau und seiner Schwiegermutter mit Ruten gezüchtigt und an den Pranger gestellt. Die beiden Kinder hatten der ganzen Prozedur als Exempel zuzusehen. Danach mussten alle schwören, sich nicht mehr in der Gegend blicken zu lassen, und wurden über die Grenze geschoben. Das Beispiel der Familie Rosenberger zeigt, wie weiträumig Fahrende umherzogen und wie sie ständig in Gefahr standen, aufgegriffen und mit entehrenden Strafen verfolgt zu werden. Noch etwas verschärfte das Schicksal der Familie Rosenberger: Sie waren «Zigeuner». Eigentlich waren diese in der ganzen Eidgenossenschaft schon seit dem Jahre 1471 nicht mehr geduldet. Das hinderte

Orten bevorzugt zu finden. Manchmal stahlen sie auch lebende Hühner oder Gänse, in günstigen Fällen gar Ziegen oder Schafe von der Weide. Sie schlachteten dann die Tiere oder verkauften sie weiter. Die Frauen entwendeten gelegentlich Kleider von Wäscheleinen oder zum Bleichen ausgelegte Leinwand. Lohnender, aber auch gefährlicher als solche Gelegenheitsdiebstähle waren die geplanten grossen nächtlichen Einbrüche, welche in Gruppen und ausschliesslich von Männern verübt wurden. Die Frauen und Kinder spionierten vorher beim Betteln die dafür vorgesehenen Gebäude aus. Dann standen sie Schmiere und halfen die Ware wegtragen. Wertgegenstände, Tafelbesteck, Küchengeschirr, Kleider, Bettzeug, gelegentlich ganze Betten, und vor allem oft grosse Mengen von Bargeld gerieten bei solchen Unternehmungen als Raub in ihre Hände. Versuchte ein Hausbewohner dazwischenzutreten, musste er damit rechnen, umgebracht zu werden. Die Räuber trugen für solche Aktionen immer Pistolen und ähnliche Waffen bei sich. Mit alltäglichem Diebesgut, das kein besonderes Aufsehen erregte, hausierten sie gleich selber wieder in anderen Dörfern. Für die wertvolleren Gegenstände fanden sie überall ihre Hehler, welche die Sachen dann auf den Markt brachten. Das waren etwa Goldschmiede

SIGNALEMENTS

etwelcher sehr berüchtigter Dieben.

1.) Der Sundgäuer Claus, dessen Geburtsort unbekannt, seye etwaun 25 Jahr alt, ohngefehr 6 Schuh hoch, habe schlechte Bein, aber einen zimlich schweren Oberleib, und blonde Haar. Er traget weisse halbleinerne Kleider.

2.) Der kleine Heinerli, solcher seye aus dem Baaden-Gebiet, 32 Jahr alt etwa 5 Schuh hoch, besetzten Leibs, und habe schwarzlechte Haare. Er traget einen rateinigen Rock, und schwarze Lederhosen.

3.) Der Xaveri aus dem Bayerland, seye atwa 28 Jahr alt, bey 4 und ein halben Schuh hoch, traget weisse Kleider und schwarze Hosen.

4.) Der Franzli, dessen Geburtsort unbekannt ist, er möge etwa 20 Jahr alt, und bey 5 Schuh hoch seyn, habe schwarzlechte Haar. und trage einen blauen Rock, weisse Weste und schwarze Hosen.

5.) Des Schwabenseplis Knab; dessen eigentlicher Namen unbekannt ist, seye 16 Jahr alt, etwa 4 und ein halben Schuh hoch, habe schwarze Haare, und traget einen weissen Rock, ein rothes Leibli und schwarze Hosen.

6.) Der Vilmergensepli, von Vilmergen; solcher sey 36 Jahr alt. Kurz und besetzt, und habe eine hoche Schulter, und braune kurze Haare; er trage eine weisse Kleidung.

7.) Der Steffen, aus dem Algau gebürtig, bey 30 Jahr alt, und 6 Schuh hoch; er habe schwarze Haare, trage einen blauen Rock, und schwarze Lederhosen.

8.) Der Clemens Jakobi, derselbe seye aus dem Schwabenland gebürtig, 30 Jahr alt, 5 Schuh hoch, und gemeiner Statur. Er habe braunlechte Haare, und trage einen blauen Rock, Leiblein und Hosen.

9.) Barbara Wermelinger, des unterm 24sten May zu Hutwyl mit dem Strang hingerichteten Johannes Christmanns Eheweib, ehedem auch Schnegenbäbi genannt, ihr Mann war von Baar aus dem Elsaß gebürtig, doch heimatlos; sie ist bey 30 Jahren alt, etwa 5 Schuh hoch, besetzter Statur; hat braunlechte Augen, braunrothe Haar, Zahnlücken, und unter der Nase ein kleines Wundmahl. Sie trägt eine blaue Kleidung, ein blau und weiß gestrichtes Fürtuch, und rothe Wollen-Strümpfe; führt drey kleine Kinder mit sich.

10.) Peter Karius von Straßburg, welcher bey 26 Jahr alt, etwa 5 und ein halben Schuh hoch und ziemlich dicker Leibsgestalt ist, er hat braune, aber nur wenig Haare, indem er hinten an dem Kopf von denselben ganz entblöst ist. Er trägt eine braunrothe Unterwesten, eine graue Oberweste, einen grauen Rock mit gelben meßingenen Knöpfen, graue Spitzhosen, und einen Wollhut.

Obige Wermelinger und Karius sind von Löbl. Stand Bern auf Zeit Lebens aus gesamt Löbl. Eidgenoßschaft verwiesen worden.

Altes Spital in Liestal
Erbaut worden war es 1766–1769, abgebrochen wurde es 1955. Arme lebten am Rand der dörflichen Gesellschaft. Wer krank war und im Dorf nicht mehr versorgt werden konnte, kam ins Spital nach Liestal.

sie aber nicht daran, immer wieder zu kommen. Doch wenn sie erwischt wurden, ging man gegen sie besonders hart vor.

Wie man bei den gemeindeeigenen Armen die «würdigen» gegen die «unwürdigen» abgrenzte, so unterschied man auch bei den Fremden zwischen «kranken» und «starken» Bettlern. Die «kranken» Bettler waren jene mit einem körperlichen Gebrechen: Blinde, Lahme, Krüppel, Aussätzige oder sonst Kranke. Auch sie wurden zwar weggewiesen, aber doch immerhin als eines Almosens würdig erachtet. Die «starken» Bettler hingegen waren jene, die nicht wegen eines körperlichen Leidens auf die Strasse gerieten. Sie hatten, aus welchen Gründen auch immer, die sesshafte Gesellschaft verlassen, waren aus ihr herausgefallen oder ausgestossen worden. Oft stammten sie aus Familien, die seit Generationen unterwegs waren. Die «starken» Bettler vor allem waren es, welche in den Augen der Sesshaften als unnütze und arbeitsscheue Elemente galten und deshalb abgelehnt wurden. Sie schlugen sich nicht nur mit Bettel, sondern, so gut es ging, auch mit Gelegenheitsarbeiten durchs Leben.

Seit etwa dem 17. Jahrhundert traten sie vorzugsweise in bestimmten Berufen auf: Sie boten als Krämer Waren aller Art feil. Korber fanden ihr Rohmaterial, die Weiden, am Wegrand. Kesselflicker, Wannenbüezer und Maurer führten Reparaturen aus. Schneider und Lismer versorgten die Landleute gelegentlich mit Kleidern. Musiker und Gaukler brachten Unterhaltung ins Dorf und auf die Marktplätze.[15] Wie weit ein Handwerk oder Gewerbe den Fahrenden zur Bestreitung des Lebensunterhaltes diente und wie weit nur als Tarnung für Bettel oder gar Diebstahl, ist eine müssige Frage. Die Übergänge waren fliessend, auch jene zur Kriminalität. Bei den strengen Gesetzen gegen Heimatlose kamen diese fast zwangsläufig mit den Normen des Gesetzes in Konflikt. Spätestens aber geschah dies im Falle von Diebstählen, welche für Fahrende vielleicht nicht gerade zum Alltag gehörten, aber doch bei früherer oder späterer Gelegenheit unumgänglich wurden. Das war verhängnisvoll, denn Eigentumsdelikte trafen den Nerv der sess-

und andere Handwerker in der Stadt oder jüdische Händler im Elsass, auch sie Angehörige einer ausgegrenzten Minderheit. Aber auch in den Dörfern gab es Leute, die mit Hehlerei gerne ein Geschäft machten. Wirte taten sich dabei besonders hervor. Reich wurden die Gauner allerdings nie. Sehr oft stahlen sie aus nackter Not. Manchmal, wenn sie einen besonders einträglichen Fang getan hatten, verprassten sie dessen Erlös mit grossen Saufgelagen. Am Schluss waren sie wieder gleich arm wie zuvor.
Aufschlussreich ist ein Blick auf die Biographien des «Schwarzen Samuel» und seiner Gefährtinnen und Kumpanen. Sie zeigen deutlich, wie schicksalhaft, zwangsläufig und ausweglos die Lebensläufe dieser Menschen auf eine «Verbrecher»-Laufbahn hin angelegt waren. Die meisten von ihnen waren selbst schon als Kinder von Landstreichern aufgewachsen und hatten als solche nie eine Chance für ein ehrenhaftes Leben in der sesshaften Gesellschaft bekommen. Maria Katharina Frickers Eltern waren Landstreicher. Der Vater wurde von seinen Kumpanen ermordet. Von jung auf stahl sie zusammen mit ihrer Mutter und den Geschwistern auf den Märkten der Markgrafschaft und in Vorderösterreich. Dabei wurden zwei ihrer Brüder erwischt und gehängt. Dann wich

haften Gesellschaft, in welcher die Unterscheidung zwischen Mein und Dein als eine der grundlegenden Normen feststand. Diebstahl war und galt deshalb praktisch immer als ein Delikt der Nicht-Integrierten, der Fremden und Fahrenden.[16] Sie wurden so als ganze Gruppe kriminalisiert. Vertreibungen, Landesverweisungen, Pranger, Körperstrafen und gar Brandmarkungen, das waren Vorfälle, die den meisten Fahrenden in ihrem Leben irgendwann widerfuhren. Und nicht selten endete das Leben, manchmal schon in jungen Jahren, am Galgen.

In einer besonderen Stellung als Fremde im Dorf befanden sich die Juden. Sie wurden seit jeher in vielfältiger Weise von der christlichen Gesellschaft ausgegrenzt. Seit der Fürstbischof im Jahre 1694 die jüdische Gemeinde aus Allschwil weggewiesen hatte, waren sie nirgends mehr, weder im baslerischen noch im fürstbischöflichen Gebiet, ansässig. Doch gerade hier, an der Grenze zum Elsass, gehörten sie als reisende Händler dennoch zum Alltag im dörflichen Leben.[17]

Am Rand des Dorfes

Wer gut situiert in der sesshaften Gesellschaft verankert war, konnte sich seines Platzes dort in der Regel sicher sein. Doch die ohnehin Randständigen standen in Gefahr, eines Tages durch ein Missgeschick herauszufallen, ihre Heimat zu verlieren und ihr Leben ausserhalb der geordneten Gesellschaft eines Dorfes oder einer Stadt fristen zu müssen. Der Verlust der Ehre konnte jemandem das Leben im Dorf unmöglich oder unerträglich machen. Der Fall eines jungen Familienvaters aus Tenniken, welcher im Jahre 1783 fallit gegangen war, zeigt anschaulich, wie so etwas hätte geschehen können. Allerdings schritten hier die Unterbeamten des Dorfes zu Gunsten des Unglücklichen ein, um dem Schlimmsten vorzubeugen. Der junge Mann hätte nämlich als Strafe den Lasterstecken, ein ehrenrühriges Zeichen der Schande, tragen sollen. Die Beamten baten nun die Obrigkeit, ihm dies zu ersparen. Er könnte die Herabwürdigung nicht ertragen und sich aus dem

Bettler sammeln Almosen
Radierung von Theodor Falkeisen, 1784. Nicht nur kranke Bettler, auch solche, die aus wirtschaftlichen Gründen an den Rand der sesshaften Gesellschaft gerieten, waren darauf angewiesen, Almosen zu heischen. Die Grenze zum Diebstahl war fliessend und wurde oft notgedrungen überschritten.

Der Bettelvogt
In der Radierung Hans Heinrich Glasers von 1634 wird das Machtgefälle zwischen Sesshaften und rechtlosen Fahrenden augenfällig.

Staube machen. Er hätte also beinahe wegen Verlustes der Ehre der sesshaften Gesellschaft den Rücken gekehrt. Die Gemeindebeamten versuchten dies vor allem deswegen zu verhindern, weil die zurückgelassene Familie dann dem Armensäckel der Gemeinde zur Last gefallen wäre.[18]

Besonders abstiegsgefährdet waren Angehörige der dörflichen Unterschicht. Zwar war Armut noch kein Grund, aus der Gesellschaft herauszufallen. Doch wer arm war und sich etwas zu Schulden kommen liess, wurde härter angefasst als vermögendere Leute. Ihn traf denn auch eher der Verlust der Ehrenhaftigkeit, was beispielsweise bedeutete, aus der Gemeindeversammlung ausgeschlossen zu werden. Der Schritt auf die Strasse war dann nicht mehr weit. Manchem drängte sich dieser auch einfach deswegen auf, weil er, etwa in Krisenzeiten, im Dorf keine materielle Existenz mehr fand. Nicht selten wurde einer dabei über den Umweg des Militärdienstes in fremden Heeren zum Landstreicher. Denn entlassene oder gar desertierte Soldaten waren oft noch ärmer als vorher oder schon so weit kriminalisiert, dass ihnen die Rückkehr in die sesshafte Gesellschaft verschlossen blieb. Ebenfalls sehr gefährdet waren Hintersassen, wenn sie verarmten oder erkrankten. Da sie nicht zu den Gemeindebürgern gehörten, mussten die Gemeinden auch nicht für sie aufkommen und wiesen sie weg. Oft wollten oder konnten sie dann nicht mehr in ihre Heimatgemeinde zurückkehren, bei zu langer Abwesenheit hätte sie diese auch nicht mehr angenommen. Nicht selten übten bedürftige Hintersassen ohnehin Berufe aus, die mit einer nur teilweise sesshaften Lebensweise verbunden waren: Krämer etwa oder Störhandwerker. Für sie war der Übergang zum Verlust oder zur Aufgabe der Sesshaftigkeit fliessend.

Ebenfalls randständig und immer auch ausstiegsgefährdet waren Angehörige so genannt unehrlicher Berufe. Sie waren aufgrund ihrer Tätigkeit – oft gaben sie sich mit toter Materie ab – mit einem Tabu belegt und wurden von den ehrbaren Leuten nach Möglichkeit gemieden. Neben dem Scharfrichter war der Abdecker, Schinder oder Wasenmeister, der sich mit

die Familie in die Schweiz aus, nach Aarau, Solothurn, Murten, Zurzach. Maria Katharina lief von ihrer Mutter weg und lebte danach mit einem berüchtigten Gauner, dem «Roten Krämer», zusammen. Sie hausierte mit gestohlenen Waren und spähte gleichzeitig für ihren Mann günstige Gelegenheiten für Einbrüche aus.

Nach einigen Jahren wurden sie beide in Stockach verhaftet. Ihr Mann kam an den Galgen, sie selbst musste Spiessruten laufen. Als ihr Mann tot war, liess sie sich von einem Deserteur schwängern. Mit ihrer Schwester und weitern Gaunern zog sie darauf in Süddeutschland, im Elsass und in der Schweiz herum und wurde etliche Male erwischt, eingesperrt, gefoltert, ausgepeitscht und viermal gebrandmarkt. Von Aarau, wo sie das vorläufig letzte Mal aufgegriffen worden war, machte sie sich zu ihrer «Wallfahrt» nach Rom auf. In Basel entkam sie nur dank ihrer Schwangerschaft dem Tod durch das Schwert. Die übrigen Bandenmitglieder hatten ähnliche Lebensläufe hinter sich. Samuel Kestenholz war ein Kind von Landstreichern, sein Bruder und sein Schwager waren schon lange vor ihm gehängt worden. Die Schwestern Lünger waren Töchter eines herumziehenden Diebes, der von andern Gaunern erstochen wurde. Ihre Mutter endete als «Mohren Marielin» am Galgen. Ein Bru-

der bättler vogt. erzeigt seinen gewalt
55

der Beseitigung tierischer Kadaver abgab, der klassische Unehrliche. Mehr oder weniger im Geruch, unehrlich zu sein, standen auch Metzger, Gerber oder Müller. Solche Leute pflegten traditionellerweise Kontakte mit Landstreichern. Der Gelzer Christoph Tschopp aus Binningen erkannte deshalb während eines Marktes in Basel im Jahre 1732 vier Angehörige einer Diebesbande, die sich im Hinterzimmer einer Wirtschaft aufhielten, worauf die Stadtwache die vier gefangen setzte.[19] Der Beruf des Gelzers oder Schweineschneiders galt ebenfalls als unehrlich oder war zumindest gering geschätzt. Es waren arme Leute, die ihn ausübten. Sie zogen in ihrer Gegend von Dorf zu Dorf, um ihr Geld zu verdienen, und kannten sich in der Szene der Fahrenden aus. Erwiesenermassen rekrutierten sich Fahrende, und sehr oft auch vagierende Diebesbanden, aus Kreisen solcher unehrlicher Berufe. Der legendäre Schinderhannes ist nur das bekannteste Beispiel dafür.

Die Gesellschaft des Dorfes wies also so etwas wie einen ausfransenden Rand auf, an dem der Fall aus der Sesshaftigkeit als Möglichkeit stets vor Augen stand. Dieser Rand bildete eine wichtige Berührungsfläche zwischen dem Dorf und der Welt der Fahrenden. Denn diese fanden bei jenen armen und randständigen Leuten, die selbst absturzgefährdet waren, häufig Unterschlupf und gelegentlich auch Komplizenschaft.[20] Ohnehin waren Fahrende ständig und in mannigfacher Weise im Dorf gegenwärtig. Sie verdingten sich bei Bauern in saisonalen Arbeitsspitzen wie etwa der Ernte. Sie versorgten das Dorf mit allerhand Kleinwaren, die sonst vielleicht nur im nächsten Marktort zu bekommen gewesen wären. Nicht zu unterschätzen war ihre Rolle als Unterhalter und Übermittler von Nachrichten. Sie brachten dem Volk im Dorf dabei oft auch solche Informationen, die ihnen die Obrigkeit lieber vorenthalten hätte: Spottlieder, verbotene Volkskalender, Auswanderungstraktate und Ähnliches.

Fahrende zogen als Bettlerinnen und Bettler duchs Dorf, heischten Almosen, baten um eine Mahlzeit oder ein Nachtlager. Das war lästig, und die einheimischen Armen sahen darin eine unliebsame Konkurrenz. Aber

Wirtshaus in Eptingen
Der Plan des Gebietes um Eptingen wurde von Hans Bock um 1620 verfasst. Vorne im Oberdorf steht das durch einen Maibaum gekennzeichnete Wirtshaus. Wirtshäuser, vor allem wenn sie am Rand oder gar ausserhalb eines Dorfes lagen, waren ein Ort, wo sich Fahrende unter sich trafen. Hier kamen sie aber auch mit den sesshaften Leuten des Dorfes in Berührung. Wirte hatten oft nahe Verbindungen zu Fahrenden, gelegentlich waren sie auch Komplizen von Gaunern.

dennoch gewährten ihnen die Landleute mehr Almosen, als es den Obrigkeiten lieb war. Diese beklagten sich über die Lauheit ihrer Untertanen in den Dörfern gegenüber dem «Bettelgesinde», das nach ihren Weisungen konsequent vertrieben werden sollte. Aber offenbar waren auf dem Lande noch länger als bei den herrschenden Kreisen der Stadt die Vorstellungen von den «Armen Gottes» erhalten geblieben. Ihnen ein Almosen zu geben, brachte Lohn für die Ewigkeit, getreu dem Bibelwort, dass den Armen und denen, die den Armen geben, das Himmelreich gehören werde. Und vielleicht erwartete ein magischer Volksglauben den Lohn auch schon im Diesseits, wie umgekehrt eine Verweigerung des Almosens Fluch hätte bringen können. Solche Furcht war auch deshalb begründet, weil Bettler gelegentlich mit Gewalt drohten, wenn sie abgewiesen wurden. Insbesondere die Andeutung, sie könnten am Haus Feuer legen, erwies sich als sehr wirksam, vor allem für Leute, die abgelegen wohnten.

Ein wichtiger Ort im Dorf, an dem sich die fahrende Welt unter sich und mit der sesshaften traf, waren die Wirtshäuser. Auch die Wirte hatten, wie die Angehörigen gewisser unehrlicher Berufe, durch ihre Kontakte zu Fahrenden einen guten Überblick darüber, wer so in der Gegend herumzog. Gelegentlich machten sie sich zu Komplizen von Gaunern. Dies reichte von passivem Gewährenlassen und Beherbergung bis zu Hehlerei und Informationsdiensten für lohnende Einbrüche. Nicht nur abgelegene Wirtshäuser, wie etwa eine einsam gelegene Spelunke hinter Laufen, waren als Absteigen von Gaunern berüchtigt. Es gab auch solche mitten in Dörfern wie Oberwil und Allschwil.[21]

Wenn also die sesshafte und die fahrende Gesellschaft auch zwei grundsätzlich verschiedene Welten darstellten, so begegneten sie sich doch fast tagtäglich. Es gab ganz verschiedene Berührungspunkte zwischen ihnen, und Fahrende verfügten über mannigfaltige Beziehungsnetze, die in die sesshafte Gesellschaft reichten.

der und eine Schwester wurden in Schliengen enthauptet, und ihnen beiden stand nun in Basel das gleiche Schicksal bevor. Der Vater Jakob Laiblins zog als Korber durchs Land, lebte aber vor allem von Diebstahl und Raub. Drei der Bandenmitglieder gerieten aus dem Soldatenmilieu in die Gesellschaft der heimatlosen Gauner. Peter Babo stammte aus der Gegend von Orléans und war zuerst aus einem französischen und dann aus einem spanischen Heer desertiert. Der Böhme Georg Müller hatte der Reihe nach dem kaiserlichen, dem französischen, dem spanischen und dem piemontesischen Kriegsdienst den Rücken gekehrt. Er wird die Galeerenstrafe, zu der ihn die Basler Richter verurteilten, kaum überlebt haben. Regina Kehrer war als Soldatenkind im Tross eines Regiments auf die Welt gekommen und ohne Eltern auf der Strasse aufgewachsen. Als man sie im Verhör fragte, was eigentlich aus den Tätern eines vor Jahren auf der Basler Landschaft begangenen Raubmordes geworden sei, wusste sie zu berichten: «Der Franz seye zu Sollothurn gehenckt, der Glaser aufm Hummelwald ermordet, der Fürst Uhlj und Stini hier gerichtet, der Joseph und Jacob Gyger zu Altkirch gehenckt und die andere geköpft, der Täuschler und Geyser zu Lentzburg gehenckt worden.»

Lesetipps

Über die Behandlung von Hintersassen durch Gemeinden und Obrigkeit und die Auseinandersetzungen um die Aufnahme Auswärtiger als Bürger oder Hintersassen im fürstbischöflichen Birseck berichtet Hans *Berner* *(1994) ausführlich und anhand von Fallbeispielen.*

Einige entsprechende Informationen aus dem Gebiet der alten Basler Landschaft finden sich bei Christian *Simon* *(1981).*

Zum Thema «Menschen unterwegs» ist der Aufsatz von André *Schluchter* *(1988) sehr informativ und lesenswert, auch wenn er sich nicht spezifisch mit der Region des Baselbiets befasst.*

Aus der Untersuchung des Bettelwesens in den Freien Ämtern von Anne-Marie *Dubler* *(1970) lässt sich einiges für ländliche Gebiete der Schweiz generell Gültiges entnehmen.*

Nicht entgehen lassen sollte man sich schliesslich den sehr sorgfältig und kenntnisreich geschriebenen Aufsatz von Niklaus *Röthlin* *(1984) über die Gaunerbande des «Schwarzen Samuel» Kestenholz.*

Abbildungen

Kantonsmuseum Baselland, Liestal, Kulturhistorische Sammlung, Inv.Nr. H 01249, Foto Mikrofilmstelle; Sammlung Theodor Strübin: S. 133, 135.
Öffentliche Kunstsammlung Basel, Kupferstichkabinett, Kalender des Fürstbistums Basel auf das Jahr 1747 [A]; Kupferstich B.91; Inv.Bi.381.3a/b; Inv.1913.287; Foto Martin Bühler: S. 134, 139, 144, 153.
Historisches Museum, Basel, Inv.Nr. 1963.268, Fotonr. 5961, Foto Maurice Babey: S. 140.
Foto Mikrofilmstelle: S. 141, 152.
Heimatkunde Binningen 1978, S. 43: S. 147.
Laufentaler Museum, Laufen: S. 148.
Staatsarchiv Basel-Landschaft, AA 1020, Archiv der Landvogtei Birseck, 01.01.02; KP 5001 Grenzpläne A 26 [A]: S. 151, 156.
Universitätsbibliothek Basel, Handschriftenabteilung, Falk 1464 Stich Nr. 9: S. 155.

[A] = Ausschnitt aus Originalvorlage
Reproduktionen durch Mikrofilmstelle

Anmerkungen

1 Schnyder 1992, S. 103.
2 Schluchter 1987, S. 633ff.; Berner 1994, S. 271ff.
3 Berner 1994, S. 258ff.
4 Berner 1994, S. 260.
5 Simon 1981, S. 271ff.; Berner 1994, S. 258.
6 Berner 1994, S. 281ff.
7 Simon 1981, S. 269f.
8 Berner 1994, S. 257, 274ff.
9 Bruckner 1762, zit. nach Strübin 1952, S. 13.
10 Schnyder 1992, S. 104.
11 Simon 1981, S. 269ff., 356f.
12 Röthlin 1984, S. 6ff.; Schluchter 1988, S. 171.
13 Dubler 1970, S. 67ff.
14 Dubler 1970, S. 39f.
15 Dubler 1970, S. 32ff.; Röthlin 1984, S. 9f.
16 Schluchter 1988, S. 173f.
17 Vgl. Bd. 4, Kap. 9.
18 Huggel 1979, S. 485.
19 Röthlin 1984, S. 15.
20 Röthlin 1984, S. 45ff.
21 Röthlin 1984, S. 42ff.

1 Zum Folgenden: Berner 1994, S. 298–306; Baumann 1981.
2 Der ganze Abschnitt beruht auf Röthlin 1984.

Bild zum Kapitelanfang
Bilderdecke im Pfarrhaus Bubendorf
Die gemalte Decke – sie zierte einen Raum, in dem sich vermutlich das Waldenburger Kapitel versammelte – entstand im Auftrag des Pfarrers am Ende des 17. Jahrhunderts. Der Maler dieses erstaunlichen Werkes der Volkskunst ist unbekannt. Die 36 Tafeln, die nur sitzend betrachtet werden können, stellen je zur Hälfte Stellen aus dem Alten und dem Neuen Testament dar. Der Bildzyklus beschäftigt sich mit jenen alttestamentarischen Passagen, die Hinweise auf das Neue Testament enthalten. Den Gemälden fehlt die mittelalterliche Symbolik, es handelt sich um Bibelillustrationen rein protestantischer Prägung. Der Künstler lehnte sich an Stiche aus einer Bibel von Matthäus Merian an. Die Bilderdecke entstand in einer Zeit orthodoxer Reformen. Die orthodox-reformierte Prägung zeigt sich in der strengen Zweiteilung, im Ausblenden Marias und in der Konzentration auf die theologischen Hauptthemen Kreuzigung und Auferstehung. Zu sehen sind auf diesem Ausschnitt Szenen aus dem Alten Testament: Vertreibung aus dem Paradies, Verheissung, Isaak segnet Jakob, Opferung Isaaks.

Die beiden folgenden Kapitel 8 und 9 bilden inhaltlich eine Einheit: Sie setzen sich mit dem Leben im so genannten konfessionellen Zeitalter auseinander. Die Konfessionalisierung, die nach der Reformation begann, umschreibt den Prozess, in dem sich die Konfessionen in Lehre, Liturgie und Organisation zu eindeutig abgegrenzten Kirchen formten, die mit dem Anspruch auf Alleinvertretung auftraten. Diese Abgrenzung vollzog sich jedoch in verschiedener Hinsicht in gedanklicher Auseinandersetzung mit den anderen Bekenntnissen. Deshalb kann die Entwicklung im reformierten Gebiet nicht unabhängig von jener im katholischen – und umgekehrt – beschrieben werden. Es ergeben sich immer wieder Berührungspunkte, und es gab Aspekte, die in beiden Gebieten so ähnlich waren, dass sie übergreifend behandelt werden. Im Folgenden steht die reformierte Basler Landschaft von 1530 bis ins 18. Jahrhundert im Zentrum; Kapitel 9 beleuchtet dann die Entwicklung im katholischen Birseck und Laufental vom Ende des 16. Jahrhunderts, also nach der Rekatholisierung, bis ins 18. Jahrhundert.

Konfessionelle Räume

Basel nahm 1529 die Reformation an. Umgeben war die Stadt jedoch von Herrschaften, die altgläubig geblieben waren. Solothurn hatte sich nach kurzer Unentschlossenheit und zwei so genannten Ämterbefragungen, in denen die Stadt 1529 die Haltung ihrer Untertanen zur Reformation zu erfahren suchte, 1533 für den Verbleib beim alten Glauben entschieden. Auch in den zum Reich gehörenden Nachbarterritorien blieb zunächst alles beim Alten. Einzig im Fürstbistum Basel musste der Landesherr während Jahrzehnten einen konfessionellen Gegensatz hinnehmen: Sowohl im Birseck und Laufental als auch in der Stadt Biel, im Münster- und St. Immertal entschieden sich seine Untertanen für die Reformation. An dieser konfessionellen Karte änderte sich in den Jahrzehnten bis zum Ende des Jahrhunderts nur wenig: Die Markgrafschaft Baden nahm 1556 die Reformation an, und dem Fürstbischof gelang es nach 1580, das Birseck und das Laufental zu rekatholisieren.[1]

Detail der Bilderdecke
Dargestellt ist hier der Sündenfall.

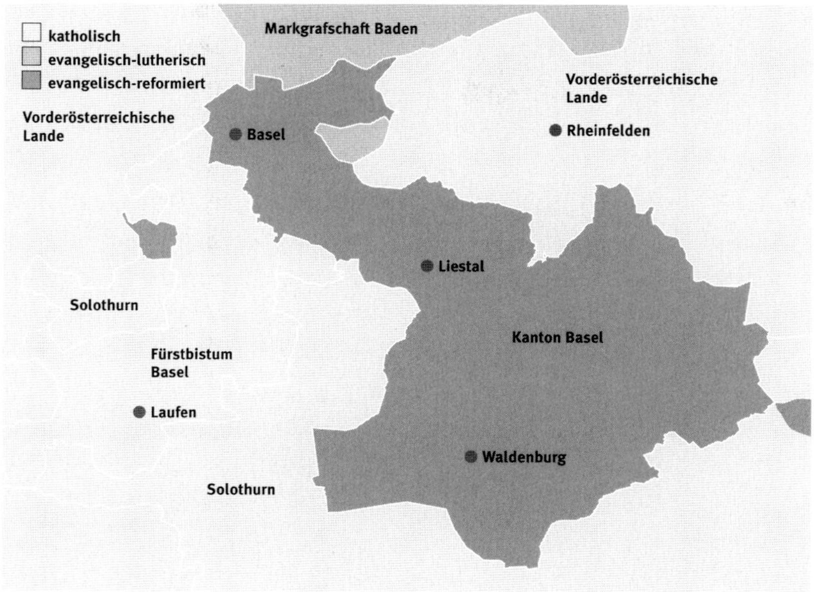

Konfessionelle Verhältnisse bei Basel um 1620

Mit der Annahme der Reformation war der reformatorische Prozess jedoch noch nicht abgeschlossen: Zum einen mussten sich Obrigkeit und Kirche sozusagen nach innen, in den kirchlichen Institutionen, neu konstituieren, zum anderen mussten sie die neue Glaubenslehre nach aussen in die Bevölkerung tragen. Mit der vom Rat erlassenen Reformationsordnung von 1529 und in den zahlreichen Nachfolgeregelungen, die er bis zum Ende des 18. Jahrhunderts veröffentlichte, hatte sich Basel gewissermassen eine neue Verfassung gegeben; darin legte die Obrigkeit nicht nur die Grundsätze des neuen Glaubens fest, sondern sie reglementierte auch das Verhalten des Einzelnen und das Zusammenleben der Menschen in Stadt und Land. Die Reformationsordnung setzte sich die Erneuerung des Gemeinwesens zum Ziel. Den Erlass immer neuer und immer detaillierterer Mandate gegen Pracht und Aufwand, gegen Spielen und Tanzen betrachtete der Rat als Pflicht einer christlichen Obrigkeit.

Eine neue Quelle: Die Kirchenbücher

Die Reformation brachte auch auf der Basler Landschaft eine neue Quellengattung hervor: die Kirchenbücher, also die Aufzeichnung der Geburten, Heiraten und Bestattungen durch den Gemeindepfarrer. In Basel schrieb die Reformationsordnung von 1529 die Führung von Tauf- und Eheregistern vor. Das älteste erhaltene Taufbuch auf der Landschaft setzt 1529 ein und stammt aus Bubendorf. In den meisten Kirchgemeinden begann die regelmässige Registrierung von Taufen und Eheschliessungen zwischen 1540 und 1570, diejenige der Beerdigten und der Konfirmierten teilweise erst im 17. und beginnenden 18. Jahrhundert. Bis 1600 hatten die meisten Kirchgemeinden auf dem Land Taufbücher. Möglich ist, dass bei einigen das älteste Exemplar verloren gegangen ist. In Gelterkinden beispielsweise brannte 1593 das Pfarrhaus mitsamt den Schriften nieder. Vereinzelt hatte es bereits in vorreformatorischer Zeit Register von Taufen gegeben, so etwa in Pruntrut für die Jahre 1482 bis 1500 und in der Kleinbasler Kirche St. Theodor für die Jahre 1490 bis 1497.[1] Allgemeine Verbreitung in der katholischen Schweiz fanden Kirchenbücher erst durch einen Beschluss des Konzils von Trient, der die Geistlichen 1563 zur Führung von Tauf- und Eheregistern

Ordnung in der Kirche
Die beiden um die Mitte des 17. Jahrhunderts entstandenen Darstellungen zeigen einen Gottesdienst in der Kirche von Kilchberg (S. 162) und im Basler Münster (S. 163). Das detailreiche Gemälde von Johann Sixt Ringle stellt die Ordnung in der Münsterkirche wie ein Abbild der Gesellschaft dar. Im Vordergrund ist das Häuptergestühl zu sehen mit der Sitzordnung der Ratsherren. Frauen und Männer sitzen getrennt, schwarze Kleidung ist allgegenwärtig. Auch auf dem Land standen Amtsträgern bestimmte Plätze in der Kirche zu. Männer und Frauen lauschten der Predigt ebenfalls räumlich getrennt. Die auf diesem Stich von Burcardus dargestellte Sitzordnung in Kilchberg war für ländliche Kirchen wohl kaum allgemein üblich.

Auch für die Eidgenossenschaft hatte die Glaubensspaltung neue konfliktträchtige Verhältnisse geschaffen, die nach einer Lösung verlangten. Der Zweite Kappeler Landfrieden von 1531, der die Wahl der Konfession einem jeden Ort des eidgenössischen Bündnissystems überliess, begründete ein Vierteljahrhundert vor dem Augsburger Religionsfrieden innerhalb der Eidgenossenschaft das Prinzip «cuius regio, eius religio»: Dieser Grundsatz erlaubte es der Herrschaft, in ihrem Territorium das Bekenntnis ihrer Untertanen festzulegen. Die Eidgenossenschaft bestand nun aus zwei etwa gleich starken konfessionellen Lagern. Innerhalb des schweizerischen Protestantismus spielte die Zürcher Kirche eine führende Rolle. Nachdem Versuche einer Annäherung an das Luthertum schon früh gescheitert waren, bemühten sich die Reformierten im schweizerisch-oberdeutschen Raum um einen Konsens in Glaubensfragen: Das erste Helvetische Bekenntnis, 1536 von Zürich, Bern, Basel, Schaffhausen, St. Gallen, Biel und Mülhausen unterzeichnet, bildete einen Versuch, für die reformierten Kirchen in der Schweiz eine gemeinsame Grundlage zu formulieren.[2]

Umsetzung der neuen Lehre

Im Spätmittelalter und in der Reformationszeit setzte sich die Landbevölkerung für die Verbesserung ihrer geistlichen Versorgung ein. Ein wichtiges Anliegen war den Gemeinden die Autonomie in der Pfarrwahl und in der Verwaltung des Kirchengutes. Nach der obrigkeitlichen Durchsetzung der Reformation wurde ihnen aber rasch klar, dass sie diese Ziele nicht erreichen konnten. Eine den gemeindlichen Interessen zuwiderlaufende Entwicklung stellte auch die obrigkeitliche Zusammenlegung von Kirchgemeinden dar. Nachdem sich die Gemeinden seit dem Spätmittelalter eher für die Trennung grösserer Kirchgemeindeverbände ausgesprochen hatten, legte der Rat 1535 aus Spargründen zuerst Bubendorf und Ziefen, im selben Jahr auch Buus und Maisprach zusammen. Später folgten Bretzwil und Reigoldswil. Die Titterter, die seit der Reformation zur Kirchgemeinde Reigoldswil gehör-

ten, hatten, wenn in Bretzwil gepredigt wurde, einen weiten Weg zurückzulegen. Einige Stellen, wie die Katharinenpfründe in Liestal sowie das Frühmesseramt in Liestal, Muttenz, Pratteln, Sissach und Waldenburg, wurden nicht mehr besetzt. Der Pfarrer von Diegten hatte nun auch Eptingen zu versorgen.[3] Die Enttäuschung der Landbevölkerung über die institutionelle Umsetzung der kirchlichen Neuerungen entlud sich in brauchtümlichen Formen von Widerstand und Gewalt. Die Pratteler beispielsweise bepflanzten ihrem Leutpriester im Jahr 1530 den Krautgarten mit Unkraut, bewarfen dessen Laube, später auch das Haus mit Steinen, zerstörten das Gatter und streuten sein Brennholz auf die Strasse. Dem Läufelfinger Pfarrer wurden ein Jahr später das Vieh aus dem Stall getrieben und die Früchte vom Baum geerntet.[4] Die von den Geistlichen an den Synoden vorgebrachten Klagen über den nachlässigen Besuch des Gottesdienstes weisen darauf hin, dass sich die Untertanen den obrigkeitlichen Verordnungen, die ihnen den Kirchenbesuch vorschrieben, zu entziehen wussten.

Bei der Verbreitung der Glaubenslehre in der Bevölkerung kam der Reformationsordnung von 1529 und dem Basler Bekenntnis von 1534 eine wichtige Rolle zu. Erstere ging zwar auf die neue Lehre ein, behandelte jedoch viel ausführlicher die neuen kirchlichen Institutionen und die Reglementierung der öffentlichen Ordnung und Sittlichkeit zur Ehre Gottes und zur «Pflanzung eines christlichen Wesens». Im Basler Bekenntnis hingegen stand die neue Lehre ganz im Zentrum. Die Geistlichen waren in obrigkeitlichem Auftrag dazu verpflichtet, Mandate von der Kanzel zu verlesen – der Gottesdienst diente also nicht nur dem Seelenheil, sondern auch der Informationsvermittlung. Die Pfarrer trugen als «sprechendes Amtsblatt» in der Predigt, deren Besuch die Reformationsordnung vorschrieb, und in der ebenfalls verordneten Kinderlehre sicher Wesentliches zur Verbreitung der Lehre bei. Viel weniger lässt sich jedoch über die Rezeption in der Bevölkerung sagen. Wie nahmen die Menschen die Abschaffung der Messe und die Einführung des Gottesdienstes auf, in dessen Zentrum das Wort stand? Wie

verpflichtete. Von Sterbebüchern war noch nicht die Rede. An einigen Orten wurde der Erlass des Konzils später dahingehend erweitert, dass auch Bestattungen und Firmungen aufgezeichnet werden mussten. Zu Beginn des 17. Jahrhunderts wurde im «Rituale Romanum» von Papst Paul V. (1614) die Führung von Toten-, Firmungs- und Familienregistern empfohlen und durch detaillierte Anweisungen gefördert, jedoch nicht zwingend vorgeschrieben.

Der Beschluss des Konzils von Trient, die Eheschliessungen aufzuzeichnen, hängt mit Veränderungen der katholischen Eheauffassung zusammen. Durch die Aufzeichnung sollte den so genannten Winkelehen, die ohne Zeugen nur durch den Konsens der Eheleute geschlossen wurden, entgegengewirkt werden. Zwar galt aufgrund des Konsensprinzips weiterhin, dass das Sakrament der Ehe grundsätzlich nur von und zwischen den Brautleuten gespendet werde, ohne dass die Eltern das verhindern konnten. Dennoch sollte von nun an die Ehe nur gültig sein, wenn sie nach dreimaligem Aufgebot von der Kanzel und durch Austausch des Ehekonsenses vor dem Ortspfarrer und Zeugen geschlossen wurde. Damit wurde die Eheschliessung an die Heimatpfarrei gebunden und in die Kompetenz der Kirche gezogen. Mit der Betonung des kirchlich-öffentlichen

gingen sie damit um, dass das Abendmahl auf der Landschaft zunächst nur noch dreimal im Jahr gefeiert wurde?

Die beiden erwähnten obrigkeitlichen Texte sind überdies Belege dafür, dass sich die reformierte Lehre erst entfalten musste – in beiden wird zwar der Heiligenkult abgelehnt, die Jungfrau Maria bleibt jedoch präsent: So überrascht es nicht, dass Zeichen der Marienverehrung auf der Landschaft erhalten blieben. Die Frage, wie die Bevölkerung die neuen Glaubensinhalte aufnahm, stellt sich besonders in Bezug auf die Heiligenverehrung und die Jenseitsvorsorge – auf seit dem Spätmittelalter tief verankerte Frömmigkeitsformen. Dass die Menschen bereit gewesen wären, ohne weiteres auf die Sicherheit und den Schutz zu verzichten, die diese Formen gewährten, ist nur schwer vorstellbar. Es erstaunt deshalb nicht, dass es sowohl aus dem Baselbiet als auch aus anderen Gegenden, zum Beispiel aus der Zürcher Landschaft, Hinweise darauf gibt, dass die Heiligen weiterhin verehrt wurden. Der reformatorische Bruch mit der Tradition war geringer, als man auf den ersten Blick annehmen könnte. Aus lutheranischen Gebieten gibt es lebhafte Zeugnisse für das Bedürfnis der Bevölkerung, Heilige anzubeten: Lutherbilder, die sich nicht in Brand setzen liessen, die wundersamerweise schwitzten oder sich selbst an die Kirchenwand malten, wurden schon in den frühen Jahren der Reformation wichtiger Bestandteil eines Kultes, der der katholischen Heiligenverehrung kaum nachstand.[5]

Das Bedürfnis nach Heilsvergewisserung war nach der Reformation nicht kleiner geworden. Mit der Abwendung von herkömmlichen religiösen Formen verband sich vielmehr die Frage, ob die Menschen von der alten Kirche statt zum Seelenheil in die Irre geführt worden seien. Nun hoffte man, das Richtige zu tun. Antworten auch auf konkrete Fragen erwarteten die Menschen nicht zuletzt aus der Bibel, die grosse Autorität erhielt. Ein Bürger von Laufen etwa sagte 1528 aus, der Prädikant habe sie aus der Schrift belehrt, dass man keine Bilder haben solle, worauf sie zum Bildersturm geschritten seien.[6] Vor diesem Hintergrund wird verständlich, dass es auch

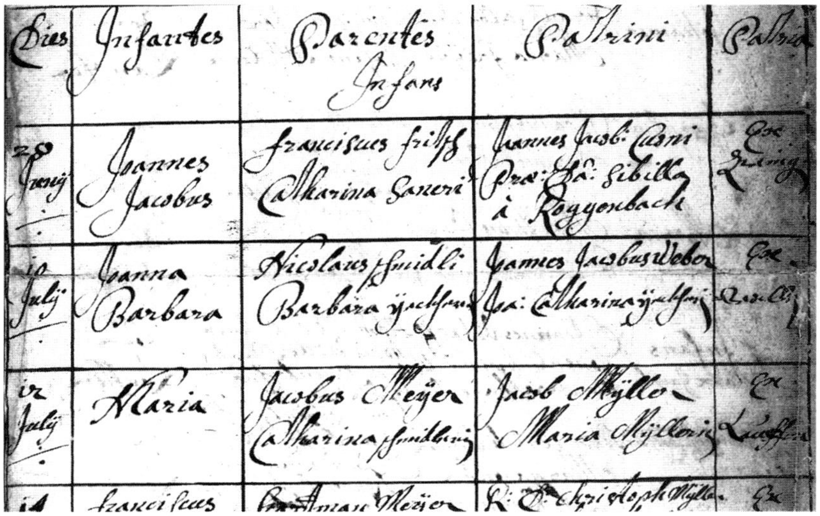

Dies	Infantes	Parentes Infans	Patrini	Patria
28 Junij	Joannes Jacobus	franciscus frisch / Catharina Saneri	Joannes Jacob: [illegible] / [illegible] Sibilla à Roggenbach	Ex [illegible]
10 Julij	Joanna Barbara	Nicolaus Smidli / Barbara [illegible]	Joannes Jacobus Weber / [illegible] Catharina [illegible]	Ex [illegible]
12 Julij	Maria	Jacobus Meyer / Catharina [illegible]	Jacob Myller / Maria Myllerin	Ex Lauffen
14	franciscus	[illegible] Meyer	[illegible] Christoph Myller	Ex

Taufbuch von Laufen
Die Aufzeichnung von Taufen, Ehen und Bestattungen in den Kirchenbüchern erlaubt der historischen Forschung Einblicke in Bereiche, die ihr sonst versperrt geblieben wären. So wissen wir heute beispielsweise, dass sich Geburten und Todesfälle nicht gleichmässig übers Jahr verteilten. Der landwirtschaftliche Rhythmus hatte auf beide Bereiche seinen Einfluss. Verzeichnet wurden in diesem Taufbuch aus Laufen Tauftag, Namen von Kind, Eltern und Taufpaten.

unter Protestanten zu unüberwindbaren Friktionen kommen konnte. Ein wichtiger Unterschied zwischen lutheranischen und reformierten Vorstellungen zeigte sich in der Abendmahlslehre. Während Luther, dem alten Glauben[7] hier weiterhin verbunden, davon ausging, dass Brot und Wein der Leib Christi sind, betonte Zwingli deren Symbolcharakter: Brot und Wein bedeuten den Leib Christi. Diese unterschiedlichen Interpretationen, die Unklarheit über das Geschehen im Abendmahl, führten zu Zerwürfnissen, weil die Menschen bestrebt waren, sich im Glauben auch wirklich richtig zu verhalten.

Die Ausrichtung der Basler Kirche

Johannes Oekolampad folgte als erster Antistes der Basler Kirche in theologischen Fragen weitgehend Zwingli. Nach Oekolampads Tod im Jahr 1531 entfernte sich die Basler Kirche stärker von den übrigen reformierten Kirchen der Schweiz und insbesondere von Calvin. In einer Phase zunehmender konfessioneller Polarisierung war Basel bemüht, einen eigenständigen Kurs zu steuern. In den Jahrzehnten dieses Lavierens zwischen Reformierten und Lutheranern herrschte in der Stadt ein verhältnismässig offenes Klima für nonkonformistische Strömungen. Calvinistische Glaubensflüchtlinge in Basel gründeten 1569 die französische Kirche, die das Abendmahl lange vor der Basler Kirche mit Brot statt mit Hostien feierte, daneben lebten katholisch Gebliebene und Menschen, die «zweierlei Glauben» anhingen.[8]

Simon Sulzer, Antistes von 1553 bis 1585, versuchte, im Bestreben zwischen dem deutschen und dem schweizerischen Protestantismus als Bindeglied zu fungieren, die Basler Kirche den Lutheranern anzunähern. Besonderen Ärger erregte er in der reformierten Eidgenossenschaft Anfang der 1560er Jahre durch seine Zustimmung zur Abendmahlslehre des lutherischen Augsburger Bekenntnisses. Zürich und Genf hatten sich nämlich bereits Mitte des 16. Jahrhunderts in der Abendmahlsfrage geeinigt und so dazu beigetragen, dass sich die Konturen eines reformierten Kirchentypus abzuzeichnen begannen, der sich im Zuge der Konfessionalisierung zuneh-

Charakters der Eheschliessung entwickelte sich die katholische Eheauffassung in eine ähnliche Richtung wie das reformierte Eherecht, das den Kirchgang, eine kirchlich-obrigkeitliche Zeremonie, und nicht die Verlobung als Beginn der Ehe ansah.[2] Bis zum Beginn der Umsetzung der Konzilsbeschlüsse dauerte es jedoch oft bis gegen Ende des 16. Jahrhunderts: In der Diözese Basel, zu der die fürstbischöflichen Ämter Birseck, Pfeffingen und Zwingen gehörten, wurden die Vorgaben des Konzils an der Synode von Delsberg 1581 verwirklicht. Das älteste Taufregister aus dem Fürstbistum Basel setzt 1584 ein. In der Stadt Laufen beginnt die Überlieferung der Taufen und Eheschliessungen unmittelbar nach der Rekatholisierung 1588, die Bestattungen wurden seit 1601 aufgezeichnet; in Liesberg wurden die Taufen ebenfalls seit 1588 registriert, in Arlesheim und Therwil seit 1589. Noch ein wenig älter sind die Brislach betreffenden Taufen in den Kirchenbüchern von Rohr: Sie beginnen 1585. In anderen katholischen Pfarreien sind die Kirchenbücher erst seit dem 17. Jahrhundert erhalten.[3]

Die Abendmahlsreform

Eine zentrale Neuerung der Liturgie im reformierten Basel, die Verwendung von gewöhnlichem Brot beim Abendmahl an Stel-

mend gegenüber der lutherischen Kirche abgrenzte. Ganz in diesem Zusammenhang steht das Zweite Helvetische Bekenntnis von 1566, das auf dem Augsburger Reichstag die reformierte Glaubensposition ausdrücken sollte. Basel trat unter Sulzers Führung als einziger eidgenössischer Ort dem Zweiten Helvetischen Bekenntnis nicht bei.

Sulzers lutheranisierende Tendenzen wurden von einer Mehrheit des Rates mitgetragen; dabei spielten nicht nur theologische Präferenzen, sondern auch (handels-) politische Überlegungen eine wichtige Rolle. Die Stadt war bestrebt, einen eigenständigen Kurs gegenüber den anderen eidgenössischen Orten zu steuern: Unter anderem wegen schlechten Erfahrungen in den Kappeler Kriegen und aufgrund ihres Sicherheitsbedürfnisses wollte sich die Stadt nicht einseitig nur zu den reformierten Städteorten hin orientieren, sondern auch zu den katholischen Orten und zum Reich gute Kontakte pflegen.[9] Basels Bemühen, sich durch seine konfessionelle Haltung auch politisch als Verbindung zwischen Eidgenossenschaft, elsässischen und süddeutschen Territorien zu profilieren, schwächte sich erst gegen Ende der 1570er Jahre ab. Sulzers Nachfolger Johann Jakob Grynäus, im Amt von 1586 bis 1617, beendete den Prozess des konfessionellen Hin und Her und leitete die Phase der reformierten Orthodoxie ein. Er band damit die Basler Kirche wieder stärker an die übrigen reformierten Kirchen der Schweiz. Parallel zur Neuordnung und Durchstrukturierung der Basler Kirche, die Grynäus durchführte, regelte der Rat in den 1580er und 1590er Jahren das öffentliche Leben mit zunehmend schärferen Mandaten. Die Reformationsordnung von 1595 besiegelte das Verhältnis von Staat und Kirche als «gesetzliches Staatskirchentum», das bis ins 18. Jahrhundert Bestand hatte. Unter Theodor Zwinger, Antistes von 1629 bis 1654, wurde die Basler Kirche im vollen Sinne orthodox: geschlossen in ihrer Lehre, unermüdlich in der Auseinandersetzung mit Luthertum und Papsttum, überzeugt von der unbedingten Richtigkeit und Wahrheit ihrer theologischen Sätze, festgelegt in ihrer Ordnung und in ihrem ganzen kirchlichen Leben. Nach längerer

le von Hostien, erfolgte erst 1642. In Zürich wurde seit Zwingli ungesäuertes Brot verwendet, die anderen reformierten Kirchen in der Schweiz entschieden sich jedoch auch erst im 17. Jahrhundert für Speisebrot. Bei den Reformierten wird das Abendmahl als Erinnerung an die Leiden Christi verstanden, wobei Brot und Wein lediglich als Symbole für Leib und Blut gelten. Erst dieses symbolische Verständnis ermöglichte es, an Stelle der geweihten Hostie gewöhnliches Speisebrot zu verwenden.
Für die Basler Landschaft wurde das erste Brotbrechen auf das Weihnachtsfest 1642 angesetzt. Der Neuerung gingen mehrere vorbereitende Predigten voraus, in denen die theologische Notwendigkeit ausführlich dargelegt wurde. Die Liturgiereform hat eine grosse Zahl von materiellen Zeugnissen in Form von Schalen, Kannen, Kelchen und Vortischen hinterlassen; viele sind erhalten geblieben. Das Abendmahlsgerät wurde in zwei Phasen erneuert: 1642 aus Anlass der Einführung des Brotbrechens und 1673, als die Darreichung des Kelchs neu geregelt wurde. Die Anschaffung der Geräte wurde nicht etwa den einzelnen Pfarreien überlassen, sondern die Behörden regelten die Neuerungen bereits im Vorfeld verbindlich. Die Folge waren Grossaufträge für Gerätschaften in Zinn und für die Vortische. Die Kirchen der

Grossauftrag
Abgebildet ist die Deckelkanne aus Zinn, die Joseph Strübin 1642 für die Kirche von Arisdorf anfertigte. Auf der Landschaft sind die meisten dieser von der Obrigkeit für die Liturgiereform von 1642 in Auftrag gegebenen Kannen noch heute vorhanden.

Arisdörfer Vortisch
Die Abendmahlstische für die Ämter Liestal und Farnsburg wurden, wie der hier abgebildete für die Kirche von Arisdorf, alle beim Liestaler Schreiner Peter Hoch gefertigt. Mit Ausnahme des Tisches für die Stadtkirche von Liestal, der aus Nussbaumholz hergestellt war, bestanden sie aus Eichenholz mit Nussbaumleistchen.

Vermittler

Der 1508 als Sohn eines Geistlichen geborene Berner Simon Sulzer gehörte als dritter Antistes der Basler Kirche bereits zur zweiten Generation der Reformationsgeschichte. Schon während seiner Ausbildung interessierte er sich für vermittelnde Positionen zwischen dem schweizerischen und dem deutschen Protestantismus. Als Antistes lehnte er jedoch den Beitritt zum Zweiten Helvetischen Bekenntnis – und damit eine Annäherung an andere reformierte Kirchen der Schweiz – ab. Gegen Ende seines Lebens war diese lutheranisierende Haltung in Basel zunehmend umstritten.

Auseinandersetzung mit dem Rat gelang es Zwinger 1637, eine neue Reformationsordnung durchzusetzen. Sie war geprägt vom Gedanken an die sündige Welt und den zürnenden, strafenden Gott; eine Mischung aus Kirchen- und Polizeiordnung, setzte sie mit theologischer Begründung die Verschärfung der Ordnung von 1595 fort. 1644 trat Basel dann auch dem Zweiten Helvetischen Bekenntnis bei.

Unter Antistes Lukas Gernler, seit 1655 Zwingers Nachfolger, stand der Bussgedanke weiterhin im Zentrum. Die Kirche der zweiten Hälfte des 17. Jahrhunderts fühlte sich in hohem Mass bedroht und kämpfte dauernd gegen Neuerungen. Gernler versuchte, die Orthodoxie nicht nur durch ständige Abwehr zu retten und zu bewahren, sondern er wollte auch eine umfassende kirchliche Reform einleiten. In der Welt sollte Gottes Herrschaft zur Geltung kommen, hier sollte das Gute gemehrt und dem Laster gewehrt werden; mit entsprechenden Mandaten sollte das praktisch-kirchliche Leben intensiviert werden. Die hochorthodoxe Kirche war eine Kirche der Anordnungen, Verfügungen, Gebote und Verbote, mit denen eine äussere Ordnung errichtet und aufrechterhalten werden sollte. In seiner Amtszeit wurde die gegenüber 1595 nochmals verschärfte Kirchenordnung von 1660 erlassen. Darin spiegelte sich das Bemühen der Obrigkeit, die herrschaftliche Durchdringung im Anschluss an den Bauernkrieg von 1653 zu verschärfen.[10] Gegen Ende des 17. und im 18. Jahrhundert begann sich die Basler Kirche zu verändern; das Bild bleibt jedoch widersprüchlich: Einerseits öffnete sie sich Neuerungen wie den pietistischen Privatandachten oder den pädagogischen und sozialpolitischen Ideen eines Isaak Iselin und fand, wie die Einführung der Konfirmationsfeier auf dem Land zeigt, auch neue Formen der Kirchlichkeit, die der Bevölkerung entgegenkamen. Andererseits bewahrte sie nach aussen das strenge Gesicht des 17. Jahrhunderts. Reformvorschläge, beispielsweise für einen neuen Katechismus, verschwanden mehrfach von der Tagesordnung oder wurden abgelehnt, weil man sich vor Neuerungen in der Lehre fürchtete. Seit dem Ende des 17. Jahrhunderts sah sich die

Landschaft wurden auf einheitliche Weise ausgestattet, sie erhielten in der Regel zwei zinnerne Abendmahlskannen sowie eine grosse und eine kleine Platte für das Brot. Hergestellt wurden sie von Joseph Strübin. Silberne Schalen gab es auf dem Land im Gegensatz zum 16. und frühen 17. Jahrhundert keine mehr. Die Tische, die von zwei Schreinern der Landschaft gefertigt wurden, weisen vor allem im Detail eine etwas grössere Vielfalt auf. Aus dem Rahmen fällt besonders der Nussbaumtisch für die Liestaler Kirche, dessen Beine in weit ausladenden, gedrehten Füssen endeten. 1673 erhielt der Goldschmied Martin Huber den Auftrag, 50 silberne Kelche für die Kirchen der Landschaft zu fertigen. Dafür verwendete er teilweise alte Kelche, die vereinzelt wohl noch aus vorreformatorischer Zeit stammten. Die Normierung des liturgischen Gerätes auf der Landschaft verweist auf eine verstärkte Durchsetzung der zentralen Staatsgewalt.[4]

Die Einführung der Konfirmation

Nach der Reformation gab es bei den Protestanten nur noch zwei Sakramente: die im Säuglingsalter empfangene Taufe und das Abendmahl. Die Taufe wurde als Akt der göttlichen Gnade verstanden, die in keiner Weise ergänzungsbedürftig sei, um die sich die Menschen jedoch durch ein

Kirche zunehmend von verschiedenen sich teilweise widersprechenden aufklärerischen Strömungen bedroht. Sie reagierte defensiv: An der Orthodoxie wurde streng festgehalten, unter den Pfarrern wurde rigoros über Abweichungen gewacht, die Obrigkeit schwor sie auf die Lehre ein, etwa indem sie ihnen inhaltliche Vorgaben für Gebete und Predigten machte. Für pietistische Pfarrer gab es in der Basler Kirche einen gewissen Spielraum. Wer jedoch unorthodoxe Ideen, beispielsweise ein aufgeklärtes Bibelverständnis, vertrat, hatte keine Chance, eine Stelle zu erhalten. Auffallend ist, dass die Reformations- und Kirchenordnungen im 18. Jahrhundert oft wiederholt und erneuert wurden.[11]

Die Debatte über immer neue und detailliertere Mandate, mittels derer der Rat das Leben und Verhalten, die Sittlichkeit, den Aufwand für Alltag und Feste der Bevölkerung zu beeinflussen suchte, stellte einen zentralen Aspekt der Regierungsgeschäfte dar. Bereits in der Reformationszeit zeigte sich, dass die Landleute sich den Anordnungen entzogen: Sie widersetzten sich dem obrigkeitlichen Versuch, ihnen städtische Normen überzustülpen. Die Obrigkeit modifizierte die Verordnungen zwar immer wieder, Gehorsam fand sie jedoch nur in beschränktem Mass, die Verbote des Spielens etwa liessen sich genau so wenig durchsetzen wie die Beschränkung der Tische an Hochzeitsfesten. Was veranlasste den Rat trotz seines Misserfolgs, an derartigen Anordnungen festzuhalten? Er ging offensichtlich davon aus, als christliche Obrigkeit dazu verpflichtet zu sein.[12] Die Landbevölkerung entwickelte schon vor der Reformation eigene Vorstellungen kirchlichen Lebens. Die Frage, was angesichts der herrschaftlichen Reglementierung aus ihnen wurde, lässt sich nicht beantworten. Drang die ländliche Mentalität in der Ausgestaltung des kirchlichen Lebens nicht durch oder stellte städtische Herrschaft bereits ein Arrangement mit der ländlichen Realität dar? Dass das Zweite zumindest im Laufe der Zeit zum Tragen kam, könnte aus der Tatsache sprechen, dass die Einführung der Konfirmation 1725 weder bei den Pfarrern noch bei der Landbevölkerung auf Ablehnung stiess.

Streng orthodox
Der 1597 in Basel geborene Theodor Zwinger führte die Basler Kirche in die reformierte Orthodoxie. Die Abgrenzung vom Luthertum und die gleichzeitige Annäherung an den schweizerischen Protestantismus äusserte sich 1642 in der Einführung des Brotbrechens im Abendmahl und zwei Jahre später im Beitritt zum Zweiten Helvetischen Bekenntnis. Im Bauernkrieg stand Zwinger für eine strenge Bestrafung der Aufständischen ein.

beispielhaftes, christliches Leben bemühen müssten. Als Anleitung zu solch einem gottgefälligen Leben sah die Reformationsordnung von 1529 vor, dass Kinder zwischen dem siebten und dem 14. Altersjahr viermal im Jahr vom Leutpriester in die Kirche gerufen und über ihr religiöses Wissen befragt werden sollten. Besonders jene Kinder, die erstmals das Abendmahl empfangen wollten, sollten über dieses Sakrament unterrichtet werden. Die Reformierten brachen also mit der alten Tradition, Kinder schon im frühen Alter und ohne zwingende Unterweisung über die Sakramente zum Abendmahl zuzulassen. Die Reformationsordnung nannte keine Termine für die Unterrichtsstunden. Aus späteren Synodalakten lässt sich schliessen, dass sie nicht in direktem Zusammenhang mit dem Abendmahl standen, sondern zu Beginn jeder Jahreszeit, an den Fronfastenterminen, stattfanden. Während das Abendmahl in der Stadt relativ häufig, fast jeden Sonntag in einer städtischen Kirche stattfand, wurde es auf dem Land nur an den drei Hauptfesten Ostern, Pfingsten und Weihnachten gefeiert. 1660 wurde ein vierter Abendmahlstermin, der erste Sonntag im September, eingeführt. Aus der Tatsache, dass der Zeitpunkt von Unterricht und Abendmahl nicht in Einklang standen, kann abgeleitet werden, dass die Kinder-

Innere Organisation der reformierten Kirche

Auch in Basel konnte sich die Kirche nicht zu einer autonomen Kraft entwickeln, sondern sie geriet rasch unter die volle Kontrolle des Kleinen Rates: Das staatskirchliche System setzte sich durch. Der Rat hatte nicht nur auf die organisatorische Struktur, sondern auch auf die dogmatische Position der Kirche einen wesentlichen Einfluss. Er sanktionierte die neue Kirchenordnung und die Glaubensgrundsätze, in seinen Händen lagen die Verwaltung des Kirchengutes, die kirchliche Strafgerichtsbarkeit und das Ehegericht. Er versuchte, durch Mandate Vorstellungen einer christlichen Gesellschaft zu verwirklichen, und setzte die Pfarrer ein. Grundlage des kirchlichen Lebens bildete neben der Reformationsordnung von 1529 das Basler Bekenntnis von 1534, auf das die ganze Bevölkerung eingeschworen wurde. Die Prediger mussten sich zweimal im Jahr zu einer Synode versammeln, an der ihre theologischen Kenntnisse und ihr moralisches Verhalten geprüft wurden. Obwohl sie im Beisein von Ratsvertretern stattfand, ermöglichte sie es der Geistlichkeit immerhin, eigene Positionen zu kirchlichen, gesellschaftlichen und politischen Fragen zu entwickeln und dem Rat vorzubringen. Wie weit dieser darauf einging, hing von der persönlichen Autorität der Kirchenvertreter ab und nicht von verfassungsmässig begründeten Rechten der Kirche.

Auch die Kirchgemeinden auf der Landschaft wurden in die territorialstaatliche Kirchenorganisation eingegliedert: Wahl und Besoldung der Pfarrer wie auch die Kontrolle über deren Lehre erfolgten durch die städtischen Behörden. Die Pfarrer wurden dadurch zu Vertretern der städtischen Obrigkeit. Die Landpfarrer versammelten sich zusätzlich zur gemeinsam mit den Stadtpfarrern abgehaltenen Synode zu eigenen Generalsynoden, denen auch die Landvögte angehörten. Geleitet wurde die Kirche auf der Landschaft durch drei Dekane, die dem Liestaler Kapitel (bestehend aus den Ämtern Liestal, Münchenstein, Riehen, Kleinhüningen), dem Farnsburger Kapitel und dem Waldenburger Kapitel (Waldenburg, Ramstein, Homburg) vorstanden. Die Geistlichen eines Kapitels trafen sich einmal jährlich, meist

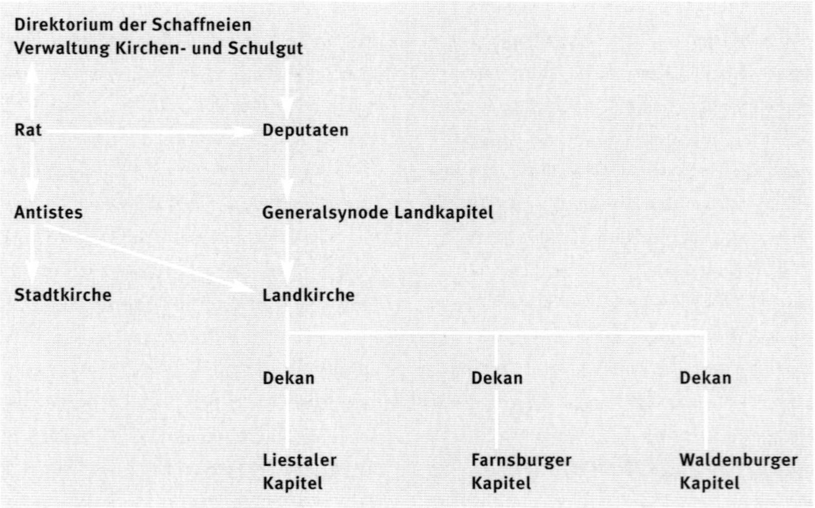

Organisation und Verwaltung der Basler Kirche
Der städtische Rat stand der Kirche in der Stadt wie auf dem Land vor; er bestimmte den Antistes wie auch alle Pfarrer. Das obrigkeitliche Aufsichtsorgan über die Kirchen auf dem Land, über deren Vermögen sowie das Schul- und Armenwesen waren die Deputaten. Die Generalsynode der Landkapitel setzte sich aus allen Landpfarrern und den Oberbeamten zusammen. Sie wählte die Dekane, die je einem der drei Kapitel der Landschaft vorstanden.

im Sommer und oft nach den Kirchenvisitationen. Die wichtigsten Anliegen dieser Kapitelversammlungen leitete der Dekan an den Kirchenrat in der Stadt weiter, der seinerseits darüber zu entscheiden hatte, wie viel er dem Rat mitteilen wollte.[13]

Die Untertanen nahmen in der Kirchenorganisation wie im weltlichen Verwaltungsbereich wichtige Funktionen wahr. Aus ihren Reihen wurden die Kirchmeier und Sigriste bestimmt, die sich um den baulichen Unterhalt und die Verwaltung des Kirchenvermögens kümmerten. Untertanen stellten auch die Mitglieder des Banns, jener kirchlichen Gerichtsinstanz, die für sittliche Lebensführung und Kirchenbesuch zuständig war und mit der Exkommunikation ein Sanktionsmittel in diesem Bereich besass. Der Bann war also wie das Ehegericht für Personen geistlichen und weltlichen Standes zuständig und aus Männern beiden Standes zusammengesetzt. Der Bann war vor der Reformation in Verruf geraten, weil er sich als Sanktionsinstanz für weltliche Vergehen missbrauchen liess; nun sollte er einzig und allein für Religionspraxis und Kirchenzucht zuständig sein. Die Trennung zwischen weltlichem und kirchlichem Bereich liess sich allerdings nicht aufrechterhalten, weil die Obrigkeit die Aufsicht über die Kirche beanspruchte und sie für die Sicherung ihrer Herrschaft instrumentalisierte. Ausserdem war die kirchliche Gerichtsbarkeit auf dem Land auf die Unterstützung der Landvögte als weltlicher Vollzugsinstanz angewiesen.[14]

Sittenaufsicht durch den Bann

Gemäss der ersten Bannordnung aus dem Jahr 1530 wählte der Landvogt aus jeder Pfarrgemeinde zwei Männer aus, die wie die Pfarrer und Helfer Aufsicht über ihre Pfarrgenossen halten sollten. Die Reformationsordnung von 1595 modifizierte das Wahlprozedere insofern, als die Pfarrer die Wahlen unter Beizug des Landvogts durchführen sollten. Im 18. Jahrhundert wurde der Bann in einzelnen Gemeinden, so in der Kirchgemeinde Sissach, durch Stimmenmehr, also durch Untertanen selbst gewählt. Dennoch wirkte

lehre allgemeinere pädagogische Absichten verfolgte als nur die Vorbereitung auf das Abendmahl. Dort, wo die Kinder die Möglichkeit zum Schulbesuch hatten, war der «Kinderbericht» ja auch nichts anderes als ein periodisches öffentlich-kirchliches Schulexamen, stellte doch der Katechismus den Haupt-, wenn nicht gar den einzigen Lehrstoff auch der Schulen dar. Auf der Landschaft kamen allerdings nur die wenigsten Kinder in den Genuss von Schulunterricht. Erteilt wurde die Kinderlehre oft nicht vom Pfarrer, sondern von Helfern und Diakonen. Als Lehrmittel diente der 1537 erstmals gedruckte Katechismus von Oekolampad, der überarbeitet auch in spätere Werke einfloss. Das Lehrbuch enthielt nicht nur Zusammenfassungen und dogmatische Erklärungen biblischer Texte, sondern in den Fragen und Antworten spiegelten sich auch auf das praktische christlich-sittliche Leben ausgerichtete Anweisungen. Besonders deutlich wurde diese pädagogisch-moralische Absicht im Kommentar zu den Zehn Geboten, der nicht nur die äussere tatsächliche Sünde, sondern auch die gedachte verurteilte und zu Gehorsam gegenüber den Eltern, der christlichen Gemeinschaft und der weltlichen Obrigkeit aufrief.

Auf dem Land wurden – in Übereinstimmung mit der vorreformatorischen Praxis –

Durchsetzung reformierter Normen
Das Ehegericht wurde in Basel nach der Reformation von 1529 geschaffen. Zusammengesetzt war es aus zwei geistlichen und fünf weltlichen Richtern. Drei der Letzteren waren Klein-, zwei Grossräte. In der Regel verfügten die Richter, die normalerweise drei Jahre im Amt waren, über kein juristisches Studium. Das Gericht urteilte gestützt auf die Ehegerichtsordnung von 1533 in Fragen, die Ehe und Sittlichkeit betrafen. Der Stich stammt von Hans Heinrich Glaser aus dem Jahr 1634.

der Bann im 18. Jahrhundert als verlängerter Arm der weltlichen Gerichtsbarkeit und als ausführendes Organ obrigkeitlicher Befehle; ob das bereits im 16. und 17. Jahrhundert der Fall war, ist bisher nicht erforscht. Die Zusam-

noch lange junge Kinder zum Abendmahl geschickt. Oft hatten sie nicht am Unterricht teilgenommen und empfingen zum Leidwesen der Pfarrer das Sakrament, ohne dessen Sinn zu verstehen. Der Kirche gelang es offenbar nur allmählich, der Landbevölkerung die neue Bedeutung des Abendmahls klar zu machen – oder die Landbevölkerung drückte durch ihr Verhalten ihre Geringschätzung gegenüber der Neuerung aus. Auch die Androhung von Strafe gegen Eltern, die ihre Kinder nicht in die Kinderlehre schickten, fruchtete wenig. Die Verbesserung der Kinderlehre und die Durchsetzung der regelmässigen Teilnahme blieben wichtige Ziele der Kirche.

Die Kirchenordnung von 1595 führte einen einmaligen Unterricht für Neukommunikanten ein, in dem die Jugendlichen privat oder in kleinem Kreis über das Abendmahl belehrt werden sollten. Er fand unabhängig von der regelmässigen Kinderlehre statt, die obligatorisch erklärt wurde. Das Alter der Zulassung zum Abendmahl wurde nicht festgesetzt; im Laufe des 17. Jahrhunderts pendelte es sich jedoch zwischen 15 und 17 Jahren ein. Das erste Abendmahl stellte eine Zäsur im Leben von Jugendlichen dar. Insbesondere für Mädchen wurde der Übergang ins Erwachsenenalter auch an der Kleidung sichtbar. Die Reformationsordnung von 1727 ent-

mensetzung des Bannes macht deutlich, dass die Obrigkeit auch in diesem Bereich ohne die Mitwirkung der Untertanen nicht auskam. Die Visitationen, die Kirchenrat und Obrigkeit in unterschiedlichen Abständen auf der Landschaft durchführten, um das kirchliche und sittliche Verhalten der Untertanen zu begutachten, gaben der Landbevölkerung Gelegenheit, sich über Bannbrüder, Pfarrer und Vögte zu äussern – auch wenn der Öffentlichkeitscharakter der Befragung es ratsam erscheinen liess, Kritik am Kirchenregiment, an Herrschafts- und Kirchenvertretern nur vorsichtig zu äussern.

Während der Bann ursprünglich in jeder Kirchgemeinde aus zwei Mitgliedern aus jeder Teilgemeinde und dem Pfarrer bestand, zeigen sich im 18. Jahrhundert in einzelnen Gemeinden leicht modifizierte Zusammensetzungen, so in der Kirchgemeinde Sissach, die übrigens über das älteste, 1740 einsetzende Bannprotokoll verfügt. Sissach stellte vier Mitglieder, Zunzgen zwei und die übrigen Gemeinden des Kirchspiels je ein Mitglied. Allen Bestrebungen zum Trotz, eine Trennung von weltlichem und kirchlichem Bereich durchzuhalten, finden sich unter den Mitgliedern des Banns Geschworene und Angehörige des Gerichts. Der Zunzger Untervogt war zwischen 1767 und 1789 Bannbruder. Die Angehörigen dieses Gremiums entstammten alle demselben Personenkreis, der auch die weltlichen Beamten stellte. Der Bann hatte die Aufgabe, die Menschen, die in einer Kirchgemeinde wohnten, zu beaufsichtigen und besonders darauf zu achten, dass alle den Gottesdienst und die Kinderlehre besuchten. Vergehen gegen Ordnung und gute Sitten wurden im Bann gerügt; schliesslich war jedes Mitglied verpflichtet, in diesem Gremium alles vorzubringen, was ihm seit der letzten Sitzung an Verstössen bekannt geworden war. Zusätzlich wies jedes obrigkeitliche Gericht Delinquenten vor den Bann, ergänzend zu Geld- oder Körperstrafen sollte das geistliche Gericht die Exkommunikation aussprechen. Als kirchliches Gericht hätte der Bann vor allem geistliche Sanktionen verhängen sollen, abgestuft von der brüderlichen Vorhaltung der Sünden bis zur Exkommunikation, dennoch verhängten manche Bänne auch kleinere Geldstrafen.

hielt erstmals Kleidervorschriften für den Kirchgang: Frauen, die zum Abendmahl zugelassen waren, hatten sich, auch wenn sie noch ledig waren, wie verheiratete schwarz zu kleiden. Während für verheiratete Männer ebenfalls schwarz vorgeschrieben war, durften ledige Männer, wenn sie sich schwarze Kleider nicht leisten konnten, auch in anständiger bürgerlicher Kleidung erscheinen. Die Veränderung der Tracht macht den Übergang vom Status des Kindes zu dem des Erwachsenen sichtbar und augenfällig. Auffallend ist jedoch, dass sich bei den Mädchen – das lässt sich auch anderswo in Europa beobachten – in der Kleidung der Wandel vom Kind zur Frau zeigt, während die Knaben von Kindern zu Heranwachsenden wurden.[5] In der Kirchenordnung von 1725 trat an die Stelle des privaten Zulassungsexamens die öffentliche Konfirmationsfeier während des sonntäglichen Gottesdienstes. Interessanterweise wurde diese Neuerung nur auf der Landschaft eingeführt; in der Stadt setzte sich die öffentliche Feier erst im Laufe des 19. Jahrhunderts durch. Neu war aber nicht nur die Form, sondern auch der Sinn der Feier: Sie sollte nicht nur auf das Abendmahl vorbereiten, sondern die Jugendlichen an das Sakrament der Taufe und das darin enthaltene Gelöbnis erinnern. Die Basler Kirche

Der Ursprung des Bannes liegt in der Reformationszeit. Die reformierte Kirche war bestrebt, ein eigenes geistliches Gericht zu erhalten, das Verstösse gegen Glauben, Kirchlichkeit und Ehrbarkeit bestrafen konnte. Die von Oekolampad angestrebte Trennung zwischen Bann und weltlicher Gerichtsbarkeit liess sich jedoch nicht verwirklichen, vielmehr gelang es der Obrigkeit, sich ein Mitwirkungs- und Kontrollrecht zu sichern. Die Idee, Bänne einzurichten, stammte aus der Stadt. Landgemeinden und Länderkantone in der Eidgenossenschaft kamen nicht auf den Gedanken, sich einem solchen Gremium zu unterwerfen. Wo diese Institution existierte, erwies sie sich als Instrument der (haupt-) städtischen Verwaltung, mit dessen Hilfe die Obrigkeit ihre Untertanen in die Schranken wies.[15]

Die Einführung der Bannordnung weckte auf der Landschaft teilweise erbitterten Widerstand. Die Bannmitglieder aus den Gemeinden wagten es in dieser Situation nicht, ihr Amt konsequent auszuüben, stellten sich nicht für den Bann zur Verfügung oder schoben den Pfarrer vor. Die Folge war eine sehr uneinheitlich gehandhabte Kirchenzucht auf der Landschaft. Die Landbevölkerung hatte die Reformation befürwortet, ihre sittenstrenge Gestaltung – das Verbot von Spiel und Tanz, des Besuchs von Kirchweihen und Messen, die Einführung der Polizeistunde in den Wirtshäusern – stiess jedoch auf Ablehnung und führte zu lange anhaltenden Konflikten.

Der Bann in der Praxis

Verstiess eine Person gegen die guten Sitten und die Kirchenordnung, «sprach» ihr der Pfarrer zunächst unter vier Augen «zu», dann in Anwesenheit der Bannbrüder. In Sissach waren die Bannbrüder lediglich Zeugen des pfarrherrlichen Handelns, er sprach Ermahnungen oder Exkommunikationen aus. In schweren Fällen und immer dann, wenn ein weltliches Gericht diese Strafe verhängte, wurde ein Fehlbarer exkommuniziert, und zwar nach dem Wortlaut der Ordnung, bis auf Besserung des Verhaltens. Die Landleute konnten gegen einen Spruch des Bannes beim Kirchenrat oder beim

war mit dieser Neuerung nicht alleine, auch in anderen reformierten Kirchen wurden etwa zur selben Zeit Konfirmationsfeiern eingeführt.

Weder die Gemeinden noch die Pfarrer setzten der Neuerung Widerstand entgegen. Den Pfarrern war die Einführung der Konfirmation genauso willkommen wie der Landbevölkerung, die sie offenbar anders als andere Vorschriften nicht als Schikane empfand. Im Gegenteil – die Landleute nahmen auch als Zuschauerinnen und Zuschauer zahlreich an der Zeremonie teil. Dass die Obrigkeit diesen Brauch nur auf der Landschaft etablierte, hängt wohl mit allgemeinen pädagogischen Anliegen zusammen. Dabei sollte nicht nur auf die Jugendlichen, sondern auch auf die Dorfbevölkerung als Ganze eingewirkt werden. Umso überraschender ist es, dass sich die Feier grosser Beliebtheit erfreute.[6]

Pietisten und pietistische Auswanderer

Der Pietismus stellt eine neue Form protestantischer Religiosität dar. Seine Anhängerinnen und Anhänger strebten nach unmittelbarer Gotteserfahrung und vertieftem christlichem Empfinden; Lehre und Ordnung der reformierten Staatskirche lehnten sie als erstarrt und verweltlicht ab. Die Gemeinde der wahren Christen fand sich nach ihrer Auffassung in den Reihen der-

Antistes Rekurs einlegen – was sie auch taten. Die Exkommunikation bedeutet, dass die Bestraften weder am Abendmahl noch an Taufen als Paten oder Eltern teilnehmen durften und sich nicht kirchlich trauen lassen konnten. Wie weit das Verbot der Teilnahme an den kirchlichen Feiern als geistliche Strafe empfunden wurde, hängt davon ab, wie sehr das christliche Selbstverständnis der Landleute mit der Staatskirche verbunden war. Je stärker der Separatismus in einer Gemeinde verbreitet war, desto weniger galt die Ausschliessung vom Abendmahl als Strafe.

Die Exkommunikation bedrohte jedoch nicht nur das private Seelenheil, sondern hatte auch eine soziale Komponente, den Ausschluss von einem gesellschaftlichen Ereignis im Dorf. Konnte man an der Taufe des eigenen Kindes nicht teilnehmen, war das sicher ein Anlass für Spott. Am gravierendsten für das Empfinden der Landleute dürfte jedoch die Zitation vor den Bann gewesen sein. Sie enthielt das Eingeständnis, dass man gegenüber den Vertretern der Obrigkeit ohnmächtig war. In kleinräumigen Gesellschaften wie den Dörfern war die Vorladung nicht geheim zu halten. Öffentlich wurde sie im Dorf auch, weil Dorfgenossen als Bannbrüder Zeugen davon waren. Voraussetzung für die Wiederaufnahme der Exkommunizierten in die Gemeinschaft war, dass man an ihnen Zeichen von Busse und Besserung spürte, das heisst, die Bannbrüder mussten ihnen ein gutes Zeugnis über ihr Betragen geben können; ausserdem war gefordert, dass die festgesetzte Bannzeit abgelaufen sei und sie selbst um die Wiederzulassung anhielten. Offenbar bemühten sich lange nicht alle Gebannten darum, das Abendmahl wieder einnehmen zu dürfen, denn die Kirchenordnung von 1759 enthielt neu einen Passus, der bestimmte, dass der Pfarrer jene, die sich nicht selbst um die Wiederzulassung bemühten, dazu anhalten solle. Weigerten sie sich, musste der Pfarrer sie beim Landvogt verzeigen. Dahinter steckte die Angst vor dem zunehmenden Separatismus. Es gab jedoch auch Exkommunizierte, die ohne formelle Wiederzulassung zum Abendmahl erschienen, was die These stützt, dass die Teilnahme als gesellschaftliche

Ein Landpfarrer
Bildnis des 1757 geborenen Johann Heinrich Gysendörfer, Pfarrer in Tenniken. Bevor er 1800 das Pfarramt, das er bis zu seinem Tod 1830 bekleidete, antreten konnte, arbeitete er als Schulmeister in Sissach. Wann das Bildnis entstand und wer es geschaffen hat, ist unbekannt. Die Darstellung, die den Pfarrer mit Büchern und Schreibutensilien in einem bürgerlichen Ambiente zeigt, macht vielleicht begreiflicher, weshalb viele Pfarrer in ihren Gemeinden Fremde blieben.

jenigen, die Gott erweckt und zu einem neuen geistlichen Leben berufen hatte. In pietistischen und erweckten Kreisen veränderte sich auch die Rolle der Pfarrer; trotz ihrer städtischen Herkunft und höheren Bildung waren sie nicht mehr Aussenseiter, sondern vielmehr Mittelpunkte und fördernde Leiter der Gemeinschaften.[7]
Der wichtigste Vertreter des Pietismus in Basel war Hieronymus Annoni, zwischen 1739 und 1746 Pfarrer in Waldenburg, danach bis 1770 in Muttenz. Sein Werdegang belegt, dass die Basler Kirche einen gewissen Spielraum für andere Vorstellungen offen liess, wenn sie nicht zu stark abwichen. Obwohl Landvogt Wagner ihn bei der Obrigkeit wegen seiner Predigten, die zu innerer Umkehr mahnten, anschwärzte, konnte Annoni dem Rat klar machen, dass er loyal war. Die Grenze zog die Obrigkeit – wie sich bereits in der Verfolgung der Täufer zur Reformationszeit gezeigt hatte –, wenn einerseits die Staatskirche abgelehnt wurde, andererseits wenn alternative Gesellschaftsmodelle entwickelt wurden. Solange Menschen zum Gottesdienst erschienen und am Abendmahl teilnahmen, konnten sie daneben private religiöse Zirkel besuchen, in denen sie die Bibel lasen, diskutierten und sangen. Für andere war ihre unmittelbare Erweckung durch Gott, ihre geistliche Wiedergeburt als neu-

Pflicht gesehen wurde. In Sissach dauerte die Exkommunikation durchschnittlich etwas länger als ein Jahr. Am Sissacher Beispiel lässt sich Genaueres über die Tätigkeit des Banns in der zweiten Hälfte des 18. Jahrhunderts sagen: Seine Sitzungen fanden mindestens einmal im Monat nach dem sonntäglichen Morgengottesdienst statt. Zusprüche ohne gleichzeitige Exkommunikation häuften sich in den 1760er Jahren, nachher waren sie selten. Angewendet wurden sie bei Familienstreitigkeiten, ungebührlicher und ärgerlicher Aufführung und bei Verstössen gegen die Autorität des Bannes. Anzunehmen ist, dass diese Ermahnungen in späteren Jahren nicht mehr protokolliert wurden; die Bannsprüche mussten nur aufgeschrieben werden, wenn eine Busse erlassen wurde (im Sinne einer Quittung) oder bei Exkommunikation, um nachschlagen zu können, wer wie lange nicht am Abendmahl teilnehmen durfte.

Bei gewissen Vergehen scheint die Exkommunikation unerlässlich gewesen zu sein: bei so genannten Unzuchtsdelikten, Eigentumsdelikten, Fallimenten, Gotteslästerungen und abergläubischen Praktiken. Die Zahl der Gebannten wuchs von Jahrzehnt zu Jahrzehnt, wobei die Unzuchtsfälle immer den Löwenanteil ausmachten. Am zweithäufigsten wurden Attacken gegen die Kirche und ihre Institutionen bestraft. Der Bann handelte nur in einem Drittel der Fälle aus eigener Initiative. Die überwiegende Mehrheit wurde ihm von einer übergeordneten Instanz zur Behandlung zugewiesen: Die Kirchenzucht erwies sich hier als blosser verlängerter Arm der weltlichen Gerichtsbarkeit.[16]

Der reformierte Pfarrer als Stütze der Obrigkeit

Die Kirche diente der weltlichen Macht in mehrfacher Hinsicht als Stütze: Sie rechtfertigte die weltliche Obrigkeit als gottgegeben, und sie stellte dieser die kirchlichen Sanktionsmittel zur Kontrolle der Untertanen zur Verfügung. In der Person des Pfarrers besass die weltliche Macht eine moralische Instanz im Dorf, gleichzeitig hatte sie in ihm einen ergebenen Beamten, der

er Mensch nicht länger vereinbar mit der Zugehörigkeit zu einer Kirche, die ihnen veräusserlicht und vom göttlichen Geist nicht mehr erfüllt zu sein schien. Diese radikalen Pietisten gerieten mit der Obrigkeit in Konflikt, wenn sie die Teilnahme am geforderten staatskirchlichen Leben verweigerten. Annonis Einfluss auf der Landschaft wirkte bis in die Mitte des 19. Jahrhunderts durch sein Kirchengesangbuch, das er im Auftrag der Basler Kirche zusammengestellt hatte.[8]

Jene Pietisten, die sich mit den kirchlichen Verhältnissen in ihrer Heimat nicht arrangieren wollten, wanderten aus. Besondere Anziehungskraft besass Amerika – in der durch die «Verdorbenheit» des alten Europa noch unberührten Neuen Welt suchten zahlreiche Nonkonformisten nach Möglichkeiten eines wahrhaft christlichen Zusammenlebens. Auch aus dem Baselbiet machten sich zwischen 1730 und 1740 mehrere Auswanderergruppen trotz der beschwerlichen, gefahrvollen Reise – eine namhafte Zahl von Auswanderern starb auf der Überfahrt an Hunger und Krankheiten – auf den Weg nach Pennsylvania. In Briefen an Hieronymus Annoni und an die Basler Obrigkeit schilderten die Auswanderer das Leben in ihrer neuen Heimat. Besonders gegenüber der alten Herrschaft wurde die Neue Welt positiv und friedlich

Des Königs und Propheten
Davids Psalmen
Nach französischen Melodien
in teutsche Reimen
gebracht
Durch
Ambros. Lobwasser.
BASEL,
Bey Johann Heinrich Decker.
1790.

Kirchengesang
Im Zentrum des reformierten Gottesdienstes stand das Wort. Das Singen von Kirchenliedern schuf Verbindungen zwischen den Gemeindemitgliedern und stärkte die kollektive Frömmigkeit innerhalb der Gemeinde. In wenig alphabetisierten Gesellschaften tauchen in Nachlassinventaren gelegentlich einzelne Bücher auf. Oft handelt es sich um Bibeln oder Gesangsbücher, wie das hier abgebildete Psalmenbuch des Ambrosius Lobwasser aus dem Jahr 1790.

dafür sorgte, dass herrschaftliche Verordnungen nicht nur verkündet, sondern auch umgesetzt wurden. Der Pfarrer besetzte eine Schnittstelle zwischen Obrigkeit und Untertanen. Als Einwohner der Gemeinde, die er zu betreuen hatte, war er wohl die am besten informierte Herrschaftsperson auf der Landschaft; damit war er für die Obrigkeit von unschätzbarem Wert. Allerdings reichte sein Wissen nur so weit, wie es ihm die Gemeinde zugänglich machte, ihn an den Ereignissen im Dorf teilhaben liess. Der Pfarrer war also gleichzeitig auf die Loyalität seiner Kirchgemeinde angewiesen; dies nicht zuletzt, weil er Abgaben und Frondienste von ihr bezog.

Die Rolle der Pfarrer als Stützen der weltlichen Herrschaft wurde in offenen Konflikten – beispielsweise während des so genannten Rappenkrieges von 1591 bis 1594[17] – besonders augenfällig: Während sich in der Reformationszeit noch verschiedene Pfarrer auf der Seite der Untertanen für deren Anliegen eingesetzt hatten, handelte es sich seit dem späten 16. Jahrhundert zunehmend um Männer städtischer Herkunft, die fest in die obrigkeitliche Verwaltung integriert waren. In der Auseinandersetzung um das Weinumgeld bildeten sie dann auch einen verlängerten Arm der städtischen Obrigkeit. Besonders in den ersten Monaten des Konfliktes versuchte der Rat mit Hilfe der Dorfprädikanten, die Untertanen zum Einlenken zu bewegen. Immer wieder mahnte er diese, von der Kanzel Gehorsam und Obrigkeitstreue zu predigen und kirchliche Sanktionen, die Exkommunikation, anzudrohen. Der Widerstand gegen einen herrschaftlichen Erlass sollte als Verbrechen gegen die christliche Ordnung, als deren Hüterin sich die Obrigkeit verstand, geahndet werden. In einigen Gemeinden führte der Einsatz der Pfarrer dazu, dass sich die Untertanen wenigstens vorübergehend mit den herrschaftlichen Ansprüchen einverstanden erklärten.

Die Pfarrer verstanden es zumindest teilweise, den herrschaftlichen Standpunkt erfolgreich zu vertreten. Dabei kamen ihnen ihre Kenntnisse der lokalen Verhältnisse sicher zugut. Gleichzeitig mussten sie bei ihrem Vorgehen eine gewisse Vorsicht walten lassen, blieben sie doch auf ihre Mitbe-

dargestellt. Leise Kritik an den Verhältnissen auf der Basler Landschaft wurde etwa im Brief des Niederdörfers Durs Thommen laut, der dem Rat berichtete, dass es hier keine Armen gebe, wer wolle, könne arbeiten und sich ernähren, weil das Land fruchtbar sei. Die Belastungen des Besitzes seien gering, insbesondere müsse kein Zehnten entrichtet werden, und es herrsche allgemein grosse Freiheit. Übereinstimmend erwähnten alle Auswanderer die religiöse Freiheit, die einer Vielzahl unterschiedlicher Glaubensgemeinschaften ein Leben ohne Eingriffe einer Staatskirche ermöglichte. Dieses Nebeneinander verwirrte die einen, andere lebten eine Zeit lang in strengen Gemeinden und entschieden sich später wieder für andere Wege. Die Möglichkeiten für Experimente – auch für individuelle Lebensentscheidungen – oder gar für utopische Experimente waren hier zahlreicher als in den staatskirchlichen Ordnungen der Alten Welt.[9]

Schulen auf dem Land

Obwohl eine Konfession, in deren Mittelpunkt das Wort Gottes steht, den Menschen konsequenterweise zumindest das Lesen hätte beibringen müssen, dauerte es lange, bis reformatorische Impulse im Schulwesen auf der Landschaft spürbar wurden. Die erste Schule auf der Land-

wohner angewiesen und wurden von diesen zur Rechenschaft gezogen, wenn sie den Bogen in deren Augen überspannten. Letztlich blieb der Pfarrer in seinem Dorf eher ein Aussenseiter, und dadurch war sein Einfluss beschränkt. Dass man dem Gelterkinder Pfarrer das Haus anzündete und ihn aus der Gemeinde vertrieb, zeigt sehr deutlich, dass der Dorfpfarrer keineswegs freie Hand hatte, die Interessen der Herrschaft zu vertreten und durchzusetzen. Er hatte die örtlichen Gegebenheiten und Anliegen zu berücksichtigen. Gegen Ende des Rappenkrieges schaltete sich die Kirche als Ganze in den Konflikt ein. Im April 1594 beschloss der Kirchenrat, eine Visitation auf der Landschaft durchzuführen, die nicht nur Klarheit über die Sittenzucht und den Kirchenbesuch der Untertanen schaffen sollte, sondern auch darauf abzielte, die Untertanen in der Umgeldfrage zu beeinflussen. Die in den Visitationsprotokollen festgehaltenen Antworten fielen durchwegs im Sinne von Kirche und Herrschaft aus. Der weitere Verlauf des Konfliktes zeigt jedoch, dass der Widerstand keineswegs beendet war. Die Visitation zeitigte also trotz der positiven Antworten nicht den gewünschten Effekt.[18] Auch in der Mitte des 17. Jahrhunderts nahm Antistes Theodor Zwinger, der höchste Vertreter der Basler Geistlichkeit, in seinem Gutachten zum Bauernkrieg von 1653 deutlich Stellung. In einem der doktrinärsten Zeugnisse des Absolutismus in der frühneuzeitlichen Schweiz bezeichnete er die Staatsgewalt als gottgewollt, die Empörung als gottverdammt.[19]

Der Pfarrer im Dorf

Ein vordringliches Erfordernis der Reformation stellte die Heranbildung eines neuen, reformierten Pfarrstandes dar. Während in den anderen eidgenössischen Orten zu diesem Zweck Hohe Schulen und theologische Akademien gegründet wurden, übernahm in Basel die Universität diese Aufgabe. Nach der Reformation war ihr Bestand zunächst nicht gesichert; 1532 wurde sie wieder eröffnet. Gewählt wurden die Pfarrer aus einem Sechservorschlag des Kirchenrates durch den Kleinen Rat. Auf dem Land gab es

schaft bestand in Liestal spätestens seit 1524. 1536 wurde sie unter die Kontrolle des einflussreichen Deputatenamtes gestellt. Deshalb hiess sie «Deputatenschule» und wurde durch obrigkeitliche Mittel finanziert. Das Deputatenamt, das immer von Kleinräten besetzt war, übte die Aufsicht über Kirche und Geistlichkeit, über Kirchengut und Armenwesen der Landschaft aus. Die Lehrer an den Deputatenschulen waren meist universitär gebildete Pfarramtskandidaten. Weitere Deputatenschulen entstanden 1598 in Muttenz, 1589/90 in Waldenburg, 1624 in Sissach und 1626 in Bubendorf. Im 16. und 17. Jahrhundert erhielten auch andere Gemeinden Dorfschulen, die ohne obrigkeitliche Unterstützung auskommen mussten. 1650 gab es neben den Deputatenschulen 18 Nebenschulen, die die Gemeinden und die Eltern der Schulkinder unterhalten mussten. Bis 1767 stieg die Zahl der Schulen auf 42, bis 1798 auf 54, womit immer noch 15 Gemeinden ohne Schule waren.

Die enge Verbindung zwischen Kirche und Schule wird in der Basler Kirchenordnung von 1660 deutlich: Als Aufgabe der Schule formuliert sie, «der Jugend die Mittel zur Erkenntnis Gottes zu verschaffen». Bei der Wahl des Sigrists sei darauf zu achten, dass er lesen und schreiben könne und dadurch in der Lage sei, auch «der Schule ab-

28 Pfarrstellen, die auf Lebzeiten zu vergeben waren. Pro Jahr wurden deshalb nur wenige Stellen frei. Die Chance, ein Amt anzutreten, stand deshalb schlecht. Die Pfarrkandidaten mussten sich während längerer Zeit mit Stellen begnügen, die, wie Organist oder Schuldiener, weder vom Einkommen noch vom Prestige her ihrer theologischen Ausbildung entsprachen. In Zürich, wo die Pfarrer vergleichbare Verhältnisse vorfanden, verstrichen im 18. Jahrhundert durchschnittlich 10,8 Jahre zwischen dem Abschluss des Studiums und dem Antritt einer vollwertigen Stelle.[20]

Die Wartezeit als Pfarrkandidat liess sich auch durch die Auswanderung nur unwesentlich verkürzen: Dies belegt der Werdegang von Johannes Geymüller, der im Oktober 1800 zum Pfarrer von Rothenfluh gewählt wurde. Im Kirchenbuch von Rothenfluh hielt er die wichtigsten Schritte seiner beruflichen Laufbahn fest. 1757 wurde er geboren, 1780, mit noch nicht 23 Jahren, war seine Ausbildung zum Pfarrer abgeschlossen. Wie viele seiner Zeitgenossen wirkte er, um sich den Lebensunterhalt zu verdienen, als Hauslehrer. Eine Stelle fand er im Thurgau. Diese versah er nur wenige Monate; dann wurde er Diakon im glarnerischen Schwanden und 1788 erhielt er das Pfarramt dieser Gemeinde. 1797 bewarb er sich als Adjunkt beim Pfarrer von Bubendorf und Ziefen, vielleicht um in die Nähe seiner Vaterstadt zurückkehren zu können. Im Mai 1800 wurde er als Oberlehrer an die Barfüsser-Knabenschule berufen, wenig später dann zum Pfarrer von Rothenfluh, wo er bis zu seinem Tod im Jahr 1821 blieb.[21]

Die Besoldung der Landpfarrer war sehr unterschiedlich, je nach Pfründe, die sie erlangten. Sie bestand aus Nutzungsrechten, Natural- und Geldeinnahmen. Ihre Aufgaben waren ausserordentlich vielseitig: Zunächst mussten sie die Bevölkerung mit den Diensten der Religion versehen, hatten Kinder und Jugendliche im Glauben zu unterrichten, Erstkommunikanten zu prüfen, in Predigten das Volk zu erbauen und zu belehren; sie mussten Kinder taufen, Paare trauen, das Abendmahl austeilen, Tote bestatten. Durch den Kommunizierzwang, die Anzeige von chronischen Abendmahlsabsti-

Versammlungsort
Der Kirchgang diente nicht nur dem eigenen und kollektiven Seelenheil, sondern er war auch ein gesellschaftliches Ereignis. Man traf sich in der Kirche oder auf dem Kirchhof, tauschte Neuigkeiten aus. Nach dem Kirchgang setzten sich die Männer zusammen, um Gemeindeangelegenheiten zu besprechen. Die im Zentrum stehenden Männer wirken in ihren dunklen Kleidern und weissen Halskrausen wie Städter zu Besuch auf dem Land. Die Kirche war Teil des Alltags und so wird dieser auch nicht aus dem durch die Mauer definierten kirchlichen Bereich ausgeschlossen: Hühner spazieren im Hof herum, das Holz steht zum Heizen bereit. Das Bild des Pratteler Kirchhofs stammt von Emanuel Büchel aus dem Jahr 1735.

nenten und die Aufsicht über das Schulwesen hatte der Dorfpfarrer die Möglichkeit, über die Einhaltung des orthodoxen Glaubens im Volk zu wachen. Auf Geheiss der weltlichen Obrigkeit musste er für die Wahrung von Zucht und Ordnung in der ihm anvertrauten Kirchgemeinde sorgen. Manche Pfarrer gingen so weit, auch in ausserkirchlichen Belangen einzuschreiten, beispielsweise indem sie einen Kaffee-Hausierer bei der Obrigkeit verzeigten. Vom Pfarrer erwartete man auch buchhalterische Fähigkeiten; im Auftrag des Deputatenamtes verwaltete er gemeinsam mit dem Kirchmeier das Kirchengut und zusammen mit dem Armenschaffner das Armengut der Gemeinde. In Krisenjahren hatte er Hilfsmassnahmen zu organisieren; ausserdem gab oder vermittelte er Kredite.

Der Pfarrer war bis zu einem gewissen Grad in die Gemeinde integriert. Sein Amtshaus stand mitten im Dorf, er genoss wie die Bürger Holzgabe und Weidgang. Die trennenden Momente waren aber doch entscheidend: Er war ein «Herr», er wurde also als Repräsentant der Obrigkeit und des städtischen Bürgertums wahrgenommen. Auch durch seine universitäre Bildung war er weit von seinen Pfarrkindern entfernt. Die Gemeinden mussten ihm eigene Frondienste und Abgaben leisten. Der Pfarrer stiess auf ähnliche Widerstände und Verweigerungshandlungen wie die Repräsentanten der weltlichen Obrigkeit: Sissacher spazierten über des Pfarrers Pfrundmatte, in Diepflingen fischten ihm die Dorfbewohner seinen Bach aus, zu Fronarbeiten mussten die Gemeinden erst gezwungen werden. Trat er als Wahrer dorffremder Interessen auf, wurde er gleich behandelt wie ein städtischer Privater in derselben Lage: Als Vertreter des Deputatenamtes hinderten ihn die Landleute bei einer Versteigerung am Bieten, da die Gemeinde keine Liegenschaften in fremde Hand geben wollte. Das Verhalten des Landpfarrers stand aber auch unter der Aufsicht seiner Gemeindeangehörigen. Verhielt er sich in ihren Augen amtsunwürdig, bestand die Möglichkeit (die von der Kirchenordnung ausdrücklich anerkannt wurde), ihn beim Antistes anzuzeigen.[22]

zuwarten». Die Eltern wurden ermahnt, ihre Kinder fleissig in die Schule zu schicken.[10] 1759 bestimmte die Kirchenordnung, dass Jugendliche nur zum Abendmahl zugelassen werden durften, wenn sie lesen konnten. Obwohl es Bemühungen um das Schulwesen gab – statt nur im Winter, sollte auch im Sommer Schule gehalten werden und die Lehrer sollten besser besoldet werden –, änderte sich in der Praxis wenig. Auch im späten 18. Jahrhundert beklagten sich Pfarrer und Schulmeister über den unregelmässigen Schulbesuch und den geringen Erfolg ihrer Tätigkeit. Der Alphabetisierungsgrad der Bevölkerung schwankte je nach Region, Schicht und Geschlecht ausserordentlich stark. Die Fähigkeit des Lesens war weiter verbreitet als jene des Schreibens. Auf der ebenfalls reformierten Zürcher Landschaft stieg die Alphabetisierungsrate von etwa 21,6 Prozent zwischen 1675 und 1699, über 33,4 Prozent (1700 bis 1724) und 62 Prozent (1725 bis 1749) bis auf 73 Prozent (1750 bis 1774) an.[11]

Die erste Schule im Birseck entstand im letzten Viertel des 16. Jahrhunderts aus einer testamentarischen Stiftung für die Kinder von Therwil und Ettingen. Die Oberwiler Schule existierte sicher seit 1601. Die kleinräumigen komplizierten Grenzverhältnisse der Gegend führten dazu, dass

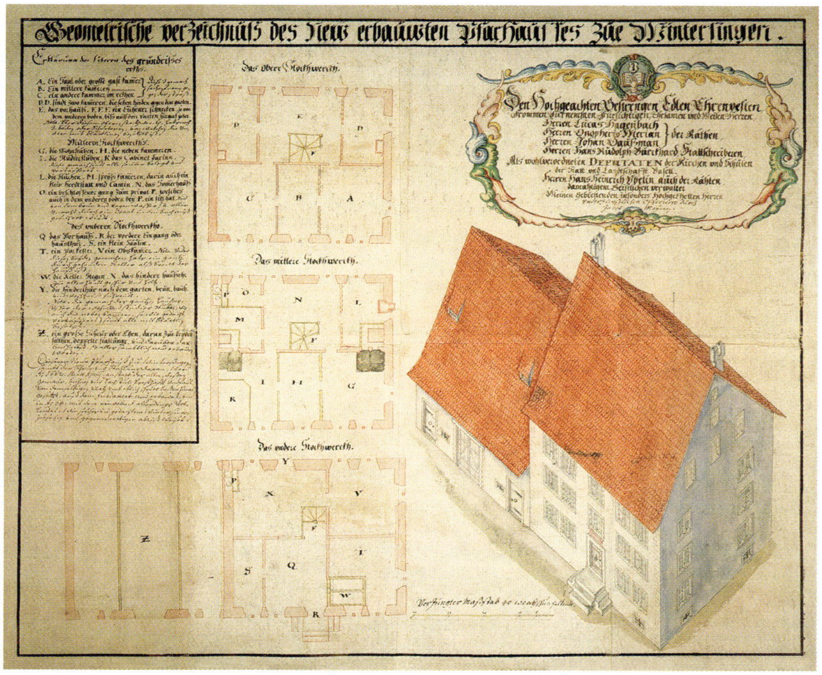

Platz für eine Familie
Das Wintersinger Pfarrhaus war zweigeschossig gewesen. 1662 wurde es nicht, wie vom Pfarrer gewünscht, aufgestockt, sondern nach den abgebildeten Plänen neu gebaut. Das alte Pfarrhaus hatte aus mehreren Gebäuden bestanden, nun wurde der Ökonomieteil direkt angebaut. Anders als die vorreformatorischen Pfarrhäuser mussten die neu gebauten nun auch der Pfarrfamilie Platz bieten. Im 18. Jahrhundert lebten viele Pfarrer auf dem Land bürgerliche Familiennormen vor. Auch das Interieur der Pfarrhäuser entsprach bürgerlich-städtischen Vorstellungen.

Während in der Zeit des Bauernaufstandes von 1525 und des reformatorischen Aufbruches enge Verbindungen zwischen dem Pfarrer und seiner Kirchgemeinde bestanden, wurde er nach der Reformation praktisch zu einem obrigkeitlichen Beamten, der vom Rat eingesetzt und besoldet wurde.

Die Ausführungen stützen sich auf Beispiele reformierter Pfarrer der Basler Landschaft, die Situation der katholischen Geistlichen in den Dörfern des Fürstbistums war jedoch in verschiedenen Bereichen ähnlich: Auch sie lebten zwar im Dorf, wussten jedoch nur so viel, als man sie wissen liess, auch sie erhielten den Zehnten oft erst nach jahrelangen Streitereien und mussten für Frondienstleistungen kämpfen, auch sie waren brauchtümlichen Strafaktionen ausgesetzt.

die Kinder einiger Gemeinden zu Beginn des 17. Jahrhunderts im anders konfessionellen Gebiet zur Schule gingen. Die Kinder aus dem reformierten Biel und Benken besuchten die Therwiler Schule, die immer noch reformierten Allschwiler schickten die Schülerinnen und Schüler nach Hegenheim. Am Anfang des 17. Jahrhunderts wünschten auch die Gemeinden der Vogtei Pfeffingen die Anstellung eines Lehrers.[12] In Laufen gab es seit dem späten 16. oder frühen 17. Jahrhundert eine Schule. Vorübergehend hielten jedoch bereits im 16. Jahrhundert Schulmeister in der Stadt Unterricht ab. Noch im letzten Viertel des 18. Jahrhunderts besuchten auch die Kinder aus den Nachbardörfern die Laufner Schule. Einige Gemeinden scheinen zu dieser Zeit versucht zu haben, eigene Schulen einzurichten, stiessen jedoch zunächst auf obrigkeitlichen Widerstand. Der Unterricht fand vor allem im Winter statt; die fürstbischöfliche Verordnung zur «Aufstell- und Bestallung der Schulmeister» aus dem Jahr 1783 sah eine Ganzjahresschule vor, die in den landwirtschaftlichen Spitzenzeiten jeweils für 14 Tage unterbrochen werden sollte. Religiöse Inhalte spielten nach wie vor eine zentrale Rolle, wurde von den Lehrern doch verlangt, dass sie über die Grundsätze der «allein selig machenden Religion» gut Bescheid wüssten.[13]

Lesetipps

Eine leicht lesbare Einführung in die Bereiche Religion, Magie und Aufklärung bietet Band 3 von Richard van Dülmens Kultur und Alltag in der Frühen Neuzeit (1994). Mit der Konfessionalisierung im 16. Jahrhundert beschäftigt sich die Überblicksdarstellung von Heinrich Richard Schmidt (1992). Der Untersuchungsraum beider Werke ist das Reich.

Über unsere Gegend informieren Karl Gauss in der Kantonsgeschichte von 1932, Max Geiger (1952) sowie zum Protestantismus im 18. Jahrhundert, allerdings aus einer geistesgeschichtlichen Perspektive (Staatskirche und neue Strömungen) das monumentale Werk von Wernle (1923–1925).

Christian Simon (1981) kontrastiert die obrigkeitliche Moralpolitik mit der dörflichen Realität in der zweiten Hälfte des 18. Jahrhunderts.

Mit dem Bann, allerdings am Beispiel Berns, wo die Quellenlage bedeutend reicher ist als im Baselbiet, setzt sich die Habilitationsschrift von Heinrich Richard Schmidt (1995) auseinander.

Über den reformierten Pfarrstand im ausgehenden 18. Jahrhundert am Beispiel Zürichs informiert David Gugerli (1988).

Abbildungen

Foto Mikrofilmstelle: S. 159, 160, 161, 162, 181.
Eduard Strübin, Kinderleben im alten Baselbiet, Liestal 1998, S. 137: S. 161 unten.
Historisches Museum, Basel, Inv.nr. 1906.3238, Fotonr. C 457, Foto Maurice Babey: S. 163.
Staatsarchiv Basel-Landschaft, NA 2065 Kirchen E9.2 Laufen 1: S. 165.
Evangelisch-reformierte Kirchgemeinde Wintersingen, Foto Peter Portner: S. 167 oben.
Evangelisch-reformierte Kirchgemeinde Arisdorf-Giebenach-Hersberg, Foto Peter Portner: S. 167 unten.
Universitätsbibliothek Basel, Porträtsammlung: S. 168, 169.
Universitätsbibliothek Basel, Handschriftenabteilung, Falk 1464 Stich Nr. 55: S. 172.
Kantonsmuseum Baselland, Liestal, Graphische Sammlung, Inv.nr. KM 87.029: S. 175.
Gemeinde Pratteln: S. 179.
Anne Hoffmann Graphic Design: Karte, Grafik S. 161, 170. Quelle: Alioth et al. 1981.

Reproduktionen durch Mikrofilmstelle

Anmerkungen

1 Vgl. Bd. 3, Kap. 7.
2 Berner et al. 1993.
3 Gauss et al. 1932, Bd. I, S. 465, 658.
4 Vgl. Bd. 3, Kap. 7; Landolt 1996, S. 276–281.
5 Rublack 1998.
6 Berner 1995, S. 124.
7 Zur Transsubstantiation vgl. Glossar.
8 Kaiser 1995, S. 608ff.; Jecker 1998.
9 Berner 1979.
10 Berner et al. 1993; Burghartz 1999, S. 32f.; Gauss et al. 1932, Bd. I, S. 519ff.; zur Hochorthodoxie: Geiger 1952; Jecker 1998, S. 48ff.
11 Burckhardt-Seebass 1975; Simon 1981; ausführlich: Wernle 1923–1925.
12 Simon 1981, S. 27f., 87ff.
13 Berner et al. 1993; Jecker 1998, S. 55ff.
14 Landolt 1996, S. 132ff.; zum Ehegericht vgl. Bd. 3, Kap. 7; Burghartz 1999.
15 Simon 1981, S. 215ff. Zur Bannordnung vgl. Gauss et al. 1932, Bd. I, S. 478ff.
16 Simon 1981, S. 221ff.
17 Vgl. Bd. 4, Kap. 1.
18 Landolt 1996, S. 286–478.
19 Landolt 1998, S. 46.
20 Gugerli 1988, S. 143ff.
21 StA BL, Kirchen E 9, Rothenfluh Bd. 3, S. 380. Diesen Hinweis verdanke ich Gudrun Piller, Basel.
22 Simon 1981, S. 210ff.

1 Othenin-Girard 1994, S. 128, 170.
2 Vgl. dazu Bd. 3, Kap. 7; Burghartz 1999.
3 Manz 1997; Kurmann/Mattmüller 1987, S. 466ff.
4 Wollmann 1998. Zu den Tischen vgl. Weis/Bischoff 1995.
5 Mitterauer 1986, S. 74 und 61ff.; vgl. auch Burckhardt-Seebass 1975, S. 58.
6 Burckhardt-Seebass 1975.
7 Vgl. Wiedmer 1993 und 1997; Zeugin 1966.
8 Wanner 1979.
9 Berner 1999; Schelbert 1975.
10 Locher 1985, S. 1ff.
11 Würgler 1995, S. 221.
12 Gauss et al. 1932, Bd. I, S. 660ff., 743ff.
13 AAEB, B 234, «Laufen und Zwingen, die Herrschaft».

Konfessionelle Kultur und Handlungsspielräume für Andersgläubige

Bild zum Kapitelanfang
Gesundheit
Die Menschen der frühen Neuzeit kannten verschiedene Mittel, Unheil abzuwenden und Heilung für Krankheiten zu suchen. Einerseits gab es eine obrigkeitlich kontrollierte medizinische Versorgung durch Hebammen, Bader, Scherer, Chirurgen und – seltener – universitär gebildete Ärzte. Ihre Mittel waren jedoch beschränkt. Schmerzmittel beispielsweise sind erst seit dem 19. Jahrhundert bekannt. Andererseits nahmen die Menschen, die ihr Schicksal nicht einfach hinnehmen wollten, religiöse und magische Praktiken zu Hilfe. Es kommt nicht von ungefähr, dass die Bereiche Gesundheit, Schwangerschaft und Kindbett im Glauben an die Wunderwirkung von Heiligen eine zentrale Rolle spielten. Bekannt waren auch Amulette. In Kriegszeiten besonders beliebt waren jene, die vor Hieb und Stich schützen. Das abgebildete Votivbein aus Karton wurde in der Marienwallfahrtskapelle Vorbourg bei Delsberg gestiftet.

Während im vorhergehenden Kapitel 8 hauptsächlich von der reformierten Basler Landschaft die Rede war, ist dieses weniger einheitlich und verweist dadurch auf die Vielfalt, die trotz des Ausschliesslichkeitsanspruches der Konfessionskirchen möglich war. Neben der Entwicklung im katholischen Fürstbistum seit der Rekatholisierung geht es im folgenden Kapitel 9 auch um die Kontakte zwischen Menschen über die konfessionellen Grenzen hinweg sowie um Menschen, die am Rande oder ausserhalb der konfessionellen Staatskirchen lebten. Täufer gab es sowohl im Fürstbistum als auch in der Basler Landschaft, Juden lebten im 16. und 17. Jahrhundert in kleinen Gruppen im Fürstbistum Basel. Im Baselbiet wurden sie nur als durchziehende Händler geduldet. Konvertiten, Menschen, die zu einem anderen Bekenntnis übertraten und deshalb ihre Heimat verlassen mussten, gab es sowohl im Baselbiet als auch im Birseck und Laufental. Baselbieterinnen und Baselbieter, die katholisch wurden, zogen manchmal nur wenige Kilometer von ihrer alten Heimat weg in ein solothurnisches Dorf. Die Aufnahme, die sie dort fanden, war nicht immer freundlich. Ins Baselbiet Zugezogenen ging es nicht anders.

Das bischöfliche Herrschaftsgebiet – Ein komplexes Gebilde

Das Fürstbistum Basel, das weltliche Herrschaftsgebiet des Bischofs von Basel, erstreckte sich vom Bielersee zur Burgundischen Pforte, von den Jurahöhen bis in die oberrheinische Tiefebene. Es gehörte zum Reich, der Bischof war als Herrscher über ein geistliches Fürstentum Reichsfürst. Die Bevölkerung des Fürstbistums war weder sprachlich noch staatsrechtlich einheitlich; nach der Reformation kamen auch konfessionelle Unterschiede dazu. Die Mehrheit der Untertanen sprach französisch. Einzelne Gegenden standen mit eidgenössischen Orten in Burgrechtsverträgen, die Stadt Biel war zugewandter Ort der Eidgenossen mit Sitz und Stimme in der Tagsatzung. Nicht weniger kompliziert waren die kirchlichen Verhältnisse. Das Fürstbistum (das Hochstift) gehörte zu vier Diözesen: Besançon (Ajoie),

Geistliche und weltliche Grenzen des Fürstbistums Basel

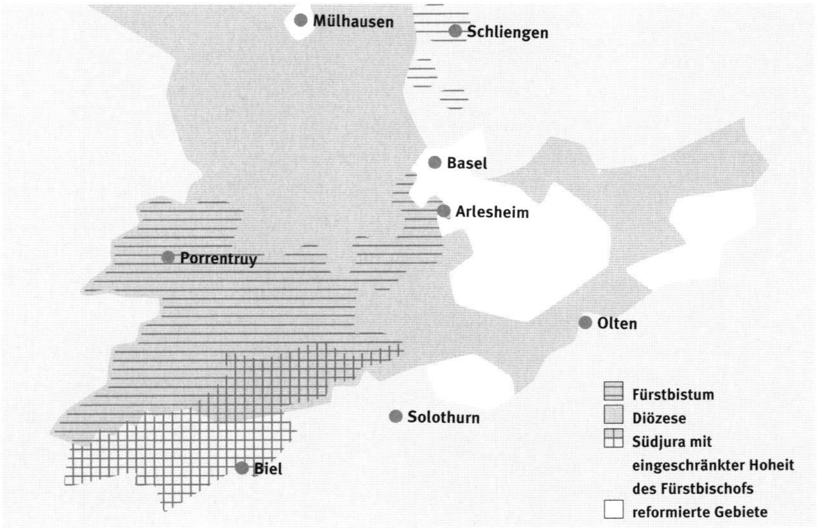

Familienstruktur des Domkapitels
Das so genannte Aufschwörbuch des Arlesheimer Domkapitels entstand 1714/24 und enthält Nachträge bis um 1800. Die darin eingetragenen Stammbäume von Bischöfen und Domherren belegen die Verwandtschaftsverhältnisse im Domkapitel. Ein künftiger Domherr – er musste mindestens 14 Jahre alt sein – wurde vom Kapitel zur Aufschwörung vorgeladen, bei der er den geforderten Nachweis der adligen Abstammung erbringen musste. Zu sehen ist hier das Titelbild des zweiten Bandes, der mit dem ersten zusammengebunden wurde. In der Mitte Maria, flankiert von den Hauptpatronen Heinrich und Pantalus, darunter das Bistumswappen mit Putten.

Konstanz (Schliengen), Lausanne (die Ämter südlich des Pierre-Pertuis) und Basel. Erst 1779 kam die Ajoie mit der fürstlichen Residenzstadt Pruntrut im Tausch gegen Pfarreien im Elsass zur Diözese Basel. Das geistliche Herrschaftsgebiet des Basler Bischofs, die Diözese, erstreckte sich über das Oberelsass, den Grossteil des Hochstifts, das vorderösterreichische Fricktal, grosse Teile Solothurns (das Dekanat Buchsgau) und Basels, wo aber die Bischöfe seit der Reformation keine Jurisdiktion mehr ausübten.[1] In Gebieten, in denen der Bischof nur die geistliche Herrschaft ausübte, musste er sich – auch wenn es um kirchliche Fragen wie beispielsweise die Anzahl Feiertage ging – mit den weltlichen Herren zu verständigen suchen.

Nach der Reformation in Basel flohen der Bischof und das Domkapitel, die Wahlbehörde des Bischofs, aus der Stadt, in der sie seit Jahrhunderten residiert hatten. Während der Bischof in Pruntrut eine neue Bleibe fand, liess sich das Domkapitel in Freiburg im Breisgau nieder. Neuer Amtssitz des bischöflichen Offizialats, des geistlichen Gerichtes, wurde 1529 Altkirch im Elsass. Die grosse Entfernung des Domkapitels zum Bischofssitz in Pruntrut

Juden im Fürstbistum

Im Mittelalter waren die Juden eine städtische Bevölkerungsgruppe gewesen. In der frühen Neuzeit liessen sich die meisten Juden im Reich, zu dem auch das Fürstbistum Basel gehörte, gezwungenermassen an der Peripherie oft kleiner Städte und vorwiegend auf dem Land nieder. Die Forschung spricht deshalb vom Landjudentum. Während sich auf dem Territorium Basels seit der Zerstörung der mittelalterlichen städtischen Gemeinden keine Juden mehr ansiedeln durften, wohnten in einigen Gemeinden des Fürstbistums Basel im 16. und 17. Jahrhundert Juden, die vom Fürstbischof wohl vor allem aus finanz- und wirtschaftspolitischen Gründen geduldet wurden. Die Gemeinschaften waren meist sehr kurzlebig und klein: In der Gemeinde Zwingen lebte seit 1573 Leuw, der zuvor während 20 Jahren in Liebenswiller in der Herrschaft Pfirt gewohnt hatte, zusammen mit seiner Frau, seinen Kindern und Dienstboten. Im folgenden Jahr erhielt Isaac, Leuws Schwiegersohn, ebenfalls eine Aufenthaltsbewilligung. Leuw siedelte 1581 mit seiner Familie nach Arlesheim über, wo er zwischen Herbst 1584 und Frühjahr 1586 starb. In Röschenz bestand seit 1574 eine aus Vater, Sohn und dem Schwager zusammengesetzte jüdische Familiengemeinschaft: Sohn Mathis

Basler Domherr
Das Bildnis des Joseph Augustin von Andlau aus den späten 1780er Jahren zeigt die typische schwarze, klerikale Kleidung der Domherren. Hinzu käme ein schwarzes Barett. Das Domherrenkreuz am Seidenband birgt im Zentrum ein Emailmedaillon. Wie auf dem Siegel des Domkapitels ist darauf Maria im blauen Mantel über dem Wappen des Fürstbistums zu sehen.

wirkte sich mit der Zeit negativ aus; eine Mitbeteiligung der Domherren an der weltlichen Regierung des Bischofs war dadurch praktisch verunmöglicht. Nach dem Dreissigjährigen Krieg wurden die Einkünfte aus Besitztümern des Domkapitels, die hauptsächlich im Oberelsass und Sundgau lagen, durch die Spannungen zwischen dem Kaiser und dem französischen König stark gefährdet. Auf Druck Frankreichs wurden die Kapitulare veranlasst, sich nach einem neuen Residenzort umzusehen. Nach Pruntrut konnte das Kapitel nicht gehen, da diese Stadt wohl zur weltlichen Herrschaft des Fürstbischofs von Basel gehörte, die geistliche Gerichtsbarkeit jedoch dem Erzbischof von Besançon zustand. Arlesheim bot sich als Residenzort an, weil es bereits den Amtssitz des Vogts von Birseck beherbergte und nahe bei Basel lag. So waren die Domherren in Reichweite ihrer Einkünfte und gleichzeitig in der Diözese Basel. 1678 wurde Arlesheim zu ihrer neuen Residenz, und das Domkapitel gab sich neue Statuten. Zusammen mit den neuen Kapitelshäusern wurde auch der Bau des Doms in Angriff genommen. Handwerk und Gewerbe profitierten von der Anwesenheit der Domherren, das Dorf nahm einen Aufschwung. Die Domkirche ist ein herausragendes Beispiel eines Barockbaus, der die katholische Kultur jener Jahre geradezu verkörpert.[2]

Bedroht durch den Einmarsch der französischen Armee floh der Bischof 1792 aus Pruntrut. Seine weltliche Herrschaft wurde dadurch teilweise – unter anderem in den Vogteien Zwingen, Birseck und Pfeffingen – zerstört. Er konnte sie aber weiterhin in den helvetischen, neutralen Gebieten des Hochstiftes bis 1797 und in den rechtsrheinischen Besitzungen bis 1802 ausüben. Noch 1803 hatte er als vollberechtigter Reichsstand Sitz und Stimme im Reichstag. Unbeschadet der Säkularisation blieb er Bischof über eine stark verkleinerte Diözese, bis sie 1828 im reorganisierten Bistum Basel neu entstand. Das Domkapitel verliess Arlesheim 1793 nach dem Einmarsch der Franzosen und traf sich bis zur Säkularisation 1803 in Freiburg im Breisgau.

zog noch vor Ablauf seiner auf fünf Jahre befristeten Aufenthaltsbewilligung nach Metzerlen, wohin sein Vater Michel ihm 1579 nachfolgte. Diese solothurnische Gemeinde musste Mathis zusammen mit einem weiteren Juden namens Fridlin bis Ostern 1580 verlassen; was aus seinem Vater wurde, bleibt unbekannt. Schwager Salomon lebte zwischen 1578 und 1581 in Blauen. Der jüdische Friedhof, der seit etwa 1575 in Zwingen bestand, blieb bis zur Eröffnung des Hegenheimer Friedhofs 1673 bestehen, obwohl keine Juden mehr in der Gemeinde lebten. Die wenigen Belege zeigen die hohe Mobilität der jüdischen Bevölkerung, zu der sie aufgrund ihrer prekären Rechtssituation gezwungen war. Leuw fragte mehrmals nach, ob er weiterhin mit einer Duldung rechnen könne, obwohl seine Aufenthaltsbewilligung noch gültig war und auch verlängert wurde. Die Nachfrage verdeutlicht seine Verunsicherung. Was die Juden zur Wanderung zwischen den einzelnen Gemeinden der Vogtei Zwingen veranlasste, bleibt im Einzelfall im Dunkeln. Hinweise darauf, ob es sich um eine Reaktion auf eine verschlechterte Situation in den (Herkunfts-)Gemeinden handelte, fehlen ebenso wie solche auf eine mögliche Werbung der neuen Wohngemeinde. Wohl waren die Juden ständig auf der Suche nach möglichst güns-

Katholische Reform und Aufklärung

Die Glaubensspaltung zwang nicht nur die Protestanten (Reformierte wie Lutheraner), sondern auch die katholisch Gebliebenen dazu, sich in einer Situation der konfessionellen Konkurrenz neu zu konstituieren. Die katholische Konfessionalisierung war geprägt durch eine Verbindung von Selbstreformation und Kampf gegen den Protestantismus. Die Wurzeln der katholischen Reform lagen im Spätmittelalter; in gewisser Weise war sie geistig eng verwandt mit den reformatorischen Strömungen. Der Durchbruch der katholischen Reform ist auf den Druck der Glaubensspaltung zurückzuführen, der die katholische Kirche zwang, neue Antworten zu finden, wollte sie lebensfähig bleiben. Ort dieser Auseinandersetzung war das Konzil von Trient, das in drei Tagungsetappen zwischen 1545 und 1563 stattfand. Das Konzil setzte sich in verschiedenen Bereichen mit der Kritik auseinander, die die Reformatoren geäussert hatten: Beispielsweise nahm es sich der ungenügenden Ausbildung der Priester und deren Lebenswandel an und bemühte sich, die Seelsorge durch gezielte Schulung zu verbessern; das Konkubinat der Priester blieb jedoch bis nach 1600 ein Problem. Auch im Kampf gegen die so genannten Winkelehen, die ohne Zeugen nur durch den Konsens der Eheleute geschlossen wurden, zeigte sich eine Auseinandersetzung mit ähnlichen Entwicklungen im protestantischen Bereich, in dem der kirchlich-öffentliche Charakter der Eheschliessung betont wurde: Der Konsens der Eheleute blieb in der katholischen Eheauffassung zwar zentral, die Ehe sollte jedoch nur gültig sein, wenn sie nach dreimaligem Aufgebot von der Kanzel und durch Austausch des Ehekonsenses vor dem Ortspfarrer und Zeugen geschlossen wurde. Damit wurde die Eheschliessung an die Heimatpfarrei gebunden und in die Kompetenz der Kirche gezogen. Die Stellung der Laien wurde in der katholischen Kirche ebenso wenig verändert wie die Sprache der Kirche: Das Lateinische wurde nicht wie bei den Protestanten durch die Volkssprache ersetzt. Der 1539/40 gegründete Jesuitenorden spielte auf dem Konzil bereits eine wichtige Rolle. Die Mitglieder des Ordens stellten

tigen Bedingungen für ihre Existenz. Das Ende der jüdischen Gemeinschaften in der Vogtei Zwingen fällt zeitlich mit den fürstbischöflichen Bemühungen um die Rekatholisierung zusammen; ein sachlicher Zusammenhang lässt sich jedoch nicht herstellen: Im Birseck entwickelte sich im relativ früh erfolgreich rekatholisierten Arlesheim eine neue jüdische Gemeinschaft, während die Allschwiler Juden in einer reformierten Gemeinde lebten.[1]

Die jüdischen Siedlungen im Birseck waren etwas langlebiger als jene im Laufental, wenn auch im 16. Jahrhundert ähnlich klein: In Allschwil erhielten 1567 erstmals zwei Juden, Mosse und Joseph, eine Aufenthaltsbewilligung. Joseph verbrachte zusammen mit seiner Frau und seinen Kindern sein weiteres Leben in der Gemeinde und verstarb spätestens 1610 in hohem Alter; Juden lebten jedoch noch bis 1612 in Allschwil. Die seit 1581 bestehende Arlesheimer Gemeinschaft existierte ebenfalls bis 1612. Nach 1612 reisst die Überlieferung ab; ob sich danach keine Juden mehr im Birseck aufhielten, lässt sich nicht mit letzter Sicherheit sagen. Erst nach 1660 wohnten wieder Juden im Birseck, die Belege sind aber sehr bruchstückhaft: In Arlesheim sind 1664 und 1665 Lazarus, 1678 David Levi fassbar. Ausserdem lebten in den 1690er Jahren in Oberwil, Schönen-

Zeugnisse einer verschwundenen Kultur

Grabsteine, wie der hier abgebildete vom jüdischen Friedhof in Zwingen, sind die einzigen materiellen Zeugnisse des frühneuzeitlichen Landjudentums. Wo sich Synagogen, Schulen und Ritualbäder in den von Juden bewohnten Dörfern der Nordwestschweiz befanden, ist unbekannt.

Decke des Arlesheimer Doms

Die Kirchenreform schlug sich im Katholizismus auch im Kirchenbau nieder. Ein besonders eindrückliches Bauwerk dieser Epoche ist der 1679/81 erbaute Arlesheimer Dom, der 1759/61 im Stil des Rokoko umgebaut wurde. Das Chordeckenfresko zeigt eine Szene aus dem Marienleben, 1760 von Giuseppe Appiani gemalt.

die wichtigsten Träger der katholischen Reform dar.[3] Im Fürstbistum Basel entstand 1591 das Jesuiten-Kollegium von Pruntrut. Soziologisch gesehen ähnelten die Jesuiten den protestantischen Geistlichen: Sie stammten aus städtischem Milieu, aus mittleren und höheren Schichten, während Adel und Bauern stark untervertreten waren. Die katholische Reform berührte jedoch nicht nur die Priester, sondern auch die Laien: Mittels Mandaten wurde auf die Frömmigkeit, Sittlichkeit und Lebensführung der Bevölkerung eingewirkt, wobei die Verbote nicht so weit gingen wie in reformierten Gebieten. Tanzen und Kirchweihen blieben erlaubt, Alkoholtrinken und Spielen wurden in Massen toleriert.

Die Anfänge der Umsetzung der Konzilsbeschlüsse fielen im Birseck und Laufental zusammen mit der Rekatholisierung durch Bischof Blarer von Wartensee.[4] Rekatholisierung hiess zunächst ganz praktisch, dass die Kirchen wieder für die Messe vorbereitet werden mussten und einen neuen Altarstein erhielten; in der Bautätigkeit kam die Reform erst allmählich zum Tragen. Während in reformierten Gebieten weiterhin die dunklen mittelalterlichen Kirchen in Gebrauch waren, spiegelte sich der erneuerte Katholizismus auch in den hellen Bauten der Renaissance und des Barock. Noch zu Beginn des 17. Jahrhunderts scheint der Zustand vieler Kirchen im Birseck sehr schlecht gewesen zu sein. Im Laufe des 17. Jahrhunderts aber erhielten verschiedene Gemeinden neue Kirchen, so Reinach, Therwil und Oberwil. Das eindrücklichste Beispiel ist die 1679 bis 1681 nach dem Zuzuge des Domkapitels erbaute Domkirche von Arlesheim.[5]

Die Verwirklichung der Konzilsbeschlüsse war ein langwieriger Prozess, der sich bis ins 18. Jahrhundert hinein zog und neue Impulse durch die katholische Aufklärung erhielt. Die Reduktion der Feiertage stellt einen Aspekt dieser Reformbemühungen dar. In der ersten Hälfte des 18. Jahrhunderts wurden in der Diözese Basel neben den Sonntagen jährlich 44 Feiertage mit Arbeitsruhe begangen. In dieser Zahl eingeschlossen waren die lokalen Kirchweihfeste. Joseph Wilhelm Rinck von Baldenstein, 1744 zum

buch und in Allschwil Juden. Wie lange die Gemeinschaften kontinuierlich bestanden, lässt sich nicht ausmachen. Bestattungsrechte auf dem seit 1673 bestehenden Hegenheimer Friedhof hatten nachweislich auch 24 Familienoberhäupter aus Allschwil, zwei aus Schönenbuch und sechs aus Oberwil erworben. Das Wiederentstehen der jüdischen Siedlungen im Birseck fällt zeitlich mit der Gründung der Dornacher Landjudengemeinde zusammen, die zwischen 1657 und 1736 kontinuierlich bestand. Die jüdischen Gemeinschaften in Allschwil, Schönenbuch und Oberwil wurden 1694 durch Vertreibung zerstört.[2] In der Pfeffinger Vogteirechnung sind keine Schirmgelder von Juden verzeichnet, obwohl es in anderen Quellen verstreute Hinweise gibt, dass auch hier vorübergehend, am Ende des 16., zu Beginn des 17. Jahrhunderts und während des Dreissigjährigen Krieges, einzelne Juden lebten. Der Aufenthalt scheint jedoch noch viel kurzfristiger, prekärer und vereinzelter gewesen zu sein als in den beiden anderen Vogteien.

Merkmal jüdischer Wohnorte

Betrachtet man die Orte mit jüdischer Bevölkerung, so fällt auf, dass sämtliche Gemeinden (Dornach eingeschlossen), mit Ausnahme von Zwingen, an der Landes-

Bischof gewählt, dachte früh daran, die Feiertagsordnung zu ändern. Ähnliche Bestrebungen waren zur selben Zeit auch in Spanien, Süditalien und Österreich im Gange. Ziel der Feiertagsreduktion war, dem überschwänglichen kirchlichen Leben, insbesondere den Belustigungen an Kirchweihen und Wallfahrten entgegenzuwirken, denn sie galten im Sinne der katholischen Aufklärung als «unvernünftig». Dahinter standen ökonomische Motive: Der Fürstbischof – selbst Unternehmer im Eisensektor – sah die Erhöhung der Arbeitstage für den wirtschaftlichen Aufschwung als unerlässlich an. Der Bekämpfung des «Müssiggangs» dienten auch weitere um 1750 erlassene Mandate: Das Maskieren an der Fasnacht wurde verboten, ebenso das sonntägliche Tanzen und das Spielen in den Wirtshäusern. 1747 wurde die Zahl der Feiertage mit Arbeitsruhe auf 18 reduziert, 25 weitere Tage waren so genannte Halbfeiertage: An diesen Tagen wurde zwar gearbeitet, die Gläubigen waren jedoch auch zum Besuch der Messe verpflichtet. Bei den Untertanen stiessen die 26 zusätzlichen Arbeitstage auf wenig Gegenliebe. Wer sich nicht an die neue Ordnung hielt, wurde mit Geldbussen oder Gefängnis bestraft.[6] Die Anlehnung an protestantische Vorstellungen zur Arbeitsethik und zur Lasterhaftigkeit von Freizeitbelustigungen ist unübersehbar. Dass Rinck von Baldenstein sich mit den Zuständen in reformierten Gebieten auseinander setzte, belegt ein Brief des Bischofs an den Vogt von Birseck. 1751 rügte er den Landvogt, weil dieser seinen Untertanen das Tanzen an Sonn- und Feiertagen nicht nur erlaubt, sondern sie sogar dazu ermuntert habe. Dies sei unzulässig und unanständig und führe nicht zuletzt in der «unkatholischen Nachbarschaft» zu grösstem Ärgernis. Das Tanzen an Sonn- und Feiertagen, besonders an den abgeschafften Kirchweihen sei verboten. Er forderte den Landvogt auf, diesem Verbot Nachachtung zu verschaffen und insbesondere die für den nächsten Sonntag bereits erteilte Tanzerlaubnis augenblicklich zu widerrufen.[7]

Im Laufe der frühen Neuzeit zeigte sich in anderen katholischen Territorien, beispielsweise in den eidgenössischen Orten Solothurn, Luzern und

grenze liegen. Einige Gemeinden, Allschwil und Arlesheim, stiessen an zwei verschiedene ausländische Territorien. Dass sich Menschen, die in einer rechtlich prekären Situation lebten, in Grenzgemeinden niederliessen, ist sicherlich kein Zufall. Die Grenzlage bot die Möglichkeit, zu fliehen oder Zuflucht zu suchen, ohne die Kontakte zum Herkunftsgebiet völlig abbrechen zu müssen. Ausserdem bot sich die Möglichkeit, wirtschaftliche Kontakte ins Nachbarterritorium zu knüpfen. Sämtliche Gemeinden mit jüdischer Bevölkerung lagen ausserdem verkehrsgünstig und/oder waren auf Orte mit Zentrumscharakter ausgerichtet: Röschenz und Blauen lagen an der Strasse zum regionalen städtischen Zentrum Laufen, Allschwil an der Peripherie der Grossstadt Basel. Teilweise verfügten die Gemeinden selbst über zentralörtliche Bedeutung, wie die Vogteisitze Zwingen, Arlesheim und auch Dornach.

Die jüdischen Gemeinschaften waren ausserordentlich klein, meist bestanden sie aus Familienverbänden von mehreren Generationen. Eine Ausnahme bildete einzig Allschwil mit 23 Familien im Jahr 1694. Insgesamt wohnten in diesem Jahr 170 Jüdinnen und Juden im Birseck – sie stellten damit eine durchaus namhafte Bevölkerungsgruppe dar.[3] Allschwil war damals die bevölkerungsreichste Landjudenge-

Freiburg, ein immer stärkerer Gegensatz zwischen weltlicher und geistlicher Obrigkeit. Das Konzil von Trient hatte stark zentralistische Zielsetzungen und war bestrebt, die Amtskirche zu stärken; kirchliche Freiräume wurden durch strenge Reglementierung ausgefüllt. Während die Errichtung des Staatskirchentums im reformierten Gebiet keinen Konflikt mit einer übergeordneten kirchlichen Instanz hervorrief, geriet die Obrigkeit der katholischen Städteorte, wenn sie die Herrschaft über ihre Untertanen im staatskirchlichen Sinn auch auf den religiös-kirchlichen Bereich ausdehnen wollte, mit der römischen Kirche in Widerspruch. Dieser Gegensatz war in einem geistlichen Fürstentum wie jenem des Bischofs von Basel kleiner.[8]

Zeugnis der Dankbarkeit
Um von einer Viehseuche verschont zu bleiben, pilgerten die Dugginger 1797 zum Heiligen Jost ins luzernische Blatten. Dass ihre Bitte erhört wurde, bezeugt die Votivtafel, die heute noch in der Dugginger Kirche hängt. Der Bildaufbau dieser religiösen Malereien folgt immer demselben dreiteiligen Grundschema. Dargestellt wird der Moment der Hilfestellung. Am unteren Bildrand knien die Bittsteller, hier sind es abgesehen vom Priester mehrere Frauen, am oberen thront der um Unterstützung angerufene Gnadenspender, also die Muttergottes mit dem Kind sowie etwas untergeordnet dargestellt der Heilige Jost. In der Bildmitte wird die Notsituation festgehalten. Unterhalb des Bildes – hier nicht zu sehen – beschreibt ein Text die Umstände der Errettung.

meinde der Gegend. In Hegenheim, der grössten elsässischen Gemeinde, lebten 1689 14 Familien, 1716 deren 29. Ausser in Blotzheim mit 21 Haushaltungen wohnten noch zu Beginn des 18. Jahrhunderts in allen Gemeinden weniger als 20 Familien. In Dornach lebten 1692 insgesamt 49 Personen. Die Kleinheit der Gemeinden ist ein Charakteristikum des Landjudentums nach dessen Vertreibung aus den Städten. In der Forschung wird von der «Atomisierung jüdischen Lebens»[4] gesprochen. Diese Siedlungsform wirkte sich in vielfältiger Weise auf den Alltag der Landjuden aus. Am spürbarsten waren die Auswirkungen der Vereinzelung im religiösen Bereich: Für einen öffentlichen Gottesdienst war die Anwesenheit von zehn erwachsenen (über 13-jährigen) Männern notwendig. Lebten nur eine oder zwei Familien an einem Ort, musste zur Errichtung einer Synagogengemeinde ein grösseres Einzugsgebiet gebildet werden.

Im 16. Jahrhundert dürfte es in den Vogteien Birseck und Zwingen ausserordentlich schwierig gewesen sein, die notwendige Anzahl Männer an einem Ort zu vereinigen. Im späten 17. Jahrhundert hatte sich die Besiedlung verdichtet, so dass die Abhaltung eines Gottesdienstes einfacher wurde. Eine eigentliche Gemeinde bestand nur in Allschwil, das möglicherweise das

Wallfahrten und Heiligenverehrung

Wichtige Aspekte katholischer Volksfrömmigkeit stellten die Heiligenverehrung und die Wallfahrten dar. Äusserlich unterschieden sich die Frömmigkeitspraktiken nach dem Konzil von Trient zwar wenig von jener der spätmittelalterlichen Kirche, im Detail zeigt sich jedoch die Vielschichtigkeit des Barockkatholizismus. Ähnlich wie im Protestantismus ergab sich eine immer stärkere Diskrepanz zwischen den Ansprüchen des Konzils und der Wirklichkeit, die vom Gegensatz zwischen klerikaler Hochkirche und dem kirchlichen Leben der Bevölkerung geprägt war. Die Marien- und Heiligenverehrung wurde bewusst gefördert; in der Konstituierung des Katholizismus als Konfessionskirche kam ihr eine zentrale Rolle zu. Die katholische Glaubenspraxis, die Teilnahme an der Messe, die Heiligenverehrung, die Wallfahrten und Prozessionen, stellten gemeinsame Handlungen dar, die nach aussen sichtbar waren und nach aussen wirken sollten. Die Hinwendung zu Heiligen half den Menschen nicht nur bei der Suche nach dem himmlischen Heil, sondern sie versprach auch weltlichen Trost, Schutz und Hilfe bei aller irdischer Unbill. Das Wallfahrtswesen blühte seit dem 16. Jahrhundert auf: Anstelle der individuellen Fernwallfahrten, die im Mittelalter eine wichtige Rolle gespielt hatten, traten kollektive Nahwallfahrten. Sie kamen den religiösen Bedürfnissen der breiten Bevölkerung ebenso entgegen wie die Laien-Bruderschaften oder das Rosenkranzgebet, das überall, allein oder in Gruppen, laut oder leise gebetet werden konnte. Mit den Wallfahrten eng verbunden war der Glauben an Wunder.[9]

Die katholischen Baselbieterinnen und Baselbieter erreichten eine Vielzahl von Wallfahrtsorten innerhalb einer Tagesreise. Wichtigster Ort in der näheren Umgebung war Mariastein. Das Kloster Mariastein entstand 1648, als die Benediktiner aus dem Kloster Beinwil hierher zogen. Die Marienwallfahrt selbst war zwar älter, einen grossen Aufschwung nahm sie jedoch erst nach der Übersiedlung des Klosters. Das Mirakelbuch von Mariastein berichtet für die Jahre 1599 bis 1687 über 266 anerkannte Wunder und

religiöse Zentrum der Juden im Birseck darstellte.

Rechtslage und Lebensbedingungen

Abgesehen von den wenigen erhaltenen Schutzbriefen, die Einblick in die rechtliche Stellung der Juden im Fürstbistum gewähren, ist die Quellenlage zu ihrer sozioökonomischen Stellung ausserordentlich dürftig. Die Schutzbriefe garantierten den Juden den «haushäblichen» Aufenthalt sowie den freien Kauf und Verkauf auf Märkten und auf dem Land. Einschränkungen bestanden im Geldgeschäft: Verboten war die Leihe «uff Jüdischen Wucher» sowie die Leihe auf jede Art von liegenden Gütern, was sicher darauf abzielte, den Juden die Möglichkeit zu nehmen, in den Besitz von Liegenschaften zu gelangen. Ausnahmen von diesem Verbot galten nur, wenn sich der Untertan in einer Notlage befand, oder mit Vorwissen obrigkeitlicher Beamter. Die Juden erhielten durch den Schutzbrief den Status von Hintersassen, die den anderen Gemeindebürgern punkto Steuerwesen, Fronen und anderen Dienstbarkeiten gleichgestellt waren. Einzelne Schutzbriefe verboten es den Juden, fürstbischöfliche Untertanen vor das königliche Hofgericht von Rottweil oder vor andere fremde Gerichte zu ziehen. Die Beschränkung auf das lokale Gericht diente zur

Gnaden; die lange Liste späterer Hilfeleistungen der Maria im Stein zeugt von der Bekanntheit dieses Wallfahrtsortes. Die meisten Wunder berichten von der Errettung aus schwerer Krankheit oder bei Unglücksfällen. Weitere kleinere Wallfahrtsorte, die von Menschen aus dem Birseck und dem Laufental regelmässig besucht wurden, waren die Wendelinskapelle auf dem Kleinblauen und die Fridolinskapelle in Breitenbach.[10]

Während Maria in verschiedenen Notlagen angerufen wurde, halfen andere Heilige in besonderen Nöten. Wendelin beispielsweise war für Arm- und Beinleiden «zuständig», von seiner Hilfe zeugen zahlreiche geschnitzte Arme und Beine, die als Votivgaben in die Kapelle auf dem Kleinblauen gebracht wurden. Die Votivtafeln oder -gaben sind Zeugnisse für erbetene Heilung oder unverhoffte Rettung, sie zeugen von der Wirksamkeit des Vertrauens in eine göttliche Macht. Diese Art der Dankesbezeugung ist seit der Antike in Heiligtümern belegt. Nach 1650 erreichte diese Frömmigkeitsform des katholichen Volksglaubens einen Höhepunkt. In Mariastein wurden zwischen 1660 und 1670 über 100 Votivtafeln gestiftet. Jedes menschliche Problem konnte Anlass zu einem Wallfahrtsgelübde geben. Der Dank für die wiederhergestellte Gesundheit steht jedoch mit Abstand an erster Stelle.[11]

Einen weiteren Aspekt barocker Volksfrömmigkeit stellen die Bruderschaften dar; diese Vereine von Laien widmeten sich religiösen und sozialen Aufgaben. Zünfte waren nicht nur handwerkliche Organisationen: Die Mitgliedschaft in einer Zunft betraf nicht nur das Arbeitsleben, sondern stellte viel umfassendere religiöse Bezüge her, begleitete die Zunftmitglieder bis zum Tod und – wenn die Versorgung von Witwen und Waisen vorgesehen war – auch über ihn hinaus. Oft wurden Frauen nicht als Handwerkerinnen Zunftmitglieder, sondern sie waren seelzünftig, das heisst, sie erwarben sich das Recht auf Grabgeleit durch die Zunftgenossen, die Abhaltung von Totenmesse und Jahrzeitmessen. Manche Landzünfte, etwa in Luzern und im Aargau, konzentrierten sich stärker auf die religiösen als auf die handwerklich-zünftischen Inhalte. Auf der Luzerner Landschaft hiessen die Verbände

Segensspruch
Den Spruch «gott woll mit segen ob ihm walten/vor fewr und unglück eß erhalten», den Jacob Schweitzer und seine Frau Anna Meierin auf ihrem 1687 neu erbauten Haus in Itingen anbringen liessen, verdeutlicht die Vermischung von Religion und Magie.
Die Wortmagie nimmt die besondere Bedeutung, die dem Wort im reformierten Glauben zukam, auf und nutzt sie zum Schutz vor Unheil.

der Landhandwerker durchgehend Bruderschaften. Ihre Entstehung steht in engem Zusammenhang mit der religiösen Bruderschaftsbewegung, die seit Beginn des 16. Jahrhunderts eine Vielzahl von Vereinigungen hervorbrachte, in denen Laien ihrem Bedürfnis nach Heilsvergewisserung nachleben konnten. Legate und Bruderschaftsvermögen verwendeten sie für die Stiftung und den Unterhalt von Altären ihres Zunftheiligen und für prunkvolle Gottesdienste am Bruderschaftsfest. Dieses stellte den feierlichen Höhepunkt der jährlichen Aktivitäten dar. Als Schutzheilige der Bruderschaften wurden bekannte Handwerksheilige gewählt, wie Josef für die Schreiner oder Krispin und Krispinian für die Schuhmacher, teilweise jedoch auch lokal verehrte Heilige. Die Bruderschaften erfreuten sich im späten 16. und 17. Jahrhundert grosser Beliebtheit.[12] Auch in den Landzünften des Laufentals sind kirchlich-kultische Aspekte fassbar: Die Zunftgenossen fast aller im 18. Jahrhundert gegründeten Zünfte verpflichteten sich, an der Beerdigung verstorbener Mitglieder teilzunehmen; vor der jährlichen Zunftversammlung, dem Bott, besuchten sie gemeinsam den Gottesdienst; beim Beginn und am Ende der Lehre, dem so genannten Aufdingen und Ledigsprechen, sowie bei der Aufnahme von Meistern musste ein Teil der geschuldeten Gebühren in Form von Wachs gestiftet werden. In den Laufentaler Zunftordnungen überwiegen jedoch die handwerklichen Zielsetzungen eindeutig.[13]

Alltagsbewältigung durch magisch-religiöse Praktiken

Das Leben der Menschen in der frühen Neuzeit war wesentlich durch Religion und Glauben bestimmt. Einen religionsfreien Raum gab es für sie nicht. Lebensbewältigung ohne Glauben und Kirche war undenkbar: Neben der materiellen und ökonomischen Absicherung, neben der Integration in soziale Organismen wie Familie und Gemeinde war die Einbettung in religiös-kirchliche Sozialformen von entscheidender Bedeutung. Religion und Glauben lieferten Ansätze zur Erklärung des Weltgeschehens, sie boten Hilfe und Unterstützung, sie stifteten Sinn. Das Angebot der Konfessionskirchen stell-

Magie
Auch in reformierten Gebieten wurde auf magische Mittel zurückgegriffen, um sich vor Krankheit, Unfall, Blitzschlag, Feuer und Waffengewalt zu schützen. Das belegen beispielsweise die so genannten Himmelsbriefe. Das abgebildete Exemplar stammt aus dem 18. Jahrhundert und wurde in Titterten gefunden. Noch im 20. Jahrhundert versteckten Menschen im Baselbiet solche Schutzbriefe im Dachgebälk.

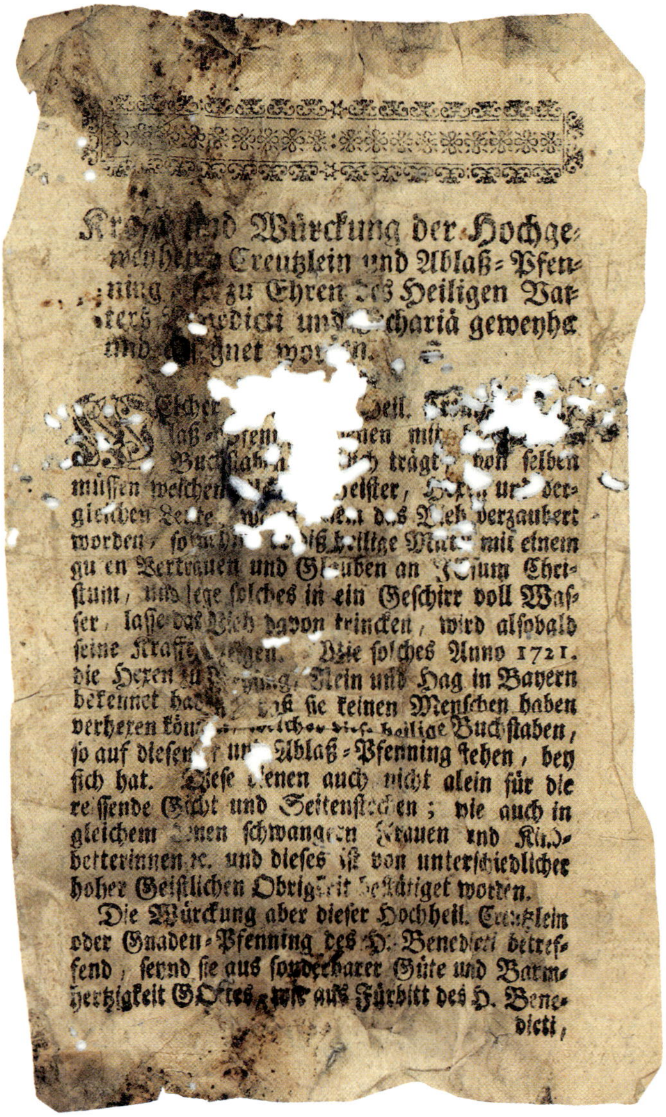
Kr[illegible] und Würckung der Hochge-
[illegible] Creutzlein und Ablaß-Pfenning [illegible] zu Ehren des Heiligen Vaters [illegible]dicti und [illegible]chariä geweyhet
und [illegible]gnet wor[illegible].
[illegible]
müssen welchen [illegible] und ver-
[illegible] das Vieh verzaubert
worden, so [illegible] heilige Mutter mit einem
gu[illegible]en Vertrauen und Glauben an [illegible] Christum, und lege solches in ein Geschirr voll Wasser, lasse das Vieh davon trincken, wird alsobald
seine Krafft [illegible]. Wie solches Anno 1721.
die Hexen [illegible] Stein und Hag in Bayern
bekennet ha[illegible] daß sie keinen Menschen haben
verhexen kön[illegible] welcher diese heilige Buchstaben,
so auf diese[illegible] und Ablaß-Pfenning stehen, bey
sich hat. Diese [illegible]enen auch nicht alein für die
re[illegible]ssende G[illegible]t und Seitenst[illegible]en; wie auch in
gleichem [illegible] schwangeren Frauen und Kin[illegible]-
betterinnen 2c. und dieses ist von unterschiedlicher
hoher Geistlichen Obrig[illegible] [illegible]ätiget worden.
Die Würckung aber dieser Hochheil. Creutzlein
oder Gnaden-Pfenning des H. Benedicti betref-
fend, seynd sie aus sonderbarer Güte und Barm-
hertzigkeit GOttes, [illegible] Fürbitt des H. Benedicti,

«Fremde» Hilfe

Dass Menschen aus dem reformierten Baselbiet Heil und Hilfe auch bei der katholischen Kirche suchten, zeigt dieser in der zweiten Hälfte des 18. Jahrhunderts gedruckte Gebetszettel aus dem Kloster Mariastein. Er wurde 1992 – zusammengefaltet in der Ritze eines Holzbalkens – bei Renovationsarbeiten in einem Wenslinger Haus gefunden. Der Einblattdruck mit dem Titel «Krafft und Würckung der Hochgeweyheten Creutzlein und Ablass-Pfennig, so zu Ehren des Heiligen Vaters Benedicti und Zachariä geweyhet und gesegnet worden» wurde vermutlich zusammen mit einer Benediktinermedaille oder einem Kreuz erworben. Er diente zum Schutz vor Gefahren aller Art. Diesen Zweck sollte er wohl auch in Wenslingen erfüllen.

Durchsetzung des Territorialitätsprinzips und zur Festigung der bischöflichen Landesherrschaft. Seit 1596 nahm der Fürstbischof in seinen Schutzbriefen Bezug auf die im Reich geltenden Bestimmungen der Frankfurter Reichspolizeiordnung von 1577, an die sich die Juden im Bistum zu halten hätten. Die Schutzbriefe setzten ausserdem die Höhe des Schirmgeldes fest. Sie wurden bis zum Ende des 16. Jahrhunderts immer ausführlicher. Sie garantierten den im Fürstbistum lebenden Juden einen befristeten Rechtsschutz (das heisst Wohnrecht, Rechts-/Prozessfähigkeit, Hintersassenstatus) sowie Erwerbsmöglichkeiten im Handel. Die Geldleihe war zunächst eingeschränkt, ein Verbot wurde jedoch nicht durchgesetzt. Aus dem späten 17. Jahrhundert, als wieder Juden im Birseck lebten, sind keine Schutzbriefe erhalten. Ob die Juden tatsächlich keine solchen mehr erhielten oder ob keine überliefert sind, ist ungewiss. Die Schutzbriefe beschränkten sich auf Regelungen im rechtlichen und ökonomischen Bereich, keinerlei Bestimmungen sind über den religiösen Bereich erhalten, zu dem auch das Recht gehörte, zu schächten und die hinteren Viertel zu verkaufen.

Es ist davon auszugehen, dass die meisten Juden vom Handel mit Vieh und Waren lebten. Leuw beispielsweise, der zwischen

Schutzglöckchen
Aus Therwil stammendes Zinnglöckchen mit einem Kruzifix und einer Heiligendarstellung, vermutlich einer Muttergottes. Wozu es diente, ist nicht sicher. Anderswo in Europa läutete man mit so genannten Benediktsglöcklein bei einem Sterbenden, um böse Geister zu vertreiben.

te jedoch nur einen Aspekt dar; es gab eine Fülle verschiedener Frömmigkeitsformen, die nicht in den kirchlichen Rahmen eingebunden waren. Der Glaube der Bevölkerung war nicht identisch mit den offiziellen kirchlichen Lehren; das gilt besonders für das magische Denken und magische Praktiken. Die Übergänge zwischen religiösen und magischen Formen waren fliessend: Magisches Denken und Handeln vollzog sich nicht ausserhalb der Kirche, sondern existierte in vielfältiger Vermischung mit ihr. Die Kirche, die sich allein für das Heil der Menschen zuständig erklärte, sah die Magie vor allem als Problem, wenn sie alternative religiöse Heilsformen anbot. Aus diesem Grund versuchte sie, magische Elemente in die kirchliche Frömmigkeit zu integrieren; besonders deutlich wird das bei der Marien- und Heiligenverehrung, im Glauben an die mystische Eigenwirkung der Sakramente sowie im Wallfahrtswesen. Die Reformierten bekämpften diese Bereiche katholischer Frömmigkeit – doch auch sie griffen zu magischen Mitteln; Beispiele dafür sind etwa die Himmels- und Schutzbriefe, die im Baselbiet noch im 18. Jahrhundert Verwendung fanden. Himmelsbriefe wurden als schriftliche Offenbarungen des göttlichen Willens aufgefasst, deren magische Kraft vor Krankheiten, Blitzschlag, Feuersbrunst, Unfällen und Waffengewalt schützte. Dieser Schutz war meist an die Forderung gebunden, den Sonntag zu heiligen. Die Himmels- und Schutzbriefe sind Belege für die magische Auffassung des heiligen Wortes und für den Glauben an die Zauberkraft der Bibel.[14] Es kam auch vor, dass die reformierte Bevölkerung in bewusstem Gegensatz zu ihrer Kirche und zu ihrem Pfarrer mit den Kapuzinern Kontakt aufnahm: Dies geschah zu Beginn des 19. Jahrhunderts etwa in Lausen, als die Gemeinde die herumirrenden Seelen zweier Selbstmörder, die in der Schmiede ihr Unwesen trieben, durch die Dornacher Kapuziner in eine Flasche bannen liess.[15] Belegt ist auch, dass Reformierte Wallfahrten versprachen, wenn sie aus Krankheit und Not errettet wurden.[16]

Das magische Denken war kein Produkt eines geschlossenen gedanklichen Systems der Weltinterpretation, das in Konkurrenz zu den Wissen-

1573 und 1580 in Zwingen wohnte, ernährte sich durch den Kauf und Verkauf von Pferden, Kühen, Leder und Heringen. Joseph in Allschwil war Arzt, auch seine Familie lebte vom Handel mit Arzneimitteln. Zumindest am Ende seines Lebens scheint Joseph verarmt zu sein, denn er liess bei seinem Tod Schulden zurück. Über den sozialen Status der anderen Familien ist nichts bekannt. Obwohl Liegenschaftsbesitz an sich unzulässig war, erwarben Juden in Allschwil Häuser. Das Haus des Allschwiler Juden Jandel Dreyfuss wurde nach der Vertreibung 1694 weiterverkauft. Bereits im späten 16. Jahrhundert besass Leuw in Zwingen ein Haus, in dem auch seine Schwiegersöhne mit ihren Familien lebten. Die meisten jüdischen Familien wohnten zur Miete; in Allschwil scheinen Juden in Häusern von Christen untergekommen zu sein.

Die Anschuldigungen

1694 wurden die drei jüdischen Siedlungen im Birseck zerstört. Gegen Ende des Jahres 1693 scheinen der Obrigkeit von in den Akten nicht genau bezeichneter Seite Klagen über die im Birseck lebenden Juden zu Ohren gekommen zu sein. Der Fürstbischof ordnete darauf die beiden Hofräte Johann Ignaz Seigne und Christoff Knollenberg als Untersuchungskommission ins

schaften und der christlichen Glaubenslehre stand; vielmehr existierten diese Bereiche mit- und nebeneinander. Reformierte wie Katholiken, Obrigkeit und Untertanen, Städter und Landbewohner, Frauen wie Männer glaubten an Magie. Doch die gelehrten Konstrukte, die etwa im dämonologischen Hexenglauben eine zentrale Rolle spielten, hatten mit der Alltagsmagie der Bevölkerung wenig gemeinsam. Die Volksmagie war eingebunden in die Lebenswelten der frühneuzeitlichen Menschen, sie ermöglichte einen speziellen Umgang mit Welt und Natur. Sie gründete einerseits auf dem Glauben an die Entsprechung von Mensch und Kosmos und an dessen Belebung, andererseits ging sie von der Beherrschbarkeit der Naturgewalten wie der Möglichkeit, Alltagsprobleme zu bewältigen, aus. Letztlich waren das magische Denken und Handeln Antworten auf die Übermacht der Natur, die die Menschen zu beherrschen und zu lenken trachteten. Die Volksmagie enthält den Glauben an magische Kräfte und Mächte in der Welt, die sowohl Gutes wie Böses bewirken können und vom Menschen beeinflusst, gebannt oder gelenkt werden können. Ihre Überzeugungen und Praktiken durchziehen alle alltäglichen Lebensbereiche, etwa auch die Volksmedizin.[17]

Am Beispiel der Bekämpfung einer Viehseuche lässt sich die Verbindung rational-wissenschaftlicher, kirchlich-religiöser und magischer Praktiken aufzeigen: Im Sommer des Jahres 1735 brach in der Stadt Laufen unter dem Hornvieh die Lungensucht aus. Dabei handelt es sich aus heutiger veterinärmedizinischer Sicht um die Lungenseuche oder allenfalls um die Rinderpest, beides Krankheiten, für die keine Heilchancen bestanden, die aber seit dem ausgehenden 19. Jahrhundert bei uns nicht mehr aufgetreten sind. Die Seuche trat zuerst im Stall des Beat Schuhmacher auf und breitete sich von dort in der Stadt aus. Anfang September zog die Gemeinde den Tierarzt Victor Schott aus Solothurn bei und schloss mit ihm einen Vertrag ab. Sämtliche Bürger wurden verpflichtet, ihm ihr Vieh zur «beschau und Cur» anzuvertrauen. Schott hatte die nötigen Hilfsmittel für die kranken wie die gesunden Tiere auf eigene Kosten zu beschaffen und neun Wochen oder solange,

Birseck ab. Im Frühjahr wurden die Juden vor Hofgericht geladen. Nach dem Prozess befahl der Bischof die Vertreibung.
Zentraler Vorwurf gegen die Juden waren blasphemische Äusserungen gegen die katholische Religion, Jesus und die Jungfrau Maria. Der Vorfall hatte offenbar in Oberwil stattgefunden und war, wie sich vor Hofgericht zeigte, nicht etwa den Birsecker Juden, sondern einem Durchreisenden namens Abraham Cain oder Caan aus Ichenhausen, einer Kleinstadt im bayrischen Schwaben, anzulasten.
Die hofrätliche Kommission, die im Birseck laut der Instruktionen «den bösen Handel undt beschwernussen der Judenschaft», die «wucherliche[n] Handlungen» sowie den erwähnten Vorfall im Haus des Oberwiler Sigristen näher beleuchten sollte, verfasste einen Bericht, im dem eine Reihe von Klagen gegen die Juden aufgeführt ist. Die Rede ist, neben dem bereits bekannten Oberwiler Vorkommnis, von der täglich wachsenden Zahl «diser gefährlichen und gefluechten Mentschen», welche «die beste[n] häuser Einnehmen» und ausser dem Schirmgeld keine Steuern bezahlten. In Allschwil lebten Juden und Christen beisammen, so dass die Kinder gemeinsam aufwuchsen – das dürfe nicht sein. Weiter sei es ein grosses Ärgernis, dass die Juden «Ein aigene Synagog halten, Ihre Hochzei-

Laufner Katharinenkirche
Die innerhalb der Stadtmauer liegende Kapelle wurde 1698/99 neu erbaut und im 18. Jahrhundert im Rokokostil ausgeschmückt. Unklar ist, seit wann sie als Kirche gilt. Die auf dem anderen Birsufer liegende St. Martinskirche war seit mittelalterlicher Zeit Pfarrkirche, nicht nur für die Stadt, sondern auch für Dittingen, Röschenz, Wahlen und Zwingen. Seit dem 17. Jahrhundert setzten sich die Gemeinden dafür ein, eine eigene Pfarrei zu werden. Röschenz wurde 1802 (unter den Franzosen), Wahlen 1839 (unter den Bernern) selbständig. Zwingen musste darauf bis 1907 warten.

wie es nötig wäre, in Laufen zu bleiben. Entlöhnt wurde er mit «neun gueten Batzen basler währung» pro Haupt sowie durch kostenlosen Aufenthalt in Laufen. Schott traf am 1. September 1735 zusammen mit seinem Sohn in der Stadt ein.

Rund sechs Wochen später, als der Seuche bereits über 160 Tiere zum Opfer gefallen waren, wurden die Laufner Bürger befragt, welche Mittel sie gegen die Seuche verwendet und wieviel Vieh sie verloren hätten. Die meisten der 39 Befragten vertrauten ihr Vieh vertragsgemäss Victor Schott an. Eine Minderheit wandte sich von Anfang an andere Personen – genannt wurden drei Männer und eine Frau aus der Gegend – oder setzten eigene Mittel ein, deren Rezepturen sie den Befragern angaben. Die verschiedenen Mischungen bestanden aus Kräutern und Wurzeln, teuren fremdländischen Gewürzen wie Muskatnuss und Nelken, Eiweiss, Wein, Essig und Wasser, in einem Fall auch dem Urin junger Knaben. Ein Teil der Viehbesitzer wandte sich von Schott ab, nachdem sie, trotz seiner Medizin, Vieh verloren hatten. Die Liste führt gegen 70 Tiere auf, die wohl erst seit Schotts Eintreffen erkrankt waren, nicht einmal ein Drittel erholte sich von der Krankheit. Während Schotts Anwesenheit liefen Kosten von rund 230 Pfund auf, zusätzliche Kosten entstanden während des Aufenthalts von Jacob Meister, der vielleicht ebenfalls Tierarzt war, sowie für Medizin von Herrn Bernoulli aus Basel. Bezahlt werden mussten auch der Dekan und seine Helfer, die die Weiden auf dem Buberg und im Ried «benediciert[en]». Diese Segnung, die die Laufner in einem Umgang aus den Mauern der Stadt nach Süden und Südwesten führte, wurde nicht dem Stadtpfarrer, sondern einem kirchlichen Würdenträger übertragen.

Ob die Viehseuche im Winter zum Erliegen kam, ist nicht ganz klar. Im Februar 1736 beschloss die Gemeinde, zu anderen Mitteln zu greifen: Sie versprach, den Heiligen Fridolin zum Stadtpatron zu erheben. Das Schreiben verweist auf die im Vorjahr ausgebrochene Lungensucht, auf die vielen verstorbenen Tiere und die grossen Kosten für Arznei, die die Krankheit nicht

then celebrieren undt andere ceremonias offentlich üben». Christen würden besonders an Samstagen bei den Juden «dienen undt aufwarten», was nach den «alten Statutis synodalis» des Bistums ausdrücklich verboten sei. In Allschwil hätten die Juden Häuser gekauft und für ihren Pferdehandel Ställe gebaut, was den Christen verboten sei. Dies führe dazu, dass «die Christen baldt weder Häuser auch Bestallungen [...] mehr haben khönnen». An Sonn- und Feiertagen, auch während des Gottesdienstes «Springen Sie mit Ihren Rossen gantz trutzig Im dorf hin undt her, khaufen undt verkaufen auch wass sie wollen». Ausserdem würden sie verbotenerweise «wucher wider die christen» treiben. Die abschliessenden Punkte betrafen die angebliche Furcht der Juden vor dem beziehungsweise ihre Verachtung für das Christentum: «Wann dass hochheyligste Sacrament des Altars über denen gassen zu den Krancken getragen wirdt, so Erschröckhen Sie, laufen darvon wie die Hundt, verbergen Sich, undt verfluechen Erschreckhlicher weis die allerheyligste hostiam. [...] In gleichen verfluechen Sie alle tag Christum den Herrn Unseren Heylandt undt die gantze christenheit [...]. In summa Ihr gantze Vocation undt Profession Ist die Christen uf allerley weiss zu betriegen, In der Noth zu überlisten undt nach undt nach arm zu

zum Stillstand hatte bringen können, macht aber keine Angaben darüber, ob das Übel in der Zwischenzeit vorüber war – ob das Gelöbnis also zur Heilung und Vertreibung der Seuche oder vor allem zur Abwendung zukünftigen Schadens dienen sollte. Nach dem Vorbild des Rats und der Geschworenen gelobte jeder Bürger der Stadt und Vorstadt Laufen, den Heiligen Fridolin «für jetzt und zu Ewigen Zeithen» zum Stadt- und Gemeindepatron annehmen zu wollen. In diesem Jahr sollte der Fridolinstag erstmals mit einer Prozession gefeiert werden. Bis sie selbst ein Bildnis in der Stadtkirche hätten, wollten die Laufner zur Fridolinskapelle nach Breitenbach wallfahren, wo sie ein Opfer von «sechs vierling wax kerzen» abzulegen versprachen. Danach solle die Prozession in der Stadt stattfinden.

Die Viehseuche gefährdete die ökonomische Existenzgrundlage der Stadtbevölkerung in schwerwiegender Weise. Die 160 Tiere, die bis zum Eintreffen Schotts verendet waren, machten rund die Hälfte des gesamten Rindviehbestandes aus. Hinzu kamen die bereits erwähnten Kosten, die die Bekämpfung der Seuche verursachte. Die Gemeinde versuchte, die bedrohliche Krise zunächst mit Hilfe eines Vieharztes zu bewältigen. Als seine Arznei die Seuche nicht zum Stillstand bringen konnte, wandte sie sich mit «gebett und andachten zu Gott» und wählte Fridolin, der als Heiliger für den Schutz des Viehs zuständig war, als Stadtpatron. Der Rückgriff auf andere als die verordneten medizinischen Heilmittel wird einerseits in der Segnung der Weiden sichtbar, andererseits aber auch in der Tatsache, dass einige Viehbesitzer sich an andere Heilsachverständige wandten oder auf eigene Mittel vertrauten. Hans Fenninger erhielt sein Vieh gesund, indem er Quecksilber im Stall aufhängte. Seit der Antike stellten sich die Menschen vor, dass die Luft Trägerin von Krankheiten und Seuchen sei. Die im 5. Jahrhundert vor unserer Zeitrechnung von Hippokrates entwickelte Lehre vom Miasma, der krankheitsverursachenden Luftverschmutzung, stellte bis ins 19. Jahrhundert das zentrale Erklärungsmuster für Seuchen dar. Der Bannwart Hans Räber verwendete eine Kräutermischung, die unter anderem Wer-

Beschützer des Laufner Viehs
Um ihr Vieh, das seit dem Vorjahr von einer Seuche befallen war, zu schützen, gelobten die Laufner Bürger 1736, den Heiligen Fridolin als Stadtpatron anzunehmen. Noch heute steht die im 18. Jahrhundert entstandene Statue des Heiligen in der Kirche St. Katharina.

machen, undt neben disem allem Ist noch die höchste gefahr dass nit etliche Christen In sonderheit Junge Leuth von disen verfluchten Judten auch in glaubens sachen heimblich verführet werdten.»[5]
Vor dem Hofgericht in Pruntrut brachte der Generalprokurator die Gotteslästerung in Oberwil, die Beschäftigung von Christen durch Juden am Sabbat, die Verletzung der Sonntagsheiligung, den Wucher sowie angebliche Obstdiebstähle jüdischer Kinder vor und forderte die Verbrennung oder Hängung des Gotteslästerers in effigie (also bildlich oder symbolisch, da er nicht anwesend war) durch den Scharfrichter, die Vertreibung der Juden aus dem Fürstbistum und die Konfiskation ihrer Güter zuhanden des Fiskus.
Die Juden verteidigten sich, indem sie forderten, dass diejenigen bestraft würden, die ein Vergehen begangen hätten. Sie wiesen – ohne viele Worte – die Kollektivhaftung der jüdischen Gemeinschaft für die effektiven oder nur unterstellten Taten eines Einzelnen zurück. Sie baten darum, dass man sie weiter im Bistum wohnen lasse.
Es bleibt auch vor Gericht unklar, wer die Klagen vorgebracht hatte; Zeugen – etwa aus den Gemeinden mit jüdischer Bevölkerung – wurden keine einvernommen. Auf Seite der Kläger treten hohe bischöfliche Beamte in Erscheinung, zunächst die bei-

muth enthielt, gegen die ungesunde Luft. Ob das Quecksilber der Desinfektion der Luft diente oder einen magischen Hintergrund hatte, lässt sich nicht mit Sicherheit sagen. Die Zutaten der Heilmittel deuten jedoch auf Vorstellungen von magischer Wirkkraft hin; so verwendete Räber gesegnetes Wasser, das er unter dem «Monstranz Cränzlein» mit den andern Ingredienzien vermischte, Johannes Meyer gesegnete Kräuter.

Die Begebenheit wirft auch ein Licht auf die Mentalität der Stadtbevölkerung. Wie wichtig ihr der Schutz ihres Viehs war, zeigt sich darin, dass sie eine Krise nicht durch eine kurzfristige Massnahme, sondern durch eine ewige Verpflichtung, die Annahme Fridolins als Stadtpatron, zu bewältigen suchte. Aus diesem Versprechen für die Zukunft spricht sicher auch die Erfahrung, dass Viehseuchen wiederkehrende Katastrophen waren.[18]

Leben im konfessionellen Zeitalter

Die konfessionelle Konkurrenz, die mit der Glaubensspaltung durch die Reformation entstand, prägte bis ins 18. Jahrhundert hinein Politik und Alltag. Die Obrigkeiten versuchten, ihr Territorium zu vereinheitlichen und es deutlich von anderskonfessionellen Gebieten abzugrenzen. Im Laufe dieser Entwicklung wurden Abweichungen bekämpft, soziale Disziplin eingeübt und aufgezwungen. Die Bekenntnisse verfestigten sich in Lehre, Liturgie und Organisation zu eindeutig ausgeformten Kirchen. Der Prozess, der die Menschen zu Angehörigen verschiedener Konfessionen machte, wird als Konfessionalisierung bezeichnet. In der Bevölkerung entstand ein konfessionelles, sich gegen Andersgläubige distanzierendes Bewusstsein erst im Verlauf des 17. Jahrhunderts. Die Gegensätze zwischen Reformierten und Altgläubigen, aber auch jene innerhalb des Protestantismus spitzten sich allerdings auf ideologisch-politischer Ebene – zwischen den Obrigkeiten und auf kirchlicher Ebene – oft viel stärker zu als im Alltag der einfachen Leute. Diese praktizierten im konfessionell eng verflochtenen und durchmischten Gebiet wie der Region Basel ein alltägliches Neben- und Miteinan-

Aufschwung in Arlesheim
Der Zuzug des Domkapitels nach Arlesheim im Jahr 1678 löste im abseits der Hauptverkehrsachsen gelegenen Dorf einen wirtschaftlichen Aufschwung aus. Sichtbares Zeichen dieser Entwicklung sind der Dom und die Domherrenhäuser. Die Bedürfnisse der Domherren beeinflussten Gewerbe und Bevölkerung insofern, als zahlreiche spezialisierte Handwerker wie Sesselmacher und Stukkaturarbeiter ein Auskommen fanden. Die Haushalte der Domherren, die in der Regel einen Diener, eine Köchin und eine Magd beschäftigten, liessen die Bevölkerung Arlesheims anwachsen. Die Federzeichnung stammt von Emanuel Büchel aus dem Jahre 1756.

der über die konfessionellen Schranken hinweg.[19] Kontakte entstanden bei Gottesdienst- oder Kirchweihbesuchen, durch die Arbeitswanderung, durch Landbesitz im konfessionell anderen Gebiet und durch allerdings eher seltene Heiraten über die Konfessionsgrenzen hinweg. Etwas grösser als zwischen den christlichen Bekenntnissen war die Distanz zu den wenigen Juden, die im 16. und 17. Jahrhundert in einigen Dörfern des Fürstbistums lebten und auf der Basler Landschaft als durchziehende Händler nur widerwillig geduldet wurden.

Die Obrigkeit versuchte immer wieder, Kontakte über die konfessionellen Grenzen zu reglementieren und zu verbieten – mit geringem Erfolg: Untertanen sollten keine katholischen Kirchweihen und keine Messe besuchen, Eltern – im reformierten Basel wie im katholischen Bistum – wurden aufgerufen, ihre Kinder nicht jenseits der konfessionellen Grenze in Dienst zu schicken. Das war in einem so kleinräumigen Gebiet oft schwierig. Heiratete ein Basler Untertan eine Katholikin, war seine Frau zur Konversion gezwungen, wollte er sein Landrecht und seinen Grundbesitz nicht verlieren. Neben dem Staatskirchentum – der reformierten Orthodoxie oder der Einheit von weltlicher und geistlicher Herrschaft im Fürstbistum – und neben der konfessionellen Konkurrenz gab es andere Realitäten: einerseits das Nebeneinander, dem die Obrigkeit mit Misstrauen und Verboten begegnete, das im Alltag jedoch nicht zu verhindern war. Und es gab Menschen, die wie Täufer oder Juden in einem anderen Wertsystem, in einem eigenen kulturellen Umfeld lebten – oft bedeutete das jedoch ein Leben am Rand der Gesellschaft. Trotz der Bemühungen des Staatskirchentums um Einheit blieben gewisse Spielräume für Menschen ausserhalb der Mehrheitsgesellschaft. Ungeachtet immer wiederkehrender Anstrengungen gelang es weder der Basler Obrigkeit noch dem Fürstbischof, beispielsweise die Täufergemeinschaften dauerhaft aus ihrem Gebiet zu vertreiben. Wie aber wurden diese Menschen in den Gemeinden, in ihrem Alltag aufgenommen? Die Täufer scheinen akzeptiert oder zumindest gedeckt worden zu sein. Vielleicht

Vortragskreuz aus Laufen
Der erneuerte Katholizismus kannte verschiedene Frömmigkeitsformen. Während stille Gebete Momente der Meditation waren, stellten Prozessionen gemeinsame, manchmal auch spektakuläre Glaubensäusserungen dar, die in der Öffentlichkeit wirken sollten. Die katholische Kirche legte, anders als die reformierte, besonderen Wert auf kollektive, nach aussen sichtbare Handlungen. Prozessionen fanden oft im Frühjahr und Sommer statt, um gutes Wetter zu erbitten.

den hofrätlichen Kommissionsmitglieder, die die Untersuchung vor Ort im Birseck geführt hatten, sowie vor Gericht der Generalprokurator. Die lokale Vertretung der Herrschaft, der Vogt von Birseck, scheint nicht von sich aus aktiv geworden zu sein.

Die Vertreibung der Juden 1694
Am 3. Juli 1694 ordnete der Fürstbischof die Vertreibung innert drei Monaten an. In seinem Beschluss wiederholte er die Klagen gegen die Juden, gleichzeitig gestattete er ihnen jedoch, weiterhin «erliche und zulässige handlung mit unseren underthanen zu treiben und die gewohnliche Jahrmarkt zu besuchen». Die Juden wurden zur Bezahlung der Untersuchungs- und Gerichtskosten verurteilt, ausserdem fielen die in Allschwil gekauften Häuser und Ställe der Obrigkeit zu.
Die Klagen befassen sich mit zwei Bereichen: mit dem religiösen und mit dem im weitesten Sinne ökonomischen. Ausser dem Oberwiler Vorfall scheinen sie durch keinen konkreten Anlass ausgelöst worden zu sein. Vielmehr handelt es sich weitgehend um stereotype judenfeindliche Vorwürfe. Was könnte geschehen sein? Geht man davon aus, dass ein gewisser Abstand zwischen den beiden Bevölkerungskreisen ein stabiles Zusammenleben ermöglichte, so musste umgekehrt eine Annäherung

Täuferpaar in Liestal
Dieser kolorierte Stich stammt aus der im frühen 19. Jahrhundert entstandenen Serie von Trachtendarstellungen des Luzerners Joseph Reinhart. Noch bis weit ins 19. Jahrhundert hinein wurden Täufer in der Geschichtsschreibung und in der breiten Bevölkerung als Ketzer, Schwärmer oder Aufrührer gesehen. Umso irritierender wirkt diese liebliche Darstellung vor dem Oberen Tor in Liestal.

waren sie weitgehend integriert, weil es sich bei ihnen – vor allem in der reformatorischen Anfangsphase – um Gemeindebürger, nicht um zugewanderte Fremde handelte. Fremde konnten nur am Rand der Gemeinschaft mit Duldung rechnen. Das zeigen Beispiele von Baselbieterinnen und Baselbietern, die sich aus religiösen Gründen – weil sie zum Katholizismus konvertierten – jenseits der Grenze niederliessen.

Die Baselbieter Täufer

Das Täufertum entstand in der Zeit des reformatorischen Aufbruchs: Gruppen bildeten sich, die die Reform rascher und radikaler durchführen wollten. Uneinigkeit bestand sowohl über das Tempo als auch über Inhalt und Ausmass der Reformen. Diese Gruppe der Unzufriedenen ging zunehmend auf Distanz zu Luther oder Zwingli, weil sie ihnen eine zu grosse Kompromissbereitschaft gegenüber der Obrigkeit vorwarfen. Als Täufer wurden dabei diejenigen Vertreterinnen und Vertreter der Bewegung bezeichnet, deren gemeinsames Kennzeichen die Verweigerung oder Geringschätzung der Kindertaufe und die Praxis der Glaubenstaufe war. Das gegenüber dem protestantischen wie auch dem katholischen Modell der «Staatskirche» entscheidend Neue ist dabei weniger die Taufform als die damit verbundene Freiwilligkeit der Kirchengemeinschaft, die für die Zeit radikal war und die Grundfesten der Gesellschaft in Frage stellte. Drei Punkte kritisierten die Täufer an der offiziellen Kirche besonders: die durch die Kindertaufe erworbene Zwangsmitgliedschaft, die fehlende konsequente Gemeindedisziplin und die enge Verflechtung zwischen Kirche und Obrigkeit. Grundlegend für das schweizerische Täufertum war die am 21. Januar 1525 erstmals praktizierte Glaubenstaufe im Kreise ehemaliger Schüler und Freunde Zwinglis in Zürich. Von dort breitete sich die Bewegung in den ostschweizerischen und süddeutschen Raum sowie via Basel ins Elsass und nach Bern aus.

Durch die Kritik der Täufer an der in ihren Augen unheilvollen Allianz von Kirche und Obrigkeit zogen sie rasch Aufmerksamkeit und Unmut der

das Konfliktpotential steigern.[6] Allgemeiner ausgedrückt konnte bereits die Veränderung der Situation von Juden zum Aufbrechen von Konflikten führen; derartige Veränderungen wurden von den Christen als Grenzüberschreitungen wahrgenommen, die sanktioniert werden mussten. Ein Teil der Klagen von 1694 lässt sich vor diesem Hintergrund interpretieren. Als bedrohlich wurde das Wachstum der jüdischen Bevölkerung wahrgenommen, das sich natürlich auch auf den Wohnraumbedarf auswirkte. Wenn Juden und Christen unter einem Dach wohnten, wurde der Trennungsgrad zwischen den beiden Gemeinschaften verringert oder gar aufgehoben, kam es dadurch doch zu Kontakten zwischen den Kindern, die gemeinsam aufwuchsen. Waren die Juden als Mieter auf das Wohlwollen ihrer Vermieter angewiesen, schufen sie sich mit dem Hauskauf und dem Bau von Ställen mehr Sicherheit. Obwohl sich dadurch an ihrer Rechtsstellung nichts änderte, drückten sie durch den Hauskauf aus, dass sie ihrem Status mehr Dauerhaftigkeit verleihen, dass sie sich in der Gemeinde «niederlassen» wollten. Dieser Wunsch musste einer Gemeinschaft, die dem Zuzug von Fremden ohnehin ablehnend gegenüberstand, als Grenzverletzung vorkommen: Der Abstand zwischen den nur geduldeten Juden und

Behörden auf sich. Diese versuchten, die Täufer in Disputationen, wie erstmals 1525 in Zürich, im Dezember 1529 auch in Basel, von ihren Thesen abzubringen; die Erfolglosigkeit der obrigkeitlichen Bemühungen heizte die Repression an.

Mit der Etablierung der Reformation wurde der neue Glaube zur Staatsreligion. Religion war keine Angelegenheit des Einzelnen, der aufgrund seines Gewissens entscheiden konnte, sondern die Zugehörigkeit zur Staatsreligion war Bürger- und Untertanenpflicht. Dies bekamen die Täufer sofort zu spüren. Die Reformationsordnung vom 1. April 1529 drohte ihnen Gefangenschaft bis zum Widerruf ihres Glaubens an. Rückfällige Täuferinnen und Täufer mussten mit der Todesstrafe rechnen. Im Täufermandat vom 23. November 1530 drohte die Obrigkeit mit «Schwemmung» – einer Strafe, die das Delikt, die Glaubenstaufe, «spiegelte» – und anschliessender Landesverweisung sowie nach dem Wiederauftauchen auf Basler Territorium und dem erneuten Rückfälligwerden mit dem Tod durch Ertränken. Anfang der 1530er Jahre wurden dann auch mehrere Baselbieter als Täufer hingerichtet. Im Verlauf der 1530er Jahre verschwinden die Täufer fast ganz aus den Quellen – der Obrigkeit scheint es gelungen zu sein, den Widerstand der Basler Täufer vorerst zu brechen. Um die Mitte des 16. Jahrhunderts, in der Zeit, in der die Basler Kirche versuchte, einen Weg zwischen Lutheranismus und Zwinglianismus zu gehen, herrschte ein Klima verhältnismässiger Offenheit, das dann auch den Täufern wieder grössere Handlungsspielräume offen liess. Als sich die reformierte Orthodoxie durchgesetzt hatte, die nach Einheitlichkeit im Innern strebte, nahm die Unduldsamkeit allerdings wieder zu. Trotz allem gelang es der Obrigkeit nicht, täuferische Gemeinschaften gänzlich zu vertreiben.

Der täuferische Protest gegen Ende des 16. Jahrhunderts ist in engem Zusammenhang zu sehen mit dem Widerstand der Landbevölkerung gegen die stärkere herrschaftliche Durchdringung: Die Intensivierung der Herrschaft ging einher mit einer zunehmenden Repression gegen die Täufer.

den Gemeindebürgern verringerte sich. Kontakte, die den Klagenden unerwünscht waren, entstanden durch die Beschäftigung von Christen in jüdischen Haushalten. Als Grenzüberschreitung wurden auch die öffentliche Abhaltung des Gottesdienstes, die «aigene Synagoge» und die Feier von Hochzeiten und Festtagen wahrgenommen. Seitdem die jüdische Gemeinschaft – vermutlich erst wenige Jahre zuvor – gross genug war, um eine Synagogengemeinde bilden zu können, fiel ihr Kult öffentlich auf. Kaum erreichte die jüdische Gemeinde eine gewisse Stabilität, wurde sie als Bedrohung wahrgenommen und vertrieben.

Der religiöse Bereich war besonders gefährdet, da hier zwei unvereinbare Vorstellungs- und Lebenswelten aufeinander prallten. Konfliktträchtig war der unterschiedliche Wochenkalender: Die Christen beschwerten sich über die angebliche Missachtung der Sonntagsheiligung und die Beschäftigung von Christen durch Juden am Sabbat. Am Sabbat – so mögen die Beschwerdeführer befürchtet haben – waren die Christen nicht nur mit den besonderen Bräuchen der jüdischen Gemeinschaft konfrontiert – nach den Strapazen der Woche wurde an diesem Tag bessere Kleidung getragen und gut gegessen –, sondern auch mit dem jüdischen Glauben,

Besonders deutlich wird dies nach dem Bauernkrieg von 1653: Bis etwa 1690 gelang es der Obrigkeit, die Täufer zu vertreiben, so dass die Kontinuität des in die Reformationszeit zurückreichenden Basler Täufertums abriss. Erst zu Beginn des 18. Jahrhunderts, nicht zuletzt unter dem Einfluss pietistischer und aufklärerischer Strömungen, wurde der Spielraum auch für Täufer wieder grösser. Die nun fassbaren Täufer stammten nicht mehr aus denselben Familien, und neue Ortschaften spielten eine Rolle. Am zahlreichsten waren die Basler Täufer zwischen 1580 und 1630 verbreitet. Insgesamt etwa 140 Personen werden in diesen Jahren in den Akten explizit als Täuferinnen und Täufer bezeichnet. Fast ausnahmslos gerieten sie früher oder später in obrigkeitliche Gefangenschaft. Wie gross die Gruppe jener war, die der Verfolgung entgingen, lässt sich nicht sagen. Die Zahl der Taufgesinnten war auch im Zeitraum ihrer grössten Präsenz verglichen mit der Bevölkerung der Landschaft nur sehr klein.

Zentren des Oberbaselbieter Täufertums waren um 1580 Rothenfluh sowie der Sissacher Raum, um 1600 die Region von Maisprach-Buus-Wintersingen. Längerfristig betrachtet, kristallisierte sich Thürnen als Ort mit der kontinuierlichsten täuferischen Präsenz heraus; spätestens seit den 1580er Jahren, vermutlich jedoch bereits seit der Reformation bis in die 1680er Jahre lassen sich hier Täufer nachweisen. Komplizierte Grenz- und Herrschaftsverhältnisse dürften dabei eine Rolle gespielt haben; kirchlich gehörte Thürnen zur Kirchgemeinde Sissach, die dem Farnsburger Kapitel angegliedert war, herrschaftlich war die Gemeinde dem Homburger Vogt unterstellt.

Aufgrund verwandtschaftlicher und beruflicher Beziehungen fand täuferisches Gedankengut auch in anderen Baselbieter Gemeinden Eingang. In der Region Basel pflegten die Täufer Kontakte über Distanzen, die stundenlange Fussmärsche voraussetzten. Versammlungsorte befanden sich seit 1580 bis in die ersten Jahre des 17. Jahrhunderts am Bergzug des Blauens, im Leimental und auf dem Bruderholz, rechts des Rheins in der

da sich die Juden an diesem Tag besonders der Auseinandersetzung mit religiösen Texten widmeten. Die Beschwerdeführer unterstellten, die Juden könnten Christen, insbesondere junge Leute, in Glaubenssachen beeinflussen oder sie gar verführen. Dahinter stand wohl die Sorge, die Kontrolle über die Untertanen und ihr Denken zu verlieren.

Die Christen beschwerten sich nicht über die jüdische Religion an sich, sondern über ihre Präsenz in der Öffentlichkeit. Sie behaupteten, in Notwehr – gegen eine vermeintliche Furcht oder Verachtung der Juden gegenüber dem Christentum sowie dessen Verfluchung – zu handeln; sie behaupteten, dass sich die Juden vor der Hostie versteckten. Hier wird offensichtlich etwas verdreht, bedeutete die Hostie für die Juden doch absolut nichts. Um sich vor der Hostie zu fürchten, hätten die Juden ihr eine ebenso grosse Bedeutung zumessen müssen wie die Katholiken, welche ja nicht nur an die Transsubstantiation, sondern auch an ihre Wundertätigkeit glaubten.

Den Juden wurde nicht nur auf religiösem Gebiet ein grosser Einfluss unterstellt: Ihr Ziel sei es, die Christen zu betrügen, in der Not zu überlisten und nach und nach arm zu machen. Hier wird auf die Tätigkeit der Juden im Handel und Geldverleih Bezug

Umgebung von Lörrach, wo zu jener Zeit auch viele Täufer lebten. In der zweiten Hälfte des 17. Jahrhunderts gab es nur noch in den oberen Ämtern der Basler Landschaft Täufer.

Ihre Berufe entsprachen einem recht repräsentativen Querschnitt der ländlichen Bevölkerung: Vorherrschend waren Kleinbauern und Tauner sowie Dorfhandwerker. Die wenigen mittleren und grösseren Bauern zogen meist relativ rasch ausser Landes, wobei sie versuchten, möglichst grosse Teile ihres Besitzes zu veräussern und das erhaltene Bargeld mitzunehmen. Oder aber sie büssten ihr ursprünglich ansehnliches Vermögen durch wiederholte Strafen oder Konfiskationen über kurz oder lang ein und verarmten. Aufgrund ihrer Kenntnisse genossen die zahlreichen täuferischen Wundärzte, Bruch- und Steinschneider besondere Sympathien bei der Bevölkerung und verfügten dadurch über einen gewissen Schutz vor Verfolgung. Männer und Frauen werden in den Quellen etwa gleich oft genannt, obwohl die Obrigkeit bei täuferischen Ehepaaren oder Familien meist zuerst den Ehemann belangte.

In einer Gesellschaft wie der frühneuzeitlichen, die noch lange nicht so individualisiert war wie heute, mussten die täuferischen Vorstellungen auf radikale Ablehnung der Obrigkeit stossen, sah sich diese doch als Teil einer gottgewollten Ordnung, zu der auch die Mitgliedschaft in der Staatskirche als Bürger- und Untertanenpflicht gehörte. Wo sich neben dieser Kirche täuferische Gemeinschaften halten konnten, geschah dies fast immer in der Illegalität und in einem mehr oder weniger unversöhnlichen Nebeneinander. Der täuferische Glaube wird in den Quellen deshalb nicht darin greifbar, was ihn ausmachte, was er schuf und bewirkte, sondern vor allem dann, wenn er mit obrigkeitlichen Anordnungen in Konflikt kam: nämlich bei der Verweigerung des reformierten Kirchgangs und des Abendmahls sowie bei der Verweigerung von Eid und Kriegsdienst. Auch mit der Ablehnung des Eides anlässlich der obrigkeitlichen Huldigung stellten die Täufer die gesellschaftliche Ordnung radikal in Frage.

genommen. Dass Kreditnahme und Armut der Kunden jüdischer Händler in einem Zusammenhang stehen können, ist nicht von der Hand zu weisen, ein judenfeindliches Stereotyp stellt jedoch die Behauptung dar, die Juden seien für die Verarmung verantwortlich, hätten ihre Kunden überlistet und betrogen. Den christlichen Käufern und Kreditnehmern wurde dadurch jede Eigenverantwortung für ihr Handeln abgesprochen. Dieses Bild der Untertanen als naive, schutzbedürftige Landeskinder liegt auch den Mandaten zu Grunde, die den «Judenhandel» regelten. Auf die Wirtschaftstätigkeit der Juden wurde mit der Behauptung direkt Bezug genommen, sie würden verbotenerweise Wucher betreiben. Der Vorwurf, dass sich die Juden mit Wucher und Betrug bereichert hätten, ist wohl eines der verbreitetsten und langlebigsten judenfeindlichen Vorurteile. Auch in diesem Fall bleibt unklar, was unter «Wucher» zu verstehen ist. Wurde ihnen die Geldleihe ganz allgemein oder die Annahme von Zinsen, die angeblich höher als die obrigkeitlich zulässigen fünf Prozent lagen, zum Vorwurf gemacht?
Die Vertreibung fällt in eine ökonomisch ausserordentlich schwierige Zeit. Explizit wird auf die «Not der Zeit» zwar nicht verwiesen, die Klage über das Wachstum der jüdischen Bevölkerung, über den Mangel

Die Täuferinnen und Täufer gingen nicht, wie offiziell gefordert, regelmässig zur Kirche. Das war oft auch das erste Erkennungszeichen ihrer Gesinnung. Um der Verfolgung zu entgehen, verhielten sich die Täufer jedoch pragmatisch: Wollten sie nicht auffallen, mussten sie dann und wann den Gottesdienst besuchen, sie vermieden jedoch grosse kirchliche Veranstaltungen und nahmen das reformierte Abendmahl nicht ein. Letzteres lehnten sie ab, weil Menschen daran teilnahmen, die nicht wirklich Busse getan hatten; das Abendmahl erschien den Täufern deshalb als Äusserlichkeit. Eine «staatliche» oder von der «Mehrheitsgesellschaft» anerkannte Eheschliessung war nur in der Staatskirche möglich. Die Taufgesinnten wandten subtile Strategien an, um in den Genuss dieser Dienstleistungen zu gelangen, ohne ihre eigenen Vorstellungen verleugnen zu müssen. Manche Paare bewegten sich sozusagen zwischen den Gemeinschaften hin und her, vollzogen beispielsweise die Glaubenstaufe bewusst erst, nachdem sie staatskirchlich getraut worden waren.

Ähnlich verhielt es sich mit der von den Täufern abgelehnten Kindertaufe: Nicht selten führte der starke obrigkeitliche Druck dazu, dass sie ihre Kinder vom Dorfpfarrer taufen liessen. Ihren Widerstand demonstrierten täuferische Eltern, indem sie an diesem Akt, der für sie ohnehin bedeutungslos war, nicht teilnahmen. Sie liessen sich durch andere Verwandte vertreten. Besonders seit der zweiten Hälfte des 17. Jahrhunderts besuchten täuferische Kinder den kirchlichen Unterricht beim Dorfpfarrer. Dieses Zurückweichen vor dem zunehmenden obrigkeitlichen Druck muss den Täufern besonders schwer gefallen sein, weil sie dadurch den Fortbestand ihrer Gemeinschaft gefährdeten. Damit liessen sie es ihren Kindern jedoch offen, sich frei für den eigenen Glauben zu entscheiden. Das Hauptaugenmerk der Täufer richtete sich im 17. Jahrhundert vor allem darauf, ihren Glauben möglichst unbehelligt leben zu können. Die radikale Absonderung des Täufertums während der Reformationszeit von der als böse erlebten und verstandenen Welt wurde dadurch abgemildert. Trotz aller Zugeständnisse

Religiöse Landschaft
Bildstöcklein prägten die Landschaft in katholischen Gebieten. Sie standen an Wegen, wo Menschen auf Reisen oder bei der Arbeit ausserhalb des Dorfes auf besonderen Schutz angewiesen waren. Nach einer Sage wurde dieses Arlesheimer Exemplar von den Eltern eines wiedergefundenen Kindes zum Dank für dessen Rettung errichtet.

an Wohnraum und die steuerliche Belastung, der die Juden angeblich nicht unterworfen waren, könnte aber als Hinweis verstanden werden, dass die Vertreibung als Ventil diente.

Die Juden konnten danach im Fürstbistum nicht mehr wohnen, im Wirtschaftsleben blieben sie jedoch präsent. Dass sie von einiger Wichtigkeit für das Funktionieren des Handels waren, zeigt bereits die bischöfliche Urkunde der Vertreibung: Der Fürstbischof verweigerte ihnen das Wohnrecht, gestattete ihnen jedoch gleichzeitig, weiterhin die Jahrmärkte zu besuchen; für Kredite wurde der Zins auf den gewöhnlichen Satz von fünf Prozent festgesetzt.

Anders als in verschiedenen, meist kleinen Herrschaften im Deutschen Reich lassen sich Schwankungen in der jüdischen Besiedlung nicht mit einer schriftlich fixierten fürstbischöflichen Ansiedlungspolitik erklären. Die Fürstbischöfe erliessen keine so genannten Judenordnungen. Ihre Einstellung gegenüber den Juden, ob man sie nun als positiv oder zumindest nicht ablehnend, vielleicht auch nur als gleichgültig charakterisieren möchte, geht einzig daraus hervor, dass Juden im 16. und 17. Jahrhundert an verschiedenen, von Pruntrut aus gesehen peripheren Orten in den deutschen Ämtern geduldet wurden. Die Haltung der Fürstbischöfe war wider-

praktizierten täuferische Gemeinschaften die Erwachsenentaufe, segneten Ehen ein und feierten das Abendmahl auf ihre Weise. Während die Obrigkeit Menschen, die nicht regelmässig zum Gottesdienst erschienen, global als Täufer bezeichnete, sahen die Täuferinnen und Täufer nur diejenigen als zu ihrem Kreis gehörig an, die die Glaubenstaufe erfahren hatten. In der Gemeinschaft hörte man das Gotteswort und versuchte, es zu verstehen, man entschied gemeinsam darüber, was es für die aktuellen Herausforderungen bedeutete, und man musste bereit sein, Ermahnungen und Ermutigungen in der Gemeinschaft anzunehmen und abzugeben.[20]

Konvertiten

Die Grenze zwischen dem Baselbiet und Solothurn war, was wirtschaftliche Kontakte anbelangte, durchlässig. Von grosser Bedeutung war sie jedoch als Trennungslinie zwischen zwei Konfessionen. Da die Zugehörigkeit zur Staatsreligion Bürger- und Untertanenpflicht war, mussten Katholiken und Protestanten, die zum jeweils anderen Glauben übertreten wollten, ihre Heimat verlassen. Dass dieser Weg nicht einfach war, zeigen die Beispiele von Baselbieterinnen und Baselbietern, die in die solothurnische Grenzgemeinde Büren auswanderten. Das Posamenterehepaar Joggi Rippos und Maria Kestenholzerin, das ursprünglich aus Ziefen und Lupsingen stammte und konvertiert hatte, liess sich um 1716 in Büren nieder, wo die Eheleute zu nur auf Zusehen hin geduldeten Aufenthaltern, so genannten Domizilianten, wurden. Caspar Gisiger aus Uri war vermutlich ursprünglich katholisch, galt jedoch nach seiner Verheiratung mit einer Konvertitin aus Ziefen selbst auch als Konvertit, das Paar war seit 1731 in Büren ansässig.

Man könnte meinen, dass Konvertiten mit Wohlwollen rechnen konnten, weil sie sich für den «rechten» Glauben entschieden hatten. Von Seiten der Obrigkeit ist diese Einstellung spürbar, etwa wenn sie Joggi Rippos «wegen seines zu unserer Allein seligmachendten Religion tragendten Eyfers» das Schirmgeld erliess und die Gemeinde aufforderte, ihm das nöti-

sprüchlich und interessenorientiert, das zeigt sich deutlich daran, dass die jüdischen Siedlungen 1694 zwar zerstört wurden, für ökonomische Kontakte jedoch explizit Türen offen gelassen wurden.
Aus dem Wirtschaftsleben der Dörfer verschwanden die Juden nach der Vertreibung nicht. Was sich änderte, war die Lebenssituation der Juden, die nun vor allem im Elsass wohnten und von hier aus die Märkte und Gemeinden des Fürstbistums und des Baselbiets besuchten, um Handel zu treiben. Abends mussten sie normalerweise wieder weiter gereist sein.
Im Baselbiet traten Juden seit dem 16. Jahrhundert insbesondere in den Dörfern des Oberbaselbiets – entlang der Hauensteinpässe – als Viehhändler auf. Niederlassen durften sie sich im Baselbiet in der frühen Neuzeit nie, sie wurden jedoch beispielsweise in Münchenstein und Bubendorf vorübergehend als Flüchtlinge während des Dreissigjährigen Krieges geduldet. Im Fürstbistum Basel erhielten jüdische Händler am Ende des 18., im Baselbiet erst im 19. Jahrhundert wieder vereinzelt Aufenthaltsbewilligungen.[7]

ge Holz zukommen zu lassen. Bei der Dorfbevölkerung stiessen Konvertiten auf Misstrauen, so warfen die Bürner Franz Rippos, dem Sohn des Konvertiten Jakob, nicht nur sein verdächtiges Herkommen vor – er sei nicht nur unehelich, sondern wohl gar ehebrecherisch empfangen worden –, sondern sie stellten auch in Abrede, dass der Übertritt zum Katholizismus aus «heiligem antrib» geschehen sei, vielmehr sei die Familie durch die Furcht dazu veranlasst worden.

Menschen, für die nur am Rande der dörflichen Gesellschaft Platz war, waren besonders vom sozialen Abstieg bedroht. Aufenthaltsbewilligungen wurden nur für eine begrenzte Zeit und «auf Wohlverhalten» gewährt. Die Wegweisung konnte zum Verlust der Sesshaftigkeit führen. Auswandernde verloren ihr Bürgerrecht, wenn sie sich nicht gelegentlich in ihrer Heimatgemeinde meldeten. Konvertitinnen und Konvertiten hatten ihr Heimatbürgerrecht ohnehin verwirkt. Die Domizilianten waren notgedrungen ein mobiles Bevölkerungssegment: Franz Rippos lebte seit seiner Geburt im Jahr 1719 als Schirmuntergebener in Büren. Da er heimatlos war, bat er in Büren um Aufnahme ins Bürgerrecht. Weil ihn die Gemeinde abgewiesen hatte, gelangte er mit der Bitte an den Vogt, er möge seine Aufnahme ins Bürgerrecht «verordnen». Dies scheint auch geschehen zu sein. Einige Wochen später legte die Gemeinde dem Vogt ihre Einwände dagegen dar: In ihrer Gemeinde sei so wenig Platz, dass auch viele Bürgersöhne auswärts ihr Glück suchen müssten. Rippos sei ausserdem von solch verdächtigem Herkommen, das die «Ehrsambe Gemeind» Bedenken habe, ihn aufzunehmen. Franz Rippos musste Büren verlassen. Seit 1746 bezahlte er in Hochwald Schirmgeld, wo er mit seiner Frau Helena Tschan, einer Cousine des Bürner Pfarrers, das Wirtshaus kaufte. Doch auch in Hochwald gelang es ihnen nicht, sich dauerhaft niederzulassen: Bereits anderthalb Jahre später mussten sie ihren Besitz wieder verkaufen. Rippos versuchte nach Büren zurückzukehren, ohne Erfolg. Seine Habe wurde vergantet, Frau und Kinder kamen nach Solothurn ins Arbeitshaus. Was aus Rippos wurde, ist unbekannt.[21]

Hegenheimer Friedhof
Seit etwa 1575 bestatteten die Landjuden ihre Toten auf dem Zwingener Friedhof. Er blieb bis zur Eröffnung des jüdischen Friedhofs in Hegenheim im Jahr 1673 in Gebrauch, obwohl keine Juden mehr in Zwingen lebten. Da jüdische Gräber nicht aufgehoben werden, finden sich auf dem Hegenheimer Friedhof heute noch frühneuzeitliche Zeugnisse von Landjuden aus dem Fürstbistum und dem solothurnischen Dornach.

Lesetipps

Mit der Reformation im Fürstbistum und der Rekatholisierung beschäftigen sich die Arbeiten von Hans Berner, dem es gelingt, ein Licht auf die religiösen Bedürfnisse der Bevölkerung zu werfen. Vergleichbare Arbeiten über den religiösen Alltag im katholischen Birseck und Laufental des 17. und 18. Jahrhunderts fehlen.

Die Werke von Braun 1981, Bosshart-Pfluger 1983 und Jorio 1981 behandeln das Bistum eher als Fürstentum mit seinen Institutionen und können diese Lücke nur beschränkt füllen.

Als leicht lesbare Einführungen zu Konfessionalisierung und religiösem Alltag (mit dem geografischen Schwerpunkt Reich) empfehlen sich die Bücher von Heinrich Richard Schmidt (1992) und Richard van Dülmen (Bd. 3, 1994).

Über die Geschichte des kirchlichen Lebens im Birseck informieren Gauss et al. in der Kantonsgeschichte von 1932.

Das Landjudentum wurde von der Forschung erst spät entdeckt. Seit den 1960er Jahren entstand eine ganze Reihe von Untersuchungen, die sich jedoch mit Reichsgebieten beschäftigen. Einen guten Überblick über den Forschungsstand gibt der Tagungsband von Richarz/Rürup 1997.

Für unsere Gegend immer noch interessant und kenntnisreich sind die Arbeiten von Achilles Nordmann.

Eine Landjudengemeinde in der Eidgenossenschaft wurde von Fridrich 1996 untersucht.

Über die Täufer gibt Jecker 1998 Auskunft.

Abbildungen

Museum der Kulturen, Basel, Inv.nr. VI 18436, Foto Peter Horner; Inv.nr. VI 4891, Foto Dominik Wunderlin: S. 183, 196.
Musée jurassien d'art et d'histoire, Delémont; Foto François Enard: S. 185.
Privatbesitz, Foto Rolf Göhring, Basel: S. 186.
Foto Mikrofilmstelle: S. 187, 189, 198, 207.
Foto Walter Imber, Günsberg [A]: S. 191.
Schweizerische Bauernhausforschung, Zug: S. 193.
Peter Suter, Arboldswil, Foto Mikrofilmstelle [A]: S. 194.
Max Wirz, Wenslingen: S. 195.
Daniel Hagmann/Peter Hellinger (Hg.), 700 Jahre Stadt Laufen, Basel 1995, S. 129: S. 199.
Öffentliche Kunstsammlung Basel, Kupferstichkabinett, Inv.nr. 1886.7.3 Skb. A 48 b: S. 200.
Bernisches Historisches Museum, Inv.nr. 3167: S. 201.
Zentralbibliothek Zürich, Graphische Sammlung: S. 203.
Foto Charles Ruf, Hegenheim: S. 209.
Anne Hoffmann Graphic Design: Karte S. 184.

[A] = Ausschnitt aus Originalvorlage
Reproduktionen durch Mikrofilmstelle

Anmerkungen

1 Jorio 1981, S. 5f.; vgl. auch die Kartenbeilage zu HS I/1.
2 Bosshart-Pfluger 1983.
3 Schmidt 1992, S. 26ff.
4 Vgl. Bd. 3, Kap. 7.
5 KDM BL, Bd. 1.
6 Braun 1981, S. 225ff.
7 StA BL, AA 1020, Birseck 01.01.01, Schreiben des Bischofs an den Landvogt von Birseck, 11. November 1751. Diesen Hinweis verdanke ich Mireille Othenin-Girard.
8 Zu Luzern Wicki 1990.
9 Van Dülmen 1994, S. 70ff., 120f.
10 Boell 1871; Eder Matt/Wunderlin 1996, vgl. bes. Karte S. 264.
11 Eder Matt/Wunderlin 1996.
12 Dubler 1982, bes. S. 232ff.
13 Fridrich 1999.
14 Suter 1989.
15 Hunger 1995, S. 81.
16 Gauss et al. 1932, Bd. I, S. 755.
17 Zur Magie von Greyerz 1996 und van Dülmen 1994, S. 78ff.
18 Fridrich 1999.
19 Vgl. dazu Kaiser 1995.
20 Jecker 1998.
21 Fridrich 1994, S. 98ff.

1 Zur Rekatholisierung vgl. Bd. 3, Kap. 7.
2 Vgl. unten.
3 Bevölkerungszahlen für die 1690er Jahre fehlen. Anhand von Zahlen aus dem Jahr 1722 ergibt sich ein jüdischer Anteil an der Bevölkerung der drei Gemeinden von 14 Prozent. Diese Zahl stellt einen sehr groben Näherungswert dar, da die Bevölkerung zu Beginn des 18. Jahrhunderts wuchs und da sich die jüdische Bevölkerung in Allschwil konzentrierte.
4 Den Begriff prägte Cohen 1983, S. 211.
5 AAEB, B 216, o. D. (1694), fol. 146–148.
6 So die These von Utz Jeggle (1969) in seiner Arbeit über Judendörfer in Württemberg.
7 Fridrich 1999; vgl. ausserdem die Arbeiten von Achilles Nordmann 1907, 1910, 1913; zu Dornach Fridrich 1996.

Anhang

Masse und Gewichte

Die folgenden Zahlenwerte sind nicht absolut zu setzen und vermitteln lediglich eine grobe Orientierung.
Eine ausführliche Darstellung findet sich in Band drei im Anhang.

Längenmasse

Zu beachten ist, dass diese Masse ursprünglich nicht Flächen-, sondern Arbeitsmasse waren. Sie konnten je nach Gelände, Bodenart und eingesetztem Gerät variieren. Die Jucharte entsprach der Fläche, die mit einem Joch Rinder an einem Tag geackert werden konnte. Die Mädertaue oder auch Taue war so viel Mattland, wie eine Person an einem Tag mähen konnte.

1 Basler Werkschuh = 30,45 Zentimeter
1 alter Basler Feldschuh
= 28,13 Zentimeter
1 Basler Elle = 53,98 Zentimeter
1 Rute = 10 Dezimalschuhe
= 16 Feldschuhe = 4,5 Meter
1 Quadratrute = 10 × 10 Quadratschuh
(Dezimalmass) = 20,25 Quadratmeter
1 Jucharte = 140 Quadratruten
= 0,284 Hektar
1 Mädertaue = 210 Quadratruten
= 0,425 Hektar

Hohlmasse

Im Gegensatz zu heute wurde das Getreide bis in die zweite Hälfte des 19. Jahrhunderts nicht nach Gewicht gehandelt, sondern es wurde ausgemessen. Gleiches galt für Salz, Beeren, Nüsse, Honig.

1 Sester Bürgermäss = 17,08 Liter
1 Sester Rittermäss = 18,15 Liter
1 Viernzel = 2 Säcke (oder Malter)
= 12 Viertel = 144 Becher
Bürgermäss : Rittermäss : Viertelmäss
= 32 : 34 : 35. 1 Viernzel Bürgermäss entsprach 273,1 Litern, 1 Viernzel Rittermäss 290,39 Litern und 1 Viernzel Viertelmäss 298,94 Litern.
1 Viernzel (auch Vierzel genannt)
= 2 Säcke = 8 grosse Sester
= 16 kleine Sester = 64 Küpfli
= 128 Becher = 256 Immli = 512 Mässli
= 768 Schüsseln

Flüssigkeitsmasse

Für den Wein unterschied man die Baselmass in der Stadt und den Ämtern Münchenstein, Riehen und Kleinhüningen, die Liestaler Mass in den Ämtern Liestal, Waldenburg und Homburg und dem Dorf Pratteln, und die Farnsburger oder Rheinfelder Mass.

1 Baselmass = 1,42 Liter
1 Farnsburger Mass = 1,52 Liter
1 Liestaler Mass 1,62 Liter
1 Fuder = 8 Saum, 1 Saum = 3 Ohm,
1 Ohm = 32 Mass, 1 Mass = 4 Schoppen
Schankmass für Basler Wirtshäuser
= 1,14 Liter
Schankmass für Liestaler Wirtshäuser
= 1,54 Liter

Kubikmasse

1 Klafter Heu = 5,83 Kubikmeter zu 75 Kilogramm = 4,37 Zentner
1 Klafter Holz = 4,10 Kubikmeter

Gewichte

1 Pfund = 32 Lot = 16 Unzen
(1 Unze = 2 Lot = 8 Quent(lein) oder auch Quintlein)
1 Pfund = 493 Gramm
(im so genannten Handelsgewicht für schwere Waren)
1 Pfund = 486 Gramm
(im so genannten Eisengewicht für den Detailhandel für Waren bis 125 Kilogramm)
1 Pfund = 480 Gramm
(im so genannten Messing- oder Spezereigewicht für Zucker, Gewürze, Wolle, Seide)
1 Pfund = 468 Gramm
(im so genannten Silbergewicht)
1 Pfund = 358 Gramm
(im so genannten Apothekergewicht)
1 Zentner (q) = 100 Pfund = 50 Kilogramm (gerundet)
1 Doppelzentner (dz) = 100 Kilogramm

Geld und Währungen

1 Pfund (lb) = 20 Schilling (sh)
= 240 Pfennig (d)
1 Pfund = 12 Batzen = 120 Rappen
1 Gulden (fl) = 60 Kreuzer = 1,25 Pfund
= 15 Batzen
1 Louis d'Or = 1 Dublone = 160 Batzen
= 13,5 Pfund
1 französischer Neutaler = 40 Batzen
= 3,333 Pfund

Glossar

Begriffe, die hier nicht ausgeführt werden, sind im Text erklärt und über das Register oder das Inhaltsverzeichnis zu finden.

Akzise Allgemeine Bezeichnung für (Verbrauchs-) Steuer. Siehe auch Umgeld.
Antistes Oberster Pfarrer der reformierten Kirche.

Bann Der Bann beaufsichtigte in reformierten Gebieten die Mitglieder einer Kirchgemeinde. Die Mitglieder, der Pfarrer und Gemeindeangehörige (die Bannbrüder), hatten insbesondere auf den Gottesdienstbesuch und das allgemeine Verhalten der Gemeindeangehörigen zu achten. Die Einrichtung des Banns durch die Obrigkeit geht auf die Reformation zurück.
Böspfennig Zusatzsteuer auf Weinkonsum im alten Basel, seit dem 15. Jahrhundert auch auf der Basler Landschaft.
Burgrecht Eine Einzelperson oder eine Gemeinde stellte sich in einem Vertrag unter den Schutz einer Stadt.

Charivari «Katzenmusik», Umzug meist junger Männer mit Lärminstrumenten.

Deputatenamt Kirchen-, Schul- und Armengutsverwaltung.
Diözese Amtsbezirk des Bischofs, auch Bistum genannt.

Einschlag Eine abgegrenzte Parzelle innerhalb der Flur, welche nicht mehr unter den Flurzwang fällt.

Fertigung Bekräftigung von zivilrechtlichen Verträgen (Kauf, Tausch, Schuldvertrag) durch Dorfgericht oder Vogt.
Feudallasten, Grundlasten Belastung des Bodens mit wiederkehrenden Leistungen wie Fronen, Renten, Bodenzinsen und Zehnten als Entgelt für die Nutzung.
Feuerstättenzählung Zählung der Haushalte zwecks Steuererhebung.
Fiskal Beamter mit Kontrollfunktion in Steuerfragen.
Fron Arbeitspflicht Höriger und Leibeigener gegenüber ihrem Herrn. Neben dem herrschaftlichen Frondienst waren die Dorfbewohner auch zu Arbeiten in der Gemeinde wie zum Beispiel zum Unterhalt von Wegen, Stegen und Brücken verpflichtet.
Frühmessamt Besonderes Amt innerhalb einer Pfarrei.

Generalprokurator Oberster Anwalt der Obrigkeit.
Gescheid Meistens vom Meier oder Untervogt präsidiert, befasste sich das Gescheidgericht mit Baufragen und mit der Festlegung der Grenzen. Die Männer des Gescheids setzten die Grenz- und Wegsteine, bis ins 19. Jahrhundert mit rituellen Handlungen. Das Gescheid wurde von den Gemeinden in eigener Regie besetzt, unterstand allerdings der formellen obrigkeitlichen Aufsicht. Die Gescheide umfassten oft mehrere Gemeinden, ganze Kirchgemeinden oder ganze Ämter.
Glaubenstaufe Die Taufe und damit die Aufnahme in die Glaubensgemeinschaft erfolgt nicht im Kindesalter, sondern erst im Erwachsenenleben.

Harschierer Polizist, der im Fürstbistum wie im alten Basel erst im 18. Jahrhundert zum Einsatz kam. Er hatte in erster Linie nicht aufenthaltsberechtigte Fremde aufzuspüren und wegzuweisen. Der Aufwand für die Harschierer musste zum Teil von den Gemeinden beglichen werden.
Helfer In der reformierten Kirche Pfarrhelfer, auch Diakon genannt.
Hintersassen Einwohner, die nicht das volle Bürgerrecht ihres Wohnortes besassen, ökonomisch jedoch weitgehend die gleichen Rechte hatten wie die Vollbürger. Hintersassen hatten bei der Niederlassung eine einmalige Einzugsgebühr und jährlich eine spezielle Abgabe, das Hintersassengeld, zu entrichten.
Hochstift Zentralverwaltung des Bistums, auch Bezeichnung für das Domkapitel. Wahlgremium für das Bischofsamt.
Hochwald Wald im Besitz der Obrigkeit.
Huldigung Treueid, den die über 14 oder 15 Jahre alten Männer einer Herrschaft ihrer Obrigkeit regelmässig und beim Amtsantritt eines neuen Herrschers zu schwören hatten.

Kapitular Mitglied des Domkapitels, auch Domherr genannt.
Kirchmeier Verwalter der Kirchengüter auf der dörflichen Ebene.

Landrecht Das allgemein geltende Recht.
Landstände Körperschaft, welche die Stände des Fürstbistums vertrat: Bürger inklusive Bauern, Adlige, Kleriker. Die Landstände bildeten eine Versammlung, in der die verschiedenen Vogteien des Fürstbistums vertreten waren. Die Landstände umfassten 25 Ständevertreter: einen des Adels, acht des Klerus und sechzehn des so genannten Dritten Standes: sechs Vertreter der Städte Biel, Neuenstadt, Delsberg, Pruntrut, Laufen und St-Ursanne, zehn Vertreter der Landvogteien, also auch von Laufen, Pfeffingen und Birseck. Eines ihrer Hauptrechte war das Steuerbewilligungsrecht, das sie vor allem im 17. Jahrhundert als effizienten Hebel gegen den Fürstbischof einsetzten. Nach 1740 hatten sie nur noch eine sehr eingeschränkte politische Bedeutung.
Leutpriester Der Hauptpfarrer von Liestal wurde Leutpriester genannt. In der katholischen Kirche war der Leutpriester der Weltgeistliche im Gegensatz zu den Mönchen.
Lichtstube Siehe Spinnstube.

Malefiz Hohe Gerichtsbarkeit, betrifft schwere Vergehen gegen Leben und Eigentum. Neben der Todesstrafe standen ihr körperliche Züchtigung, Ehrenstrafen, Freiheitsstrafen wie Landesverweisung, Verbannung und Schellenwerk (Zwangsarbeit) sowie Bussen als Sanktionsmittel zur Verfügung.

Mandat Obrigkeitlicher Erlass.
Munizipalitäten Unterste Verwaltungseinheit des Helvetischen Staates (1798–1802) auf der Ebene der Gemeinde. Die Munizipalitäten wurden per Gesetz vom 15. Februar 1799 definitiv eingerichtet. In einem engeren Sinn waren die Munizipalitäten die vom Volk gewählten Gemeinderäte, die als politische Behörde der Einwohnergemeinde fungierten. An der Spitze der Gemeinden standen damit zwei Personen, zum einen der Präsident der Munizipalität, zum anderen der vom Distriktsstatthalter ernannte Agent.

Offizialankläger Geistlicher richterlicher Beamter.
Offizialat Geistliche Gerichtsbehörde. Das Offizialat war für die gesamte Basler Diözese zuständig; seine Rechtsprechung umfasste geistliche Angelegenheiten und Zivilsachen. Neben Klöstern und Geistlichen schlossen auch weltliche Privatpersonen vor dem Offizialat ihre Rechtsgeschäfte ab und liessen gegen Gebühren Verträge beurkunden. Das Offizialat stellte eine wichtige Einnahmequelle für den Bischof dar; es stand in Konkurrenz zu den städtischen Gerichten.

Pfründe Ein Kirchenamt war mit einer Vermögensmasse ausgestattet, die dem Amtsinhaber ermöglichte, ein standesgemässes Leben zu führen.
Pfrundmatte Grasland, dessen Einkünfte dem kirchlichen Pfrundinhaber zustanden.

Rappenmasspfennig Zusatzsteuer auf Weinkonsum, seit 1594 in Stadt und Landschaft Basel.
Rüttenen Gerodete Parzelle im Wald.

Schellenwerk Freiheitsstrafe mit Zwangsarbeit.
Schelthändel Beleidigung, die in einen Streit ausartete und vom Landvogt aufgehoben werden konnte.
Schirmgeld Abgabe, die für besondern Schutz an die Obrigkeit gezahlt werden musste.
Scholaster Domherr mit besonderer Funktion im Schul- und Bibliothekswesen.
Schultheiss Städtischer Beamter mit administrativer und richterlicher Gewalt.
Servitut Nutzungsrecht an einem fremden Grundstück, zum Beispiel Wegrecht über ein fremdes Grundstück.
Spinnstube Auch Lichtstube oder Stubete genannt, abendliche Versammlungen junger und alter Frauen zu Arbeit und Geselligkeit.
Stammlöse Abgabe auf Bauholz.
Supplikation Bittschrift zuhanden der Obrigkeit, zum Beispiel des Fürstbischofs.
Synode In der katholischen Kirche allgemeiner Begriff für jede kirchliche Versammlung unter Vorsitz eines Oberen; in der reformierten Kirche beratende kirchliche Versammlung.

Tagsatzung Versammlung der Vertreter der eidgenössischen Orte. Mit der Zeit wurde Zürich so genannter Vorort und Baden, von 1715 an Frauenfeld, ständiger Versammlungsort. Auch die zugewandten Orte hatten teilweise Sitz und Stimme an der Tagsatzung. Die Gesandten stimmten nach Anweisung ab. Besonders im 16. und 17. Jahrhundert gewannen Sondertagsatzungen der katholischen und reformierten Orte an Gewicht.
Transsubstantiation Die katholische Transsubstantiationslehre besagt, dass sich die Hostie in den Leib Christi verwandle.

Umgeld Im Mittelalter meist Ungeld genannt (von lateinisch indebitum), eine indirekte Konsumsteuer. Das Weinumgeld erhob der Landesherr – sei es die Stadt oder der Bischof – von jedem in einem Gasthaus ausgeschenkten Mass Wein. Zur Kontrolle wurden die Fässer angezeichnet.
Urfehde Zustand, in dem keine Fehde herrscht, der Verzicht auf Rache. Verurteilte hatten zu schwören, sich jeder Rache gegen Klagende und Richtende zu enthalten. Die Urfehde wurde in Urfehdebüchern oder -briefen verurkundet.

Visitation Besuch der Pfarreien und Klöster einer Diözese durch den Bischof, wobei ein Rechenschaftsbericht erstellt wird.
Vogtgarbe Abgabe in Form von Getreide, welche dem Vogt als Gerichtsherrn von allen Untertanen entrichtet werden musste.

Wüstung Verschwinden einer Siedlung infolge Verlassen der Gebäude und Brachliegen der Felder.

Zensus Wahlrecht, das an bestimmte Voraussetzungen materieller Art, zum Beispiel ein Mindestvermögen, geknüpft war.
Zugrecht Vorkaufsrecht auf ein Grundstück.

Abkürzungen

AAEB = Archives de l'Ancien Evêché de Bâle
BasZG = Basler Zeitschrift für Geschichte und Altertumskunde
BBG = Basler Beiträge zur Geschichtswissenschaft
BHB = Baselbieter Heimatbuch
BHbl = Baselbieter Heimatblätter
HBLS = Historisch-Biographisches Lexikon der Schweiz
HK = Heimatkunde
HS = Helvetia sacra
JSolG = Jahrbuch für Solothurnische Geschichte
KDM = Kunstdenkmäler des Kantons Basel-Landschaft
QF = Quellen und Forschungen zur Geschichte und Landeskunde des Kantons Basel-Landschaft
SAVk = Schweizerisches Archiv für Volkskunde
StA BE = Staatsarchiv des Kantons Bern
StA BL = Staatsarchiv des Kantons Basel-Landschaft
StA BS = Staatsarchiv des Kantons Basel-Stadt
SVk = Schweizer Volkskunde
SZG = Schweizerische Zeitschrift für Geschichte
ZSKG = Zeitschrift für Schweizerische Kirchengeschichte

Literatur

• **A**BT-FRÖSSL, VIKTOR: Agrarrevolution und Heimindustrie, Liestal 1988 (QF 31). • ABT-FRÖSSL, VIKTOR: Untersuchung der Besitz- und Schuldverhältnisse auf der Basler Landschaft im 18. Jahrhundert, Liestal 1989.
• ALIOTH, MARTIN ET AL.: Basler Stadtgeschichte, Bd. 2, Basel 1981.
• AMMANN, HEKTOR: Die Bevölkerung von Stadt und Landschaft Basel am Ausgang des Mitttelalters, in: BasZG 49, 1950, S. 25–52.
• Amtliche Sammlung der Acten aus der Zeit der Helvetischen Republik, Bern/Fribourg 1886–1966, 16 Bde.

• **B**AUMANN, JOSEF: Der Chirurgus Steyr in Oberwil, in: BHbl 46, 1981, S. 33–52.
• BERNER, HANS: Basel und das Zweite Helvetische Bekenntnis, in: Zwingliana 1979, S. 8–39. • BERNER, HANS ET AL.: Schweiz, in: Die Territorien des Reichs im Zeitalter der Reformation und Konfessionalisierung. Land und Konfession 1500–1650, Bd. 5: Der Südwesten, Münster 1993, S. 278–323. • BERNER, HANS: Gemeinden und Obrigkeit im fürstbischöflichen Birseck. Herrschaftsverhältnisse zwischen Konflikt und Konsens, Liestal 1994 (QF 45). • BERNER, HANS: Zwischen Prädikanten und Jesuiten. Kirchliche Sonderstellung und politische Bedeutung der Stadtgemeinde während Reformation und Gegenreformation, in: Hagmann, Daniel/Hellinger, Peter (Hg.): 700 Jahre Stadt Laufen, Basel 1995, S. 123–138. • BERNER, HANS: Von der Nähe des Herrn in der Neuen Welt. Was Baselbieter Pietisten um 1740 in Pennsylvania suchten, in: BHB 22, 1999, S. 107–115.
• BLUM, ROGER: Die politische Beteiligung des Volkes im jungen Kanton Basel-Landschaft, Liestal 1977 (QF 16).
• BOELL, ADOLF: Kurze Geschichte des Klosters und der Wallfahrt von Mariastein, Einsiedeln 1871.
• BOSSHART-PFLUGER, CATHERINE: Das Basler Domkapitel von seiner Übersiedlung nach Arlesheim bis zur Säkularisation (1687–1803), Basel 1983.
• BRAUN, PATRICK: Joseph Wilhelm Rinck von Baldenstein (1704–1762). Das Wirken eines Basler Fürstbischofs in der Zeit der Aufklärung, Freiburg 1981.
• BRAUN, RUDOLF: Das ausgehende Ancien Régime in der Schweiz: Aufriss einer Sozial- und Wirtschaftsgeschichte des 18. Jahrhunderts, Göttingen 1984.
• BRUCKNER, DANIEL: Versuch einer Beschreibung historischer und natürlicher Merkwürdigkeiten der Landschaft Basel, o.O. 1762, 14 Bde.
• BRUGGER, HANS: Die Schweizerische Landwirtschaft in der ersten Hälfte des 19. Jahrhunderts, Frauenfeld 1956.
• BURCKHARDT-SEEBASS, CHRISTINE: Konfirmation in Stadt und Landschaft Basel, Basel 1975.
• BURGHARTZ, SUSANNA: Zeiten der Reinheit – Orte der Unzucht: Ehe und Sexualität in Basel während der frühen Neuzeit, Paderborn 1999.

• **C**OHEN, DANIEL J.: Die Landjudenschaften der brandenburgisch-preussischen Staaten im 17. und 18. Jahrhundert, in: Baumgart, Peter (Hg.): Ständetum und Staatsbildung in Brandenburg-Preussen, Berlin 1983, S. 208–229.

• **D**ANKER, UWE: Vom Malefikanten zum Zeugen Gottes. Zum christlichen Fest der staatlichen Strafgewalt im frühen 18. Jahrhundert, in: traverse 1995, Nr. 1, S. 83–98.
• DUBLER, ANNE-MARIE: Armen- und Bettelwesen in der Gemeinen Herrschaft «Freie Ämter», Basel 1970. • DUBLER, ANNE-MARIE: Handwerk, Gewerbe und Zunft in Stadt und Landschaft Luzern, Luzern 1982.

• **E**DER MATT, KATHARINA/WUNDERLIN, DOMINIK: geheilt! Votivgaben als Zeichen geistiger Genesung, in: Wohl und Sein. Gemeinsame Ausstellungen von Basler Museen und Institutionen, hg. von Cyrill Häring, Basel 1996, S. 243–269.

• **F**ELDER, PIERRE: Ansätze zu einer Typologie der politischen Unruhen im schweizerischen Ancien Régime 1712–1789, in: SZG 26, 1976, S. 324–389.

• Fridrich, Anna C.: Die Gemeinde «wolle sie nicht mehr gedulden» – Domizilianten, Hintersassen und Neubürger, in: Fridrich, Anna C. (Hg.): Büren. Einblicke in die historische Entwicklung eines Dorfes, Büren 1994, S. 96–103. • Fridrich, Anna C.: Juden in Dornach. Zur Geschichte einer Landjudengemeinde im 17. und frühen 18. Jahrhundert, in: JSolG 69, 1996, S. 7–40. • Fridrich, Anna C.: Projekt Laufen in der Frühen Neuzeit, unveröffentlichtes Manuskript, Forschungsstelle Baselbieter Geschichte, Liestal 1999.

• Gauss, Julia: Über die Ursachen des Baselbieter Bauernkrieges von 1653, in: BHB 6, 1954, S. 162–192.
• Gauss, Karl et al.: Geschichte der Landschaft Basel und des Kantons Basel-Landschaft, Liestal 1932, 2 Bde.
• Geiger, Max: Die Basler Kirche im Zeitalter der Hochorthodoxie, Basel 1952.
• Gschwind, Franz: Bevölkerungsentwicklung und Wirtschaftsstruktur der Landschaft Basel im 18. Jahrhundert, Liestal 1977 (QF 15).
• Gugerli, David: Zwischen Pfrund und Predigt. Die protestantische Pfarrfamilie auf der Zürcher Landschaft des ausgehenden 18. Jahrhunderts, Zürich 1988.

• Handbuch der Schweizergeschichte, Bd. 2, Zürich 1977.
• Heimatkunde Münchenstein, Liestal 1995.
• Huggel, Samuel: Die Einschlagsbewegung in der Basler Landschaft. Gründe und Folgen der wichtigsten agrarischen Neuerung im Ancien Régime, Liestal 1979, 2 Bde. (QF 17).
• Hunger, Bettina: Diesseits und Jenseits. Die Säkularisierung des Todes im Baselbiet des 19. und 20. Jahrhunderts, Liestal 1995 (QF 53).

• Jecker, Hanspeter: Ketzer – Rebellen – Heilige. Das Basler Täufertum von 1580–1700, Liestal 1998 (QF 64).
• Jeggle, Utz: Judendörfer in Württemberg, Tübingen 1969.
• Jorio, Marco: Der Untergang des Fürstbistums Basel (1792–1815), in: ZSKG 75, 1981, S. 1–260.

• Kaiser, Wolfgang: Vicini stranieri. L'uso dei confini nell'area di Basilea (XVI–XVII secolo), in: Quaderni storici 90, 1995, S. 601–630.
• Kurmann, Fridolin / Mattmüller, Markus: Beginn der vitalstatistischen Registrierung in Kirchenbüchern, in: Mattmüller, Markus et al. 1987, Bd. 2, S. 466–472.

• Landolt, Niklaus: Untertanenverhalten und Widerstand auf der Basler Landschaft im 16. und 17. Jahrhundert, Liestal 1996 (QF 56). • Landolt, Niklaus: Das Verhältnis von Stadt und Landschaft Basel, in: Historisches Museum Basel (Hg.): Wettstein – die Schweiz und Europa 1648, Basel 1998, S. 46–51. • Landolt, Niklaus: 14. Juli 1653: Hinrichtung von sieben Anführern des Bauernkriegs, in: Bildgeschichten: aus der Bildersammlung des Staatsarchivs Basel-Stadt 1899–1999, Basel 1999, S. 64–67.
• Laubscher, Otto: Die Entwicklung der Bevölkerung im Berner Jura, insbesondere seit 1850, Weinfelden 1945.
• Laufen – Geschichte einer Kleinstadt, Laufen 1975.
• Locher, Markus: Den Verstand von unten wirken lassen. Schulen im Kanton Baselland 1830–1863, Liestal 1985.

• Manz, Matthias: Die Basler Landschaft in der Helvetik (1798–1803). Über die materiellen Ursachen von Revolution und Konterrevolution, Liestal 1991 (QF 37). • Manz, Matthias: Einleitung, in: Verzeichnis der Kirchenbücher im Staatsarchiv Basel-Landschaft, Liestal 1997.
• Mattmüller, Markus: Bauern und Tauner im schweizerischen Kornland um 1700, in: SVk 70, 1980, S. 49–62. • Mattmüller, Markus: Die Hungersnot der Jahre 1770/71 in der Basler Landschaft, in: Festschrift Ulrich Imhof, Bern 1982, S. 271–277.
• Mattmüller, Markus: Die Pest in Liestal, in: Gesnerus 40, 1983, S. 119–128.
• Mattmüller, Markus: Bevölkerungsgeschichte der Schweiz, Teil I, Bd. 1: Darstellung, Basel 1987.
• Mattmüller, Markus et al.: Bevölkerungsgeschichte der Schweiz. Teil I: Die frühe Neuzeit, Basel 1987, 2 Bde.
• Medick, Hans: Spinnstuben auf dem Dorf. Jugendliche Sexualität und Feierabendbrauch in der ländlichen Gesellschaft der frühen Neuzeit, in: Sozialgeschichte der Freizeit, hg. von Gerhard Huck, Wuppertal 1980.
• Mitterauer, Michael: Sozialgeschichte der Jugend, Frankfurt 1986.

• Nebiker, Regula: Zum Loskauf von Bodenzins und Zehnten in der Basler Landschaft 1803 bis 1806, unveröffentlichte Lizentiatsarbeit Universität Basel, Basel 1984.
• Nordmann, Achilles: Über den Judenfriedhof in Zwingen und Judenniederlassungen im Fürstbistum Basel; in: BasZG 6, 1907, S. 120–151. • Nordmann, Achilles: Der israelitische Friedhof in Hegenheim in geschichtlicher Darstellung, Basel 1910. • Nordmann, Achilles: Geschichte der Juden in Basel seit dem Ende der zweiten Gemeinde bis zur Einführung der Glaubens- und Gewissensfreiheit 1397–1875, in: BasZG 13, 1913, S. 1–190.

• Ochs, Peter: Geschichte der Stadt und Landschaft Basel, Basel 1796–1821, 8 Bde.
• Othenin-Girard, Mireille: Ländliche Lebensweise und Lebensformen im Spätmittelalter. Eine wirtschafts- und sozialgeschichtliche Untersuchung der nordwestschweizerischen Herrschaft Farnsburg, Liestal 1994 (QF 48).

• Pfister, Christian: Das Klima der Schweiz von 1525–1860 und seine Bedeutung in der Geschichte der Bevölkerung und Landwirtschaft, Bern/Stuttgart 1984, 2 Bde. • Pfister, Christian: Wetternachhersage. 500 Jahre Klimavariationen und Naturkatastrophen, Bern/Stuttgart/Wien 1999.

• Richarz, Monika / Rürup, Reinhard (Hg.): Jüdisches Leben auf dem Lande. Studien zur deutsch-jüdischen Geschichte, Tübingen 1997.

• Röthlin, Niklaus: Der «Schwarze Samuel» Kestenholz und seine Gaunerbande. Bemerkungen zu einer gesellschaftlichen Randgruppe und zur Strafrechtspflege im 18. Jahrhundert, in: BasZG 84, 1984, S. 5–50.
• Rublack, Ulinka: Reformation als Modifikation. Zum Tod des Historikers Robert William Scribner, in: Historische Anthropologie 1998, S. 492–495.

• **S**chelbert, Leo: Von der Macht der Pietisten. Dokumentarbericht zur Auswanderung einer Basler Familie im Jahr 1736, in: BasZG 75, 1975, S. 89–119.
• Schluchter, André: Zur Bevölkerungsentwicklung und Bevölkerungsstruktur des Fürstbistums Basel, spätes 16. bis 18. Jahrhundert, in: Mattmüller, Markus et al. 1987, Bd. 2, S. 621–653. • Schluchter, André: Die ländliche Gesellschaft und die Randgruppen im Ancien Régime. Überlegungen zur Ehrbarkeit und zum Fremdsein, in: JSolG 61, 1988, S. 169–188.
• Schmidt, Heinrich Richard: Konfessionalisierung im 16. Jahrhundert, München 1992. • Schmidt, Heinrich Richard: Dorf und Religion. Reformierte Sittenzucht in Berner Landgemeinden der Frühen Neuzeit, Stuttgart 1995.
• Schnyder, Albert: Alltag und Lebensformen auf der Basler Landschaft um 1700. Vorindustrielle, ländliche Kultur und Gesellschaft aus mikrohistorischer Perspektive – Bretzwil und das obere Waldenburger Amt von 1690 bis 1750, Liestal 1992 (QF 43). • Schnyder, Albert: Lichtstuben im alten Basel. Zu einer von Frauen geprägten Form frühneuzeitlicher Geselligkeit, in: SAVk 92, 1996, S. 1–13.
• Simon, Christian: Untertanenverhalten und obrigkeitliche Moralpolitik. Studien zum Verhältnis zwischen Stadt und Land im ausgehenden 18. Jahrhundert am Beispiel Basels, Basel 1981 (BBG 145). • Simon, Christian: Die Basler Landschaft und die französische Revolution. Aspekte des Verhältnisses zwischen Obrigkeit und Untertanen (1789–1797), in: BasZG 82, 1982, S. 65–96. • Simon, Christian: Hintergründe bevölkerungsstatistischer Erhebungen in Schweizer Städteorten des 18. Jahrhunderts. Zur Geschichte des demographischen Interesses, in: SZG 34, 1984, S. 186–205.
• Simon, Christian (Hg.): Dossier Helvetik 2. Sozioökonomische Strukturen; Frauengeschichte / Geschlechtergeschichte, Basel 1997.
• Stintzi, Paul: Schweizer Einwanderung in das Elsass, in: Schweizer Familienforscher 34, 1967, S. 131–137.
• Stöcklin, Peter: Diegten im Jahre 1774. Auswertung einer Volks- und Betriebszählung, in: BHB 12, 1973, S. 61–83. • Stöcklin, Peter: Die Pest von 1628/29 und 1634–36 in der Kirchgemeinde Rümlingen, in: BHB 15, 1986, S. 89–111. • Stöcklin, Peter: Zur sozialen Schichtung in der Baselbieter Gemeinde Diegten um 1800, in: Simon 1997, S. 21–39.
• Strittmatter, Robert: Die Stadt Basel während des Dreissigjährigen Krieges. Politik, Wirtschaft, Finanzen, Basel 1977.
• Strub, Brigitta: Die Situation der Armen auf der Basler Landschaft, unter Benutzung der Enquête von 1771, unveröffentlichte Lizentiatsarbeit Universität Basel, Basel 1986.
• Strübin, Eduard: Baselbieter Volksleben. Sitte und Brauch im Kulturwandel der Gegenwart, Basel 1952. • Strübin, Eduard: Grundfragen des Volkslebens bei Jeremias Gotthelf, in: SAVk 55, 1959, S. 121–214.
• Suter, Andreas: «Troublen» im Fürstbistum Basel (1726–1740): eine Fallstudie zum bäuerlichen Widerstand im 18. Jahrhundert, Göttingen 1985.
• Suter, Paul: Beiträge zur Landschaftskunde des Ergolzgebietes, in: Mitteilungen der Geographisch-Ethnologischen Gesellschaft in Basel, Bd. 1, Basel 1926. • Suter, Paul: Himmels- und Schutzbriefe im Baselbiet, in: SAVk 85, 1989, S. 271–278.
• Suter, Paul / Zehntner, Leo: Zur Geschichte der Reigoldswiler Allmend, in: BHB 1, 1942, S. 219–250.
• van Dülmen, Richard: Kultur und Alltag in der Frühen Neuzeit, Bd. 3: Religion, Magie, Aufklärung 16.–18. Jahrhundert, München 1994.
• von Greyerz, Kaspar: Grenzen zwischen Religion, Magie und Konfession aus der Sicht der frühneuzeitlichen Mentalitätsgeschichte, in: Marchal, Guy (Hg.): Grenzen und Raumvorstellungen, Zürich 1996, S. 329–343.

• **W**anner, Gustaf Adolf: Hieronymus Annoni, in: Der Reformation verpflichtet, Basel 1979, S. 67–72.
• Weis, Peter / Bischoff, Gustav: Die Schreiner des oberen Baselbiets im 16. und 17. Jahrhundert, Liestal 1995 (QF 49).
• Weissen, Kurt: «An der stür ist ganz nütt bezalt»: Landesherrschaft, Verwaltung und Wirtschaft in den fürstbischöflichen Ämtern in der Umgebung Basels (1435–1525), Basel 1994 (BBG 167).
• Wernle, Paul: Der schweizerische Protestantismus im 18. Jahrhundert, Tübingen 1923–1925, 3 Bde.
• Wicki, Hans: Staat, Kirche und Religiosität. Der Kanton Luzern zwischen barocker Tradition und Aufklärung, Luzern 1990.
• Wiedmer, Marcus: Ein Frauenschicksal um 1800. Das «merkwürdige» Leben, Leiden und Sterben der Barbara Denger, in: BHB 19, 1993, S. 171–184. • Wiedmer, Marcus: Vom «taubstummen Ritter» oder wie ein Sissacher Jüngling mit Pestalozzi in Berührung kam, in: BHbl 1997, S. 1–13.
• Wollmann, Therese: Die neuen Abendmahlsgeräte der evangelisch-reformierten Kirche in Basel, in: Wettstein – Die Schweiz und Europa 1648, hg. vom Historischen Museum Basel, Basel 1998, S. 62–73.
• Würgler, Andreas: Unruhen und Öffentlichkeit. Städtische und ländliche Protestbewegungen im 18. Jahrhundert, Tübingen 1995.

• **Z**eugin, Ernst: Die Erweckungsbewegung in Arboldswil und Bubendorf im 18. und 19. Jahrhundert, BHB 10, 1966, S. 165–180.

Im Personenregister sind nur Personen aufgenommen, deren Vor- und Nachnamen bekannt sind. Nicht verzeichnet sind die Namen zeitgenössischer Chronisten, deren Werke als Quellen zitiert werden. Im Ortsregister wird nur auf Gemeinden und nicht auf Bezirke, Kantone, Länder oder geografische Grössen (zum Beispiel das Birstal) verwiesen. Auch nicht berücksichtigt werden Textstellen, bei denen von Personengruppen wie den Waldenburgern, Sissachern und so weiter die Rede ist. Im Sachregister wiederum sind häufig verwendete Begriffe wie Herrschaft oder Dorf nicht aufgenommen.

Personenregister

Ortsregister

Sachregister

	Eidgenossenschaft	Wirtschaft
1790–1800	Zusammenbruch der alten Ordnung 1798. Helvetische Verfassung 12. 4. 1798. Helvetische Republik 1798–1802. Mediation 1803–1815.	Aufhebung der Feudallasten und Einführung eines modernen Steuersystems; Einführung moderner Grundrechte (1792 im Fürstbistum, 1798 im Baselbiet).
1750–1789	Schweiz- und Alpenbegeisterung. Aufklärung in der Schweiz durch Naturwissenschaftler. Unruhen und Aufstände in der Leventina 1755 und in Freiburg 1781. Allianz mit Frankreich 1777.	Ausbau der Einzelhöfe im oberen Baselbiet. Mandat zur Förderung der Einschläge 1764. Versorgungskrise 1770/71.
1700–1749	2. Villmerger Krieg 1712. Bündnis der katholischen Orte mit Frankreich 1715. Unruhen und Aufstände in Schaffhausen 1717–1729, Waadt 1723 und Bern 1749.	Aufschwung der Seidenbandweberei im oberen Baselbiet.
1660–1699	Soldallianz aller Orte mit Frankreich 1663. Hugenottische Flüchtlinge kommen in die reformierte Schweiz 1685ff.	Einführung des mehrgängigen Webstuhls 1670. Höhepunkt der Kleinen Eiszeit 1688–1702. Versorgungskrise 1691–1699.
1600–1659	Soldallianz aller Orte ohne Zürich mit Frankreich 1602. Dreissigjähriger Krieg 1618–1648. Defensionale von Wil 1647. Westfälischer Friede löst Eidgenossenschaft vom Reich 1648. 1. Villmerger Krieg 1655.	Günstige Agrarkonjunktur im Dreissigjährigen Krieg 1618–1648.
1550–1599	2. Helvetisches Bekenntnis der evangelisch-reformierten Orte, zunächst ohne Basel 1566. Goldener Bund der katholischen Orte 1586. Teilung Appenzells 1597.	Beginn der Klimaverschlechterung (Kleine Eiszeit 1569–1702).
1500–1549	Beitritt Basels und Schaffhausens zum Bund 1501. 1. Kappeler Krieg 1529. 2. Kappeler Krieg 1532. 1. Helvetisches Bekenntnis der reformierten Städte 1536.	

Gesellschaft / Kultur	Politik
Aufhebung der Leibeigenschaft 1791.	Flucht des Fürstbischofs 1792. Raurachische Republik 1792–1793. Basler Revolution 1798. Annexion des Fürstbistums durch Frankreich 1793–1814.
1. statistische Volkszählung im Baselbiet 1774.	Erneuerung der Landesordnung 1757.
1. statistische Volkszählung im Fürstbistum 1722/23. Einführung der Konfirmation 1725. Verwaltungsreform im Fürstbistum 1726. Viehseuche in Laufen 1735.	Verfassungsreform im alten Basel abgeschlossen 1718. «Troublen» im Fürstbistum 1730–1740.
Pestwelle 1667/68. Vertreibung der Juden aus dem Fürstbistum 1694.	Bau der Festung in Hüningen 1679. 1691er Unruhen in der Stadt Basel 1691.
Flüchtlingswellen in Basel 1632, 1634–38. Pestwellen 1609/10, 1628/29, 1634–36. Rekatholisierung Laufental und Birseck 1585–1627. Reformationsordnung 1637. Abendmahlsreform 1642. Basel tritt dem 2. Helvetischen Bekenntnis bei 1644.	Landesordnung 1611. Birseckische Dorf- und Gerichtsordnung 1627. 1. Erhebung Soldatengeld im alten Basel 1627. Steuerkonflikt im Laufental 1630. Grenzverletzungen während des Dreissigjährigen Kriegs 1618–1648. Bauernkrieg 1653. Erneuerung der Landesordnung 1654.
Jüdischer Friedhof Zwingen 1575. Lutheranisierung der Basler Kirche bis 1585. 1. Volkszählung im Fürstbistum 1586.	Bündnis des Fürstbischofs mit den katholischen Orten 1579. Vertrag von Baden zwischen Stadt Basel und Fürstbischof 1585. Rappenkrieg im alten Basel 1591–1594.
Einrichtung Ehegericht 1529. Basel wird reformiert 1529. Erste Bannordnung 1530. Basler Bekenntnis 1534. Basel tritt dem 1. Helvetischen Bekenntnis bei 1549.	Basel emanzipiert sich endgültig vom Fürstbischof 1521. Bauernunruhen 1525. Rückgabe der Freiheitsbriefe im alten Basel 1532. Galgenkrieg zwischen Basel und Solothurn 1531. Verträge zwischen Obrigkeit und Untertanen im alten Basel und im Fürstbistum 1525–1532.